阿部猛編

北山抄注解

巻一
年中要抄上

東京堂出版刊

目次

四月……334

凡例

一　本書は藤原公任の『北山抄』巻一を訓読し注解を加えたものである。

一　本文は故実叢書本に拠るが、神道大系本を参照した。

一　本書は訓読と注解を主眼とするものであって原本の忠実な翻刻を意図するものではない。

一　原本の割注は〔　〕で示した。

一　本書の構成は、㈠本文、㈡訓読、㈢注解、および索引より成る。

一　『北山抄』の諸本と著者藤原公任については、『北山抄注解 巻十 吏途指南』（東京堂出版、一九九六年）の「解説」に拠られたい。

本文・訓読・注解

【本　文】1

北山抄〔年中要抄上　自正月至五月〕巻第一

正　月

「四方拝事」

元日　拝天地四方事〔天暦諒闇年、有御拝云々、此事有疑、九條大臣着吉服拝之、見彼私記〕拝天地之方、見内裏式、是異俗人也〔其陽起於子、陰起於未至於戌、五行大義云、土受氣於亥云々、以陽氣所起爲天、以土氣所起爲地、尤可然乎、又皇天上帝在北、仍天子北向拝天、庶人不拝天神、又可異一人之儀、仍任尋常例、向乾坤拝之耳〕四方起東〔或記云、起子終酉云々、子是十二神之始、雖非無所據、内裏式、已依次拝四方者、其四方是起東者也〕毎陵兩段再拝〔或曰、天地四方之神、皆用再拝、爰知向二陵兩段再拝者、是毎陵再拝、惣謂兩段再拝也云々、然而荷前式、兩段再拝者、非是拝二陵、惣拝十陵也、又諸祭式多有此文、本朝之風、四度拝神、謂之兩段再拝、本是再拝也、而爲異三寶及庶人、四度拝之、仍稱兩段也、天地四方、可依唐土風、只用再拝、陰陽家諸祭如之、二陵任本朝例、各兩段再拝也、先天神拝屬星、又可有由緒、依如此不設御座於一所歟〕其儀見藏人式清涼抄等〔幼主設座不拝〕

【訓　読】

北山抄〔年中要抄上、正月より五月に至る〕巻第一

正　月

「四方拝《しほうはい》（1）のこと」

元日《がんじつ》、天地四方を拝すること〔天暦諒闇《りょうあん》の年（2）、御拝《ぎょはい》ありと云々、此のこと疑いあり、九条大臣（3）の吉服《きっぷく》（4）を着して拝すること、かの私記《しき》（5）に見ゆ〕

天地を拝するの方は、内裏式《だいりしき》（6）に見ゆ、是れ俗人に異《こと》なるなり（7）〔それ陽は子《ね》に起こり（8）、陰は未《ひつじ》に起こり戌《いぬ》に至る、五行大義《ごぎょうたいぎ》（9）に云う、土は気を亥《い》に受くと云々（10）、陽気の起こる所を以て天となし、土気の起こる所を以て地となす、尤も然るべきか、また皇天《こうてん》（11）・上帝《じょうてい》（12）は北にあり、仍りて天子は北向して天を拝す、庶人は天神を拝さず、また一《いち》人《じん》（13）の儀に異なるべし、仍りて尋常の例に任せ、乾坤《けんこん》（14）に向かい拝するのみ〕四方は東に起こる〔或る記に云う（15）、子《ね》に起こり酉《とり》に終わると云々（16）、子はこれ十二神の始め（17）、拠《よ》る所なきにあらずと雖も、内裏式（18）は、すでに次《ついで》に依《よ》り四方を拝すといえり、それ四方はこれ東より起こるものなり〕陵ごとに両段再拝す（19）〔或は曰《い》う（20）、天地四方の神は、みな再拝を用う、爰《ここ》に知る、二陵に向かい両段再拝するとは、これ陵ごとに再拝し、惣じて両段再拝と謂《い》うなりと云々、然れども荷前《のさき》（21）の式、両段再拝は、これ二陵を拝するにあらず、惣じて十陵を拝するなり、また諸祭式は多くこの文あり、本朝の風は、四度神を拝し、これを両段再拝と謂う、もとこれ再拝なり、而《しか》るに三宝及び庶人に異なるため、四度これを拝す、仍りて両段と称するなり、天地四方は、唐土の風によるべし、ただ再拝を用いる、陰陽家の諸祭はかくの如し、二陵、本朝の例に任せ、各《おのおの》両段再拝なり、天神に先んじて属星を拝する、また由緒あるべし、かくの如きにより、御座を一所に設けざるか〕その儀は蔵人式（22）・清涼抄記等（23）に見ゆ〔幼主は座を設けて拝さず〕

【注解】

(1) **四方拝**　訓は「シハウハイ」(『下学集』)。一月一日の寅の刻(午前三時～五時頃)天皇が清涼殿の東庭に出御して、属星《しょくじょう》および天地四方、山陵などを拝して年災をはらい宝祚を祈る儀式。『内裏儀式』には、鶏鳴に掃司が御座三座を設け、一所を属星を拝する座、一所は天地を拝する座(以上二座には短畳を敷く。天地を拝する座には別に褥《しとね》を敷く)、一所は陵を拝する座とするとある(この座には畳を敷く)。『延喜式』(巻三十八)では、天地四方を拝する座は清涼殿の前庭に長筵を敷き屏風を立ててしつらえるとある。『江家次第』(第一)によると、四方拝の座は清涼殿の東庭に設けられるが、雨雪のときは射庭殿《いばどの》(弓場殿)を用いる。この場合、小板敷の下から筵を敷いて道をつくり、無名門を出て弓場殿に至るのである(『江家次第』第三)。御座には屏風を立て天皇はこの屏風で囲まれた中に入り礼拝するのである(同・第一)。三所には半帖の畳を敷く。『西宮記』(巻一)によると、三所の座に設ける香華・灯明の支度は女官が行う。香華を盛る杯や炉机は図書寮から持ってくるのであるが(香炉は温明殿に納められている)、これが紛失したのちは土器を用いた。拝礼に際して天皇は笏を持つが、これは蔵人が捧持する。属星を拝するとき、笏を端《ただ》して北に向かい星の名を唱えるのである。属星とは北斗七星のうち本命(生年)に当たる星で、陰陽道ではその人の一生を支配する星とされている。延長九年(九三一)正月一日、三座を設けたが「于レ時、不下拝二四方一給上、仍不レ着二此座一」とされ、天徳五年(九六一)には二座しか設けられず、拝陵の座がなかった。また康保二年(九六五)の場合は四座を設けるという失錯があった。四方拝の起源については、『江次第抄』(巻一)は、「四方拝縁起未レ明、但日本紀曰、皇極天皇元年八月朔、天皇幸二南渕河上一、跪拝二四方一仰レ天而祈レ雨」と『日本書紀』の記事を挙げているが、これは四方拝の起源ではなく、祈雨の礼である。続けて「元旦四方拝事、始見二寛平二年御記一、疑是濫觴乎、又拝二属星一之由載二于天地瑞祥志一曰、凡人有二危難病苦一之日、取人属星五穀等各食一七枚以井花水、日未レ出之時、向レ東再拝、一切難苦皆消滅及口舌懸官皆解消也」とある。『年中行事秘抄』（正月）も寛平二年（八九〇）の記事を引用するが『公事根源』（正月）は「仁和五年（＝寛平元年）正月寅の刻に、天地四方属星山陵を拝し給由、宇多の御門の御記にのせられたれども、濫觴とは見えず」と記すが、この頃になって四方拝が始まったというのではない。『内裏儀式』に規定があるから嵯峨天皇のとき宮廷行事として成立していたことは疑いないが、おそらく宇多天皇の寛平頃から積極的に行われるようになったのであろうと山中裕は推測している（『平安朝の年中行事』九五頁）。四方拝の儀は、その形を見れば、中国からの輸入であることは明白である。ただ庶人について、天地四方に続いて氏神・カマド神、そして墳墓を拝する事項があることから推測されるように、わが国固有の行事もそこに含まれていることも知られる。わが国の正月の民間行事としては、氏神・鎮守に初詣りすることはかなり一般的であり、元日に墓詣りする風習もある。中国漢代には元旦に「躬《みずか》ら妻孥《さいど》を率い、潔《きよ》めて祖禰《そでい》を祀《まつ》る」とある（『四民月令』）。

関白家でも四方拝が行われ、天皇のそれと大略同様である（『江家次第』巻二十）。鶏鳴に出で笏を持って北に向かい属星の名字を唱える。ついで再拝し呪文を唱えるが「厭魅呪咀之中、過度我身」の一項が加わっている。ついで天地四方を拝し、氏神・カマド神・先聖先師を拝する。庶人の場合も大略同様であるが、大将軍、天一大白の拝礼が加わる。山中裕『平安朝の年中行事』（塙書房）、所功「元旦四方拝の成立」（『名古屋大学日本史学論集』上、吉川弘文館）参照。

（２）**天暦諒闇年**　諒闇は天皇の服する喪のうち最も重いもの。本来は父母の死により服喪する期間一年。「天暦」は村上天皇を指す。康保四年（九六七）五月二十五日村上天皇は清涼殿に崩じた。『日本紀略』（後篇五）安和元年正月一日条に「止二宴会一、依二諒闇一也」とある。『江家次第』（巻一）の「四方拝事」に「諒闇設レ座不レ拝〔延久五年、諒闇無二御拝一、依二右大臣被レ申也、寛徳同レ之、四条記曰、天暦諒闇年、有二御拝一云々、此事有レ疑、九条大臣着二吉服一拝之、見二彼私記一〕」とある。

(3) **九条大臣**　藤原実頼。康保五年（九六八）正月に従一位・関白・太政大臣。

(4) **吉服**　「きちふく」とも。吉時に着る礼服。

(5) **彼私記**　私記は日記であろう。藤原実頼の日記は「清慎公記」。いまは散佚。

(6) **内裏式**　天地を拝する方は内裏式に見えるとあるが、所見なし。或いは「内裏儀式」のことか。「内裏儀式」に「正朔拝天地四方属星」とある。注（1）参照。

(7) **異俗人也**　天子の四方拝の儀が俗人と異なる。俗人とは、天皇以外の者をさすか。

(8) **其陽起於子**　陽は子《ね》（方角をいうか）すなわち北に起こる。以下、陰は未《ひつじ》、南々西に起こり戌《いぬ》、西北西に至る。

(9) **五行大義**　陰陽五行説を集大成した書で、中国古代の隋の蕭吉の撰、五巻。わが国では奈良時代、陰陽生の教科書として用いられ、のちにも広く読まれた。中国では、つとに亡佚した。

(10) **土受気於亥**　土は気を亥《い》（北西）に受ける。気は、万物を育成する天地の精。

(11) **皇天**　天は天帝。皇は天を尊とぶの意。天子、天皇。

(12) **上帝**　「しょうてい」とも。天の神、天帝。また天皇をもいう。

(13) **一人之儀**　一人は天子を指す。「いちにん」とも訓む。

(14) **乾坤**　天と地。方角をいい、西北と西南。

(15) **或記**　「九条年中行事」を指すか。『江家次第』（巻二）に、「九条年中行事、起レ子終レ酉、子是十二神之始、雖レ非レ無レ所レ拠、内裏式、已依レ次拝二四方一者、其四方是起レ東也」と見える。

(16) **起子終酉**　方角で、子《ね》は北、酉《とり》は西。

(17) **子是十二神之始**　十二神将《じゅうにじんしょう》は仏法を守り薬師経を読む者を守護する十二の大将。宮毘羅《くびら》大将（本地は弥《み》勒《ろく》で子《ね》神）から毘羯羅《びから》大将（本地は釈迦で亥《い》神）に至る。

(18) **内裏式**　『内裏儀式』に「次北向再拝レ天、西北向再拝レ地、以レ次拝二四方一」とある。

(19) **毎陵両段再拝**　陵を拝するについて、陵ごとに両段（二回）再拝（二回拝する）するのである。

(20) **或曰**　或る人が誰か未詳。以下割注の部分は「両段再拝」の語の解釈に関わる。天地四方の神を拝するには再拝（二回拝する）を用いる、したがって、二つの陵に向かい、一陵ごとに再拝し、二陵で合わせて両段再拝というのだと或る人が言った。しかしながら、荷前の使は二か陵のみならず、すべて一〇か陵を拝するのであるから、先の理解は不当である。また諸祭式に「両段再拝」の語が用いられている。わが国の風としては四回神を拝しこれを「両段再拝」というのである、再拝がもとのかたちであるが、三宝および庶人とは異なるため四度拝し、それで両段というのである、天地四方を拝するのは唐土の風により再拝を用いる、しかし二陵についてはわが国の例に任せてそれぞれ両段再拝するのである、――とある。

(21) **荷前**　荷前《のさき》とは初穂のこと。諸国からの貢物のうち、その年の初物を十二月に陵墓に奉る。その使者を荷前使という。使の構成には三通りある。①山階《やましな》、柏原、長岡、深草、田邑《たむら》、鳥戸、後田邑、小野の八陵については、参議以上もしくは非参議三位一人、四位又は五位一人、内舎人《うどねり》・内豎《ないじゅ》・大舎人各一人、②後田原、八嶋の二陵と後宇治、愛宕《おたぎ》、後愛宕、葛野《かどの》、後葛野、小野、後小野の七墓については、四位又は五位二人、内舎人・内竪・大舎人各一人。多武峯《とうのみね》墓については藤氏内舎人一人と内舎人・大舎人のうち一人が交替でつとめる（『延喜式』巻十二）。また『貞観儀式』（巻十）では、①山階北陵については中納言以上を使に任ずる。②柏原、深草、田邑、後山階陵については、参議以上または非参議三位以上一人を使に任ずる。以上の五か陵には、他に四位又は五位一人、内舎人、大舎人各一人を付する。③楊梅《やまもも》陵については、四位一人、五位一人、大舎人一人を遣わす。④田原、後田原、八嶋陵および宇治、後宇治、愛宕墓については、四位又は五位二人、大舎人一人を遣わす。⑤多武峯墓については、内舎人、大舎人各一人を遣わすとしている。

(22) **蔵人式**　散逸し、『西宮記』『政事要略』『侍中群要』などの諸書に引かれた逸文によってのみ知られる。『寛平小式』（寛平二年橘広相撰）と『天暦蔵人式』の二種類の存在が知られる。

(23) **清涼抄**　『清涼記』とも。村上天皇の撰とされる。現存せず、『政事要略』『西宮記』『北山抄』『江家次第』『年中行事抄』『撰集秘記』『柱史抄』などに見える逸文によって知られるのみ。

【本　文】2

「屠蘇白散事」

同日、供屠蘇白散事

第二度、入自夜御殿南戸、御東戸内〔預設候菅圓座〕、陪膳取御盞、自外持參、御飲畢、出御本所、獻第三度御酒云々、是女房等說也、若有由緒歟〔可撿醫方〕未節分之時、藥子衣、先例用舊年御生氣方色〔二三日間節分時

例可尋〕

【訓　読】

「屠蘇白散《とそびやくさん》のこと」

同日、屠蘇(1)白散(2)を供《ぐう》する(3)こと

第二度、夜《よる》の御殿《おとど》(4)の南戸より入り、東戸の内に御す〔預《あらかじ》め菅円座《すげのえんざ》(5)を設け候《うかが》う〕、陪膳《はいぜん》(6)は御盞(7)を取り、外より持参す、飲み御しおわり、本所(8)に出御す、第三度の御酒を献ずと云々、是れ女房等(9)の説なり、若し由緒《ゆいしょ》(10)あるか〔医方(11)を検すべし〕未だ節分(12)ならざる時、薬子《くすりこ》の衣《ころも》、(13)先例は旧年の御生気方《しょうげのかた》(14)の色を用う〔二三日の間、節分の時の例、尋ぬべし〕(15)(16)

【注　解】

(1)　**屠蘇**　元日に飲む薬酒。『荊楚歳時記』（東洋文庫）に見える。晋の陳延之の『小品方』に「屠蘇酒、此れ華陀（?―二二二）の方なり。以て伝えて曹武帝に授け、専ら世に行わる。元旦、之を飲まば疫癘《えきれい》一切の不正の気を辟《さ》く」とあるのが初見という。詳しくは『荊楚歳時記』（守屋美都雄訳注）二七頁以下参照。

(2)　**白散**　白朮《びやくじゆつ》、桔梗《ききよう》、細辛を等分に調合したもので、温酒に入れて飲む。

(3)　**供屠蘇白散**　四方拝と朝賀（後述）の間に、典薬寮から天皇にこれら御薬《みくすり》を供する。清涼殿で行われた。一献に屠蘇散、二献に白散、三献に度嶂散《としようさん》（麻黄、山椒、細辛、防風、桔梗、乾薑、白朮、肉桂から成る）を進める。これらを「御薬」という。御薬を供することは二日と三日にも行われる。三日の日には、供御薬のあと

に、青薬《とうやく》と称して、銀器に入れた千瘡万病膏という塗薬を奉り、天皇は右手の紅さし指につけて額《ひたい》と耳のうらにつける。屠蘇・白散・度嶂散および千瘡万病膏の調剤については、『延喜式』（巻三十七）に詳しい。『西宮記』（巻一）には「供二御酒一、侍医薬生等、温二御酒一和二合御薬一、盛二銚子一」とあり、『江家次第』（巻一）にも「先煖二御酒一、以二御薬一入二於酒一、名二之屠蘇一、盛二別器一、宮内輔・典薬頭・侍医等三人、一々進二膝突一、嘗レ之、依二位階一皆用二別坏一」とある。「供御薬」の儀については、のちの『江家次第』（巻一）にも詳しい。

（4）**夜御殿**　清涼殿内の天皇の寝所で、「よるのおまし（御座）」とも。中宮・東宮御所の寝所、あるいは一般に貴人の寝所をもいう。

（5）**菅円座**　円座は円い形の敷物。菅《すげ》で、渦巻形《うずまきがた》に平らに編《あ》んだ。

（6）**陪膳**　「ばいぜん」とも。天皇の食膳に侍し給仕する者。采女《うねめ》の場合、陪膳采女と称する。

（7）**盞**　盞は小さな杯、さかずき。

（8）**本所**　日御座《ひのおまし》（昼御座）のことか。天皇が日中に出御する平敷の御座。清涼殿の東庇《ひさし》に畳二枚を敷き、上に茵《しとね》を置いた。

（9）**女房**　宮中に仕える女官。

（10）**由緒**　いわれ、根拠、正当性を裏付ける事柄。

（11）**医方**　『医心方《いしんぽう》』のことか。『医心方』は永観二年（九八四）に丹波康頼が撰述した書で三〇巻。隋・唐の医書八〇余種から引用編さんしたもの。

（12）**未節分之時**　御薬を供する儀が節分以前であるとき。節分は立春の前日。

（13）**薬子衣**　薬子は「くすこ」とも。供御の御薬を嘗《な》め試みる少女。『雲図抄』裏書に、「薬子〔総角《あげまき》例、童女装束、其上着二生気汗衫《かざみ》一」とある。

（14）**生気方**　正月は子《ね》の方、二月は丑《うし》の方というように、各月に生気があるとする方角のこと。

（15）**二三日間節分時例**　『江家次第』（巻二）に、「二三日間節分時例」として、「長久二年正月二日有二節分一、依二陰陽寮勘文一、薬子衣有二二色一、元日者用二旧年御生気方色一、二日以後用二今年方色一」「長経抄、二三日間雖レ有二節分一、被レ引下元日所レ用之旧御生気上更不レ可レ用二新年御生気一云々、此事可レ然」とある。

（16）供御薬の儀の一環として、一献の屠蘇を供する儀の前に歯固《はがため》の儀が行われる。延命長寿を願う儀式である。「歯」は「齢」に通ずる。『西宮記』（巻二）によると、晦日、御薬の用意と同時に、内膳は歯固の用意をする。「内膳供御歯固、大根・苽・串刺、押鮎・焼鳥等は進物所、々々々例云、正月元日早朝、供二奉屠蘇一御膳事、猪宍二盤〔一鮮、一焼〕押鮎一盤〔切盛置頭二串〕煮塩鮎一盤〔同切、置頭二串〕但御器者受二於内膳一、瓷盤四口、天皇御二東廂一〔中略〕陪膳女蔵人等候二御厨子所一、供二御台二基一」とある。『延喜式』（巻三十九）には、「蘿蔔、味醤漬苽、鹿宍、猪宍、押鮎、煮塩鮎、瓷盤七口、高案一脚〔長三尺五寸、広一尺七寸、高四尺〕右従二元日一至二三日一供之」とある。『江家次第』（巻一）も、歯固の具は、進物所→内膳→采女→女蔵人→陪膳へと渡されると書く。その具は、「大根一坏、苽串刺二坏〔或説三坏、然而総七坏由有所見〕押鮎一坏〔切盛置頭〕煮塩鮎一坏〔同切置頭二串〕猪宍一坏〔以レ雉代之〕鹿宍一坏〔以二田鳥一代之〕以上七坏之内、精神物供第一御台、魚類供第一御台、魚類供二御台〔或説無二鹿宍一有二腹赤一〕」というのである。右の具を載せる膳には、ゆずり葉を敷く。『枕草子』（四〇段）に、ゆづりはについて「よはひのぶるはかための具にもしてつかひためるは、いかなるにか」とある。一条兼良の『花鳥余情』（初音）に「歯固は、元三の日の事なり、歯はよはひなり、則よはひともよめり、歯固はよはひを固むる意なり、高坏六本にをしきをする、一の台に餅、大根、橘を盛るなり、此餅は、近江のひきりの餅を専ら用ゐるべし」とあり、歯固に餅が用いられるとしている。歯固と餅との関係は当然のことと考えられているが（鈴木棠三『日本年中行事辞典』五六頁）、『西宮記』（巻一）『延喜式』（巻三十九）『江家次第』（巻二）のいずれも「餅」が歯固の具には入れられていない。鎌倉時代においても歯固と餅とは別のものであったという（山中裕『平安朝の年中行事』一〇六頁）。

【本　文】3

同日　朝賀事〔見御即位抄、但無叙位、有奏賀、其儀在親王儀式吏部王記等〕

【訓　読】

同日、朝賀《ちょうが》(1)のこと〔御即位抄(2)に見ゆ、但《ただ》、叙位《じょい》(3)なく、奏賀《そうが》(4)のみあり、其の儀は、親王儀式《しんのうぎしき》(5)・吏《り》部王記《ほうおうき》(6)等に在り〕

【注　解】

(1) **朝賀**　元日に、天皇が百官の賀を受ける儀式。唐風の儀式で、中国の漢の高祖が朝賀の制を定めたが、これに倣ったものという（山中裕『平安朝の年中行事』九七頁以下）。元来わが国では「みかどおがみ」の儀があって、それを基礎に、そこに中国の朝賀の儀式が入ってきて形を整えたものと見ることができる。初見は『日本書紀』（巻二十五）大化二年（六四六）正月一日条で、「二年春正月甲子朔、賀正礼畢、即宣二改レ新之詔一曰……」とある。また『日本書紀』（巻二十九）天武天皇四年（六七五）正月二日条に「皇子以下、百寮諸人拝朝」とあるのが儀式としてのはじめであろうという。天武天皇八年正月七日詔に「凡当二正月之節一、諸王諸臣及百寮者、除二兄姉以上親及己氏長一以外莫レ拝焉、其諸王者、雖レ母、非二王姓一者莫レ拝、凡諸臣亦莫レ拝二卑母一、雖レ非二正月一、復准レ此、若有二犯者一、随レ事罪之」とある。また『続日本紀』（巻二）文武天皇元年（六九七）閏十二月二十八日条に「禁三正月往来行二拝賀之礼一、如有二違犯者一、依二浄御原朝廷制一決二罰之一、但聴レ拝二祖父兄及氏上者一」とある。のちの『養老令』（「儀制令」）に、「凡元日、不レ得レ拝二親王以下一、唯親戚及家令以下、不レ在二禁限一、若非二元日一、有レ応二致敬一者、四位拝二一位一、五位拝二三位一、六位拝二四位一、七位拝二五位一、以外任随二私礼一」とある。すなわち、三后・皇太子以外親王以下について拝賀の礼を行うことは禁じられていたのである。儀式の次第については、『内裏式』（上）によると、つぎの如くである。

卯三刻（午前五時頃）までに万事準備を整えおわり、四刻（六時半頃）に大臣は昭訓門より入り、幄座に就き、外弁をして鼓をうたしめ、諸門の鼓がこれに応じ、章徳・興礼の両門を開き（小門はすでに開けられている）、大伴・佐伯両氏が門部各三人をひきいて両門から入り、会昌門上に坐り、門部は門下に坐す。辰一刻（七時頃）天皇は大極殿の後房（＝小安殿《こあどの》）に入り、しばらくして皇后の輿もまた後房に入る。鉦鼓を合図として諸門の鼓が打たれ、皇太子、群臣が礼服《らいふく》を着て参入し版位《へんい》に就く。天皇は冕服《べんふく》を着て高御座《たかみくら》に就く。鉦がうたれると女孺が翳《さしば》を開き、命婦が御帳をかかげ天皇の姿が見えるようにする。ついで執仗が警蹕《けいひつ》を称し、主殿寮が炭を出し、図書寮が香を焚《た》く。ついで典儀（当日儀式を掌る少納言）が再拝を唱え、皇太子が再拝し賀辞を奏する。宣命使《せんみょうし》が宣命を読み、王公百官が再拝する。奏賀・奏瑞があり、百官が舞踊し、武官（近衛の官人）もともに旗を振り万歳を称する。百官再拝ののち、鉦が三度うたれ天皇は入御する。奏瑞は、前年の祥瑞についてこれを奏上する。『養老令』（儀制令）に「上瑞以下、並申二所司一、元日以聞」とある。『日本後紀』（巻十二）延暦二十三年正月一日条に「御二大極殿一、受二朝賀一、武蔵国言、有二木連理一」とあり、『類聚国史』（巻七十二）に「天長七年正月丁丑、御二大極殿一受レ賀、左衛門督清原真人長谷奏、治部卿従四位上源朝臣等所レ奏阿波国景雲并越前国木連理等、瑞奏畢還レ宮」とある。朝賀の儀式次第については『内裏式』および『儀式』（巻六）はまことに詳細に記しており、この儀式が、いかにも形式を重んずる緊張した儀式であることを物語っている。朝賀の儀は延喜（九〇一—二三）頃から廃《すた》れ、略式の「小朝拝」にかわるが、その転機は一条天皇の正暦（九九〇—九四）年間とされる。

（2）**御即位抄**　未詳。

（3）**叙位**　叙位は位階を授けること。叙位は宮廷の年中行事となり、男叙位と女叙位の二種類あったが、一般に叙位といえば男叙位を指す。奈良時代の宝亀四年（七七三）頃から正月七日に行われる傾向が見え、延暦三年（七八四）頃からこの日に固定した。

（4）**奏賀**　朝賀の儀における所役のひとつで賀詞を奏する。『内裏式』によると、版位に就いて北面して、つぎのように奏する。「明神止御大八洲日本根子天皇我朝廷爾供奉流親王等王等臣等百官人等天下百姓衆諸新年乃新月乃新日爾與天地共爾萬福乎持参来天皇我朝廷乎拝供奉事乎恐美恐毛申賜止申」という。『儀式』（巻六）によると、前年十二月十三日に、殿上の侍従、少納言を選ぶとき、奏瑞とともに奏賀を選ぶ。「簡二四位以上堪レ事者一為レ之」とある。

（5）**親王儀式**　未詳。『撰集秘記』九月九日の節会の項に逸文がある。

（6）**吏部王記**　「りぶおうき」とも。醍醐天皇の皇子重明親王（九〇六—五四）の日記。原本はもとより写本も伝来していない。公卿の日記や儀式書に多く逸文が引用されていることからも、十世紀朝廷の儀式・典礼に関する重要なものであることがわかり、後代に多くの影響を与えたことが推測される。

【本　文】4

「小朝拝事」

同日、小朝拝事〔皇太子不參上時、東廂立御倚子〕

所司供御藥畢、殿上王卿、於射場邊着靴、令頭藏人奏候由〔親王雖在上、大臣令奏之　若有太子拜覲事者、更不令奏事由、太子拜舞退出後、即參進、又立御倚子於御帳內〕御座定後、親王以下、入自仙華門、列立庭中〔參議以上一列、五位以上幷孫王一列、六位一列、第一人當御座立、若多人者、漸々北進、雨儀、參議以上列立仁壽殿西階下、侍臣列立南廊壁下〕拜舞退出〔若有朝拜之時、還宮後有此事、或又無之、延喜二年、惣停此儀、仰云、王者無私、是私禮也云々、五年、依臣下請復舊、今案、有朝賀時被停宜歟〕

延喜十九年正月一日、貞信公御記云、先年有仰停止、今日固請復舊、其故者、當代親王有拜賀、臣子之道義

同、何無此禮云々

【訓　読】

「小朝拝《こちょうはい》のこと」

同日、小朝拝のこと(1)〔皇太子の参上せざる時は、東の廂《ひさし》(2)に御倚子《ごいし》を立つ(3)〕

所司(4)、御薬《みくすり》を供《ぐう》し畢《おわ》る(5)、殿上《てんじよう》の王卿《おうけい》(6)、射場《いば》(7)辺に於て靴を着《つ》け、頭《とう》(8)・蔵人《くろうど》(9)をして候する由を奏せしむ〔親王上に在りと雖も、大臣これを奏せしむ、もし太子拝覲《はいきん》(10)のことあらば、更に事の由を奏せしめず、太子拝舞《はいぶ》(11)し退出ののち、即ち参進す、また御倚子《ごいし》を御帳内《みちよう》(12)に立つ〕御座《ござ》定むるのち、親王以下、仙華門《せんかもん》(13)より入り、庭中《ていちゆう》に列立《れつりつ》す(14)〔参議以上(15)一列、五位以上并《なら》びに孫王《そんのう》(16)一列、六位一列(17)、第一人は御座に当たりて立つ(18)、もし人多ければ、漸々《ようよう》北進す(19)、雨儀《うぎ》(20)は、参議以上は仁寿殿《じじゆうでん》(21)西の階《きざはし》の下に列立し、侍臣は南の廊(22)の壁下に列立す〕拝舞し退出す〔もし朝拝ある時は、宮に還るのちに此のことあり、或はまたこれなし、延喜二年(23)、惣じてこの儀を停む、仰せて云う、王は私なし、これ私の礼なりと云々、五年(24)、臣下の請《こい》により旧《もと》に復す、いま案ずるに、朝賀ある時は停めらるる宜《よろ》しきか〕

延喜十九年正月一日、貞信公御記(25)に云う、先年仰せありて停止す、今日固く請《こ》い旧《もと》に復す。其の故は、当代に親王拝賀あり、臣子の道義同じ、何ぞこの礼なからんと云々

【注　解】

(1) **小朝拝**　公的な朝賀に対して、私的な朝賀をいう。九世紀半ば頃から始まった。はじめ朝賀のないときに行われ、朝賀あっても還宮ののちに私的に行われた。『年中行事抄』に「蔵人式云、若無㆓朝賀㆒有㆓小朝拝㆒〔或雖㆑有㆓朝賀㆒猶有㆓小朝拝㆒〕」とある。

(2) **東廂**　清涼殿の東廂《ひさしの》間《ま》。

(3) **御倚子**　倚子は四角四脚で左右に肘《ひじ》を掛ける勾欄があり、後ろに鳥居形の背もたれがある。天皇の倚子を御倚子という。紫宸殿・清涼殿に常置されていた。

（4）**所司**　ここでは典薬寮。

（5）**供御薬**　本文2の注（3）（九頁）参照。

（6）**殿上王卿**　殿上とは、内裏清涼殿の殿上の間《ま》。王は皇孫・皇曾孫・皇玄孫を称する。卿は三位以上の者。『西宮記』（巻二）には「殿上王卿已下六位已上、着㆑靴立㆓射場㆒、貫主人以㆓蔵人㆒令㆑奏㆓事由㆒」とある。

（7）**射場**　弓場《ゆば》ともいう。射芸を試みる場所。射場の位置は時代により異なるが、承和元年（八三四）以後は紫宸殿西方の弓場がその場となった。これを西弓場といい、宣陽門内の温明殿東の弓場を東弓場と呼んだ。

（8）**頭**　蔵人頭。

（9）**蔵人**　令外官で、天皇の側近に在って諸用をつとめる。創置の時期は未詳であるが、正史の上で蔵人所が初見するのは『続日本後紀』（巻三）承和元年（八三四）十月五日条。但し、蔵人はかなり特殊な性格のものであり、天皇の私的な関係にある腹心の官人たちが蔵人頭または蔵人に任命されて活動する私的機関であるから、正史上の初見を云々することは余り意味がないかもしれない。寛平二年（八九〇）の「蔵人式」には、「凡蔵人之為㆑体也、内則参㆓陪近習㆒、外亦召㆓仰諸司㆒、職掌之尊、誠可㆓厳重㆒（中略）殿上非違、喧嘩、濫悪、随㆑聞必加㆓糾弾㆒、慎勿㆓隠忍㆒焉、奉㆓伝勅旨㆒、宣㆓下百官㆒、若有㆓違道㆒、必可㆓忠諫㆒、慎勿㆓黙止㆒焉、当番日記、事無㆓大小㆒勿㆑脱焉」とある。五位蔵人は二〜三人、六位蔵人は五〜六人で、計八人である。

（10）**拝観**　高貴な人に対面することの謙譲語。皇太子が天皇に会う。

（11）**拝舞**　朝廷において、祝意や謝意をあらわす礼の形式。再拝し、立ったまま上体を前屈して左右を見、このとき袖に手をそえて左右に振り、つぎに跪《ひざまず》いて左右を見、一揖《いちゆう》、ついで立って再拝する。

（12）**御帳**　天皇の御座所のとばり、帳台。寝所。

(13) **仙華門**　内裏の紫宸殿北廂《ひさし》の西側の階《きざはし》の西にある門。清涼殿への往来に際してよく使われた。

(14) **列立庭中**　清涼殿の東庭に列をなして立つ。

(15) **参議以上**　参議・納言・大臣。

(16) **孫王**　「そんおう」。天子の孫。皇孫、王孫。

(17) **六位一列**　『西宮記』（巻二）には、「王卿一列、四位五位一列、六位一列」とある。

(18) **第一人当御座立**　列の第一人めの者は天皇の御座に面して立つ。「当たる」とはその方角に向かうこと。

(19) **漸々北進**　徐《おもむ》ろに北に向かい進む。

(20) **雨儀**　晴天の際の晴儀に対して、雨雪のときに行う儀礼。『小野宮年中行事』に「雨儀、親王以下参議以上、立二仁寿殿西階下一、侍臣列二立南廊壁下一」とある。『西宮記』（巻二）に「雨日、王卿立二仁寿殿西砌中一、侍臣立二南廊中一」とある。また「天慶四年正月一日、吏部王記云、有二小朝拝事一、依レ雨、王卿列二立仁寿殿西廂一（北上）、侍臣立二長橋中一（東上、北面）、六位立二其後一、拝舞畢」とある。『江家次第』（第二）に「王卿経二明義仙華門一列二立庭中一（北上西面、参議以上一列、第一人当二御座一立、若人多時、漸々北進）、雨儀、立二仁寿殿西階下一、西面北上（中略）五位以上并孫王一列、第一人当二公卿第三人後一立、雖二蔵人頭一依二位階一立、四位皆立、五位不レ過二両三一（中略）六位一列（中略）、雨儀、立二南廊壁下一」とある。

(21) **仁寿殿**　古くは「じんじゅでん」と訓《よ》んだ。紫宸殿の北にある東西棟の宮殿。九間四面また七間四面の規模。北殿、後殿とも呼ばれた。仁明天皇の頃まではここが天皇の常の御殿であったが、清涼殿が御殿になってからは東殿とも言われた。

(22) **南廊**　仙華門の西にある。注(20)参照。

（23）**延喜二年**　写本によっては「延喜五年」とする。『西宮記』（巻一）に「延木五年正月一日、是日有レ定、止二小朝拝一〔仰曰、覧二昔史書一、王者無レ私、此事是私礼也云々〕」とある。『年中行事抄』に「清涼記云、若有二朝賀一之時、還レ宮之後、亦有二斯事一、延喜五年、仰二左大臣一、止二小朝拝一、同十九年、依二左大臣申一復レ旧」とある。

（24）**五年**　写本によっては「十九年」に作る。注（23）参照。『西宮記』（巻一）に「延木十九年正月一日、大臣依レ申、有二小朝拝一、午三、坐二帳中一、皇太子参上、於二東又廂一拝舞、了退出、四剋親王以下、於二東庭一拝云々」とある。

（25）**貞信公御記**　関白太政大臣藤原忠平の日記。貞信公は忠平の諡《おくりな》。「忠平公記」「貞公記」「貞記」とも。子の実頼が抜き書きした抄出本が伝存する。延喜七年（九〇七）から天暦二年（九四八）に至る抄出記事がある。『貞信公記抄』（大日本古記録）による当該日の記事はつぎの如くである。「一日、節会如レ例、殿上侍臣有二小朝拝一、先年依レ仰停止、而今日臣下固請復レ旧、有二此礼一、所以者何、当代親王有二拝賀一、臣下何無レ礼、此臣子之道[義]同云々」。『北山抄』本文に引用する文章と少し異なるところがある。

【本　文】５

「節會事」

同日、宴會事〔中務置宣命版位、立行立標〕時刻御南殿、左右近衞陣南階東西、王卿出就外辨〔上卿召外記、問所司具否、若大舍人不足四人者、以召使爲代、近例、雖大臣就之、外記乍立申雜事、是舊例云々、頗非禮歟、可尋矣、大臣不參者、召召使令取下式筥、大臣後參辨起座時、納言以下動座如常、但式云、着座出門後居云々、而過前後卽居、雖是違式、近例、如之訛歟、長保六年正月一日、內大臣在座、右大臣後參、准式部式大辨儀、公卿不起、其後右大臣不着此座、寬弘三年、依左相定、每度動座、依彼式、大臣之所不勞其文也、親王參時可同之、而宮中故實、一品親王參時、同大臣儀、自餘不然云々、此事可尋、親王之禮、過於大臣、依品無差別、何二品以下、可失其禮乎、少納言辨依官着座、至于四位辨着上、依其色異也、參議以上參時、此座皆起、但舊例、大臣一品親王參時、動座、雖納言日上參時又起、自餘不起云々、見吏部王記、中古以來、無一品親王之時、第一親王禮、又同大臣云々、此事惣無所據歟〕

【訓　読】

「節会《せちえ》(1)のこと」

同日、宴会《えんかい》(2)のこと〔中務《なかつかさ》(3)、宣命《せんみょう》(4)の版位《へんい》(5)を置き、立行の標《ひょう》を立つ〕

時刻に(6)南殿《なでん》(7)に御す、左右近衛(8)、南の階《きざはし》の東西に陣す、王卿は出でて外弁《げべん》(9)に就《つ》く、〔上卿《しょうけい》(10)は外記(11)を召し、所司《しょし》の具否《ぐひ》(12)を問う、若し大舎人《おおとねり》(13)四人に足らずば、召使《めしづかい》(14)を以て代《かわ》りとなす、近例は、大臣と雖もこれに就く、外記は立ちながら雑事を申す、是れ旧例なりと云々、頗る礼に非ざるか、尋ぬべし、大臣参らずば、召使を召し、式筥《しきはこ》(15)を取り下げしむ、大臣後《おく》れて参り弁の座を起《た》つとき、納言以下の動座する常の如し、但《ただ》式(16)に云う、座に着き門を出づるのちに居《すわ》ると云々、しかるに前後を過《よ》ぎり、即ち居る、是れ式に違うと雖も、近例は、之《かく》の如く訛《あやま》るか(17)、長保六年正月一日(18)、内大臣(19)は座に在り、右大臣(20)後れて参る、式部式(21)大弁の儀に准じて、公卿は起《た》たず、其ののち右大臣此の座に着かず、寛弘三年(22)、左相の定めにより、毎度動座す、彼の式により、大臣の其の文を労せざるところなり、親王の参る時もこれに同じかるべし、しかるに宮中の故実は、(23)一品親王(24)の参る時は、大臣儀に同じ、自余は然らずと云々、此のこと尋ぬべし、親王の礼は、大臣に過ぎ、品により差別なし、何ぞ二品以下、其の礼を失すべきや、少納言(25)・弁(26)は官によりて座に着く、四位の弁に至りては上に着く、其の色により異なるなり、参議(27)以上の参る時は、此の座みな起《た》つ、但《ただ》旧例は、大臣・一品親王の参る時は、動座す、納言(28)と雖も、日《ひ》の上《しよう》(29)の参る時はまた起つ、自余は起《た》たずと云々、吏部王記《りほうおうき》(30)に見ゆ、中古以来《ちゆうこよりこのかた》(31)、一品親王なき時は、第一の親王の礼、また大臣に同じと云々、此のこと惣じて拠りどころなきか」

【注解】

(1) **節会** 元日の節会。宴会。

(2) **宴会** 元日の宴会。元日に天皇が群臣に宴を賜わる儀式。『養老令』の「雑令」に「凡正月一日、七日、十六日、三月三日、五月五日、七月七日、十一月大嘗日、皆為二節日一、其普賜、臨時聴レ勅」とある。はじめ大極殿・豊楽院で行われたが、淳和天皇以後は紫宸殿で行われた。

(3) **中務** 中務省の官人。中務卿の職掌中に「審二署詔勅文案一、受レ事覆奏、宣旨、労問、受二納上表一」とある。『令義解』は「宣旨」について「侍従之宣命也」と記す。

(4) **宣命** 天皇の命令を宣する下達文書のひとつの形式。詔の国文体のものを宣命という。万葉仮名風に国語を写した。

(5) **版位** 儀式を行うとき、庭上に参列する群臣の列位を定めるために置いた木の板。唐制に倣ったもの。『養老令』の「儀制令」に「凡版位、皇太子以下、各方七寸（約二一センチ）、厚五寸（約一五センチ）、題云、其品位、並漆字」とある。『令集解』古記は「漆字、謂以レ漆用レ墨也、今行事、以レ火焼作レ字也」と記し、焼印を用いると述べる。

(6) **時刻**　未詳。当日平明（明け方）主殿寮が南庭を掃除すると『江家次第』（巻一）に見える。

(7) **南殿**　紫宸殿。

(8) **左右近衛**　左近衛府・右近衛府の官人。大同二年（八〇七）中衛府を改めて右近衛府とし、近衛府（もと授刀衛）を左近衛府とした。近衛府の構成は、大将、中将、少将（各一人）、将監、将曹（各四人）、医師（一人）、府生、番長（各六人）、近衛（四〇〇人）。

(9) **外弁**　内辨に対する語。紫宸殿で儀式が行われるときは承明門内に在って儀式を統轄する内弁に対して門外に着して事を行う公卿を外弁という。ここでは「外弁の座」に就くことをいう。『公事録附図』の「恒例公事之図」（上）に「元日節会公卿著外弁座之図」（宮内庁三の丸尚蔵館『古記録にみる王朝儀礼』所収）参照。

(10) **上卿**　朝儀、公事を奉行する公卿の上首。摂政・関白・太政大臣・参議を除くのを原則とする。上卿を一《いち》上《のかみ》ともいう。政務練達の有能な公卿がえらばれる傾向がある。期日の定まっている恒例の公事の一部については、指名された者を「分配の上卿」また「日《ひ》の上卿（日上《ひのしょう》と略称する）」と称する。土田直鎮「上卿について」（『奈良平安時代史研究』）、山本信吉「一上考」（『国史学』九六号）、今江廣道「公事の分配について」（同・一二三号）参照。

(11) **外記**　太政官の職員で、大外記（二人）少外記（二人）。その職掌は、「掌、勘二詔奏一、及読二申公文一、勘二署文案一、検二出稽失一」（『養老令』「職員令」）。

(12) **問所司具否**　所司官人が揃っているか否かを問う。

(13) **大舎人**　中務省被官の大舎人寮（左・右あり）に属する舎人。各寮で定員八〇〇人ずつ（弘仁十年以後は四〇〇人）。「軍防令」によると、内六位以下八位以上の嫡子の二一歳以上の者から簡試して、上等の者を大舎人とする。

(14) **召使**　太政官の史生《ししょう》の下に置かれ、大射の執旗《まとまおし》、釈奠《せきてん》や列見《れけん》で官人を召すなどの仕事に従事した。『延喜式』（巻十八）によると、式部省が散位の三九歳以下の「有二容儀一者」をとり、毎月五人ずつ二番に編成する。

(15) **式筥**　文書を入れた筥。

(16) **式**　未詳。

(17) **訛**　いつわる、なまる、間違い。

(18) **長保六年正月一日**　寛弘元年（一〇〇四）正月一日。『権記』に「六年正月一日、丙戌、参内、小朝拝之間、花雪時降、節会如レ常、余奉二左相仰一、々二御酒勅使一、但立楽間也、前例不レ及、此間中将為二宣命使一」とある。『四節八座抄』に「大臣著二外弁一、有二後参大臣一時、諸卿動座事、長保六年正月一日、内大臣在レ座、右大臣後参、准二式部式大弁儀一不二動座一」とある。

(19) **内大臣**　正二位藤原公季。兼左大将。当時四八歳。

(20) **右大臣**　正二位藤原顕光。六一歳。

(21) **式部式**　『延喜式』（巻十八）に「凡在二朝堂座一見二親王及太政大臣一者、皆磬折而立、若見二左右大臣一及左右大臣見二親王及太政大臣一者、並起レ座、即就レ座出レ門訖乃以レ次就レ座、其少弁以上初就レ座者、外記、左右史以下皆起〔若大弁一人先就レ座者、見二後来大辨以下一不レ起、中弁以下先就レ座者、見二後来大弁一即起〕（以下略)」とある。

(22) **寛弘三年**　一〇〇六年。『四節八座抄』に「寛弘三年正月一日、依㆓左丞相議定㆒、毎度動座、西宮抄、還又直可㆓動座㆒、然者以㆓此説㆒可㆑為㆑是〔右大臣在㆑座、内大臣後参、為㆓之如何㆒、今案猶可㆓動座㆒歟〕参列之時、動座同㆑之〔北山抄云、著座之時、出門後居云々、而過㆓前後㆒即居、雖㆓是違例㆒、近例如㆑此〕」とある。

(23) **宮中故実**　宮中の先例。

(24) **一品親王**　親王は天皇の兄弟姉妹・子女。女子は内親王。一～四品に叙される。品階に叙されぬ場合は無《む》品《ほん》という。一品は太政大臣、二品は左・右大臣、三・四品は大納言・大宰帥・八省の卿に任ずるにふさわしい品階とされる。

(25) **少納言**　太政官の構成員のひとつ。天皇に近侍し、小事の奏宣、内印・外印や駅鈴の出納を掌る。定員は三名。

(26) **弁**　弁官。太政官の構成員のひとつ。左大弁・右大弁・左中弁・右中弁・左少弁・右少弁で定員各一。八省を管し、庶事を受け付け、太政官内のことを糺判し、被官の宮司の宿直を監する。

(27) **参議**　朝政に参議する、大臣・納言につぐ重職。令外官。大宝二年(七〇二)五月、従三位大伴安麻呂、正四位下粟田真人、従四位上高向麻呂、従四位下毛野古麻呂、同小野毛野らに朝政に参議せしめたのを初めとする(『続日本紀』巻二)。平安初期、定員は八人に固定した。

(28) **納言**　大納言(定員二人)・中納言(三人)・少納言(三人)。大納言は、天皇に近侍して庶政に参画し、大臣不参のときはかわって政務を行う。天暦(九四七～五七)頃から権官が常置されるようになり、員数は合わせて六、七人から一〇人にも及ぶようになった。

(29) **日上**　日の上卿。注(10)（二二頁）参照。

(30) **吏部王記**　本文3注(6)（一四頁）参照。

(31) **中古以来**　中古は、或るていど年代のへだたった昔。なかむかし。

【本　文】6

中務省率侍従、列立承明門東西前庭、陰陽寮候御暦案、宮内省候氷様腹赤御贄〔近代小節、彈正不參云々、然而開門之時、忠以下立公門、可行糺彈之由、見臺式也〕天皇着御座、近仗稱警蹕、内辨大臣〔大臣不參者、以次人奉仰後着南座、問所司具否、催行雜事、王卿出外辨之後、於閑所以官人隨身等、令押笏帋〕着靴就兀子、内侍臨東檻、大臣起座、微音稱唯、出自軒廊東第二間〔近代云々、清愼公出自第一間、九條大臣用第二間者、而彼御記、不見用一間之事、廉義公被記出入自二間之由、豈乖先公之教、用他家之説乎〕斜行到左仗南頭〔當中少將座、南去六七尺許〕西面再拜、右廻參上着座〔計座着之〕次皇太子參上、謝座謝酒着座〔其儀見清凉抄、大夫前行、留候軒廊東一間北砌下、宮司等候左近本陣、帶刀候階下陣、幼稚之時、更不設座、康保元年、依重喪又不設之也〕

【訓　読】

中務省《なかつかさのしょう》(1)、侍従《じじゅう》(2)を率《ひき》いて、承明門《じょうめいもん》(3)の東西の前庭に列立《れつりつ》す、陰陽寮(4)、御暦案《ごりゃくあん》に候す(5)、宮内省(6)、氷様《ひためし》(7)・腹赤御《はらかのおん》贄《べ》(8)に候す〔近代は、小節(9)に弾正(10)は参らずと云々、然れども、門を開く時は、忠(11)以下《いげ》は公門に立ち、糺弾を行うべき由、台式(12)に見ゆるなり〕天皇御座に着す、近仗(13)は警蹕《けいひつ》(14)を称す、内弁大臣(15)〔大臣参らずば(16)、次の人を以て仰せを奉《うけたまわ》るのち南の座に着き、所司の具否《ぐひ》を問い(17)、雑事を催し行い(18)、王卿外弁《げべん》(19)に出づるのち、閑所《かんじょ》(20)に於て、官人・随身《ずいじん》(21)らを以て笏紙(22)を押さしむ〕靴を着け兀子《ごつし》(23)に就く、内侍《ないし》(24)は東檻(25)に臨み、大臣は座を起《た》ち、微音《びおん》(26)に称唯《いしょう》(27)す、軒《こん》廊《ろう》(28)の東の第二の間《ま》より出ず〔近代は云々、清慎公《せいしんこう》(29)は第一の間より出で、九条の大臣(30)は第二の間を用う、てへり、しかるに彼の御記《ぎょき》(31)には、一の間を用いし事を見ず、廉義公《れんぎこう》(32)は一の間より出入せし由を記さる、あに先公(33)の教えに乖《そむ》き、他家の説を用いんや〕斜行《しゃこう》(34)し、左仗《さじょう》の南頭(35)に到る〔中・少将(36)の座に当たり、南に去ること六七尺許《ばか》り〕西面再拝し、右に廻り参上し座に着く〔座を計りこれに着く〕次いで皇太子参上す、謝座謝酒《しゃざしゃしゅ》(37)し座に着く〔其の儀は清涼抄(38)に見ゆ、大夫《だいぶ》(39)前行し、留まりて軒廊の東一の間の北の砌《みぎり》(40)の下に候す、宮司《ぐうじ》(41)らは左近《さこん》の本陣に候す、帯刀《たちはき》(42)は階《きざはし》の下の陣に候す、幼稚《ようち》の時(43)は、更に座を設けず、康保元年(44)、重喪(45)により、また設けざりしなり〕

【注　解】

(1) **中務省**　天皇の国事行為および後宮の事務を掌る。長官卿《かみ》の職掌は「掌、侍従、献替、替相礼儀、審署詔勅文案、受事覆奏、宣旨、労問、受納上表、監修国史、及女王内外命婦宮人等名帳、考叙位記、諸国古籍、租調帳、僧尼名籍事」とある(「職員令」)。一職・六寮・二司を管する。

(2) **侍従**　天皇に近侍し、規諫《きかん》のほか身辺の世話をする。侍従の定員は八人で、そのうちには少納言三人が含まれる。

(3) **承明門**　平安宮内裏《だいり》内郭十二門のひとつ。外郭建礼門と対し、北は南庭をへだてて紫宸殿と対する中央の門。閤門ともいう。開閉は近衛の官人が行い、兵衛が守衛する。

（4）**陰陽寮**　中務省の被官。天文・気象の観測を行い、異変あれば占って上奏し、また暦をつくり、時刻を知らせる。

（5）**候御暦案**　暦については「雑令」に、「凡陰陽寮毎年預造二来年暦一、十一月一日、申二送中務一、中務奏聞、内外諸司、各給二一本一、並令三年前至二所在一」とある。また『延喜式』（巻十六）に「凡進レ暦者、具注御暦二巻〔六月以前為二上巻一、七月以後為二下巻一〕納二漆函一安二漆案一、頒暦一百六十六巻、納二漆櫃一著レ台、十一月一日至二延政門外一候〔中宮・東宮御暦供進准レ此〕其七曜御暦、正月一日候二承明門外一〔並見二儀式一〕」とある。「案」は机。

（6）**宮内省**　天皇、皇室に関する庶務を扱う。一職・四寮・一三司の計一八の下級官司を管する。卿《かみ》の職掌は「掌、出納、諸国調雑物、舂米、官田、及奏宣御食産諸方口味事」とある。

（7）**氷様**　氷室に収蔵されている氷の厚薄の様子を奏上する儀式。『延喜式』（巻四十）によると、氷室は山城国に六か所（徳岡・小野・栗栖野・土坂・賢木原・石前）と大和国（都介《つげ》）・河内国（讃良《ささら》）・近江国（龍華《りゅうげ》）・丹波国（池辺）に各一か所があった。福尾猛市郎「主水司所管の氷室について」（『日本歴史』一七八号）参照。

（8）**腹赤御贄**　「おんべ」は「大贄《おおにえ》」の変化した語。大宰府から献上された腹赤の魚を天皇が覧《み》る。腹赤は鱒《ます》のことと言われるが、その腹が淡紅色であるところから、かく称する。

（9）**小節**　五位以上の者が召される節会（元日や踏歌の節など）。六位以上を召すのが大節（白馬、豊明節会など）。

（10）**弾正**　弾正台の官人。

（11）**忠**　弾正台の構成員の一。忠は三等官スケ。大忠（一人）少忠（二人）。

（12）**台式**　弾正台式。『延喜式』（巻四十一）に「凡諸司官人、開門以後就二朝座一者、即加二糺弾一、但参議以上、

左右大弁、八省卿、弾正尹不レ在二弾限一」とある。

(13) **近仗**　近衛の官人。兵士。

(14) **警蹕**　天皇の出・入御、行幸、御膳を供する時などに「おし」と唱える。人びとに告げ戒め、また邪気を払うのだという。『西宮記』(巻九)に「節会警蹕事」として「節会之日、若無二左右大将及宰相中将一者、当日上卿称警蹕云々、是事大将及次将所職也、但天皇御二南殿武徳殿等一之時、若大将及次将等退出之間、天皇若避レ座着座之時、当座第一上卿称二警蹕一云々」とある。

(15) **内弁大臣**　内弁は外弁《げべん》に対する語。承明門内において式の進行を掌る官人。参会する大臣のうち上席の者が掌る。

(16) **大臣不参者**　『西宮記』(巻一)に「大臣不参之時、納言依二宣旨一行二内弁事一、上卿中間有レ障退出之時、依譲二次人一行レ之」とあり、『江次第抄』(巻一)に「第一大臣於二承明門外一、弁二備諸事一、故曰二外弁一、雖レ有二親王一、猶大臣之人行レ事也」とある。

(17) **問所司具否**　本文5注(12)(二二頁)参照。

(18) **催行雑事**　未詳。

(19) **外弁**　本文5注(9)(二二頁)参照。

(20) **閑所**　「かんしょ」とも。人のいない静かな場所。

(21) **随身**　近衛府の武官で、太上天皇や上級貴族の身辺警固のために配された従者。その人員は、太上天皇(一四人)、摂政・関白(一〇人)、大臣兼帯の近衛大将(八人)、納言・参議兼帯の近衛大将(六人)、近衛中将(四人)、近衛少将(二人)、諸衛督(四人)、諸衛佐(二人)と思われる。随身は弓矢を持ち朝夕祗承する。

(22) **笏紙**　メモ用に笏に貼《は》りつける紙。貼紙ともいう。笏紙は続飯《そくい》（めし粒を練って作ったのり）で貼りつける。『小右記』正暦四年（九九三）十一月十五日条に「弾正少弼孝道来、伝二内府命一云、今日儀式可二注送一也、付レ使奉レ入了、未レ終二参内一、右・内両相府以下参入、右府為二内弁一、令レ奏二外任奏一、出陣壁後、給二笏於息宣方朝臣一、令レ押二節会次第一、其間拱手太無レ便（先例第一人押二笏帋一、自レ家参入者也）」とある。阿部猛「笏と扇と沓」（『平安貴族の実像』一九九三年・東京堂出版）。

(23) **兀子**　儀式のときに用いられる低い椅子。参議以上の議政官が用いたものらしい。方形の板の四隅に脚をつけ、敷物を敷いて坐った。

(24) **内侍**　内侍司は、後宮における天皇の日常生活に供奉《ぐぶ》し、奏請・宣伝のことを掌る。尚侍（二名）・典侍（四人）・掌侍（四人）で計一〇名である。

(25) **東檻**　檻は「てすり」。「おばしま」と訓む。

(26) **微音**　低い声で。

(27) **称唯**　「いしょう」と読む慣わしである。「しょうい」が「譲位」に通じることを避けたものかと思われる。官人が召されたとき「おお」という声を発して行う応答をいう。

(28) **軒廊**　吹放ちで土間床の廊。紫宸殿の南廂から階段を降りて東の宜陽殿に至る廊（東廊、近廊）が軒廊であった。西側には校書殿に至る軒廊もあったが、承和元年（八三四）に撤去されている（『続日本後紀』巻三）。

(29) **清慎公**　藤原実頼。

(30) **九条大臣**　藤原師輔。

(31) **御記**　清慎公記。藤原実頼の日記。「水心記」ともいう。延長二年（九二四）から天禄元年（九七〇）に至る記事があったと推測される。逸文のみで現存しない。

(32) **廉義公**　藤原頼忠。実頼の二男。

(33) **先公**　公任の父は頼忠。

(34) **斜行**　ななめに進む。

(35) **左仗南頭**　左近衛の列の南のほとり。「頭」は「辺」と同じく、ほとり、あたり。

(36) **中少将**　近衛中将、同少将。

(37) **謝座謝酒**　謝座は、群臣が庭中で感謝の意を表して行う拝礼。謝酒は群臣に酒坏を賜うとき、群臣が再拝してこれを受ける礼。

(38) **清涼抄**　本文1注(23)（八頁）参照。

(39) **大夫**　中宮職・修理職・京職など職名の官司および春宮坊の長官。ここは皇太子の参上の項であるから春宮坊大夫か。五位の者を大夫《たいふ》と呼ぶのと区別して「だいぶ」と濁る。

(40) **砌**　軒の下の雨落ち溝のこと。「水限《みぎわ》」の意という。石や瓦を敷いてある。

(41) **宮司**　神職ではなく、春宮坊の官人らを指すのであろう。

(42) **帯刀**　春宮坊の帯刀。武装して東宮の警固に当たる舎人《とねり》。宝亀七年（七七六）に創置。『延喜式』（巻四十三）によると、定員三〇人で、これは春宮坊の舎人六〇〇人のうちから割いたもの。『延喜式』（巻四十三）は、「朝賀儀」として、「前一日（中略）主蔵設二胡床於幄下帖上一、西向、坊官設二亮及帯刀舎人胡床於幄北一、南向西上、其日依二時刻一、傅《ふ》以下諸侍従、内舎人各著二朝服一参詣共候、東宮駕輦以下出、帯刀舎人服二上儀服一、被レ甲脚纏帓額列二立前後一、左右兵衛尉志各率二兵衛一、陣一列門外二立三前後二」とある。笹山晴生『日本古代衛府制度の研究』参照。

(43) **幼稚之時**　皇太子が幼いとき。

(44) **康保元年**　九六四年。応和四年。『西宮記』（巻一）に「応和四年正月一日、依二忌月一不レ出二南殿一、入レ夜式部卿親王、令二蔵人文利申一云、有レ所レ煩遅参候陣之由、仰許参上之」とある。

(45) **重喪**　重き服喪。

【本　文】７

所司開門、闈司分居、大舎人叩門、闈司就版奏、勅答〔令申〕後復座傳宣、中務省率陰陽寮、奏御暦〔輔奏〕無勅答、闈司共進舁案、登自南階、立南簀子西第三間、却下立階下西、内侍取函到御帳西、奏覧、天皇取御暦、置西置物御机、闈司舁案立本所、内豎四人入自日華門、舁案退出、次大舎人叩門、闈司奏、勅答後、宮内輔率僚下、奏氷様・腹赤御贄、〔若腹赤不來者、唯奏氷様、腹赤七日奏之〕膳部・水部等、入自月華門、取御贄退出〔日晩時、伴等奏、出御以前、令奏事由、就内侍所云々〕次大臣召舎人二聲、大舎人稱唯、少納言參入、此間、親王以下、起外辨座〔舊例、廊前二所構假橋、近代、不設之、皆用石橋云々〕經屏幔南、列立左兵衞陣南頭〔西面雁行、或記云、南面、貫主人與陣西端平頭云々、近年、未見南面之例〕大臣宣喚侍從〔末不千君達召世、小節皆用此詞〕少納言稱唯、退出召之、親王以下微音稱唯、入自承明門東扉、各就標下〔異位重行、版位南去五尺、東去二丈立親王標、南大臣標、次大納言標、次中納言標、三位參議、幷散三位、王四位參議標、少退在此列、次四位參議標、次王四位五位標、次臣四位標、次五位標、馳道西立王四位五位標、臣四位五位標如此、各以七尺爲

間、内辨參上後、上官稱舊例、卽着階下座、九條大臣就列日咎之云々〕

【訓読】

所司門を開く、闈司《いし》(1)分れ居る、大舎人《おおとねり》門(2)を叩《たた》く、闈司版《へん》(3)に就《つ》いて奏す、勅答(4)〔申さしめよ〕のちに座に復し宣を伝う、中務省(5)、陰陽寮(6)を率いて御暦《ごりやく》(7)を奏す〔輔《すけ》(8)奏す〕勅答なくば、闈司共に進みて案を舁《か》く(9)、南の階(10)より登り、南の簀子《すのこ》(11)の西の第三の間に立ちて、却《しりぞ》き下《お》り階の下の西に立つ、内侍は函《はこ》(12)を取り、御帳《みちょう》(13)の西に到り奏覧す、天皇御暦を取り、西の置物御机《おきもののおつくえ》(14)に置く、闈司は案を舁《か》き本所に立つ、内豎《ないじゅ》(15)四人、日華門(16)より入り、案を舁《か》き退出す、次いで大舎人《おおとねり》門を叩《たた》く、闈司《いし》奏す、勅答ののち、宮内《くない》の輔《すけ》、僚下《りょうか》(17)を率いて、氷様《ひためし》(18)・腹赤御贄《はらかのおんべ》(19)を奏す〔もし腹赤来らずば、ただ氷様を奏す、腹赤は七日に奏す〕膳部《かしわでべ》(20)・水部《もいとりべ》(21)等は、月華門より入り、御贄《おんべ》を取り退出す〔日の晩《くる》るときは、伴等奏す(22)、出御以前に、事の由を奏せしめ、内侍所に就《つ》くと云々〕次いで大臣、舎人《とねり》を召すこと二声《ふたこえ》、大舎人称唯《いしょう》す、少納言参入す、此の間、親王以下、外弁《げべん》(23)の座を起《た》つ〔旧例は、廊前の二所に仮《かり》橋《はし》(24)を構う、近代はこれを設けず、みな石橋を用うと云々〕屏幔《へいまん》(25)の南を経て、左兵衛の陣の南の頭《ほとり》(26)に列立す〔西面雁行《がんこう》す、或る記に云う、南面し、貫首人(27)、陣の西の端と平頭《へいとう》(28)すと云々、近年は未だ南面の例を見ず〕大臣宣し、侍従を喚《よ》ぶ〔末不千君達《まふちきみたち》(29)召世《めせ》、小節《しょうせち》にはみな此の詞《ことば》を用う〕少納言称唯《いしょう》す、退出しこれを召す、親王以下、微音《びおん》に称唯《いしょう》し、承明門《じょうみょうもん》の東の扉《とびら》より入り、各《おのおの》標の下に就く〔異位重行《いいじゅうぎょう》(30)す、版位《へんい》南に去ること五尺、東に去ること二丈に、親王の標《ひょう》(31)を立つ、南に大臣の標、次いで大納言の標、次いで中納言の標、三位の参議、并《なら》びに散三位、王の四位の参議の標、少しく退き、此の列に在り、次いで四位の参議の標、次いで王の四位・五位の標、次いで臣の四位の標、次いで五位の標、馳道《ちどう》(32)の西に王の四位・五位の標を立つ、臣の四位・五位の標はかくの如し、各《おのおの》七尺を以て間となす、(33)内弁参上ののち、上官旧例を称す、即ち階の下の座に着く、九条の大臣、(34)列に就く日、これを咎《とが》むと云々」

【注　解】

（1）**闈司**　後宮十二司のひとつで、宮城諸門の鍵《かぎ》の保管・出納を扱う。「闈」は宮中の諸門のこと。尚闈（一人）・典闈（四人）・女孺（四人）から成る。

（2）**大舎人**　左・右大舎人寮に属する舎人で、定員は左・右各八〇〇人で計一六〇〇人。「軍防令」によると、内六位以下八位以上の嫡子の二一歳以上のものから簡試して上等の者を大舎人にとる。

（3）**版**　版位。本文5注（5）（二二頁）参照。

（4）**勅答**　天皇が答える。

（5）**中務省**　本文6注（1）（二六頁）参照。

（6）**陰陽寮**　本文6注（4）（二六頁）参照。

（7）**御暦**　本文6注（5）（二七頁）参照。

（8）**輔**　中務輔。

（9）**舁案**　机をかつぐ。

（10）**南階**　南の階段。

（11）**簀子**　簀子張りの部分。廂《ひさし》の外側。

（12）**函**　暦を収めたはこ。

(13) **御帳**　帳台。寝室。

(14) **置物御机**　清涼殿の玉座の左右にあった机。

(15) **内豎**　宮中の殿上で駆使する童子。内供奉豎子。神護景雲元年（七六七）七月十日、はじめて内豎省を置いたが（『続日本紀』巻二十八）、宝亀三年（七七二）二月十六日廃省し（同・巻三十二）、弘仁十一年（八二〇）内豎所を置いた（『類聚三代格』巻四・弘仁十一年四月二十一日太政官符）。このとき、大舎人の数を八〇〇人から四〇〇人に減じたが、それは「旧に依り内豎を置」いたためというから、内豎は実質的には舎人であったとみられる。

(16) **日華門**　平安宮内裏内郭東門で、宜陽殿と春興殿の間にある。紫宸殿東廊の陣座とも近いので、諸儀式・節会の際の通用門となった。

(17) **僚下**　配下の官人、部下。

(18) **氷様**　本文6注(7)（二七頁）参照。

(19) **腹赤御贄**　本文6注(8)（二七頁）参照。

(20) **膳部**　朝廷で調理に従事した集団。『養老令』によると、大膳職に一六〇人、内膳司に四〇人（延長元年〈九二三〉一〇人となる）、春宮主膳監に六〇人が附属していた。

(21) **水部**　宮内省被官主水司に属し、水戸をひきいるトモ（伴）。令文は「氷部」と記すが誤りで、「水部」であろうという。「モヒ」は水をいれる器、転じて飲料水のこと。定員は四〇人。

(22) **日晩時伴等奏**　日没になったときは、膳部など伴部が奏上する。

(23) **外弁**　本文5注(9)（二二頁）参照。

(24) **仮橋**　未詳。つぎの石橋も。
(25) **屏幔**　天井のない幕舎。まんまく。
(26) **南頭**　「頭」は「辺」「ほとり」か。
(27) **貫主人**　蔵人頭のこと。
(28) **平頭**　頭をならべる。先頭が揃うこと。
(29) **末不千君達**　公卿。
(30) **異位重行**　位階の順にしたがって高位の者から順に、前からうしろに並び、同位の者は横に一列に並ぶ。
(31) **標**　列立する位置を示す木の板。版。
(32) **馳道**　天皇の歩む道。
(33) **以七尺為間《ま》**　間隔を七尺とした。
(34) **九条大臣**　藤原実頼をさす。

【本　文】８

諸仗共興、侍従相分列立東西立定、大臣宣侍座〔之支尹〕共稱唯再拜訖、造酒正把空盞、來授貫主人、共跪置笏於左取盃〔造酒正取盤退還〕小拜、起而相共再拜畢、造酒正來受盞、退還之間、把笏小拜起〔跪先左膝、起先右足〕卽次第入自軒廊東二間〔或一間云々〕參上着座〔親王南面、大臣北面、其着北人、經東廂入自中間北邊、南人、入自南廂着〕侍従以上着座畢、采女撤御臺盤覆、陪膳着座、次供御膳〔若遲供者、內膳別當上卿起座催之

云々〕羣臣幷近仗興、次東宮采女供膳、次所司率内豎、賜王卿餛飩畢、

【訓　読】

諸仗(1)ともに興《た》つ、侍従あい分れ、東西に列立し立つ定めなり。大臣侍座《じざ》を宣す(2)〔之支尹《しきいん》〕ともに称唯《いしょう》再拝し、(3)訖《おわ》りて、造酒正《みきのかみ》(4)空盞《くうさん》(5)を把《と》り、来りて貫主人(6)に授く、ともに跪《ひざまつ》き笏《しゃく》(7)を左に置き盃《さかづき》を取る〔造酒正、盤《ばん》(8)を取り退き還る〕小拝す、起《た》ちてあいともに再拝し畢《おわ》る、造酒正来り盃を受く、退き還る間、笏を把《と》り小拝し起つ〔跪くには左膝を先とし、起《た》つには右足を先とす〕即ち次第(9)に軒廊《こんろう》の東の二の間より入り〔或いは一の間と云々〕参上し座に着く〔親王は南面し、大臣は北面す、その北に着く人は、東の廂《ひさし》を経て、中の間の北辺より入る、南の人は南の廂より入り着く〕侍従以上、座に着き畢《おわ》る、采女《うねめ》(10)は御台盤覆《みだいばんおおい》(11)を撤《と》り、陪膳(12)は座に着く、次いで御《お》膳《もの》を供《ぐ》す〔もし遅れて供せば、内膳別当上卿座(13)を起《た》ちてこれを催すと云々〕群臣并《なら》びに近仗興《た》つ、次いで東宮の采女(14)、膳を供す、次いで所司、内豎《ないじゅ》を率いて、王卿に餛飩《こんとん》(15)を賜い畢る

【注　解】

(1) **諸仗**　諸衛の兵士ら。「興」字、写本によっては「起」とする。

(2) **宣侍座**　内弁の大臣が親王・諸王・廷臣に着座の命を伝える。これを「しきいん」（おすわり下さい）という。

(3) **共称唯再拝訖**　着座の命をうけた人びとは、ともに「おし」と応《こた》え、謝座の拝礼（再拝）を行う。

（4）**造酒正**　造酒司は宮内省の被官で、酒・酢の醸造をつかさどる。正は「かみ」長官。

（5）**空盞**　からのさかづき。酒が入っていない。

（6）**貫主人**　蔵人頭。

（7）**笏**　和訓は「テイタ（手板）」。五位以上は牙笏《げしやく》（象牙製）、六位以下は木笏《もくしやく》。牙笏は、ふつう上端と下端を円く形成し、少しそりかえっている。木笏は上端は円いが下端は水平に切り落としてある。長さ一尺二寸、上端の幅二寸七分、下部の幅二寸四分、厚さ三分。

（8）**盤**　食器などをのせる台。

（9）**次第**　順序にしたがい。

（10）**采女**　後宮の下級女官。天皇に近侍して、おもにその食膳に奉仕した。

（11）**御台盤覆**　食器をのせる盤を覆っている布？

（12）**陪膳**　天皇の食膳に奉仕する者。陪膳の采女。

（13）**内膳別当上卿**　このところ、内膳・別当・上卿か。未詳。

（14）**東宮采女**　東宮の采女？　春宮坊に仕える宮人《くうにん》。

（15）**餛飩**　「こんどん」とも。唐菓子の一種。麦粉をこね、刻《きざ》んだ肉を入れて煮《に》たもの。温飩《うどん》の前身かという。

【本　文】9

天皇撩御箸〔内辨端笏候氣色〕羣臣搢笏下箸、次供御飯、次賜羣臣飯汁物畢、重下御箸〔舊例、不必待臣下汁物〕羣臣食畢、供三節御酒〔甘糟也、用青瓷盞、七日十六日同可供之、仍謂三節〕次賜太子、次供御酒〔入夜時、毎供畢、陪膳采女示大臣〕次賜臣下、一獻畢、國栖奏、三獻後、大臣起座、磬折奏云、大夫達爾賜御酒牟、御揖畢、稱唯復座、召參議〔三位參議召兼官、兼官長者、其官乃姓朝臣、兼權官若次官者、其官其職云々、無兼官者、可何召乎、或云、可召政大夫、有兼國者、某守云々、未詳、臨暗之時、慥知有無、召之、或上召退下人、招胡盧也〕仰之、稱唯、左廻退下、問敕使名〔外記小書進之〕還昇進南簀子第二間〔庇第二柱、西去二尺許、西面而立〕召仰了、右廻復座〔或二獻後仰之〕雅樂寮奏樂了、縫殿寮立祿韓櫃、大臣着陣〔脱靴、異旬日官奏儀〕外記奉見參、見了返給、內記奉宣命、見又返給〔太子參上時、外記奉書載見參之由、見大嘗會式、七十以上者、雖身不參、可預見參之由、見式、但參議以上、非有宣旨者不入、不預謝座參上事、又如之〕大臣起座、到東階下、外記宣命横插見參杖、跪而進之〔一說、內記進宣命、外記進見參、大臣卽給外記、令插一杖、初說者、依儀式、卽貞信公之敎也、見口傳幷承平三年正月七日私記、後說、依內裏式、見九條年中行事、及內記所舊記也〕執之參上、到御帳東北御屏風妻、付內侍、退把笏右廻〔九條年中行事云、左廻、而彼一家皆用右廻也〕立障子戸西柱下〔坤面〕奏覽了返給、進搢笏取之〔不插文杖〕左廻退下、先給文杖於外記、次給見參了、取副宣命於笏參上、召參議給之、參議右廻着座、太子先避座、次親王以下下殿、列立左仗南頭〔西面、異位重行、仗頭南去五尺許〕侍從各立幄前、宣命使就版〔尋常版北、一許丈置之、近仗起〕宣制〔羣臣兩段再拜舞踏、太子先之〕了宣命使復座、羣臣着座、中務輔執札立祿韓櫃下、內侍取御祿、賜皇太子、卽退下、次輔唱名、親王以下稱唯下殿、到日華門前待、次跪蘆蕣上、搢笏取祿〔縫殿頭以下授之〕小拜左廻、從日華門退出〔諸大夫出自長樂門、臨暗時、侍女官供御殿油、所司候庭燎也〕事訖、天皇還御、近仗稱蹕

【訓　読】

天皇、御箸を撩《と》る(1)〔内弁は笏を端《ただ》し(2)気《け》色《しき》(3)を候《うかが》う〕群臣は笏を揩《さしはさ》み(4)、箸を下《おろ》す、次いで御飯を供《ぐう》す、次いで群臣に飯汁物《はんしるのもの》(5)を賜《たま》い畢《おわ》る、重ねて御箸を下す〔旧例は、必ずしも臣下の汁物を待たず〕群臣食し畢《おわ》り、三節《さんせち》(6)の御酒を供す、〔甘糟(7)なり、青瓷《あおじ》の盞(8)を用う、七日十六日(9)、同じくこれを供すべし、仍《よ》りて三節と謂《い》う〕次いで太子に賜う、次いで御酒を供す、〔夜に入る時は毎《つね》に供し畢る、陪膳《ばいぜん》の采女《うねめ》(10)大臣に示す〕次いで臣下に賜う、一献し畢り、国栖奏《くずのそう》(11)なり、三献ののち、大臣座を起ち、磬折《けいせち》(12)し奏して云う、大夫達(13)に御酒を賜わむと、御揖(14)畢り、称《い》唯《しょう》し座に復す、参議を召す、〔三位参議兼官を召す、官長(15)を兼ぬるは、その官の姓朝臣、権官(16)もしくは次官を兼ぬるは、その官その職と云々、兼官なきは、何《いか》に召すべきか、或いは云う、政大夫《まうちきみたち》(17)を召すべし、兼国あるは、某の守《かみ》と云々、未だ詳かならず、暗《くらき》に臨む時は、慥《たし》かに有無を知り、これを召す、或いは上、退下の人を召す、胡盧(18)を招くなり〕これを仰す、称唯し、左廻りに退下し、勅使の名を問う、〔外記(19)は小書《こがき》(20)してこれを進《たてまつ》る〕還り昇り、南の簀子第二の間に進み〔庇《ひさし》第二の柱、西に去る二尺許り、西面して立つ〕召仰せ了る、右廻りに座に復す〔或いは二献ののちこれを仰す〕雅楽寮楽を奏し了る(21)、縫殿寮(22)、禄韓櫃(23)を立つ、大臣陣に着く〔靴を脱す、旬日官奏儀(24)に異なる〕外記見参《げざん》(25)を奏る、見了《みおわ》りて返し給う、内記宣命《せんみょう》(26)を奏る、見てまた返し給う〔太子参上の時は、外記、見参に書き載せ奏るの由は、大嘗《だいじょう》会《え》式《しき》(27)に見ゆ、七十以上(28)は身不参と雖も、見参に預かるべきの由、式に見ゆ、但《ただ》参議以上は宣旨ある者《ひと》に非ざるは入れず、謝座参上のことに預からず、またかくの如し〕大臣座を起ち、東の階《きざはし》の下に到る、外記は宣命を横《よこ》ざまに見参の杖に挿《さしはさ》み(29)、跪きてこれを進《たてまつ》る、〔一説に、内記は宣命を進り、外記は見参を進ると、大臣は即ち外記に給い、一杖に挿ましむ、初説は儀式による(30)、即ち貞信公(31)の教えなり、口伝《くでん》(32)ならびに承平三年正月七日私記(33)に見ゆ、後説は内裏式による、(34)九条年中行事(35)及び内記所の旧記(36)に見ゆ〕これを執りて参上す、御帳東北の御屏風の妻《つま》(37)に到り、内侍に付《さず》く、退きて笏を把《と》り右に廻る〔九条年中行事に云う、左に廻ると、しかるにかの一家はみな右廻りを用うるなり〕障子戸西の柱の下に立つ〔坤面(38)〕奏覧了り返し給う、進みて笏を搢《さしはさ》みこれを取る〔文杖《ふづえ》(39)に挿《さしはさ》まず〕左廻りに退下す、先ず文杖を外記に給う、次いで見参を給い了《おわ》る、宣命を笏に取り副《そ》え(40)て参上す、参議を召してこれを給う、参議は右廻りに座に着く、太子先ず座を避《さ》る(41)、次いで親王以下、殿より下りて左仗南頭(42)に列立す、〔西面す、異位重行《いいじゅうぎょう》(43)、仗頭南に去ること五尺許りなり〕侍従は(44)各《おのおの》幄《とばり》(45)の前に立つ、宣命使は(46)版《へん》(47)に就く〔尋常の版の北、一ばかり丈にこれを置く、近仗(48)起つ〕宣制す(49)〔群臣は両段再拝舞踏(50)す、(51)太子はこれに先んず〕了《おわ》りて宣命使は座に復す、群臣座に着く、中務の輔《すけ》、(52)札を執り禄韓櫃の下に立つ、内侍は御禄を取り、皇太子に賜う、即ち退下す、次いで輔は名を唱う、親王以《い》下称唯《げいしょう》し殿より下る、日華門前に到りて待つ、次いで蘆薜《ろへい》(53)上に跪《ひざまず》く、笏《しゃく》を搢《さしはさ》み禄を取る〔縫殿頭《ぬいのかみ》以下これを授く〕小拝し左廻りに日華門より退出す、〔諸大夫《しょだいぶ》は(54)長楽門《ちょうらくもん》(55)より出づ、暗《くらき》に臨む時、(56)侍女官、御殿の油を供(57)ず、所司庭燎《にわび》(58)に候するなり〕事訖りて天皇還御す、近仗は蹕《ひつ》を称す(59)

【注　解】

(1) **撩御箸**　「撩」の字には、からげる、いどむ、みだれる、もとる、おさめるなどの意があるというが、尊経閣本には「トル」と注記がある。『江家次第』(巻一)に「御箸下〔鳴レ箸給〕」とある。

(2) **端笏**　笏を持ち直して姿勢をただす。

(3) **気色**　天皇の顔色、容態、そぶり。

（4）**搢笏**　笏を帯にはさむ。

（5）**汁物**　汁を主とした料理。吸物、つゆもの。天皇が箸の音をたてるのを合図に臣下がこれを食する。『西宮記』（巻一）に「居二汁物一〔応二御箸音一嘗レ之〕」とある。『江家次第』（巻一）にも、「給二臣下飯汁物一御箸鳴、臣下応レ之」とある。

（6）**三節**　三節会。元日の節会、七日の白馬の節会、十六日の踏歌の節会。

（7）**甘糟**　堅練りの甘酒。粥《かゆ》をかいに入れてさまし、同量の麹《こうじ》を入れてまぜる。また、かすをこさない酒。

（8）**青瓷盞**　青磁《せいじ》のさかづき。生地《きじ》・釉《うわぐすり》に鉄分を含み、焼きあがると青緑色または淡黄色、黄褐色を呈する磁器。

（9）**七日十六日**　七日は白馬の節会（本文24注（1）（九一頁）参照）、十六日は踏歌の節会（本文45注（2）参照）。踏歌については本文39注（2）参照。

（10）**陪膳采女**　本文8注（10）・（12）（三七頁）参照。

（11）**国栖奏**　国栖は大和国吉野川上流の先住民とされ、節会に贄《にえ》を献じ歌舞を奏した。その所作は、寿福を招く呪法とともに服属儀礼的な意味を持つとみられる。『延喜式』（巻三十一）によると、節会に参る国栖は一七人で、そのうち五人は笛工。林屋辰三郎『中世芸能史の研究』（岩波書店・一九六〇年）参照。

（12）**磬折**　「けいせつ」とも。磬は石でできた楽器で、形が「へ」の字に似ているところから、立ったままで腰をふかく折りまげて礼をするさま。謹しんで礼をする。

（13）**大夫達**　令制では五位〜一位をいうが、のち五位の通称となった。ここでは前者。訓は「まへつきみたち」。

(14) **御揖**　揖は両手を胸の前で組み、上体を前に傾けて敬意をあらわすこと。挨拶する。但し、この場合、天皇の行動だとすると不審。写本によっては「揖」を「許」につくる。天皇がおゆるしになって…、か。『江家次第』（巻一）に「御揖許早復レ座」とある。

(15) **官長**　律令用語では、官庁組織の中で、現任官の長をさす。弘仁以降、意味に変化を生じ、「赴任官の長」の意となる。

(16) **権官**　権は「かり」（＝仮）であるが、員外官制が天応元年（七八一）に廃止されると、権官が員外官にかわるものとなった。

(17) **政大夫**　注(13)（四一頁）参照。

(18) **招胡盧**　胡盧は人の笑い声。他人に笑われること。物笑い。

(19) **外記**　本文5注(11)（二一頁）参照。

(20) **小書**　小さい字で書く。

(21) **雅楽寮奏楽了**　雅楽寮は治部省の被官で宮廷音楽を掌る。演奏する楽曲名は未詳。

(22) **縫殿寮**　中務省の被官で、宮人の考課の作成と省への送進、また宮中所用の衣服を縫製させ内蔵寮に送る。

(23) **禄韓櫃**　禄物を収めた韓櫃。唐―、辛―、とも書く。六脚または四脚を持ち、調度品・衣類などを収納・運搬するのに用いる。『延喜式』（巻二十四）によると「諸国庸物」中に韓櫃が見える。「白木韓櫃一合（長五尺以下四尺五寸以上、広二尺三寸以上、深二尺以下一尺八寸以上、固作以二小平釘一）「塗漆韓櫃一合（長三尺四寸、広二尺二寸六分、著脚従端入三寸、深一尺四寸、板厚六分、手取長一尺三寸四分、広二寸三分、厚

一寸六分、底下横木広一寸五分、厚一寸一分、従二櫃底一至レ地二寸、従二櫃上一一尺一寸四分、蓋深二寸、上板縁端出二分、廉取六分、櫃表裏皆赤漆、四角及縁手取黒漆〕」

(24) **旬日官奏儀**　旬は旬政、毎月の一日・十一日・十六日・二十一日に天皇が紫宸殿に出御して政を聴く儀式。しかし十世紀には衰退して、四月一日の孟夏旬と十月一日の孟冬旬の、二孟旬のみが恒例となった。官奏は太政官奏。『左経記』（万寿三年四月一日条）に「午刻右府被二参入一、左大弁、余、於二腋床子一見二奏文一〔鎰文三枚〕」「右府被レ命云、今日庭立奏可レ有、其官符等令二候儲一者、余帰出仰二大夫史貞行宿禰一〔件官符、季禄・任符之類三枚、今朝令レ作二渡外記一了〕」とある。

(25) **見参**　「けんざん」「けざん」とも訓む。天皇に拝謁するのであるが、ここは「見参の文」で出席者名簿。五位以上の「見参歴名」（『儀式』第四）。

(26) **宣命**　天皇の命令を伝える下達文書の一種。詔の国文体のもの。万葉仮名風に国語を写す。

(27) **大嘗会式**　大嘗会は、天皇の即位後の最初に挙行する新嘗《にいなめ》祭。

(28) **七十以上**　『儀式』（巻四）に「未得解由者亦預七十已上者雖レ不二参面一、特賜レ之、禄物残進二内侍司一」とある。

(29) **宣命横挿見参杖**　宣命を横向きに見参の文をはさむ杖にはさむ。

(30) **初説者依儀式**　最初の説は『儀式』に基づく。

(31) **貞信公**　藤原忠平。

(32) **口伝**　口頭で伝承される情報、知識。

(33) **承平三年正月七日私記**　未詳。

(34) **後説依内裏式**　あとの説は『内裏式』に拠る。

(35) **九条年中行事**　著者は右大臣九条師輔。朝廷の年中行事を中心に公事について述べたもの。首部を欠き、二月の釈奠の項から始まる。「群書類従」所収。

(36) **内記所旧記**　内記所は内記の候所。内記局ともいう。左兵衛陣（陽明門内南掖）の南にあった。そこに保存されていた旧《ふる》い記録。

(37) **御帳東北御屏風妻**　御帳台の東北の屏風のつま。つまは「端《はし》」「側面」の意。

(38) **坤面**　坤は「ひつじさる《（未申）》」で南西。南西に面して。

(39) **文杖**　宣命・見参などの文書を挟み、差し出すための杖。『江家次第』（巻十）に「式部進二諸大夫見参一、左近陣進二俘囚見参一、外記揀二一杖一覧二内弁一、見畢返給、内記以二宣命一覧二内弁一、々々見畢給二外記一、々々揀二一杖一、掃部立二禄案一〔大蔵積レ禄〕内弁到二階下一〔外記進レ杖〕内弁執レ杖、経二王卿座東并北一到二東御屏風南頭一、付二内侍一奏覧之〔抜レ笏退、右廻立二東障子戸西柱下坤面一、奏覧畢返給、内弁進揷レ笏、取レ之左廻退下、於二東階下一返二書杖一、外記取二文杖一参上着座、召二参議一人一〔多召二帯劔人一〕被レ召者進立二内弁後一、内弁給二宣命一〔参議給レ之、右廻復二本座一〕」とある。

(40) **取副宣命於笏**　宣命を笏と重ねあわせて持つ。

(41) **避座**　座を立ち退出する。

(42) **左仗**　左近衛府。

(43) **異位重行**　本文7注(30)（三五頁）参照。

(44) **侍従**　本文6注(2)（二六頁）参照。

(45) **幄前**　幄＝帳。帳台。寝台。

(46) **宣命使**　宣命を読みあげる人。

(47) **版**　宣命の版。長さ一尺五寸、幅一尺、高さ八寸ほどの箱。中務が庭中に置き、宣命使が坐して宣命を読む場所。

(48) **近仗**　近衛の兵。

(49) **宣制**　宣命を読みあげること。制はみことのり、みことのりを宣《のたま》う。

(50) **両段再拝**　両段は二回。再拝は拝礼を二度行うこと。計四回おじぎをする。

(51) **舞踏**　拝舞。本文4注(11)（一七頁）参照。

(52) **中務輔執札**　『延喜式』（巻十二）に「凡賀正畢（中略）宴訖、大少輔執レ札相分唱レ名、賜二御被一条一〔事見二儀式一〕」とある。札は見参者の名簿？『延喜式』（巻十四）には、「元日御礼服、前二日受二内蔵寮一、熨脩即付二本寮一、同日節会賜二親王已下一被一百条〔別一疋一丈五尺〕綿八百屯〔別八屯〕預前縫備、当日持候、中務唱レ名、寮即頒給、其有レ残者依レ例行レ之」とある。

(53) **蘆蔽**　細い竹などを編んで裏に生絹をつけた敷物。

(54) **諸大夫**　四位、五位の地下の者の総称。のち、摂関・大臣家の家司で四位・五位の者をいう。

(55) **長楽門**　内裏南庭の掖門のひとつで、承明門の東側にある南面の門。

(56) **臨暗時**　儀式が日没以後に及んだとき、くらくなったら。

(57) **侍女官供御殿油**　「侍女官」未詳。写本によっては「殿」字なし。女官は灯明用の油を供する。

(58) **庭燎**　庭に焚《た》くかがり火。

（59）**称蹕**　警蹕。天皇の還御を人びとに告げるため「おし」ととなえる。『侍中群要』（三）に「称ニ警蹕一、其詞おし」とある。『枕草子』（二一）に「昼の御座《おまし》の方《かた》には、御膳《おもの》まゐる足音高し、警蹕など『をし』と言ふ声聞ゆるも、うらうらとのどかなる日のけしきなど……」と見える。

【本　文】10

若暫入御、王卿把笏起座、大將發警蹕聲〔若大將幷中將不候者、大臣稱之也〕遲久而可出御之時、內侍出御帳東、示之、王卿卽居〔出御時、又起、還御者、內侍取御釵等、仍不待仰卽座也〕御酒敕使令藏人奏、或進御後令奏云々〔是遲出御時例歟、待出御奏行有便也〕遲叅王卿、奏事由召之、〔有所勞、候陣由、令內豎觸叅議、叅議令申大臣、大臣起座奏云、其人朝間、有所勞不候列、候陣云々、待敕許叅上、納言爲內辨者、內豎直進申之、但益饌以前、內豎難叅上、仍令藏人自內奏之、或依事懈怠、內辨報自內可令奏之由〕雨濕、內辨不謝座、直叅上、太子又不謝座、親王以下列立庭中、不謝座謝酒、直叅上着座〔近代、無此儀〕

【訓　読】

しばらくありて入御す(1)、王卿は笏を把《と》りて座を起《た》つ、大将(2)は警蹕《けいひつ》の声を発《おこ》す〔もし大将ならびに中将(3)の候せざれば、大臣これを称するなり〕やや久しくして出御すべき時(4)は、内侍は御帳《みちよう》の東に出でて、これを示す(5)、王卿は居に即《つ》く(6)〔出御のとき、また起《た》つ、還御には、内侍は御釵等を取る(7)、仍《よ》りて仰せを待たず座に即《つ》くなり〕(8)御酒《みき》の勅使、(9)蔵人をして奏せしむ、或いは御後《おんしりえ》に進み奏せしむと云々、〔これ遅《おく》れて出御のときの例か、出御を待ち奏し行うに便《びん》あるなり〕遅《おく》れて参る王卿は、事の由を奏してこれを召す〔所労(10)ありて陣《じん》(11)に候する由、内豎《ないじゅ》(12)をして参議に触れしむ、参議は大臣に申さしむ、大臣は座を起ちて奏して云う、其の人、朝《あした》の間《かん》、所労ありて列に候ぜず、陣に候す云々と、勅許を待ちて参上す、納言《なごん》を内弁《ないべん》となさんには(13)、内豎直ちに進みてこれを申す、但《ただ》益饌(14)以《より》前《さき》に、内豎参上し難くは、すなわち蔵人をして内よりこれを奏せしむ、或は事の懈怠《けたい》により、内弁、内より奏せしむべき由を報ず〕雨湿(15)ならば、内弁謝座《しゃざ》(16)せず、直ちに参上す、太子もまた謝座せず、親王以下庭中《ていちゅう》に列立《れつりつ》し、謝座謝酒《しゃしゅ》(17)せず、直ちに参上し座に着《つ》く〔近代(18)はこの儀なし〕

【注　解】

(1) **若暫入御**　しばらくは、少しの間をおいて、すぐにの意。すぐに天皇が入御されたら。

(2) **大将**　近衛大将。

(3) **中将**　近衛中将。

(4) **遅久而可出御之時**　「遅久」に尊経閣本は「ヤ、ヒサシクシ」と注する。「暫」に対して時間的に長い。

(5) **内侍出御帳東示之**　内侍は御帳台の東側に出て、天皇出御の合図をする。

(6) **王卿即居**　「即居」を「居に即《つ》く」と読んだが、「即ち居す」（直ちに座る）と読めなくもない。

(7) **内侍取御釼等**　内侍は御釼などを捧持する。

(8) **仍不待仰即座也**　「仍」は「すなわち」とも読める。「即座」も「すなわち座す」と読めないこともない。この場合「仍」は「よりて」と読むべきか。

（9）**御酒勅使**　天皇より群臣に酒を賜わる由を伝える勅使。
（10）**所労**　疲れ、病い。
（11）**陣**　陣の座。仗座。近衛陣における公卿の座。
（12）**内豎**　宮中の殿上で駆使する童。内豎所の管轄下にあった。『西宮記』（巻八）によると「在㆓一本御書所東㆒、内候在㆓春興殿東廂㆒」とあり、厨町（内豎町）は「鷹司北　堀川西半町　内豎辻子東」（『拾芥抄』）にあったという。
（13）**納言為内弁者**　納言（大中納言）を内弁に任ずる場合は。内弁は、内裏承明門内で儀式の進行を主導する官人。対する語は外弁《げべん》。
（14）**益饌**　『四節八座抄』（『群書類従』百一）には「益供」とある。饌をすすむ。
（15）**雨湿**　雨降りのとき。
（16）**謝座**　群臣が庭中で感謝の意をあらわして行う拝礼。本文6注（37）（三〇頁）参照。
（17）**謝酒**　群臣に酒坏を賜うとき、再拝してこれを受ける礼。本文6注（37）（三〇頁）参照。
（18）**近代**　ちかきよ。近頃。

【本　文】11

「雨儀」
雨儀、左右近陣立平張、大臣兀子南傍行一兩歩謝座、（不帯剣人、於本所可拝歟）近衛進自壇上開門、闈司同之、立御暦於承明門壇上奏之、内豎舁机、立東軒廊、闈司舁之、舁自東階、立東第三間、内侍取函、自御帳東奏覽、天皇取之、置西置物机、〔件等奏、多付内侍所〕少納言參入、立承明門壇上、卻出立闈外召之、王卿進從壇上、列立宜陽殿西廂〔南第三間西砌石上、置宣命版、版東去二尺、立親王標、東去三尺五寸、大臣標、東去三尺五寸、大納言標、東去一尺五寸、更南去三尺、中納言標、南去四尺、更東去二尺、三位參議標、其南去五尺、散三位標、南去三尺、東折一尺、四位參議標也〕侍從列立承明門東西廊内〔第二三間立標〕謝座謝酒、自西階供御膳〔不稱警蹕、近仗不興〕於承明門壇上奏樂〔若雨止、用晴儀〕於同門東廊給祿〔出御後雨降者、經奏聞改裝束〕懸御簾時、近仗不稱警蹕、所司奏付内侍所、從西階供御膳〔巻西第一間御簾、爲供進之道也〕御酒敕使經座末、就北簾南端、付内侍令奏、小御侍仰、宣命・見參、同付内侍、退立如常

【訓　読】

「雨儀《うぎ》」

雨儀(1)は、左右近《さうこん》の陣《じん》(2)に平張《ひらばり》(3)を立つ、大臣は兀子《ごつし》(4)の南の傍ら一両歩を行《や》り謝座す〔釼を帯《お》びざる人は、本所に於て拝すべきか〕近衛《このえ》(5)は壇上より進みて門を開く、闈司《いし》(6)もこれに同じ、御暦《ごりやく》(7)を承明門《じようみようもん》(8)の壇上に立て、これを奏す、内豎(9)は机を舁《か》き(10)、東の軒廊《こんろう》(11)に立つ、闈司《いし》これを舁《か》き、東の階《きざはし》より昇り、東の第三の間《ま》に立つ、内侍は函《はこ》を取り、御帳《みちよう》(12)の東より奏覧す、天皇はこれを取り、西の置物御机《おきもののおつくえ》(13)に置く〔件等の奏は、多く内侍所に付く《さず》(14)〕少納言参入し、承明門の壇上に立つ、却《しりぞ》き出でて闈《しきみ》(15)の外《そと》に立ち、これを召す、王卿は壇上より進み、宜陽殿《ぎようでん》(16)の西の廂《ひさし》に列立《れつりつ》す〔南の第三の間《ま》の西の砌《みぎり》の石(17)の上に、宣命《せんみよう》の版《へん》(18)を置く、版の東に去ること二尺に、親王の標を(19)立つ、東に去ること三尺五寸に大臣の標、東に去る三尺五寸に大納言の標、東に去る一尺五寸、更に南に去るこ

と三尺に中納言の標、南に去る四尺、更に東に去ること二尺に三位参議(20)の標、其の南に去る五尺に散三位(21)の標、南に去る三尺、更に東に折れること一尺には四位参議(22)の標〔なり〕侍従(23)は承明門東西の廊の内に列立し〔第二三の間に標を立つ〕謝座謝酒す、西の階より御膳《おもの》(24)を供す〔警蹕を称さず、近仗は興《おこ》さず〕承明門の壇上に於て楽《がく》を奏す(25)〔若し雨止《や》めば晴の儀を用う(26)〕同門の東の廊に於て禄《ろく》(27)を給う〔出御ののちに雨降れば、奏聞を経て装束を改む〕御簾《みす》(28)を懸《か》くる時は、近仗は警蹕を称せず、所司の奏は内侍所《ないしどころ》に付《さず》く、西の階より御膳《おもの》を供《ぐう》す〔西の第一の間の御簾を巻き、供進の道となすなり〕御酒《みき》の勅使(29)は座の末を経て、北の簾の南の端に就き、内侍に付《さず》けて奏せしむ、小《しばら》くして却《しりぞ》き仰せを待つ、宣命・見参《げざん》(30)は、同じく内侍に付く、退き立つこと常のごとし

【注　解】

(1) **雨儀**　雨や雪のときの儀礼。晴天のときの「晴儀」に対する。雨儀には、晴儀よりも式次第は簡略化され、また装束も異なる。

(2) **左右近陣**　左近衛・右近衛の官人の控える詰所。

(3) **平張**　幄舎《あくしや》（仮屋）の一種で、棟を設けず、上を簡単に覆《おお》っただけのもの。『江家次第』（巻一）には「近代無二此事一」とある。

(4) **兀子**　儀式の際に、参議以上の議政官に用いることのゆるされた一種の椅子《いす》。方形の板の四隅に脚のついたものに敷物を敷いて用いる。

(5) **近衛**　近衛の官人、武官。

(6) **闈司**　宮城諸門の鍵《かぎ》の保管・出納を掌る後宮の小司。尚闈《しょうい》（一人）・典闈《てんい》（四人）・女孺《にょうじゅ》（四人）を定員と

する。

（7）**御暦**　七曜御暦。本文6注（5）（二七頁）参照。

（8）**承明門**　平安宮内裏内郭十二門のひとつ。外郭の建礼門の内側にあり、南庭をへだてて紫宸殿と対する中央の門。本文6注（3）（二六頁）参照。

（9）**内豎**　本文7注（15）（三四頁）参照。

（10）**舁机**　机＝案。机をかつぐ。

（11）**軒廊**　屋根つきの渡り廊。紫宸殿から宜陽殿に続く吹きさらしの廊。

（12）**御帳**　御帳台。天皇の寝所。

（13）**置物御机**　清涼殿の玉座の左右にあった机。本文7注（14）（三四頁）参照。

（14）**付内侍所**　「付」字、「つく」と訓めるが「さずく」が良い。付属、まかせる、あずける。

（15）**閫**　門や家屋の入口の横木、敷居。

（16）**宜陽殿**　紫宸殿の東、綾綺殿の南にある。檜皮葺。北・東・西の三面に廂がある。西廂の南側には左近衛陣座があった。

（17）**砌石**　軒の下の雨滴を受けるために置いた石。雨落ち溝。

（18）**宣命版**　本文9注（47）（四五頁）参照。

（19）**親王標**　標は版位。

（20）**三位参議**　参議のうち位階三位の者。

（21）**散三位**　三位で職事官にあらざる者。三位の散位。

（22）**四位参議**　参議のうち位階四位の者。

（23）**侍従**　中務省の構成員の一。定員八名で、うち三人は少納言の兼帯。天皇に近侍し、その職掌は「掌、常侍規諫、拾遺補闕」とされる。相当位は従五位下。

（24）**御膳**　天皇の食事。

（25）**奏楽**　楽の内容は未詳。立楽《たちがく》（立ったままで演奏する）で、雅楽寮の楽人によって雅楽が奏された。

（26）**晴儀**　雨降りのときは「雨儀」によるが、途中から雨がやんだら「晴儀」により行う。注（1）参照。

（27）**禄**　禄物は韓櫃に納められていた。本文9注（23）（四一頁）参照。『延喜式』（巻十二）に「凢節会日、次侍従已上不レ預二謝座謝酒之礼一不レ得レ賜レ禄、但参議已上并当日有二職掌一者、及羸老、扶杖之輩不レ在二此限一」「凢次侍従已上年七十以上者、雖二身不参一給二節会禄一」とあり、また同（巻十四）に「元日御礼服《らいふく》、前二日受二内蔵寮一、熨脩《のしのへ》即付二本寮一、同日節会賜二親王已下一被一百条（別一疋一丈五尺）綿八百屯（別八屯）預前縫備、当日持候、中務唱レ名、寮即頒給、其有レ残者依レ例行レ之」とある。この禄は「凡諸節会之日禄令二衛士運進一」（『延喜式』巻十二）という。

（28）**御簾**　すだれ。

（29）**御酒勅使**　本文10注（9）（四二頁）参照。

（30）**見参**　見参の文。見参歴名（『儀式』第四）。出席者名簿。本文9注（25）（四三頁）参照。

【本　文】12

遅參王卿、內辨令藏人奏〔此儀、具見延喜十六年正月一日御記、又幼主御時、多如此、九條丞相口傳謂件儀耳、近例、不出御時、或用件儀非也〕不出御者、又懸御簾、不供御膳、御酒敕使、不奏仰之、宣命・見參、進御所令奏、〔早還御時、同之〕遅參王卿、令藏人奏

延長九年正月一日、依諒闇無會、大臣以下就宜陽殿、有少飮、外記進侍從以上見參〔於本所取之、非侍從亦預、依代始也、祿勘文、後日給之、嘉祥三年例也〕諸司奏、付內侍所

長保二年正月、節會皆止、依去年太皇太后崩、卌九日內也、但、陽成院上皇崩時、卌九日內、被行新嘗會也

【訓　読】

遅参《ちさん》の王卿(1)は、内弁《ないべん》(2)、蔵人《くろうど》(3)をして奏せしむ〔此の儀は、具《つぶ》さに延喜十六年正月一日の御記(4)に見ゆ、また幼主の御時は、多くかくのごとし、九条丞相(5)の口伝《くでん》(6)は件の儀を謂うのみ、近き例は、出御せざる時、或は件の儀を用うるは非なり〕出御せざれば、また御簾《みす》を懸《か》け、御膳《おもの》を供《ぐう》せず、御酒《みき》の勅使は奏せずこれを仰《おお》す、宣命・見参《げざん》(7)を、御所に進め奏せしむ〔早く還御の時は、これに同じ〕遅参の王卿は、蔵人をして奏せしむ、

延長九年正月一日(8)、諒闇《りょうあん》(9)により会《え》なし、大臣以下、宜陽殿《ぎようでん》に就《つ》き、少飲《しょういん》(10)あり、外記は侍従以上の見参を進《たてまつ》る〔本の所に於てこれを取る、非侍従また預かる、代の始めによるなり(11)、禄《ろく》の勘文《かもん》(12)は後日これを給う、嘉祥三年の例なり(13)〕諸司の奏は、内侍所に付《さず》く

長保二年正月(14)、節会みな止む、去《い》にし年に太皇太后(15)の崩《みまか》りしによる、卌九日の内《うち》なり(16)、但《ただ》、陽成院の上皇(17)の崩《みまか》りし時は、卌九日の内に、新嘗会《しんじょうえ》(18)を行わるなり

【注　解】

(1) **遅参王卿**　定刻に参集せず、遅れた王卿。『四節八座抄』に、「諸卿就㆓堂上㆒之後参入之王卿」とある。

(2) **内弁**　本文5注(9)(二二頁)、本文6注(15)(二八頁)参照。

(3) **蔵人**　本文4注(9)(一七頁)参照。

(4) **延喜十六年正月一日御記**　醍醐天皇御記。『西宮記』(巻一)の正月節会の条に逸文と覚しきものがある。所功編『三代御記逸文集成』(国書刊行会)五七頁参照。

(5) **九条丞相**　九条師輔。右大臣。『九条年中行事』の作者。本文9注(35)(四三頁)参照。

(6) **口伝**　口頭で伝達される情報、知識。竹内理三「口伝と教命」(『律令制と貴族政権』Ⅱ(御茶の水書房)。

(7) **見参**　見参の文、見参歴名、出席者名簿。本文9注(25)(四三頁)参照。

(8) **延長九年正月一日**　九三一年。同年四月改元して承平元年となる。

(9) **諒闇**　延長八年九月醍醐上皇没。諒闇は「諒陰」「亮陰」とも。天皇が服する喪《も》のうち最も重いものをいう。

(10) **少飲**　ささやかな宴会。小人数の酒宴。「小宴」「小酌」とも。

(11) **非侍従亦預依代始也**　侍従に非ざる者も賜禄に与ったが、これは、天皇の代始めだから特別なのであった。

(12) **勘文**　「かんもん」とも。群臣に賜わる禄物についての上申書。

(13) **嘉祥三年例**　『続日本後紀』(巻二十)嘉祥三年(八五〇)正月条に「庚辰朔、終日雨降、因停㆓朝賀㆒、天皇

御㆓紫宸殿㆒、宴㆓侍従已上㆒、賜㆓御被㆒」とある。

(14) **長保二年正月**　『日本紀略』（後篇十）長保二年（一〇〇〇）正月一日条に「停㆓止節会㆒、依㆓去年太皇大后宮崩㆒也、但左右大臣以下参入、有㆓見参㆒」とある。

(15) **太皇大后**　前年長保元年十二月一日に昌子内親王（五五歳）が亡くなった。

(16) **卌九日内也**　太皇大后の亡くなったときから、未だ四九日（七七日）も経っていない。

(17) **陽成院上皇**　陽成天皇。元慶八年（八八四）に一七歳で時康親王（光孝天皇）に譲位。天暦三年（九四九）九月二十九日崩御。

(18) **新嘗会**　毎年十一月下卯日に行われる祭祀。陽成上皇の崩御から未だ四九日を経ていない。新嘗祭は卯の日の昼の班幣と夜の神事および辰の日の豊明節会《とよのあかりのせちえ》をセットとして構成されている。

【本　文】13

同日、式部省進諸國司秩満帳事

【訓　読】

同日、(1)式部省、(2)諸国司の秩満帳《ちつまんちょう》を(3)進《たてまつ》ること

【注　解】

（1）**同日**　正月元日。

（2）**式部省**　文官の人事、養成、行賞を掌る。大学寮と散位寮の二寮を管する。卿（一人）大輔（一人）少輔（一人）大丞（二人）少丞（二人）大録（一人）少録（三人）史生（三〇人）省掌（二人）使部（八〇人）直丁（五人）より成る。

（3）**国司秩満帳**　秩満帳は、任期満了となった国司の氏名を記載した帳簿。『延喜式』（巻十一）に「凡国司秩満者、式部造レ簿、正月一日進二太政官一、外記覆勘訖進二大臣一、奏聞拝除〔事見二儀式一〕自余解闕臨時奏補」とある。また『延喜式』（巻十八）に「凡内外諸司主典已上、及諸国史生、博士、医師、陰陽師、弩師補任帳、毎年正月一日、七月一日進二太政官一〔但、蔵人所料六月十二月二十日進〕若有二改レ官及歴名錯謬一者、以レ朱側注、其解闕帳者、正月一日進〔参議已上不注解闕〕又諸国秩満帳者、正月一日進之、蔵人所料亦十二月二十日進」とある。『伊呂波字類抄』（知）に「秩満」として「外国官人明年闕、又進レ官」と記し、そのあとに『延喜式』の文を引いている。また『除目抄』の「除目三ヶ日間可存知事」の中に「贓闕官事」としてつぎの如くある。

「五位外記成レ草、仰二闕官所史生一〔往古史生一向書二上之一〕令レ書二上之一〔白紙、件紙為二国済物一云々、近代不レ及二沙汰一歟〕始レ自二神祇官一至二鎮守府一、不レ漏二篇目一悉載レ之〔斎院斎宮春宮当時雖レ不レ坐載レ之、大間ニハ随二見在一載レ之〕有二替付一至二諸国掾目一、註二替付并秩満之由一、仍称二之秩満帳一也、近代只可レ然之官少々有二替付一、諸国権守已下、強無二替付一、又御前并直盧初度除目、出家卒去替付不レ注也〔闕官書様見二他文書一〕」

【本 文】14

同日、式兵兩省補任帳進太政官事
治部省進從儀師以上及諸國講讀師補任帳事
中務省進女官補任帳事

【訓 読】

同日(1)、式《しき》・兵《ひょう》両省の(2)補任帳《ぶにんちょう》(3)、太政官に進《たてまつ》ること
治部省(4)、従儀師《じゅうぎし》(5)以上および諸国の講読師《こうとくし》(6)の補任帳《ぶにんちょう》を進《たてまつ》ること
中務省(7)、女官《にょかん》(8)の補任帳《ぶにんちょう》を進《たてまつ》ること

【注 解】

(1) **同日**　正月元日。

(2) **式兵両省**　式部省と兵部省の二省。式部省は文官人事を、兵部省は武官人事を扱う。

(3) **補任帳**　任官簿。内外諸司の主典《さかん》以上、諸国史生《ししょう》・博士《はかせ》・医師《いし》・陰陽師《おんみょうじ》、弩師《どし》ないし郡司《ぐんじ》を対象に作成された。『延喜式』（巻十八）に「凡内外諸司主典已上、及諸国史生、博士、医師、陰陽師、弩師補任帳、毎年正月一日、七月一日進㆓太政官㆒〔但、蔵人所料《くろうどどころのりょう》、六月十二月二十日進㆑之〕若有㆓改㆑官及歴名錯謬《さくびょう》㆒

者、以レ朱側注《かたわらにしるす》」とある。また『延喜式』（巻二十八）に「凡武官補任帳、准二式部省一、毎年正月、七月一日進二太政官一、若有二還レ官卒死之類一、以レ朱注レ側（其内裏《だいり》料、更写二一通一、六月十二月進二蔵人所一）」とある。

（4）**治部省**　本姓・継嗣・婚姻および系譜の次第についての訴訟を扱う。卿（一人）大輔・少輔（各一人）大丞・少丞（各二人）大録（一人）少録（三人）史生（一〇人）大解部（四人）少解部（六人）省掌（二人）使部（六〇人）直丁（四人）より成る。被官に玄蕃寮があり、僧尼のことおよび外国の使節を接待する。寮の頭《かみ》の職掌は「掌、仏寺、僧尼名籍、供斎、蕃客辞見、讌饗送迎、及在京夷狄、監当館舎事」とある。

（5）**従儀師**　従威儀師。威儀師の副員。威儀師は、得度・授戒・法会などのとき衆僧を指揮して儀式の容儀を整える役僧。『延喜式』（巻二十一）に「凡威儀師已上并従儀師、及諸国講読師補任帳各一巻、年終勘作、正月一日進二太政官一」とある。延暦十七年六月十四日太政官符（『類聚三代格』巻三）は、僧綱・十大寺三綱・法華寺鎮の従僧等の員数を定めたが、「威儀師、各従僧一人、沙弥一人、童子二人／従儀師、各従沙弥一人、童子二人」とした。十大寺というのは、大安寺・元興寺・弘福寺・薬師寺・四天王寺・興福寺・法隆寺・崇福寺・東大寺・西大寺である。弘仁十年十二月二十五日太政官符（同・巻三）は、僧綱の律師以上の員数ならびに従儀師の数を定め、僧正一人、大僧都一人、少僧都一人、律師四人、従儀師八人とした。

（6）**諸国講読師**　講師はもと国師と称したものを延暦十四年（七九五）八月に改称した僧官。国師は、国内の僧尼の監督、諸寺の監査および経論の講説を行うもの。講師と改称したとき、その職務は専ら講説のことにあり「不レ預二他事一」とされたが、弘仁三年三月二十日太政官符（『類聚三代格』巻三）により「自今以後、宜与二国司一共令二依レ件検校一、其申二送用度并勘解由一一依二旧例一」とされた。読師は安居《あんご》法会などで経論を読誦する僧。講師・国司とともに国内諸大寺および国分二寺を監督した。

（7）**中務省**　天皇の国事行為および後宮の事務を掌る。中務卿の職掌中には「女王内外命婦宮人等名帳、考叙位記」が含まれている。

（8）**女官**　男子の官人に対して、女子の官人で、後宮十二司の女官をいう。「にょかん」と称し、「にょうかん」（女官）と呼ぶ下級の宮人《くうにん》と区別する。後宮十二司の女官の除目《じもく》は勅任の形式をとる。『内裏式』（下）によると、中務卿が補任帳を奏上し、天皇が自ら任命者を点定し、これを中務卿に賜う。卿は除目を作成し奏上、補任者を南廂に入れ唱名する（『儀式』〈第八〉も同様に記す）。しかし十世紀に入るとしだいに変化し、『西宮記』（巻二）によると、上卿が勅を奉じて陣の座に着き、参議に除目を書かせ、奏聞のうちに、これを中務丞に下すとしていて、九世紀の方式と異なる。『新儀式』（五）には「任女官事」として「召二大臣於御前一、定二任女官一、具見二任例一、大臣退下、清二書除目一、奏覧畢返給、即下所司女官、或南殿之儀、近代不レ行レ之」とある。『北山抄』（巻六）には「女官除目事」として「召二上卿一行レ之、如二臨時除目一、但書二勅旨一〔男官勅任、只書レ勅、事雖レ不レ同、然而往年、或書二勅任一、又書二白帋一、随レ時不レ同耳〕不レ用二黄紙一、召二中務輔若丞一給レ之〔上古、輔着レ靴云々、近例、如レ給二宣旨一也〕」とある。

【本　文】15

毎月一日、奏去月上日事〔外記録參議以上及少納言幷外記上日、少納言幷外記上日、少納言付內侍、辨官録辨史上日付之、左近陣録出居侍從內記等上日、校書殿進物所、皆付內侍奏之也〕

【訓　読】

毎月一日、去《い》ぬる月の上日《じょうじつ》を奏すること(1)〔外記《げき》は(2)、参議以上及び少納言並《なら》びに外記の上日を録し、少納言は内《ない》侍《し》に付く、弁官は(3)弁・史《さかん》(4)の上日を録しこれに付く、左近の陣は(5)出《で》居《い》の侍《じ》従《じゅう》(6)・内《ない》記《き》(7)等の上日を録す、校《きょう》書《しょ》殿《でん》(8)・進《しん》物《もつ》所《どころ》(9)は、みな内侍に付け、これを奏するなり(10)〕

【注　解】

(1) **奏去月上日事**　毎月一日に、前月の官人の上日を天皇に奏聞する。これを月奏《げつそう》という。上日とは、官人の勤務した日、出勤日数。「上」は「仕（つかえる）」の意。

(2) **外記**　太政官の少納言の下にあって、詔書の作成、論奏・奏事の草案を書くことを掌る。外記は、参議以上、少納言、外記の上日を記録する。『西宮記』（巻三）に「毎月一日、就二内侍所一、奏去月参議以上々日一枚、少納言外記一枚、弁史上日一枚、左近陣進出居侍従内記上日〔以上内侍所奏〕殿上、蔵人所及所々諸陣月奏〔以上蔵人奏〕」とある。また『小野宮年中行事』（正月）に「同日太政官進二参議已上上日一事／弘仁太政官式云、毎月晦日勘録、少納言来月一日進奏、又録二参議以下及少納言上日一送二弁官一、参議已上上日一紙、少納言外記上日一紙、少納言進付二内侍所一奏レ之、弁史上日官史生同進レ之、又左近陣録二出居侍従内記等上日一、付二内侍所一奏レ之、校書殿進物所、皆付二内侍所一奏レ之」とある。

(3) **弁官**　『養老令』（職員令）による左大弁の職掌は、「掌、管二中務式部治部民部一、受二付庶事一、糺二判官内一、署二文案一、勾二稽失一、知二諸司宿直・諸国朝集一、恭右弁官不レ在、則併行レ之」とある。右大弁は「兵部刑部大蔵宮内」の四省を管する。八省・諸国と議政官を結ぶ事務官僚として実務を担当する要職であったから、多く能吏を任じた。

（4）**史**　左右大史・少史。史は弁官の主典《さかん》で、「掌、受レ事上抄、勘二署文案一、検二出稽失一、読二申公文一」とある。

（5）**左近陣**　左近衛府の陣。左近衛府は、紫宸殿南庭の東側の日華門を警護したので、この門を左近陣と称する。陣座は宜陽殿の西廂にあった。

（6）**出居侍従**　出居は、儀式の際に、本座から離れて、庭または庭に面した場所に臨時に設けた座席で、この座に侍《はべ》る侍従をいう。定員は一二人であるが、十世紀後半には五、六人にすぎなかった（『西宮記』巻十四）。

（7）**内記**　中務省の構成員のひとつ。大内記・中内記・少内記各二人。太政官の外記《げき》に対するもので、大内記の職掌は「掌、造詔勅、凡御所記録事」とある。

（8）**校書殿**　内裏の、弓場殿の西、清涼殿と安福殿の中間にあった。累代の書籍・文書を収納し、「文殿《ふどの》」とも呼ばれた。蔵人が出納に当たる。

（9）**進物所**　天皇の供御を扱う令外官。もと内膳司に属したが、のち蔵人所の管轄下に置かれた。内膳司で作られた供御を進物所で温め直して進める。またここで調理も行った。『西宮記』（巻八）は、「在二月華門外南腋一、外候在二右兵衛陣北一、以二公卿近衛次将一為二別当一、在レ預、以二奉膳一為レ預、奉膳執事、膳部、有二熟食一、請二内膳所レ渡之御菜一、供二朝夕御膳一、用二銀器一、御精進日、白瓷器、不レ足二例供具一之時、触二蔵人一、有年官月奏」と記す。

（10）のちの史料であるが、長治三年（一一〇六）正月一日月奏（『朝野群載』巻五）に、前年十二月の上日を記した

ものを見ると、「蔵人頭修理左宮城使正四位上行左中弁源朝臣重資　上日廿七　夜廿／正四位下行式部大輔藤原朝臣正家　上日无　夜无／正四位下行太皇太后宮権亮源朝臣道時　上日无　夜无／正四位下行左馬頭兼中宮権亮源朝臣師隆　上日十一　夜七／蔵人頭正四位下行右近衛権中将兼丹波権守藤原朝臣顕実　上日廿七夜廿四／正四位下行左馬頭藤原朝臣兼実　上日无　夜无／正四位下行修理権大夫兼東宮亮尾張守藤原朝臣為房　上日五　夜二（下略）」などとある。「夜」とあるのは宿直。

【本　文】16

立春日、主水司献立春水事〔主水司付女官供之〕

【訓　読】

立春の日(1)、主水司(2)、立春の水を献《たてまつ》る(3)こと〔主水司は女官に付《さず》け、これを供《ぐう》す(4)〕

【注　解】

(1) **立春日**　二四節気のひとつ。八十八夜や二百十日の起算日である。暦の元日とは一致せず、十二月十五日から正月十五日までの間に立春がある。十二月中（年内）に立春の来ることの方がやや多い。現在の暦では二月五日頃に当たることが多い。

(2) **主水司**　訓は「もひとりのつかさ」。宮内省被官で小司。職員は正《かみ》・佑《じょう》・令史《さかん》（各一人）氷部《もいとりべ》（四〇人）

使部《つかいべ》（一〇人）直丁《じきちょう》（一人）駈使丁《くしちょう》（二〇人）で、これに氷戸（一四四戸）が附属する。正《かみ》の職掌は「掌、樽《そん》水《すい》、饘《せん》、粥《しゆく》、及氷室《ひむろ》事」とある。なお、令文の「氷」字は「水」の誤りかとの説がある。

（3）**献立春水**　立春の水は新春にはじめて汲む水。前年十二月土用《どよう》（立春の前の一八日間）以前に生気《しょうげ》の方《かた》の井戸を封じておき、立春早朝に主水司がそこから若水を汲む。生気の方とは、正月は子《ね》の方、二月は丑《うし》の方というように、各月に生気のあるとされる方角のこと。『延喜式』（巻四十）に「御生気御井神一座祭〔中宮准レ之〕／五色薄絁各二尺、倭文二尺、木綿一斤、鍬一口、酒五升、糟米飯各一斗、鰒、堅魚、腊各一斤、海藻二斤、塩三升、商布一段〔已上祭料〕絹篩一口〔一尺五寸〕缶一口、土椀一合〔加レ盤、下皆准レ此〕片盤五口〔已上汲レ水料〕／右随二御生気一択二宮中若京内一井堪レ用者一定、前冬土王、令二牟義都首《むげつのおびと》渫治一即祭レ之、至二於立春日昧旦一、牟義都首汲レ水付レ司擬二供奉一、一汲之後廃而不レ用」とある。牟義都首は北美濃の武儀を本拠とする豪族で、大化前代の牟義都国造《くにのみやつこ》の系譜をひくものであろう。美泉の名水を大王に献上する儀礼は、もと鴨県主が行っていたもので、これを牟義都国造が継承したのであろうという。「賀茂氏人保隆所伝」の『年中行事』（「続群書類従」第十輯上）に「立春日、主水司進二春水一事〔謂二之若水一〕／主水司、旧年土用以前、択二御生気方宮中并京内井一祭レ之、不レ可二他用一、立春早旦、令二牟義都首〔人姓也〕汲一、盛二之於白土瓶一居レ台〔件台以二日陰一巻レ之〕官人以下令レ舁付二女官一、女官調付二女官一〔着二釵子一不二髪上一〕於二朝餉御座一供レ之、主上向二生気方一飲御〔件水者盛二土器一、居二折敷一面押二白綾一、居二土高坏一、二本各居二一所一〕」とある。

（4）**付女官供之**　生気方に向かって天皇は水を飲むが、このとき呪文を唱えたという。『年中行事秘抄』に「居二折敷一、二本各二坏、於二朝餉方一向二生気方一飲二御之一、女房称二之若水一、江帥次第云、飲二御若水一之時、有レ咒、万歳不変水、急々如律令云々」とあるが、但し『江家次第』には右の文は見えない。「急々如律令」は漢代の公文書に使われ、その趣旨を心得て、急々に律令の如く行えという意であったが、のち道家や陰陽家の呪文となり、「悪魔よたち去れ」の意として用いられた。『栄華物語』（巻二十八）に「あらたまの年よりも若宮の御有様こそ、いみじう丶つくしうおはしませ、若水していつしか御湯殿参る」とある。正月に汲んだ若水で早速お湯をあびせ申しあげたというのである。このように、若水を汲むのは立春の行事であったが、朔日正月が重視されるようになると、元日の行事となった。『北山随筆』（一）に「今の俗に、正月元日初てくむ水を若水といふは、あやまりにこそ、古は立春の日にくむ初の水を、若水といふなり」とある。民間では、若水を汲むのを年男の仕事とするところが多い。しかし女が汲むところもあり、これは概していえば西日本に多い。年男には、本来はその家の主人が当たるべきものであったろうが、召使いとか長男に委ねるようになった。長野県北安曇郡では、年男には、下男のうらその年のエトに当たる者がえらばれたという（和歌森太郎『年中行事』至文堂）。明治末～大正初め頃、山形県飽海郡一条村（現、酒田市）では、元旦の午前三時頃、年男がひとりで桶を持って家の裏の堰《せき》に行き若水を汲み、これを神に供える。年男はひとりで餅を焼き雑煮餅をつくって、家族をおこしてたべさせる。そのあとで、神に供えた若水を家の者みなで飲む。若水は七草と十六日にも汲むという（阿部猛編「聞書・明治～大正のムラのくらし」『帝京史学』三号参照）。

【本　文】17

上子日、供若菜事（内蔵寮・内膳司各供之）

【訓　読】

上の子《ね》の日、(1)若菜《わかな》を供《ぐう》すること(2)〔内蔵寮《くらりょう》、(3)内膳司《ないぜんし》、(4)各《おのおの》これを供す〕

【注　解】

(1) **上子日**　月の最初の子の日。ここでは正月の上の子の日。

(2) **供若菜**　『年中行事抄』に「上子日、内蔵寮・内膳司等供㆓若菜㆒事〔十二種〕／御膳宿供㆑之、旧例蔵人取㆓解文㆒奏聞、近代不㆑然／荊楚歳時記云、正月七日、俗以㆓七種菜㆒作㆑羹、食㆑之、令㆔人無㆓万病㆒也／十節記云、正月七日、採㆓七種㆒作㆑羹、嘗㆓甘味㆒、是除邪気之術也」とある。十二種の若菜とは、若菜、菌《くさびら》、苢《おおばこ》、蕨《わらび》、薺《なづな》、葵《あおい》、芝、蓬《よもぎ》、水蓼《みずたて》、水雲、菘。七種は、薺《なずな》、蘩蔞《はこべ》、芹《せり》、菁《すずな》、御形《ごぎょう》、須々代《すずしろ》、仏座《ほとけのざ》。『西宮記』（巻十二）に「延長二年正月廿五日、甲子、自㆓宇多院㆒被㆑奉㆓若菜於内裏㆒」とある。この宮廷行事の起源は、正月子の日に若菜を摘《つ》む慣わしにある。正月の上の子の日に丘に登り、四方を望み陰陽の静気を得るという思想に基づく行事があり、『続日本紀』（巻十五）天平十五年正月壬子（十二日）条に、この日、百官に賜宴し、琴を鼓し歌をうたい、五位以上の者に摺衣を、六位以下に禄を賜わったと見える。『万葉集』（巻二十）に、天平宝字二年正月三日のこととして、内裏の東屋垣下に賜宴し、玉箒を賜い、王卿らが歌を詠《よ》み、詩を賦した。大伴家持は「初春の初子の今日の、玉箒、手にとるからに、ゆらぐ玉の緒」（四四九三番）と歌っている。玉箒は蚕室を掃く、玉の飾りのついたほうきである。『類聚国史』（巻七十二）は「子日曲宴」の項を立てて事例を述べている。最初は「平城天皇大同三年正月戊子《（六日）》、曲宴賜㆓五位已上衣被㆒」の記事で、以下、弘仁四年正月丙子《（二十二日）》の、後殿における曲宴で、文人をして賦詩せしめた記事（『日本後紀』巻二十二）、五年正月甲子《（十六日）》、侍臣に宴し、綿を賜わった記事、天長八年正月壬子《（十三日）》、仁寿殿に曲讌し、参議以上の者に禄を賜わった。斉衡四年（天安元年）正月乙丑、禁中に曲宴があったが、これに与った者は公卿と近侍の数十人にすぎず、「昔者上月之中、必有二此事一、時謂二之子日態一也、今日之宴、脩二旧迹一也」という。このときは丑の日に行われたもので、特例であった。子の日に野外に出て若菜を摘み、小松を引くなどの野遊びの行事は、宇多・醍醐天皇の頃から始まるらしい。寛平八年（八九六）閏正月六日（戊子）子の日の宴があり、宇多天皇は北野雲林院に行幸した（『日本紀略』前篇二十）。このとき菅原道真は従三位・中納言・春宮権大夫で陪従し、詩を賦した（『菅家文草』巻六）。雲林院は、もと紫野院という淳和院の離宮で、のち雲林亭と改名した。大徳寺の東南にあった。

子の日に小松を引くことについては、『土佐日記』に次のように見える。「廿九日、ふねいだしてゆく、うらうらと照りて、漕ぎゆく、爪のいと長くなりにたるを見て、日をかぞふれば、今日はねの日なりければ、切らず、む月《（正月）》なれば、京のねの日の事いひいで丶、こまつもがなといへど、海なかなればかたかし、ある女のかきていだせるうた、／おぼつかな、けふは子の日か、あま《（海人）》ならば、うみまつ《（海松）》をだにひかましものを／とぞいへる。海にて子の日の歌にては、いかがあらん」と。『源氏物語』（初音）に「今日は子の日なりけり、げに千年の春をかけて祝はむに、ことわりなる日なり／姫君の御方に渡り給へれば、わらわ《（童）》、しもづか《（下仕）》へなど、お前の山の小松引き遊ぶ」とある。

（3）**内蔵寮**　天皇の宝物や日常用いる物品の調達・保管などに当たる中務省の被官で小寮。頭・助・允・大属・少属（各一名）大主鑰・少主鑰（各二名）蔵部（四〇人）價長（二名）典履（二名）百済手部（一〇人）使部

〔二〇人〕直丁〔二人〕と百済戸が附属する。

（4）**内膳司**　天皇の食膳の調理を掌る。奉膳《ぶぜん》〔二人〕典膳《てんぜん》〔六人〕令史《さかん》〔一人〕膳部〔四〇人〕使部〔一〇人〕直丁〔二人〕駈使丁〔二〇人〕より成る。

【本　文】18

上卯日、獻御杖事〔其儀見清涼抄、不出御時、上卿仰外記、令付内侍所、先可令奏事之由、見康保四年御記、而近例、直仰令付云々、若遇節會開門後先獻之、其後內辨參上〕

延喜七年記云、左右兵衛、佐以下兵衛以上、惣卅人、着劍不帶弓箭、捧杖相對參入、列立案南〔去版一許丈〕佐等或着闕腋、左以杖末取右手、右取左手、左佐忠房就版奏之、醫師以稱唯、忠房就版、轉杖置之退出〔或雖有左佐、右佐奏之〕

天歷六年、左佐有二人、右佐不參、有敕、左佐仲舒度右供奉

天慶九年、大夫師輔卿舁案坤角、學士維時乾角、權亮隨時艮角、左少將爲善巽角、太弟於闈內舁之、搢笏相扶、南中央西行、當額東間北行、舁自南階、立同間簀子敷、自下退出云々

天歷七年、大夫師尹卿着輕服參入、仰云、今日着吉服可候、令奏云、依未除院御服、幷小儀日、不能着吉、若可無便、將以退出、重仰云、候陣行事、可令亮以下供奉

【訓　読】

上《じょう》の卯《う》の日(1)、御杖《みつえ》を献《たてまつ》ること(2)〔其の儀は清涼抄《せいりょうしょう》(3)に見ゆ、出御せざる時は(4)、上卿《しょうけい》(5)は外記《げき》(6)に仰《おお》せて、内侍《ないし》所《どころ》(7)に付《さず》けしめ、先ず事の由を奏せしむべし、康保四年の御記(8)に見ゆ、しかるに近例は、直ちに仰せて付《さず》けしむと云々、若《も》し節会《せちえ》に遇《あ》えば、門を開くのちに先ずこれを献《たてまつ》る、其ののち内弁参上す〕

延喜七年記(9)に云う、左右の兵衛、佐《すけ》以下兵衛以上、惣《すべ》て卅人(10)、釼《たち》を着し弓箭《きゅうせん》を帯《お》びず(11)、杖《つえ》(12)を捧げて相い対し参入す、案《あん》(13)の南に列立す〔版《へん》(14)を去る一許丈〕佐等或《ある》は闕腋《けってき》(15)を着す、左(16)は杖末を以て右手に取り、右(17)は左手に取る、左の佐忠房(18)、版に就きこれを奏す、医師以て称唯《いしょう》す、忠房版に就き、杖を転《つた》えてこれを置き退出す〔或は左の佐ありと雖も右の佐これを奏すと〕

天暦六年(19)、左の佐二人あり、右の佐参らず、勅あり、左の佐仲舒《なかのぶ》(20)、右に度《わた》り(21)供奉す、

天慶九年(22)、大夫師輔卿(23)、案《あん》を舁《か》き坤《ひつじさる》の角《すみ》(24)に、学士維時(25)は乾《いぬい》の角(26)に、権亮随時《よりとき》(27)は艮《うしとら》の角(28)に、左少将為善(29)は巽《たつみ》の角(30)に、太弟(31)は閫《しきみ》(32)の内に於てこれを舁《か》く、笏《しゃく》を搢《さしはさ》み相い扶《たす》く、南の中央を西行し、額《がく》の東の間《ま》(33)に当たり、南の階(34)より昇る、同じき間の簀子敷《すのこじき》に立つ、下より退出すと云々、

天暦七年(35)、大夫師尹《もろまさ》卿(36)、軽服《きょうぶく》(37)を着し参入す、仰せて云う、今日吉服《きつぷく》(38)を着し候ずべし、奏せしめて云う、未だ院の御服を除かず(39)、并びに小儀の日(40)により吉(41)を着する能わず、若し便《たよ》りなかるべくは(42)、将《い》て以て退出すと、重ねて仰せて云う、陣に候し(43)事を行え、亮以下をして供奉せしめよと(44)

【注　解】

(1)　**上卯日**　正月最初の「卯の日」。

(2)　**献御杖**　杖は卯杖《うづえ》。東宮坊《とうぐうぼう》・大舎人寮・近衛府から、祝いの杖を天皇・中宮・東宮に献ずる。これにより

邪気をはらうという。中国漢代の儀礼や、わが国民間の歳神《としがみ》迎えの行事にかかわりがある。卯杖は、曾波木《そはのき》（要黐《かなめもち》）、比比良木（柊《ひいらぎ》）、棗《なつめ》、牟保許《むぼこ》（未詳）、梅、柏、椿、桃、黒木、榠樝《めいさ》（花梨《かりん》）、木瓜などを用い、これを五尺三寸の長さに切り、束ねて奉る（『儀式』巻六、『延喜式』巻十三、巻四十三、巻四十七）。『西宮記』（巻一）や『江家次第』（巻二）によると、所司が御杖を献じたのち、作物所《つくもどころ》が卯杖四枝を供え、洲浜《すはま》をつくり、その上に奇岩、怪石を置き、天皇の生気《しょうげ》の方（恵方《えほう》）に当たる動物をつくり杖を持たせる。それは、離（東）は馬、坤（南西）は羊、兌（西）は鶏、乾（北西）は猪、艮（東北）は牛、震（東）は兎、巽（東南）は龍に宛てる。卯杖について、折口信夫「鷽替《うそか》へ神事と山姥《やまうば》」（全集・十六巻）で、「削り掛け類の棒・杵・柱は、元は山人の杖である。日本の古い所の信仰では（中略）神は杖を持って居たのである」「わが国の邑落生活が海岸から、山野の生活に移った頃から、海から来る神は、山から来ると言ふ様になった。即、離れた山から、神、或は神の代表者が、山の木の杖をついて村の祝福に来るのである。平安朝の日記類に見えるうづゑもこの一種である」と述べている。柳田国男「年神考」（全集・16）は、「思うに、卯《う》の日をもって新年の神の祭日とする信仰は、元三の儀礼と両立しがたいために、わずかにこういう形（私注—初卯詣をさす）をもってしか伝わることができなかったのである」といい、更に「年木《としぎ》・年棚・年男」（全集・16）では次の如く述べる。

「正月に火祭の聖火となって燃え立つべき燃料は、ちょうど生牲《いけにえ》になるものが尊かったのと同様に、焚《た》かぬ前から超凡の力を具えていたらしい。それゆえにこれをいろいろの占方まじわざに、使用して効果があったのである。御竈木《みかまき》進献の記事が次第に見えなくなると、これに代って現われるのが大学寮などの卯《う》杖《づえ》調製であって、これも椿《つばき》とか椎《しい》とかの特定の樹種があったのは、おそらくはまた年木の例であろう。卯杖は後々は遊戯の具、またはただ装飾のように化し去ったけれども、最初はやはりまた年占《としうら》の用に供せられ、その式の終った後には火に焼いていたかと思われるから、変ったのは単に名称だけであって、すなわち私たちには御竈木の式の永続としか解せられない。」

(3) **清涼抄** 「清涼記」とも。天暦元年(九四七)頃に成立した勅撰の儀式書で、村上天皇の親撰本と藤原師尹《もろまさ》(小一条左大臣)の加注本があったらしいが現存しない。本文1注(23)参照。

(4) **不出御時** 天皇が紫宸殿にお出にならないときは。

(5) **上卿** この日の公事を奉行する公卿の上首。ふつうには、左右大臣・大納言・中納言がこれに当たり、摂政・関白・太政大臣・参議を含まないのが原則。

(6) **外記** 本文15注(2)(六〇頁)参照。

(7) **内侍所** 後宮の内侍司内にある。場所は温明殿。神鏡の鎮座するところ、賢所《かしこどころ》に内侍が詰めていたので、そこを内侍所と呼ぶ。ここは内侍司のこと。内侍司は、天皇の日常生活に供奉し、奏請・宣伝のことを掌る。

(8) **康保四年御記** 「村上天皇御記」の逸文である。康保四年(九六七)五月に村上天皇は没した。

(9) **延喜七年記** 未詳。

(10) **左右兵衛佐以下兵衛以上惣卅人** 兵衛府は天皇を守衛し行幸に供奉し、また夜間京内を巡検する。左兵衛府の構成は、督《かみ》・佐《すけ》・大尉・少尉・大志・少志および医師各一人、番長四人、兵衛四〇〇人、使部三〇人、直丁二人(右兵衛府も同じ)。三〇人の内容は不明。

(11) **着釼不帯弓箭** 帯釼するが弓箭は持たない。『延喜式』(巻四十七)によると、儀式に列する兵衛は、督以下兵衛まで、みな横刀《たち》を帯び、尉以下は帯釼のうえ弓箭を持つことになっている。

（12）**杖**　卯杖。『延喜式』（巻四十七）に「凡正月上卯、督以下兵衛已上、各執二御杖一束一、次第参入、立定佐一人進奏、其詞曰、左右兵衛府申久、正月能上卯日能御杖仕奉氐進良久登申給波久登申、勅曰置レ之、医師已上共称唯、献畢以レ次退」とある。『西宮記』（巻一）に「左右兵衛佐〔天暦元（六カ）年正月十日、右兵衛佐不レ参、左兵衛佐二人渡、一人為二代官一、逢腋靴或闕腋〕府生已上〔着剱不着箭〕捧レ杖〔入レ自二承明門一、杖頭左右相対〕左佐就レ版奏云々〔天暦□年右佐奏、延喜十五年例〕勅置介、同音唯〔医師已上唯〕佐就レ案転レ杖退出」とある。

（13）**案**　机。

（14）**版**　版位。本文5注（5）（二一頁）参照。

（15）**闕腋**　闕腋袍《けってきのほう》。武官束帯の表衣。両わきの下を縫わずにあけておく。和訓は「わきあけのころも」。

（16）**左**　左兵衛。右手で卯杖の端《はし》を持つ。

（17）**右**　右兵衛。左手で卯杖の端を持つ。

（18）**左佐忠房**　左兵衛佐藤原忠房。京家浜成流、右京大夫興嗣の男。仁和三年（八八七）信濃掾、六位蔵人、左近将監を経て延喜元年（九〇一）に従五位下。左兵衛佐・左少将・大和守・山城守を歴任、従四位上、右京大夫に至るも延長六年（九二八）十二月一日卒去。音楽に秀で「楽道長」といわれ、「胡蝶楽」を作曲している。延喜十六年三月法皇五十の賀のとき楽行事をつとめた（『尊卑分脈』）。和歌にもすぐれ、『古今和歌集』以下勅撰集に入集。『大日本史料』一―六、一一九頁以下参照。

（19）**天暦六年**　天暦六年（九五二）正月十日のことか。注（12）『西宮記』の記載を参照せよ。

（20）**仲舒**　源仲舒か。文徳源氏で、文徳天皇の曾孫。父は正五位下、右少将当季、祖父は右大臣能有。『尊卑分脈』によると従四位下、但馬守・出羽守とある。

(21) **度右供奉**　左兵衛佐仲舒が、右兵衛佐不参のため、その位置（右兵衛佐の）に就いてつとめた。

(22) **天慶九年**　九四六年。『西宮記』（巻二）に次の如くある。「天慶九年正月十一日、天皇御二南殿一、左右近陣南階〔服中儀不レ立二胡床一〕春宮坊預昇二御杖案一〔以二蘇芳一作レ之〕立二日花門闥外一、皇太弟於二直盧一着レ靴、次大夫師輔昇レ案坤角、学士維時、、乾、権亮随時、、艮、左少将源、、為善巽角等、皇太弟出レ自二直盧一、於二日華門闥内一昇レ案〔搢レ笏昇レ案南中央〕西行当南殿額東間、北行、昇レ自二南殿階一立二簀子敷一、先為善、次随時、次維時、次大夫退出、次太弟退出〔大夫以下退出之間、太弟端レ笏暫立二案下一云々〕了還レ宮、今日右大臣参議保平・師尹着二宜陽殿座一、太弟参上之間、大臣以下起座、隠二於宣仁門内一云々」。

(23) **大夫師輔卿**　藤原師輔。ときに春宮大夫（大納言・右大将・按察使）。関白忠平の二男として延喜八年（九〇八）に生まれる。延長元年（九二三）従五位下、侍従、右兵衛佐を経て承平元年（九三一）蔵人頭、同五年参議、天慶元年権中納言、同五年大納言、天暦元年（九四七）右大臣、天徳四年（九六〇）五月薨去。

(24) **坤角**　未・申すなわち南西の角《すみ》。

(25) **学士維時**　大江維時。東宮坊学士（天慶七年四月二十二日任、式部大輔兼）。父は千古、母は巨勢文雄の女。音人の孫に当たる。仁和四年（八八八）生まれ。応和三年（九六三）薨。文章博士、大学頭、学士を経て天暦四年（九五〇）参議となり、従三位・中納言までのぼった。従二位を追贈された。

(26) **乾角**　戌亥、すなわち北西の角。

(27) **権亮随時**　春宮権亮平随時。仁明天皇三世の孫。雅望王の男。母は藤原山陰の女。寛平二年（八九〇）生まれ。延長二年（九二四）従五位下。天慶元年（九三八）防鴨河使。同九年蔵人頭、天暦二年（九四八）参議と

なる。同四年大宰大弐、同七年九州で卒去した。

(28) **艮角**　丑寅、すなわち北東の角。

(29) **左少将為善**　未詳。貞数親王の男源為善か。『尊卑分脈』（三）によると「大舎人頭　従四下」とある。父親王は延喜十年（九一〇）六月五日薨。

(30) **巽角**　辰巳、すなわち南東の角。

(31) **太弟**　皇太弟。天子の弟で、とくに皇位を嗣ぐべき者。

(32) **閫**　敷居。内と外を区切る境。

(33) **額東間**　額の間とは、建物の名を記した額《がく》の掛けられた中央の柱間のこと。清涼殿の東廂中央の間。

(34) **南階**　清涼殿の東廂には、額間をはさんで二か所階段がある。その南側の階《きざはし》。

(35) **天暦七年**　九五三年。『西宮記』（一）に「天暦七年正月四日小一条記云〔春宮大夫〕依二御卯杖一参二東宮一、右大弁云、今日供奉諸司、可レ従二吉服一之由、已有二天気一、而着二鈍色衣一参入如何者、予陳云、今日之事非二大儀一、若無二便宜一只退出許也、於レ着二吉服一者尤有レ憚、弁云、又候二気色一可レ示者、暫又仰云、御杖令二亮以下供奉一、汝候二陣座一、可レ行二事一者、従レ仰候二陣座一、未二刻御二南殿一、近衛陣階下、後学士亮以下、挙二御杖案一奉献、其後大舎人左右兵衛献レ之」とある。『小一条記』は藤原師尹の日記。『小一条左大臣記』とも。但し現存しない。

(36) **大夫師尹卿**　春宮大夫藤原師尹。摂政太政大臣忠平の五男として延喜二十年（九二〇）に生まれる。母は右大臣源能有の女昭子。承平二年（九三二）元服叙爵。天慶七年（九四四）蔵人頭。翌年参議となる。天暦二年（九四八）従三位権中納言、同四年兼春宮大夫、同五年中納言、天徳四年（九六〇）権大納言、康保三年

(九六六)大納言、同四年右大臣、安和二年(九六九)三月、源高明左遷のあと左大臣となるが、同十月十四日薨。

(37) **軽服** 「きょう」は軽の呉音。軽い喪に服するとき着用する喪服。

(38) **吉服** 吉事のときに着用する衣服。礼服。

(39) **未除院御服** 前年天暦六年八月に朱雀法皇が没し、いまだその喪はあけていないというのである。

(40) **小儀日** 朝廷の小規模な儀式を行う日。『延喜式』(巻四十五)に「小儀(謂下告朔、正月上卯日、臨軒授位、任官、十六日踏歌、十八日賭射、五月五日、七月廿五日、九月九日、出雲国造奏二神寿詞一、冊二命皇后一、冊二命皇太子一、百官賀表、遣唐使賜二節刀一、将軍賜中節刀上)」とある。ついでに、大儀は「謂三元日即位、及受二蕃国使表一」、中儀は「謂三元日宴会、正月七日、十七日、大射、十一月新嘗会、及饗二賜蕃客一」とある。

(41) **吉** 吉服。

(42) **若可無便** 便は便宜。吉服を着なければ、拝礼するに便宜なし。

(43) **候陣** 陣の座に控えている。

(44) **可令亮以下供奉** 春宮亮以下の官人に奉仕させる。

【本 文】19

「二宮大饗事」

二日、二宮大饗事

王卿以下、先進御所拜賀〔式、有拜賀儀、而近代、所行如之、輕服人着吉服由、見吏部王記、上曰、着服無便拜禮云々、而猶可着服裝束之由、見延長二年私記貞信公仰者、近例、從之〕次向玄輝門邊、着靴就座〔中宮儲西、以東爲上、四位以上着廊內座、五位侍從着幄下座也〕三獻、宮司勸盃後、王卿遞勸之、其儀、於小門前石階壇上取盃、二人相對酌酒唱平、擬把人揖之、突左膝飮了、起又酌酒唱平、次々唱平行之、如旬儀也、三獻後有音樂、數巡之後、五位侍從一人唱名、王卿進自座上、跪蘆蘗上、取祿一拜退出〔宮司給之〕次着東宮饗所、以西爲上、帶刀等陣左右、自餘同前〔天曆八年、康保三年、傅取二獻盃〕

【訓読】

「二宮大饗《にぐうたいきょう》のこと」

二日、二宮の大饗(1)のこと

王卿以下、(2)先ず御所(3)に進み拝賀す(4)〔式に、(5)拝賀の儀あり、而《しか》るに近代は、行うところ之《かく》の如し、軽服《きょうぶく》の人の吉《きっ》服《ぷく》を着る由、(6)吏部王記《りほうおうき》(7)に見ゆ、上曰《かみのたまわ》く(8)、着服は拝礼に便《たよ》りなしと云々(9)、而るに猶《なお》し着服装束すべき由、延長二年私記(10)・貞信公の仰せ(11)に見ゆ、てへり、近例はこれに従う〕次いで玄輝門辺(12)に向かい、靴を着し座に就く〔中宮の儲《もう》(13)けは西、東を以て上と為《な》す、四位以上は廊の内《うち》(14)の座に着き、五位侍従(15)は幄《とばり》(16)の下の座に着くなり〕三献(17)あり、宮司《ぐうじ》(18)盃を勧《すす》むるのち、王卿遞《たが》いに之《これ》を勧《すす》む、其の儀、小門前の石(19)の階《きざはし》壇上に於て盃を取る、二人相い対して酒を酌《く》み唱平す、(20)把擬《とらんとする》(21)人《ゆう》揖す、左の膝《ひざ》を突き飲み了《おわ》る、起《た》ちてまた酒を酌《く》み唱平す、次つぎに唱平し、これを行うこと旬儀《しゅんぎ》(22)の如くなり、三献ののちに音楽(23)あり、数巡ののち、五位侍従一人名を唱う、(24)王卿は座上より進み、蘆蘗《ろへい》の上に跪き、禄を取り一退して退出す〔宮司之《これ》を給う〕次いで東宮の饗所(25)に着く、西を以て上と為す、帯刀《たちはき》

[26]ら左右に陣す、自余は前《さき》に同じ（天暦八年、康保三年、傅《ふ》二献の盃を取る）[27]

【注　解】

（1）**二宮大饗**　毎年正月二日、群臣が後宮（皇后・中宮・皇太后）と東宮に拝賀し、宴を賜わることをいう。『類聚国史』（巻十二）に「淳和天皇天長五年正月己未、皇太子已下奉㆓賀後宮㆒、賜㆑物有㆑差」「七年正月戊寅、群臣拝㆓賀皇后宮㆒、賜㆓被衣㆒、又賀㆓皇太子㆒、宴賞如㆑常」と見え、これより以前、始まったものと思われる。

（2）**王卿以下**　王は皇孫・皇曾孫・皇玄孫を称し、卿は三位以上の者。ここでは「―以下群臣」の意。本文4注（6）（一七頁）参照。

（3）**御所**　後宮を指す。

（4）**拝賀**　新年の賀詞を述べ拝礼する。

（5）**式**　『延喜式』（巻十三）につぎの如くある。「同日《二日》早朝受㆓群官朝賀㆒／同日早朝、所司鋪㆓設於玄輝門外西廊㆒（親王以下諸王五位於㆓廊上㆒諸臣五位於㆓廊下㆒南面）式部置㆓典儀位於同門東㆒、差㆓東北㆒退、設㆓賛者位㆒、並西面南上、設㆓職大夫位於門西南面㆒、依㆓時尅㆒式部引㆓五位以上六位以下㆒、列㆓於同門外㆒南面、典儀曰、再拝、賛者承伝、群官倶再拝、職大夫出就㆑位、為㆑首者進南向跪称㆓賀詞㆒、訖復㆑位、群官倶再拝、職大夫入申㆓内侍㆒、内侍奉㆓令旨㆒伝宣、大夫奉㆓令旨㆒退出、就㆑位南面伝宣、群官称唯、再拝訖退出、但中務輔引㆓次侍従以上㆒著座、于㆑時内侍一人率㆓女蔵人三人㆒、納㆓禄物於櫃二合㆒、令㆑持㆓職舎人四人㆒置㆓廊下㆒、上東（自㆓親王座㆒東去一許丈）綿六百屯（受㆓大蔵省㆒）置㆓廊下㆒（掃部寮設㆓座簀㆒）亮進属各一人、史生二人、侍㆓賜㆑禄所㆒（所司設㆑座）事訖賜㆑禄、親王以下大納言已上各白褂衣二領、中納言三位参議白掛衣一領、非参議三位并四位参議褂衣一領、四位小褂衣一領、五位綿一連、亮唱二四位五位名一賜之〔参議已上令二女蔵人一賜之、五位已上令二宮司一賜之〕若亮有レ闕臨時権任〔事見二儀式一〕同日早朝中務省召二職司一、給二次侍従已上見参一、即別録二四位已上名簿一進二内侍一〔為レ令レ弁二備禄物一〕

（6）**軽服人着吉服由**　軽い喪《も》に服している人が吉服を着ることについて…。吉服は吉事の礼服。本文18（六七頁）参照。

（7）**吏部王記**　重明親王（醍醐天皇々子）の日記。親王の極官が式部卿であったことから、式部卿の唐名吏部尚書による。原本はもちろん、写本も現存しない。『西宮記』（巻二）に「延長八年正月一日吏部記云、弾正親王云、明日二宮饗可レ就レ吉否〔依親王服内之〕会了参二清涼殿一、候二気色一、上曰、可レ就レ因レ問二明日装束一、弾正親王奏云、諸卿云、可レ着二素服一、上曰、二宮饗雖レ従二簡易一、非レ無二拝礼一、是用二朝賀儀一、又両宮饗非レ私、可レ謂二公事一、又東宮式云、此日宮人着二公服一云々、已着二公服一、着二魚袋靴等一、何用二素服一、又古皆三日就レ吉、近年有レ着二凶服一、是訛也、須レ着二吉服一、唯三日可レ着二凶服一之、弾正親王及余、依レ詔不レ用二素服一之、二日参二左大臣殿一云々、参二冷泉院一設レ宴如レ常賜レ禄、直罷出不レ拝、次参中宮饗所、中務少輔後唱名当二宰相座一、事了参二東宮饗所一云々、帥親王行二酒親王座一、公卿云、先例親王行二酒公卿座一、此度乖レ例」とある。

（8）**上曰**　天皇が言われるには…。

（9）**着服無便拝礼**　この辺り文章やや難解である。本文18注（42）（七四頁）に見るように、天皇は吉服を着るべしという。とすれば「着服」は軽服を着ることか。

（10）**延長二年私記**　『西宮記』（巻二）に「延長二年正月二日〔小野記〕昨日、依二節会一着二吉服一、今日装束独身難レ定、仍令レ賜二気色一、報命云、今日可レ着二軽服一云々」とある。『小野宮年中行事』も「故殿御日記云」として、同文を掲げている。

(11) **貞信公仰**　貞信公は関白太政大臣藤原忠平。その「仰せ」とは「教命」のこと。忠平の話を、子の小野宮実頼と九条師輔が記録したもの各一巻があったらしいが、いまは伝わらない。

(12) **玄輝門**　平安宮内郭北中門。北の外郭門である朔平門と対する。門の東西に、左右兵衛佐、左右将監の宿所がある。

(13) **中宮儲**　中宮の饗の座は玄輝門内の西の回廊に設けられる。

(14) **廊内座**　四位以上は廊内の床子に着く。

(15) **五位侍従**　侍従の定員は八人。うち三人は少納言の兼任。侍従は四位、五位の者を任ずるが、少納言の相当位は従五位下。

(16) **幄**　帳、すなわち、上から垂《た》らした長い幕のことであるが、天皇の寝所、寝台。

(17) **三献**　三度、酒を酌《く》む。

(18) **宮司**　中宮職の職員。

(19) **小門**　『江家次第』は「北門」とする。具体的にどの門か未詳。

(20) **唱平**　酒盃を勧めて長寿を祝うこと。

(21) **擬把人**　未詳。「把《と》らんとする人」と訓んだが、如何？『江家次第』には「酌酒唱平、随二擬レ把人気色一突二左膝於地一飲了起」とある。

(22) **旬儀**　毎月一日、十一日、十六日、二十一日に天皇が紫宸殿に出御して政務をとり、臣下に宴を賜わる儀式。のち衰えて四月と十月の二回のみとなる。

（23）**音楽**　『西宮記』（巻一）に「三献飯汁、次楽舞〔各二曲〕」とある。『江家次第』には「三献〔在レ座公卿二人執レ坏〕給二飯汁一、雅楽寮進二庭中一舞各二曲〔左万歳楽、北庭楽、右地久、延喜楽〕四献以後公卿取之、近代不レ過二三献一」とある。

（24）**五位侍従一人唱名**　『西宮記』（巻一）は「五位侍従一人、召レ名給二侍従禄一、次宮司給二王卿禄一」と書き、『江家次第』には、「五位侍従一人召レ名〔中務輔或随レ有〕侍従等次第進給レ禄、〔一拝〕分散〔自レ下給レ之〕宮司等給二禄於王卿一、々々次第自二座上一進跪二蘆蕣上一、搢レ笏取レ禄南面一拝退出」とある。「蘆蕣」は、細い竹などを編んで裏に生絹《きぎぬ》をつけた敷物。

（25）**東宮饗所**　東宮大饗の場所は、はじめは定まっていなかったらしく、延長三年正月二日の東宮大饗は「職御曹司」に設けたとある（『西宮記』巻一所引『吏部記』）。「天徳五年正月二日、東宮於二院巽方御厩町一行二大饗一」（『西宮記』巻一）ともある。『九条殿記』に「天暦七年正月二日癸丑（中略）即参□催二行大饗一事、去年以往於二玄輝門西廊一行之、今年用二東廊一、其故者、中宮（穏子）今年雖レ不レ被レ行二大饗一、西廊是彼宴大饗処也〔大后去年□□月還□弘徽殿、依二上皇喪一停二大饗一云々」とある。東宮大饗が玄輝門東廊で行われるようになったのが何時からであるかは未詳。

（26）**帯刀**　帯刀舎人。『延喜式』（巻四十三）には「凡坊（春宮坊）舎人六百人〔帯刀舎人卅人在二此中一〕」とある。「兵仗を帯し夙夜《しゅくや》事に従う」とその職掌が示されている（『類聚三代格』巻四・天安元年五月八日格）。

（27）**傅取二献盃**　傅は東宮傅《とうぐうのふ》。定員一名。その職掌は「以二道徳一輔二導東宮一」にある。天皇における太政大臣に相当する官であるが、則闕官ではない。『江家次第』（巻二）に「天暦八年・康保二年、傅取二二献盃一、延久四年傅又取レ之〔当時関白左大臣、京極太閤也〕」とある。

【本　文】20

三日、朝観事

【訓　読】

三日、(1)朝観《ちょうぎん》(2)のこと

【注　解】

(1)　**三日**　一月三日。

(2)　**朝観**　年頭に、天皇が上皇・皇太后にまみえること。『朝観行幸』と称する。朝観の語は、『周礼』に「春見曰レ朝、夏見曰レ覲、冬見曰レ遇、時《ときに》見曰レ会、殷《おおく》見曰レ同《あつまる》」とあるのに拠る。正月朝観の初例は『続日本後紀』（巻三）承和元年（八三四）正月二日条の「天皇朝二観後太上天皇於淳和院一、太上天皇相迎、各於二中庭一拝舞、乃共昇レ殿、賜二群臣酒一兼奏二音楽一、左右近衛府更奏レ舞」であるという。『西宮記』（巻一）につぎの如くある。「有二上皇及母后者三日朝観一／〔旧式、三后宮皆有二拝舞一、而依二新式一止レ舞、今天子拝二母后一有二舞踏儀一〕／行幸如レ常〔御二鳳輦一〕其宮外一町停二警蹕一、所司装束入二門内一、鋪二縁道一立二屏幔一、臨二其門下一自二御輿一歩〔有二筵道一〕行二御休所一〔内侍持二御劒等一、或次将可レ持〕天皇進二正殿一拝舞〔以二四幅帛一為二地敷一、上皇母后座二倚子一〕還二御休所一、重依二御旨一、渡二正殿一供二御酒一〔上皇給レ盃者、擬盃後可レ有二御拝一〕

有二贈物被物一〔天皇拝〕群臣賜レ禄、次還御、此日供奉王卿以下、着二魚袋一云々」。なお『北山抄』巻八に「朝覲」の項がある。「朝覲／行幸之儀、同元日〔節会之外、此日御鳳輦〕但宮門之外、鸞駕擁レ停、五位以上騎レ馬、左右少将各一人、騎二官馬一、奉二仕御綱之末一、到二其宮一一許町、停二警蹕之声一、〔途中不レ称二警蹕一、若進入、誡二駕輿丁等之声一歟〕定入二御門一、敷二縁道一、立二屏幔一、或於二門外一下二御輿一、或於二門内一下レ之〔門内為レ善云々〕又或随二案内一到二門中門下一、幼主御時例也〔延喜十六年別有レ命御手輿入御、左右大将在二御前一、左右中将候二御劔璽筥一、自余次将候二御輿傍一〕左右陣候二中門南北一〔近例、候二南庭東西一、不レ可レ然歟〕還御之所入レ夜者、主殿寮四人炬火、候二御輿前後一又至二宮中外一留二御輿一、斎主捧二御府一奏レ之、勅答後、進二入御輿中一、撫二御躬一訖、入レ門撤レ輿之間、左次将一人留二階掖一問レ之、王卿名対面如レ常〔大将待レ次称レ名、行幸効レ之〕乗輿出レ自二朱雀門一者、用二脇門一、／天元二年、石清水行幸日、出御之間雨降、左大将立二軒廊南砌一、右大将立二校書殿東砌一〔往年、別所行幸還宮之間甚雨、着二雨衣市女笠等一立二庭中一云々」。また、朝覲は天皇の孝道の表現として見られる行事で、『続日本後紀』（巻二十）嘉祥三年（八五〇）一月四日条に、「北風切吹、白雪紛々、天皇《(仁明)》朝二覲太皇太后《(嘉智子)》於冷泉院一、親王以下飲宴酣楽、賜レ禄有レ差、須臾天皇降レ殿、於二南階下一端レ笏而跪」とあり、北風に雪の舞う寒さの中で天皇が階下に笏を端《ただ》してひざまずいたというのである。太皇太后嘉智子は、行幸の盛儀を見ようと、天皇に対して、階下から直ちに御輦に乗るよう求めた（『大鏡』〈八〉にもこの時のことが記されている。天皇は中門外で輿をおりて歩いて行くのが常例であった）。天皇は左大臣源常、右大臣藤原良房と相談したが、常らが「礼敬而已、如レ命而可」と答えたので、天皇は殿に昇り御簾の前で跪き鳳輦を階に寄せて乗った。これを見た人は涙を流し、「天子之尊、北面跪レ地、孝敬之道、自二天子一達二庶人一、誠哉」と言ったという。また、延喜五年（九〇五）一月三日、醍醐天皇は仁和寺に行幸し宇多法皇に拝礼した。『扶桑略記』によると、法皇は「入二御軽幄一間、寺門由可レ用二腰輿一」と言ったが、天皇は「此最不レ可レ如レ此、則下レ輦歩行、所司鋪二筵道一、自レ門至レ幄」と、門内では輿を用いず歩行した。また拝礼の法については、天皇が「把レ笏着レ靴」けて法皇を拝礼したが、法皇は「拝礼宜レ无レ用二笏靴一」と言い「吾受二三部法一而受二此法一、是毗盧遮那也、拝仏猶可二三拝一」と言った。これに対して天皇は「前年参拝時用二三拝一、而未レ知レ合レ礼」、そこで大臣らに問い、三日の参拝は仏法の礼に非ず、親々の礼であるということで、ゆえに「親々平生之礼」を用いたのであるという。法皇は「至二三日拝一不レ可二必有一レ之」と言った。法皇と天皇の間に意見の相違があったのである。

【本　文】21

四日、國忌事東寺

參議、遲明到寺南門、先問上官參否、年來依無中門廊等、不着中門、直着堂前、然猶依舊例入自南門耳

【訓　読】

四日(1)、国忌《こき》(2)のこと東寺《とうじ》(3)

参議(4)は、遅明《ちめい》(5)に寺の南門に到り、先ず上官の参否を問う(6)、年来、中門の廊など無きにより、中門には着かず(7)、直ちに(8)堂の前に着く、然《しか》るに猶《なお》し旧例により南門より入るのみ

【注解】

（1）**四日**　一月四日。

（2）**国忌**　天皇・皇后・天皇母の命日に、定められた寺院で追善供養の斎会を行うこと。この日、神事は延期、天皇は廃朝、諸司は廃務、楽をなすを禁じた。初見は持統天皇のとき、天武天皇の一周忌に当たる持統元年（六八七）九月九日（『日本書紀』）。『令義解』（巻六）に「国忌日、謂、先帝崩日、依二別式一合二廃務一者」とある。この項の正月四日の国忌は醍醐天皇の皇后藤原穏子（天暦八年正月四日崩）の忌日で、天暦八年十二月二十五日に定められた。廃止されたのは天仁元年七月七日。

（3）**東寺**　藤原穏子の斎会は東寺で行われた。平安時代、国忌の斎会は東寺か西寺で行われた。

（4）**参議**　『延喜式』（巻十一）に「凡国忌者、治部省預録下其日并省玄蕃応二行事一官人名上、申レ官、前一日少納言奏聞、諸司就レ寺供二斎会事一〔事見二式部治部等式一〕但東西両寺、参議已上及弁外記史各一人、太政官史生官掌各一人参」とある。

（5）**遅明**　早朝、夜がまさに明けようとするとき。『江家次第』（巻三）に、「参議入レ自二南大門一就二中門内座一〔北面外記申二代官一、近例着二堂前座一、仍入レ自二東門一〕」「参議召二外記一、問二諸司具不一、召レ使問二僧并布施物具不一、次仰レ史令レ撃レ鐘」とある。

（6）**問上官参否**　注（5）参照。

（7）**不着中門直着堂前**　注（5）参照。『延喜式』（巻三）に「外記史式部諸司及散位大夫等、就二東西廊下座一〔近例依レ無レ廊着二金堂南砌東西端一〕」とある。

(8) **堂**　金堂。注(7)参照。

【本　文】22

童親王拝観事

【訓　読】

童《わらわ》親王(1)の拝観(2)のこと

【注　解】

(1) **童親王**　童は元服以前の小児。しかし童は一定の年齢を示さない。牛飼童のような場合もある。

(2) **拝観**　童親王が天皇にまみえ挨拶をする。『西宮記』(巻二)に「天皇着二東廂倚子一、親王自二仙華門一参入、於二東庭一拝舞退出、召二御前一、給二酒肴一〔着二孫庇南二間一、鋪二円座一〕三献後、給二白大褂一、下レ殿拝出」とある。また「延木廿一年正月四日、兼輔朝臣申二童親王等参状一、即御倚子、親王等、入レ自二仙華門一、至二仁寿殿西砌下一拝舞、以レ雨不レ立二庭中一、了召二出之一、給二酒禄一」とある。『師遠年中行事』に「同日(二日)東宮朝観事〔或択二日次一〕／成人之時、参二小朝拝一、於二東廂一舞踏、幼稚之時、別有二行啓一」と見える。

【本文】23

五日、敍位議事〔或六日行之〕

大臣着左仗座、議所裝束辨備了〔問大辨〕大臣以下起座、出自日華門、着議所〔第一人、入自南面、右大臣以下、入自東面、大納言爲上卿之日、猶可入自東面歟〕少納言辨、相遞獻盃〔往年、一人獻之、近例、兩行〕藏人來召〔舊例、立召、近代、居召〕大臣〔大臣不參、大納言亦得之〕召外記、仰可取筥文之由、外記退還、相率參入、取筥文等、列立南庭、大臣以下經階下到射場、大臣立軒廊西二間、納言立射場殿東砌、參議立南砌〔東上〕外記相從立東庭了、大臣參上、着御前座之後、第一納言、入自東間、立軒廊戸間、外記進跪納言前、納言搢笏取筥、入自右青瑣門、進自御簾下、置大臣圓座西邊、左廻退自本道着座、次々如之、〔參議取筥文者、外記乍立奉之、雨儀、公卿經南殿北廂、納言以下立射場殿內、外記經南殿階下、立射場殿東砌〕不取筥之人、直進着座、〔非殿上公卿、入自右青瑣門也〕大臣奉召、微音稱唯、進自簀子敷、着御前圓座、卽搢笏、取十年勞勘文入筥〔撤一筥入之〕膝行奉御簾中、把笏復座、返給之後、奉早可行之仰、先書敍人一兩、把笏奏可取遣院宮御給名簿之由、勅許之後、召參議仰之〔或仰中納言〕參議退出、仰近衞次將奉遣之、各持參後、參議進奉大臣、大臣不令開封奏聞、議定了〔內外位有疑者、先敍外位、後愁申時、左右定行之〕奏下名〔入筥〕返給、取之退下、〔或記云、取副於笏退下云々、而家口傳如之〕納言以下撤筥文等〔請印儀、在備忘記〕

【訓読】

五日、叙位《じょい》の儀のこと(1)〔或《ある》は六日に行う〕(2)

大臣は左仗《さじょう》の座に着く(3)、議所《ぎのところ》の装束(4)、弁《わきま》え備《そな》え了《おわ》る、〔大弁(5)に問う〕大臣以下《いげ》座を起《た》ち、日華門(6)より出で、議所に着く、〔第一の人(7)は南の面《おもて》より入る、右大臣以下は東の面より入る、大納言の上卿《しょうけい》たる日(8)は、猶《なお》し東の面より入るべきか〕少納言・弁、相《あ》い逓《たが》いに献盃《けんぱい》す(9)〔往年は、一人これを献《けん》ず、近年は両《ふた》りながら行う〕蔵人《くろうど》来《きた》り召す〔旧例は立ちて召す、近代は居《すわ》りて召す〕、大臣〔大臣参らずは、大納言またこれを得《う》〕(10)外記《げき》を召し、筥《はこ》文《ぶみ》(11)を取るべき由を仰す、外記は退き還り、相い率いて参入し、筥文等を取り、南庭(12)に列立す、大臣以下、階《きざはし》の下を経て射場《いば》(13)に到る、大臣は軒廊《こんろう》の西の二の間(14)に立つ、納言は射場殿《いばどの》(15)の東の砌《みぎり》に立つ、参議は南の砌に立つ〔東を上《かみ》とす〕外記は相い従いて東庭に立ち了る、大臣参上し、御前《ごぜん》の座の後《しりえ》に着す、第一の納言は、東の間より入り、軒廊の戸の間(16)に立つ、外記は進みて納言の前に跪《ひざまず》く、納言は笏《しゃく》を搢《さしはき》みて筥《はこ》を取る、右の青瑣門《せいさもん》(17)より入り、御簾《みす》の下より進み、大臣の円座《えんざ》(18)の西の辺《ほとり》に置く、左廻りに退き、本道より座に着く、次つぎにかくの如し〔参議の筥文を取らんには、外記は立ちながらこれを奉《たてまつ》る、雨儀《うぎ》(19)は、公卿は南殿《なでん》(20)の北の廂《ひさし》を経《へ》、納言以下は射場殿の内に立つ、外記は南殿の階の下を経て、射場殿の東の砌に立つ〕筥を取らざる人は、直ちに進みて座に着く、〔殿上の公卿に非ざるは、右の青瑣門より入るなり(21)〕大臣は召《めし》を奉《うけたまわ》り、微音《びおん》に称唯《いしょう》す(22)、簀子敷《すのこじき》より進み、御前《ごぜん》の円座《えんざ》に着す、即ち笏《しゃく》を搢《さしはさ》み、十年労《ろう》の勘文《かもん》(23)を取り筥に入る〔一の筥を撤してこれを入る〕膝《しっ》行《こう》(24)し御簾《みす》の中に奉《たてまつ》る、笏を把《と》り座に復す、返し給いしのち、早く行うべき仰せを奉る、先ず叙人《じょにん》一両(25)を書き、笏を把《と》り、院宮御給《ごきゅう》(26)の名簿《みょうぶ》を取り遣わすべき由を奏す、勅許ののち、参議を召してこれを仰す〔或は中納言に仰す〕参議退出し、近衛の次将《すけ》(27)に仰せて、これを遣わし奉る、各《おのおの》持参ののち、参議は進みて大臣に奉《たてまつ》る、大臣は開封せしめず奏聞す、議定了《ぎじょうおわ》り〔内外《ないげ》位《い》疑いあらば、先ず外位に叙し(28)、のちに愬《うた》え申す時は、左右《そう》定めて行う〕下名《おりな》(29)を奏す〔筥に入る〕返し給い、これを取りて退下す〔或る記に云う、笏に取り副《そ》えて退下すと云々、しかるに、家の口伝《くでん》(30)はかくの如し〕納言以下、筥文等を撤す〔請印《しょういん》(31)の儀は、備忘記《びぼうき》(32)にあり(33)〕

【注　解】

(1) **叙位儀**　叙位の前の、五日または六日に行われる叙位者を決定する行事。叙位は位階を授けることであるが、勤務評定に基づく定例の叙位と、臨時の叙位がある。

(2) **或六日行之**　一月五日を基本とし、日の吉凶により六日となるか。

(3) **左仗座**　平安京内裏の紫宸殿南庭東側の日華門は左近衛府が警備したので、左近陣、左仗と呼ばれた。左近陣座は、日華門（注（6）参照）北側の宜陽殿の西庇《ひさし》にあった。のちには、紫宸殿東北廊の南面に移されたという。

(4) **議所装束**　議所は、宜陽殿の南庇二の間で、公卿が叙位・除目のことを議したところ。議場・宜所とも書き、「下名所《おりなどころ》」とも書かれる（「下名」については注（29）参照）。議所のしつらえ、準備。

(5) **大弁**　太政官の弁官のうち左大弁・右大弁（各一人）。

(6) **日華門**　平安京内裏紫宸殿南庭の東の門。日華門を出ると議所に至る。

(7) **第一人**　最高位の人をいう。この場合「右大臣以下」と対の文となっているから、左大臣、或いは摂政・関白を指すか。

(8) **大納言為上卿之日**　大納言が上卿をつとめている日には……。

(9) **少納言弁相逓献盃**　少納言と弁官とが次つぎと盃を献ずる。往年は一人であったが、近年は二人であると注記する。「逓」字は「かわるがわる」「つぎつぎと」の意。

(10) **大臣不参大納言亦得之**　大臣不参（欠席）のときは大納言がかわることができる。「得《う》」は可能をあらわす語。

(11) **笞文**　除目・叙位のとき、必要な帳簿・文書（申文・労帳など）を笞に納めたもの。

(12) **南庭**　紫宸殿の南側の庭。ここに、左近の桜、右近の橘がある。

(13) **射場**　射芸を試みるところで、弓場《ゆば》ともいう。紫宸殿の階の下の路を経て西方の射場に到るとあるから、西弓場のことである。

(14) **軒廊西二間**　紫宸殿と清涼殿を結ぶ廊の西の第二の間。

(15) **射場殿**　校書殿の東北、弓場の西にある。校書殿の東廂の北の二間の前方に張り出した、東面する方一間の建物。天皇はここに出御して射を覧《み》る。

(16) **軒廊戸間**　未詳。

(17) **右青瑣門**　紫宸殿と清涼殿を結ぶ廊の西端、清涼殿の殿上間から小板敷に下りたところにある。その南側に無名門がある。なお、東青瑣門は紫宸殿の東北廊の東端にある。

(18) **円座**　藺《い》・菅《すげ》・蒋《まこも》・蒲《がま》の葉・藁《わら》などを丸く組み、平たく渦状に円形にした敷物。「わろうだ」と呼ぶ。

(19) **雨儀**　雨・雪のときに行う儀礼。「晴儀」に対する。雨天のとき庭上の儀はおもに軒廊において行われる。

(20) **南殿**　紫宸殿。

(21) **青瑣門**　平安宮内裏紫宸殿の東北廊の先端と西北廊の先端（清涼殿の東南）にあった門。

(22) **微音称唯**　低い声（小さい声）で応答する。「おし」「おお」と応える。

(23) **十年労勘文**　平安時代、叙位・除目に際して、叙位・任官される者の過去十年にわたる年﨟（勤務年数）労効を記したものを「十年労帳」といい、その帳を点検した結果を記したもの。『延喜式』（巻十八）に「凡主計、主税、勘解由等寮使史生、労十年為ㇾ限、以外諸司史生、廿年為ㇾ限、並補二諸国史生一」とある。

(24) **膝行**　膝《ひざ》を板敷についたまま進退する室内の作法。『色葉字類抄』に「膝行　シッカウ　ヰサル」とある。

(25) **叙人一両**　叙任される者一、二人。

(26) **院宮御給**　院と三宮に与えられる年官と年爵。御給と呼ぶ。年官は、毎年除目《じもく》のとき、所定の官職に所定数の人員を申任する権利を与える制度。年爵は、毎年叙位のとき、所定の人員の叙爵を申請する権利を与える制度。年官・年爵を給与された者を給主という。給主は官・位を希望する者を募集し、応募者をそれぞれの官・位に申任・叙し、給主は任料・叙料を取る。九世紀には、叙爵一人（三宮にはこれに加えて女爵一人）、京官一人、掾一人、目一人、一分（諸国の史生）が与えられた。時野谷滋『律令封禄制度史の研究』（吉川弘文館）参照。

(27) **近衛次将**　近衛中将。

(28) **内外位有疑者**　『西宮記』（巻二）に、「式部民部外記史類、凡姓者内外間有ㇾ疑者、先叙二外階一、依二愁申一改ㇾ之」とある。五位を授けるについて、その者が外位に叙すべき者か内位に叙すべき者か明らかでない場合は、まず外位に叙し、訴えがあったら審議し改める。「左右定行之」とは「可否を定める」くらいの意か。

(29) **下名**　叙位・除目ののち、四位以下の叙人・任人の姓名を、文官・武官各別紙に列記し、文官の分は式部、武官の分は兵部に下して、当該人を召すための文書。

(30) **口伝**　朝儀・典礼に関する、公任の家に口頭で伝えられた説。但し、口伝の内容を記した書類をも指していう。

(31) **請印**　位記に内印（天皇印）を捺《お》すことを求める。

(32) **備忘記**　『北山抄』巻六。巻六は「備忘略記」と題する。同巻に「位記請印事」の項がある。

(33) なお『西宮記』（巻一）による「叙位儀」の次第はつぎの如くである。

大臣以下が議所（日華門の北掖にある）に着く。蔵人が天皇の仰せをうけて大臣以下を召す。射場殿で外記が進る筥（叙人の歴名、十年労帳、氏爵申文その他を納めてある）を受け取る。大臣は召しに応じて御前の座に着く。天皇は大臣を召し、大臣は簀子を経て円座に就く。天皇は「早ク」と言い、大臣は笏を帯に搢《さしはさ》み筥を取る。十年労の文を天皇に進覧したのち着座し、蔵人を召して続紙《つぎがみ》を進らしめる。紙を披《ひら》いて一両人について書き尻付《しづけ》を付する。式部・民部・外記・史の類については、内位・外位が明らかでない場合は、ひとまず外階に叙し、愁えがあったならこれを改める。位記に姓名を書き入れるのは（入眼《じゅがん》）、大臣が左仗で行うか或いは納言が行う。内記を召し内記に記入させるのである。位記に請印《しょういん》する。位記に少納言が内印を捺す。終わると、大臣は天皇に覆奏する。

【本　文】24

「白馬節會事」

七日、節會及敍位事〔式兵兩省、立行立標〕內侍取下名臨東檻、大臣着靴、到東階下、搢笏昇二三階、取下名着兀子、召內豎二音、內豎稱唯參入、宜陽殿西頭北面而立、大臣宣、召式省兵省、稱唯退出、二省丞參入、立大臣前〔式部在西、雨儀壇上〕大臣召式省、稱唯進搢笏屈行、給下名〔大臣以左手、微々給之、判官記云、於大臣者膝行云々、而延喜九年、左大臣給下名、二省丞磬折給云々、見貞信公御記、又承平二年、彼公給之如此、天暦五年、以跪注失〕次給兵省如前、共退出後、大臣起座、暫入陣後、此間令奏外任奏〔仰云、令候列〕

【訓　読】

「白馬《あおうま》の節会《せちえ》のこと(1)」

七日、節会及び叙位のこと(2)〔式兵の両省(3)、立標を立て行う(4)〕内侍《ないし》(5)は下名《おりな》(6)を取り東檻《ひがしのおばしま》(7)に臨む、大臣は靴を着し、東の階《きざはし》の下に到り、笏を搢《さしはさ》み二三階を昇る、下名を取り兀子《ごつし》(8)に着《つ》く、内豎《ないじゅ》(9)を召すこと二音《ふたこえ》(10)、内豎称唯《いしょう》(11)して参入し、宜陽殿《ぎようでん》(12)の西の頭《ほとり》に北面して立つ、大臣宣す、式《のりのつかさ》・兵《つわもののつかさ》省(13)を召せと、称唯して退出す、二省の丞(14)参入し、大臣の前に立つ〔式部は西に在り、雨儀《うぎ》(15)は壇上《だんじょう》(16)なり〕大臣式省を召す、称唯し進み、笏を搢《さしはさ》み屈行《くつこう》(17)す、下名《おりな》を給う〔大臣左手を以て、微々(18)これを給う、判官記(19)に云う、大臣には膝行すと云々、しかるに延喜九年(20)、左大臣下名を給うに、二省の丞は磬折《けいせち》して給うと云々、貞信公の御記(21)を見るに、また承平二年(22)、彼の公の給うにかくの如し、天暦五年(23)、跪《ひざまず》くを以て失《しつ》と注《しる》す〕次いで兵省に給うこと前《さき》の如し、共に退出ののち、大臣は座を起《た》ち、暫《しばら》く陣《じん》の後《うしろ》(24)に入る、この間に外任《げにん》の奏(25)を奏せしむ〔仰せて云う、列に候せしめよと〕

【注　解】

(1) **白馬節会**　青馬節会とも書く。正月七日に、天皇が紫宸殿に出御して群臣に宴を賜い、左右馬寮がひく白馬をご覧になる儀式のこと。起源は中国にあり、馬＝陽、青＝春とする陰陽五行思想に基づくものかという。正月七日の宴は『日本書紀』（巻七）景行五十一年正月戊子条に初見し、天武紀、持統紀にも見えるが、青馬のことは所見がない。青馬の文献上の初見は『万葉集』（巻二十）に収める天平宝字二年（七五八）正月七日の大伴家持の歌である。「みづとりの　かものいろの　あをうま《青馬》を　けふみるひとは　かぎりなしという」（四四九四番）がそれで、その後、正史では『続日本後紀』（巻三）承和元年（八三四）正月戊午条に「天皇御㆓豊楽殿㆒観㆓青馬㆒、宴㆓群臣㆒」とあるのを始めとして、以後毎年のように所見する。

(2) **叙位**　位階を授けること、またその儀式。勤務評定に基づく定例の叙位と臨時の叙位とがある。正月七日は定例叙位。本文23注(1)（八六頁）参照。

(3) **式兵両省**　式部省と兵部省の両省。

(4) **立標**　宮廷で官人が列立するときに位置を示すもの、版位《へんい》。

(5) **内侍**　内侍司の女官。後宮における天皇の日常生活に供奉し、奏請・宣伝のことを掌る。尚侍《ないしのかみ》（二人）典侍《ないしのすけ》（二人）掌侍《ないしのじょう》（二人）と女孺《にょうじゅ》（一〇〇人）を構成員とする。

(6) **下名**　本文23注(29)（八九頁）参照。

(7) **東檻**　東のてすり。「檻」の訓は「おばしま」。

(8) **兀子**　方形の板の四隅に脚のついたもので、椅子《いす》。

(9) **内竪**　本文7注(15)（三四頁）参照。

(10) **二音**　「におん」と音読みしてもよいかもしれないが、「音」を「こえ」と訓んだ。大学寮の「音博士」はコエノハカセで、中国語の教官。

(11) **称唯**　「おし」「おお」と応答する。

(12) **宣陽殿**　内裏内にある殿舎のひとつ。紫宸殿の東、綾綺殿の南にある。北・東・西の三面に廂《ひさし》があり檜《ひ》皮葺《はだぶき》。

(13) **式省兵省**　式部省と兵部省。

(14) **二省丞**　式部丞（大丞・少丞各二人）と兵部丞（大丞一人、少丞二人）。

(15) **雨儀**　雨・雪のときの儀式。

(16) **壇上**　宜陽殿の廂の外縁の雨落ちの内側の土壇の上。

(17) **屈行**　腰をかがめて歩くこと。

(18) **微々**　「ひそかに」と訓むかも。確信を得ない。中野栄夫「『後二条師通記』を読む―その六―」（『日本社会史研究』七四号）参照。

(19) **判官記**　未詳。『江家次第』（巻二）にも所見。

(20) **延喜九年**　九〇九年。延喜九年の例では、左大臣が下名を給うとき、式部省・兵部省の丞は「磬折」すなわち、腰を深くかがめて礼をして受けた。

(21) **貞信公御記**　関白太政大臣藤原忠平の日記。忠平の子の実頼の手になる抄出本が存する。

(22) **承平二年**　『貞信公記（抄）』承平二年（九三二）正月七日条には「七日、節会如レ例、但、不レ巻二御簾一、御弓付内侍所例、公《(橘)》頼・伊《(平)》望朝臣、又兼《(源)》忠加階、今日加入」とのみある。

(23) **天暦五年**　九五一年。『西宮記』（巻一）に「大臣ニハ不レ跪」とある。『江家次第』（巻二）に「先於二南柱南一搢レ笏、進二倚大臣所一跪〔判官記〕西抄於二座南頭一可二插笏屈行一、貞信公御記、磬折給レ之、以レ跪注レ失」と見える。

(24) **陣後**　近衛の陣の階下。

(25) **外任奏**　「外任」とは、地方官、外官に任ずること、またその外官をいう。ここでの外任奏とは、在京の国司らで節会に召される資格のある者の姓名を録して奏上すること。

〔本文〕25

天皇御南殿、親王以下着外辨座〔式部入自春華門、列立左兵衛陣南、敎正禮儀、彈正同入、糺察非違、諸大夫列立如恆、二省率敍人、列立東西、又兵部候御弓、內舍人同候也、此間或外記申所司代官也〕內侍率女藏人、解去位記筥結緒、置內辨座前大盤上、〔先置兵部筥、中式部一筥、其上二筥、若敍親王、有三筥、內裏式、着御座後、置位記筥、而清涼抄如之、見延喜十三年御記也〕近衛引陣、御座定、內辨又着兀子、內侍召人、大臣〔內裏式云、若無大臣、參議已上亦得之〕謝座參上、次開門、闈司着座、大舍人叩門、闈司奏〔敕答、令申〕次內舍人奏〔敕答、召〕次兵部進御弓等、輔留奏之〔無敕答、內裏式云、大輔奏、有少輔奏例乎可勘〕內藏允以下、入自日華門、舁案退出、大臣取宣命、付內侍奏之〔內記候東階南頭壇下、大臣先取宣命、見了返給、令插文杖、取而參上、延喜三年記云、大臣於東階下見了、或於陣座見了、不出御時例也、見天德四年私記〕返給卻下、返給文杖、取宣命着本座、召內豎二音、內豎稱唯、進立左仗南頭、大臣宣、召式部省兵部省、二省輔代〔敍三位以上者、式部率丞代、輔或正官參入、丞猶用代官、預申上卿〕參入、列立櫻樹東頭〔雨儀、軒廊西端〕大臣召式部省、輔代稱唯參上、入自南面東一間、立大臣後、大臣如搢置笏、宣命入懷、取位記筥給之耳、又端笏〔毎度如之〕輔代降自東階、授丞代還昇、又給退下〔若敍親王、丞代有二人〕大臣召兵部省、給筥如先、各置庭中案上〔雨儀、承明門東西第二間〕退出〔式部出自日華門、兵部出自月華門〕大臣召舎人、大舎人稱唯、少納言參入、仰召大夫達〔其詞云、召刀禰〕親王已下五位已上、相引參入〔版位南去七尺、東去二丈五尺、立親王標、自餘同元日〕謝座謝酒着座、次二省引敍人參入、立東西標下〔參議已上先參入、次輔引五位以上、丞引六位、若敍親王、以參議爲代官、仍留外辨、相引參入、其列在親王次、或在親王前、或列三位下參議上、共爲失誤、見延喜御記、尋常版東去三丈五尺、南折七尺、立親王標、次一位標、次二位三位標、次王四位五位標、次臣四位標、次五位標、次六位標、雨儀、承明門東廊第一間壇上立之、武官四位以下標在西、卿代標、在舞臺艮角東頭、大輔標在舞臺正東、少輔標在其後、記云、卿代率親王、大輔率參議已上云々、非也〕大臣召參議以上一人給宣命〔多用中納言、可依敍人之尊卑歟〕宣命使右廻徐歩、復座、親王以下下殿、列立左仗南頭〔內辨若被敍者、待次下殿、便往加敍列、拜舞退出、入自宣陽門、又參上、舊例、或親王未下殿之前、下殿就列、又延喜十三年、天慶六年例、王卿下了後進就之〕幄下諸大夫立定後、宣命使就版、宣制〔出自軒廊二間、徐歩、於日華門北扉程、揖而折斜行、就宣命版、揖插笏、右顧開文拜間、押合而立、拜了卷之、把笏、雨儀、左開右廻云々〕兩段、羣臣每段再拜〔敍人不拜〕宣命使左廻如元、參上着座、羣臣復座了、二省召給〔敍人跪輔右、置笏取位記小拜、起座右廻立新敍列、若敍親王、卿代敍畢、先退出、次親王拜舞退出、次大輔敍三位及四位參議已上、少輔敍四位已下〕了、敍人相依馳道、拜舞退出〔不必待二省出門〕次二省丞、入自日華門月華門、取位記筥退出〔雨儀、入自長樂永安門〕掃部寮撤案

【訓　読】

天皇南殿《なでん》に御し、(1)親王以下は外弁《げべん》(2)の座に着《つ》く〔式部は春華門より入り、(3)左兵衛陣(4)の南に列立し、礼儀《らいぎ》を教正す、(5)弾正《だんじょう》も同じく入り、非違《ひい》を糺察《きゅうさつ》す、(6)諸大夫(7)の列立する恒《つね》の如し、二省(8)は叙人《じょにん》(9)を率《い》て東西に列立す、また兵部は

御弓(10)に候す、内舎人《うどねり》(11)も同じく候するなり、此の間、或《ある》は外記《げき》(12)、所司代官に申すなり〕内侍《ないし》(13)は女蔵人《にょくろうど》(14)を率《い》て、位記の筥《はこ》の結緒《ゆいお》(15)を解き去り、内弁の座の前の大盤(16)の上に置く〔先ず兵部の筥を置き、中に式部の一の筥、その上に二の筥、もし親王を叙せんには三の筥あり、内裏式《だいりしき》(17)は、座に着きたもうのち、位記の筥を置くと、しかるに清《せい》涼抄《りょうしょう》(18)はかくの如し、延喜十三年の御記(19)に見ゆるなり〕近衛は陣を引く、御座定まり、内弁また兀子《ごっし》(20)に着《つ》き、内侍は人を召す(21)、大臣〔内裏式(22)に云う、もし大臣なくば、参議已上またこれを得《う》、と〕謝座《しゃざ》(23)し参上す、次いで門を開く、闈司《いし》(24)座に着く、大舎人《おおとねり》門を叩《たた》く、闈司の奏〔勅答、申さしめよ〕次いで内舎人の奏なり〔勅答、召せ〕次いで兵部は御弓等を進《たてまつ》る、輔《すけ》は留まりて奏す〔勅答なし、内裏式に云う(25)、大輔奏すと、少輔の奏する例あるか勘《かんが》うべし〕内蔵允《くらのじょう》(26)以下、日華門より入り、案《あん》を舁《か》きて退出す、大臣は宣命《せんみょう》を取り、内侍に付《さず》けてこれを奏す〔内記《ないき》(27)は東の階《きざはし》の南の頭《ほとり》の壇《だん》の下に候す、大臣は先ず宣命を取り、見了《みおわ》り返し給う、文杖《ふづえ》(28)に挿《さしはさ》ましめ、取りて参上す、延喜三年記(29)に云う、大臣は東の階の下において見了《おわ》ると、或《ある》は陣《じん》の座《ざ》(30)において見了るは、出御せざる時の例なり、天徳四年の私記(31)に見ゆ〕返し給い却下《さりくだ》す、文杖《ふづえ》を返し給う、宣命《せんみょう》を取り本座に着く、内豎《ないじゅ》を召すこと二音《ふたこえ》(32)、内豎称唯《いしょう》し、進みて左仗《さじょう》の南の頭《ほとり》に立つ、大臣宣す、式部省・兵部省を召せと、二省の輔の代《だい》(33)〔三位以上に叙せんには、式部は丞代(34)を率い、輔或は正官《しょうかん》(35)参入す、丞は猶《なお》し代官を用う、預《あらかじ》め上卿《しょうけい》(36)に申す〕参入す、桜樹(37)の東の頭《ほとり》に列立す〔雨儀《うぎ》は、軒廊《こんろう》の西端なり〕大臣、式部省を召す、輔代は称唯《いしょう》して参上す、南の面《おもて》の東の一の間より入り、大臣の後《しりえ》に立つ、大臣は搢《さしはさ》む如く笏《しゃく》を置く、宣命は懐《ふところ》に入れ、位記の筥《はこ》を取り給うのみ(38)、また笏を端《ただ》す〔毎度かくの如し〕輔代は東の階より降り、丞代に授けて還《かえ》り昇る、また給い退下す〔もし親王を叙せんには、丞代二人あり〕大臣、兵部省を召し、筥を給うこと先の如し、各《おのおの》庭中《ていちゅう》の案《あん》の上に置き〔雨儀《うぎ》は、承明門《じょうみょうもん》(39)の東西第二の間なり〕退出す〔式部は日華門(40)より出で、兵部は月華門(41)より出づ〕大臣、舎人を召す、大舎人(42)称唯《いしょう》す、少納言(43)参入す、大夫達召せと仰す〔其の詞に云う、刀禰《とね》(44)を召せと〕親王已下五位已上、相引《あいひ》き参入す〔版位《へんい》を南に去ること七尺、東に去ること二丈五尺に、親王の標を立つ、自余は元日に同じ〕(45)謝座《しゃざ》謝酒《しゃしゅ》し座に着く、次いで二省、叙人《じょにん》を引《ひき》いて参入し、東西の標の下に立つ〔参議已上先ず参入し、次いで輔《すけ》は五位以上を引《ひき》い、丞《じょう》は六位を引い、もし親王を叙せんには、参議を以て代官となす、仍りて外弁《げべん》を留め、相引いて参入す、其の列は親王の次《つぎ》にあり、或は親王の前にあり、或は三位の下、参議の上に列《つら》なる、共に失誤《しつご》たるは延喜御記(46)に見ゆ、尋常(47)には版を東に去ること三丈五尺、南に折れること七尺に親王の標を立つ、次いで一位の標、次いで二位・三位の標、次いで王の四位・五位の標、次いで臣の四位の標、次いで五位の標、次いで六位の標なり、雨儀は、承明門の東の廊の第一の間の壇上に立つ、武官の四位以下の標は西にあり、卿代の標は舞台の艮《うしとら》の角《すみ》(48)の東の頭《ほとり》にあり、大輔の標は舞台の正東《せいとう》(49)にあり、少輔の標は其の後《しりえ》にあり、記(50)に云う、卿代は親王を率い、大輔は参議已上を率いると云々、非なり〕大臣は参議以上一人を召して宣命《せんみょう》を給う〔多く中納言を用う、叙人の尊卑《そんぴ》によるべきか〕宣命使《せんみょうし》は右廻りに徐《しず》かに歩み座に復す、親王以下、殿を下り、左仗の南の頭《ほとり》に列立す〔内弁もし叙《じょ》を被《こうぶ》らんには、(51)次でを待ちて殿を下り、便《すなわ》ち往《ゆ》きて叙列に加わる、拝舞して退出し、宣陽門より入り、また参上す、旧例は、(52)或は親王の殿を下りざる前《さき》に殿を下りて列に就《つ》くと、また延喜十三(53)年、天慶六年の例(54)は、王卿の下り了《おわ》るのちに進みてこれに就くと〕幄《とばり》の下に諸大夫立ち定むるのち、宣命使版《へん》に就《つ》く、宣制(55)〔軒廊《こんろう》の二の間より出で、徐《しず》かに歩み、日華門北の扉の程において、揖《ゆう》して折れ斜行《しゃこう》す、宣命の版に就き、揖して笏を搢む、右顧《うこ》し文を開き拝する間、押し合せて立つ、(56)拝し了りこれを巻く、笏を把《と》る、雨儀は、左に開き右に廻ると云々〕両段、(57)群臣は段ごとに再拝す(58)〔叙人は拝せず〕宣命使は左に廻る元の如し、参上し座に着く、群臣は座に復し了る、二省を召し給う〔叙人は輔の右に跪《ひざまず》き、笏を置き位記《いき》(59)を取り小拝《しょうはい》(60)す、座を起ち右に廻り、新叙の列に立つ、若《も》し親王を叙せんには、卿代叙し畢る、先ず退出し、次いで親王拝舞し退出す、次いで大輔は三位及び四位の参議已上を叙し、少輔は四位已下を叙す〕了《おわ》りて、叙人馳道《ちどう》にあい依り、拝舞し退出す[61]〔必ずしも二省の出門を待たず〕次いで二省の丞、日華門・月華門[62]より入り、位記の筥を取り退出す〔雨儀は、長楽[63]・永安門[64]より入る〕掃部寮《かもんりょう》は案を撤す[65]

【注　解】

(1) **天皇御南殿**　天皇は紫宸殿におでましになって。

(2) **外弁**　即位式・朝賀・節会など重要な朝儀に際して、大極殿で行うときは会昌門、紫宸殿で行うときは承明門の外にあって儀式を統轄する者。これに対して、門内で儀式を統轄する者を内弁《ないべん》という。

(3) **式部入自春華門**　春華門は平安宮内裏外郭の東南隅の門。建礼門の東にある。式部省の官人は春華門から入る。

(4) **左兵衛陣**　内裏内郭の東面中央の門である宣陽門内にあった。春華門から北へ直進し宣陽門に至る。

(5) **教正礼儀**　『養老令』「職員令」によると、式部卿の職掌のうちに「礼儀」のことがあり、『令義解』は「朝廷之礼儀也」とのみ記すが、『令集解』釈説は、官人が礼儀を失したときはこれを「教糺」すると記す。

(6) **弾正同入糺察非違**　『養老令』「職員令」によると弾正尹《いん》の職掌は「掌、粛㆓風俗㆒、弾㆓奏内外非違㆒事」とある。

(7) **諸大夫**　もとは、民部大夫、式部大夫、衛門大夫など、五位の地下《じげ》（昇殿の資格を持たぬ者）の廷臣の総称。また地下の四位・五位の廷臣の称。

(8) **二省** 式部省と兵部省の官人。

(9) **叙人** 叙位される者。

(10) **御弓** 弓場。

(11) **内舎人** 「職員令」に「掌、帯刀宿衛、供㆓奉雑使㆒、若駕行分㆓衛前後㆒」とある。侍従に類する近習。内舎人は五位以上の官人の子孫中よりえらび、「性識聡敏、儀容可㆑取」き者を以て宛てる。

(12) **外記** 太政官の構成員の一。令制による定員は大外記・少外記各二員。大外記の職掌は「掌、勘㆓詔奏㆒、及読㆓申公文㆒、勘㆓署文案㆒、検㆓出稽失㆒」とある（「職員令」）。

(13) **内侍** 内侍司。後宮十二司の一。その長官は尚侍《ないしのかみ》。後宮における天皇の日常生活に供奉し、奏請・宣伝のことを掌る。

(14) **女蔵人** 宮中に仕える女官で、日常の雑事・公事・儀式に奉仕する。下臈の身分で、摂関家の家司や賀茂社・日吉社・春日社の社家の娘が多く補せられた。浅井虎夫『女官通解』（講談社学術文庫）参照。

(15) **結緒** 位記の筥を結んであるひも。

(16) **大盤** ふつう、食物を盛った器《うつわ》をのせる台、すなわち台盤《だいばん》のことをいうが、同じか？ 以上の部分については『江家次第』（巻二）は「内侍置㆓璽剱於東机㆒、蔵人置㆓式筥於西机㆒」と記す。

(17) **内裏式** 「内裏式」（上）に「皇帝御㆓豊楽殿㆒、内侍置㆓位記筥於大臣之座前㆒、即臨㆓東檻㆒喚㆓大臣㆒（若無㆓大臣㆒者参議亦得）」とある。

(18) **清涼抄** 天暦元年（九四七）前後に成立した官撰の儀式書。現存しない。

(19) **延喜十三年御記** 「醍醐天皇御記」？

（20）**兀子**　背もたれのない椅子。『江家次第』（巻二）に「内弁又着二宜陽殿兀子一」とある。

（21）**内侍召人**　写本によっては、「人」字はない。

（22）**内裏式**　注（17）参照。

（23）**謝座**　感謝の意を表して行う礼。

（24）**闈司**　後宮十二司の一。宮城諸門の鍵《かぎ》の保管・出納を扱う。尚闈（みかどつかさ）一人、典闈四人と女孺四人から成る小司。闈司の奏は大同二年（八〇七）五月三日にいったん停められ内舎人の奏のみとなったが、弘仁二年（八一一）旧に復したという（『類聚国史』・巻四十）。闈司が閤門に侍して諸司からの奏請を天皇に取り次ぎ、勅答を奉じてこれを諸司に伝える。この部分、『江家次第』（巻二）はつぎの如く記す。「開門〔左右将曹各一人〈若無者用二府生一〉率二番長一人、近衛七人一開二承明門一、番長以下五人閤門、三人腋門、腋門着二緑襖一、兵衛志左右各一人、率二兵衛一開二建礼門一、左右近衛各二人、趁各出就二長楽永安門外一、禁二察濫行一、頭書云、閤門謂長楽永安門腋門与左腋右腋門也〕闈司着〔二人自二射場一経二安福殿前并廊下一分着二左右草墩一〕」

（25）**内裏式云**　以上この部分『内裏式』（上）につぎの如く見える。「所司開二豊楽儀鸞両門一、闈司二人出レ自二青綺門一、分坐二逢春門南北一〔掃部預設レ座〕大舎人叩レ門如レ常、闈司進レ自二左近陣東南一就レ版奏云、御弓事賜牟止内舎人姓名叩レ門故爾申、勅曰令奏、闈司伝宣云、姓名乎令申、大舎人称唯、訖内舎人入レ自二逢春門一、経二左近陣南一就レ版、奏云、御弓進牟止兵部省官姓名等〔謂二大輔以上一〕候門止申、勅曰喚之、内舎人称唯、出喚、卿称唯、録以上及造兵司等安二弓矢櫃於高机上一共舁、入レ自二逢春門一、尋常版北一許丈東去五許尺立置退出〔両机之間一許丈〕卿若大輔一人留〔進立二両机中央一〕奏云兵部省奏久造兵司乃供奉礼留正月七日乃御弓又種種矢献良久乎奏給波久止奏〔無二勅答一〕即退出、内蔵寮允以下史生以上〔寮官人少レ数者用二内豎・大舎人等一〕共昇レ机退出〔旧例、大臣先喚二内豎一令レ喚二内蔵寮允以上一得〕」。

（26）**内蔵允**　内蔵寮の三等官。内蔵寮は天皇の宝物や日常用いる物品の調達・保管を掌る。官人構成は頭・助・允・大属・少属各一人ほか。

（27）**内記**　中務省の構成員の一。大内記・中内記・少内記各二員。太政官の外記《げき》に対する。その職掌は「掌、造二詔勅一、凡御所記録事」（「職員令」）とある。但し中内記は大同元年（八〇六）に廃止されている（『日本後紀』・巻十四）。この部分について『内裏式』（上）は「内記授二宣命文於大臣若中納言以上一、大臣令二内侍奉覧一訖返給〔待宣命時而授宣命者〕大臣喚二内豎一、称唯内豎大夫趨立左近陣西頭」とある。

（28）**文杖**　文書を挟み、差し出すための杖。「書杖」とも書き、また「ふみばさみ」とも呼ぶ。

（29）**延喜三年記**　未詳。

（30）**陣座**　近衛陣における公卿の座。仗座。議政官の会議所。

（31）**天徳四年私記**　未詳。

（32）**召内豎二音**　二度、内豎を喚《よ》ぶ。「音」は「声」。

（33）**二省輔代**　式部省と兵部省の輔の代官。

（34）**丞代**　式部丞の代官。

（35）**正官**　正員の輔。代官ではなく。

（36）**上卿**　政務・儀式・公事の責任を負う公卿の上首。左右大臣、大中納言が当たるのが常態である。期日の定まっている恒例の公事に上卿に指名された公卿を「分配の公卿」「日《ひ》の上卿（日上《ひのしょう》）」という。

（37）**桜樹**　紫宸殿南庭の東側にある桜。西は橘。

(38) **取位記筥給之耳**　「耳」の字は写本によっては「了」に作る。是か。永正十七年写本に「裏書云、位記筥事、永保二年正月七日、不レ解二結緒一置レ之云々、後日彼日内弁内大臣殿、右馬頭兼実被レ問云、件筥不レ解二結緒一置レ之時、其作法如何者、分レ答云、若誤不レ解之時、内蔵召二内豎一令レ解二之結緒一、令レ給二内記一之由、則承レ之、此事被レ典（ママ）云々、但、後日経信大納言難レ之云々、西宮十五巻書、召二蔵人一令レ解レ之者、然者何以二内豎一令レ解レ之乎、乍レ結所レ申已非也者、縦有下令二蔵人解一之説上、而令二内豎解一之説可レ為レ得歟、公定執レ之更不レ解レ結之由争論云々、不レ見二北書一歟、雖レ有二家書一、之如レ指レ掌、不レ覚レ之子息無二其益一歟、可レ哀也、内弁召二内豎一令レ解二之結緒一之由、故小野宮右府見二之御記一」とある。

(39) **承明門**　内裏内郭中央の門。ここを入れば紫宸殿の正面に至る。

(40) **日華門**　紫宸殿南庭の東の門。ここを出ると宜陽殿と春興殿の間に至る。

(41) **月華門**　同南庭の西の門。ここを出ると校書殿と安福殿の間に出る。

(42) **大舎人**　左・右大舎人寮に属する舎人で、令制による定員は各八〇〇人。大舎人の「大」は内舎人の「内」に対するもので「大」は「天皇の……」くらいの意味。「軍防令」によると、内六位以下八位以上の嫡子の二一歳以上の者から簡試して上等の者を大舎人に取る（中等は兵衛、下等は使部に取る）。

(43) **少納言**　太政官の構成員の一。令制による定員は三人。天皇に近侍し、小事の奏宣、内印・外印や駅鈴の出納を掌る実務官僚。少納言は侍従を兼ねる。

(44) **刀禰**　百官の主典《さかん》以上を刀禰と称すると『吏部王記』に見える。

(45) **同元日**　本文7（三一頁）参照。

(46) **延喜御記**　醍醐天皇御記。該当する条文は未見。「或在二親王前一、或列二三位下参議上一」こととともに誤りであるというのであろう。本文34（一三六頁）参照。

(47) **尋常**　ふつうの場合には。

(48) **舞台艮角**　叙位のあと白馬節会となるが、始めはこれが豊楽院（殿）で行われ、九世紀後半からは紫宸殿で行われるようになった。『内裏式』（上）は豊楽殿における会式を記すが、「七日会式」として、「前一日、所司弁二備豊楽殿一、構二舞台於殿前一（自殿南階南去十一丈七尺、舞台高三尺方六丈）設二楽人幄於舞台東南角一（南去八許丈、東去二許丈）」と記している。この部分、卿代の標（版）は舞台の北東の角に置かれたという。

(49) **正東**　まひがし。

(50) **記**　写本によって、「九条記」とする。「九条年中行事」のことか。現存の「九条年中行事」は正月の部を欠いている。この部分はその逸文と見るべきもの。

(51) **内弁若被叙者**　内弁たる者じしんが叙位に与《あずか》る場合には、順序にしたがって殿から下りて叙人の列に加わり、拝舞していったん退出し、しかるのちに宣陽門から入り参上、元の位置に就く。

(52) **旧例**　いつの例か未詳。

(53) **延喜十三年**　このときの例、未詳。

(54) **天慶六年例**　未詳。

(55) **宣制**　制《みことのり》を宣《の》りたもう。宣命を読みあげる。

(56) **開文拝間押合而立**　宣命を実際には読まず、宣命使は宣命を開いて押し合わせるしぐさをするのであろう。

(57) **両段**　二度行うこと。

(58) **群臣毎段再拝**　群臣はその都度、再拝（二回おじぎをする）する。「段」の字を「殿」とする写本があるが、これでは文意が通じない。

(59) **位記**　位階を授けるときに発給する文書。位記には、①内外五位以上に与えられる勅授位記（内印を捺す）、②六位以下に与える奏授位記（外印を捺す）、③外八位・内外初位に与える判授位記（外印を捺す）の三種がある（「公式令」）。『延喜式』（巻十二）にも書式が収められている。

(60) **小拝**　軽く頭をさげる礼。

(61) **叙人相依馳道拝舞退出**　「相依」をいかに読むか考を得ない。一緒にくらいの意か。「馳道」は天皇や貴人の通行する道。「叙人相《とも》に馳道に依り拝舞し退出す」とは読めないか。

(62) **日華門・月華門**　注(40)(41)参照。

(63) **長楽門**　平安京内裏内郭の南門の一。中央に承明門があり、長楽門はその東。

(64) **永安門**　内裏内郭南門の一。承明門の西にある。

(65) **掃部寮撤案**　掃部寮官人が机を撤去する。「撤」は「てっす」と訓んだか不審。「スツ」（捨）と訓んだか。掃部寮は、宮中の清掃と設営（舗設）を掌る。令外官。弘仁十一年（八二〇）大蔵省掃部司と宮内省内掃部の二司を併合して掃部寮を置いた。宮内省被官。『延喜式』（巻三十八）に「七日、設レ座与二元日一同、但設二六位已下座於観徳・明義両堂一、又版位以南左右相分立二置位記筥案一、叙位訖撤レ案、女楽拝舞之後、立二積レ禄床一」とある。

【本 文】26

次親王以下、下殿拜舞〔謂之親族拜〕次左右御監、進白馬奏〔大將立巽角壇上、允奉奏文、史生持硯、大將先取奏見之、允取硯候、大將加署後、取文杖、縦插文杖鳥口、參上付內侍、卽退着本座、口傳云、左大將參上奏聞間、右大將東庇北間西面立、左大將度前之後、進奏云々、是左大將爲大臣、右大將爲納言例也、或記云、左右共爲同職者、左大將退歸間、右大將入母屋、相交代進者、又見重明親王天慶三年記九條記云々、或記云、大將立軒廊、允入自敷政門宣仁門云々、近例不然、允又從日華門參入、此日若大將一人不參者、并插一杖、獨奏、共不參者、內辨奏之、御本殿之時、加署後、率馬允度階下、參御所令奏之〕次左右府生取標、次左將監取尋常版位、次左陣度〔此間、近仗興也〕次左右馬頭、次白馬七疋、次左右允、次七疋、次左右屬、次七疋、次左右助、次右陣度了

【訓 読】

次いで親王以下、殿を下り拜舞《はいぶ》す〔これを親族拜と謂《い》う〕次いで左右の御監《みかん》(1)、白馬《あおうま》(2)の奏《そう》を進《たてまつ》る〔大将は巽《たつみ》の角《すみ》の壇(3)上に立つ、允(4)は奏文を奉《たてまつ》り、史生(5)は硯を持つ、大将まず奏を取りてこれを見る、允は硯を取りて候す、大将は署を加えしのち、文杖《ふづえ》(6)を取る、縦《たと》(7)い文杖の鳥口《とりぐち》(8)に挿《さしはさ》み、参上し内侍に付《さづ》く、即ち退きて本座(9)に着す、口伝《くでん》(10)に云う、左大将参上し奏聞の間、右大将は東庇《ひさし》北の間《ま》(11)に西面して立つ、左大将の前に度《わた》りしのち、奏を進《たてまつ》ると云々、是《これ》左大将の大臣たり、右大将の納言たるの例(12)なり、或る記(13)に云う、左右共に同職(14)たらば、左大

将の退き帰る間、右大将は母屋《もや》に入り(15)、相《あい》交代し進《たてまつ》ると、てへり、また重明《しげあき》親王の天慶三年記(16)・九条記(17)に見ゆと云々、或る記(18)に云う、大将は軒廊《こんろう》に立ち、允は敷政《ふせい》門(19)・宣仁《せんにん》門(20)より入ると云々、近例は然らず、允もまた日華門(21)より参入す、此の日もし大将一人参らずば、并《ならび》に一杖《いちじょう》に挿《さしはさ》み(22)、独《ひと》り奏す、共に参らずば、内弁《ないべん》奏す(23)、本殿に御《いでま》せし時は(24)、署を加うるのち、馬允を率《い》て階下を度《わた》り(25)、御所に参り奏せしむ〕次いで左右の府生(26)、標を取る、次いで左将監(27)は尋常の版位《へんい》を取り、次いで左陣《さじん》度《わた》る(28)〔此の間、近仗興《た》つなり〕(29)次いで左右の馬頭《うまのかみ》(30)、次いで白馬七疋、次いで左右の允、次いで七疋、次いで左右の属《さかん》、次いで七疋、次いで左右の助、次いで右陣《うじん》度《わた》り了《おわ》る(31)。

【注　解】

（1）**御監**　『続日本紀』（巻五）和銅四年（七一一）十二月二日条に「以㆓従五位下葛木王㆒補㆓馬寮監㆒」として初見。「左右馬監」なるものが奈良時代の史料に散見するが（『大日本古文書』四―一一九・一七五・一七七・一七九・二九六・四〇九頁）、令制官職にはもちろん存在せず、また令外官ともいえないものである。本文の如く、近衛大将が兼ねるものである。『西宮記』（巻一）所引「吏部王記《りほうおうき》」天暦十一年（九五七）正月七日条に「右大将〔右御監〕顕忠卿奏㆓左右白馬奏文㆒」と見える。「御監《みかん》」の読みは『節用集』の「馬寮《メレウ》御監《ミカン》」による。『延喜式』（巻四十八）に「四月廿八日御監駒式〔小月廿七日〕（中略）寮頭以㆓御馬名奏㆒進㆓於御監㆒、御監即執㆑奏、而後左右寮頭左右分立㆓於御馬之前㆒…」とある。「五月五日節式」にも「左右各以㆓奏文㆒附㆓御監㆒」とあり、「同《(五)》月六日競馬并騎射式」にも「以㆓御馬名簿㆒進㆓於御監㆒」と見える。坂本太郎「馬寮監」（『日本古代史の基礎的研究』下〈東京大学出版会〉）、吉川敏子「古代国家における馬の利用と牧の変遷」（『史林』七四―四）、松本政春「馬寮監について」（『続日本紀研究』三〇〇号）参照。

（2）**白馬** 山中裕『平安朝の年中行事』（塙書房）は、「青馬」と「白馬」は標記の違いにほかならず、「青馬・白馬は同一のものであって白色の毛のある葦毛《あしげ》の馬を青馬、または白馬とよんだ」にすぎないという（一三五頁）。和田英松『建武年中行事註解』（講談社学術文庫）は『西宮記』裏書を根拠として「青馬」が「白馬」に改められたのは天慶・天暦の間とし（一三二頁）、山中裕『平安朝の年中行事』は「村上天皇のころより、青馬を白馬と書くようになり、白馬と書いても、やはり『アヲウマ』とよんでいるようである」（一三五頁）と記している。以下本文は白馬節会についての記述である。この節会は、正月七日に天皇が紫宸に出御して、群臣に宴を賜い、左右馬寮がひく白馬をご覧になる儀式。起源は中国にあり、馬＝陽、青＝春とする陰陽五行思想に基づくものであろうという。『礼記』に「迎㆓春於東郊㆒以㆓青馬七疋㆒、註云、七小陽之数也、時改正月、小陽也、青春也、馬為㆑陽、故用㆓七疋㆒也」とある。

（3）**巽角** 南東のすみ。大将は左・右近衛府の大将。

（4）**允** 馬寮の允。左・右馬寮に大允・少允各一人。

（5）**史生** 馬寮の史生。大同四年（八〇九）三月十四日太政官符（『類聚三代格』巻四）により左・右馬寮各四人とし、『延喜式』（巻十二）も同数。史生は公文《くもん》を浄書し、複写し、装丁する。

（6）**文杖** 本文25注（28）（一〇一頁）参照。

（7）**縦** この字「もし」とは読まず。「たとえば、……くらい」の意。築島裕『平安時代の漢文訓読語につきての研究』（東京大学出版会）参照。

（8）**文杖鳥口** 文杖の先端が鳥のくちばしの如く作られ、ここに文書を挟む。

（9）**本座** 大将のもとの席に戻る。

(10) **口伝**　ある事柄を口頭で伝授することをいうが、ここでは朝儀・典礼の故実についていう。口伝の内容を文章化したものをも口伝と称する。

(11) **東庇北間**　紫宸殿の東庇の間。

(12) **左大将為大臣右大将為納言**　左大将が大臣の兼任である場合、右大将が納言の兼任である場合。例えば、寛仁元年（一〇一七）藤原頼通は内大臣で兼左大将、藤原実資は大納言で右大将を兼ねていた（『公卿補任』）。

(13) **或記**　未詳。写本によっては「或私記云」とある。

(14) **左右共為同職**　左大将・右大将がともに同じ職、例えば大納言であるような場合をいう。例えば、永観三年（九八五）藤原朝光（左大将）と藤原済時（右大将）はともに権大納言であった（『公卿補任』）。

(15) **母屋**　庇《ひさし》に対して、家屋の中心となる部分。身舎《もや》。

(16) **重明親王天慶三年記**　親王は醍醐天皇の第四皇子。母は大納言源昇の女。延喜八年（九〇八）親王宣下、同二十一年に元服、延長六年（九二八）上野太守、天慶六年（九四三）三品に叙され、天暦四年（九五〇）式部卿となる。重明親王の日記「吏部王記」の名はその官名（唐名）による。「吏部王記」天慶三年正月七日条逸文（『西宮記』巻一）はつぎの通りである。「七日、上（朱雀天皇）不二出御一、依二兵乱一止二音楽一、故不レ構二舞台一、又依レ懸二左近警固幕施屏幔廊北柱一云々、今日依二警固一諸衛次官已上帯二弓箭一、不レ用二杖槍一、但兼二武官一公卿依二常儀一云々」

(17) **九条記**　九条年中行事。

(18) **或記**　未詳。

(19) **敷政門**　内裏東側の、宜陽殿と綾綺殿の間にある門。この門を通れるのは大臣のみで、他の官人は綾綺殿の北の和《か》（化）徳《とく》門を用いる。

(20) **宣仁門**　内裏の紫宸殿と宜陽殿を結ぶ軒廊の宜陽殿側の門。

(21) **日華門**　紫宸殿南庭の東門。

(22) **并挿一杖**　ふたつあわせて一本の文杖に挟んで。

(23) **共不参者内弁奏之**　左大将・右大将ともに不参の場合は、内弁が奏上する。

(24) **御本殿之時**　天皇が紫宸殿に出御されたときは。

(25) **率馬允度階下**　馬寮の允（三等官）を率いて紫宸殿の階下路を通って。

(26) **左右府生**　左・右近衛府の府生。府生は定員六人。のちの『職原抄』は「舞人楽人近衛舎人等任之」と記す。

(27) **左将監**　左近衛将監。定員四人。大将—中将—少将—将監—将曹の序列となる。相当位は従六位上。「マツリコトヒト」と訓む（『和名類聚抄』）。

(28) **左陣度**　左近衛の舎人一〇人が南庭を度《わた》る。『西宮記』（巻一）、『江家次第』（巻二）。

(29) **近仗興也**　この訓み、考を得ないが「興」（たつ）と訓んだ。近衛の兵隊が正装列立すること？

(30) **馬頭**　左馬頭・右馬頭。馬寮の長官。相当位は従五位上。以下、頭—白馬七疋—允—白馬七疋—属—白馬七疋—助、という順序で度《わた》る。

(31) **右陣度了**　右近衛の舎人一〇人が南庭を度りおわる。

【本文】27

供御膳如常、一獻後國栖奏、三獻後仰御酒敕使〔或二獻後仰之〕內教坊別當奉舞妓奏〔別當次將令持將監、於巽角壇下、傳取奉之、將監持筆加署、奏聞如前、別當不參者、內辨奏之、所載舞五曲、有大曲一曲、若及深更、不必盡之、但上卿令奏事由可止歟、天慶八年、未供御酒之前、進件奏、依延喜八年例、入夜故也云々〕次樂人於射場發音聲、舞妓進出〔樂前大夫二人、不帶劍者權帶、或王卿唱歌、雨儀、采女先舁御酒器等、置母屋西第二間御屛風東頭、掃部寮立音聲人座於簀子南階以西、內教坊參上着座、於南廂奏舞、殿司炷脂燭云々〕舞了、樂工退出、羣臣拜舞〔謂之女樂拜〕掃部寮立祿臺、大藏省積祿物、辨官奏祿目錄〔雨儀、於東廊奏之〕大臣奏宣命見參祿目錄〔或舞了間、着陣見之、觸事由、次人不必預拜舞也〕返給退下、給文杖幷宣命等於外記、令奏、卷整、取副於笏參上、召參議先給宣命〔暫懷見參〕復本座了、又召參議給見參目錄等〔多用大辨〕右廻下殿、出軒廊就祿所、見參授辨、羣臣下立、宣命使宣制、拜舞了、復本座、式部輔唱名、王卿下殿、給祿退出

【訓読】

御膳《おもの》を供《ぐう》する(1)こと常のごとし、一献《いっこん》(2)のち国栖奏《くずそう》(3)なり、三献ののち御酒勅使《みきのちょくし》(4)に仰す〔或いは二献ののち仰す〕内教坊《ないきょうぼう》の別当(5)、舞妓《ぶぎ》の奏(6)を奉る〔別当次将(7)、将監(8)に持たしめ、巽《たつみ》の角(9)の壇の下に於て、伝え取り奉る、将監筆を持ち署を加え(10)、奏聞する前《さき》の如し、別当の参らざるは、内弁奏す(11)、載《の》するところの舞は五曲なり(12)、大曲一曲あ(13)り、若《も》し深更《しんこう》に及ばんには、必ずしもこれを尽《ことごと》くせず(14)、但上卿《ただしょうけい》の事由を奏せしめ止むべきか(15)、天慶八年(16)、御

酒を供せざる前に、件の奏を進《たてまつ》る、延喜八年の例(17)に依る、夜に入る故なりと云々〕次いで楽人、射場《いば》に於て音声《おんじょう》を発《おこ》す(18)、舞妓進み出づ〔楽前、大夫二人、釵を帯びざれば権《かり》に帯ぶ(19)、或は王卿唱歌す、雨儀《うぎ》は、采女《うねめ》(20)先ず御酒器等を舁《か》き、母屋《もや》の西の第二の間の御屏風の東の頭《ほとり》に置く、掃部寮《かもんりょう》、音声人《おんじょうにん》(21)の座を簀子《すのこ》の南の階《きざはし》より西に立つ、内教坊参上し座に着く、南の廂《ひさし》に於て舞を奏す、殿司《でんし》(22)は脂燭《しそく》を炷《ともす》(23)と云々〕舞い了《おわ》り、楽工(24)退出す、群臣拝舞す〔これを女楽拝と謂う〕掃部寮は禄台《ろくだい》(25)を立て、大蔵省は禄物(26)を積む、弁官は禄目録を奏す〔雨儀は、東の廊に於て奏す〕大臣、宣命《せんみょう》・見参《げんざん》の禄(27)の目録を奏す〔或は舞い了《おわ》る間、陣に着いてこれを見、事の由を触る、次人(28)必ずしも拝舞に預らざるなり〕返し給い退下す、文杖《ふづえ》并《ならび》に宣命《せんみょう》等を外記《げき》に給い奏せしむ、巻き整え、笏《しゃく》に取り副《そ》え参上す、参議を召し、先ず宣命を給う〔暫《しばら》く見参を懐《いだ》く(29)〕本座に復し了《おわ》る、また参議を召し見参《げざん》目録《もくろく》等を給う〔多く大弁を用う〕右に廻り殿を下り、軒廊《こんろう》に出でて禄所《ろくしょ》に就き、見参を弁に授く、群臣下り立つ、宣命使宣制《せんせい》し、拝舞し了り、本座に復す、式部の輔、名を唱《うた》う、王卿は殿を下り、禄を給い退出す

【注　解】

（1）**供御膳**　天皇の食膳を供える。

（2）**一献**　ひとたび酒盃をあげる。

（3）**国栖奏**　国栖は大和国吉野の先住民とされる者。節会に参賀して、贄《にえ》を奉り歌笛を奏する。『江家次第』（巻二）に「国栖奏　於二承明門外一奏二哥笛一」とある。宮廷儀礼となったのは天武朝からかという。その所作から、寿福を招く呪法とも、また服属儀礼とも解される。林屋辰三郎『中世芸能史の研究』（岩波書店）一〇一頁以下参照。

（4）**御酒勅使**　天皇から群臣に酒を賜わる旨を伝える官人。

（5）**内教坊別当**　内教坊は、舞妓の養成所。初見は『続日本紀』（巻二十二）天平宝字三年（七五九）正月十八日条。別当は長官で、大納言・中納言が任ぜられる例であった。

（6）**舞妓奏**　節会での舞妓の舞曲の次第を書いた奏文。

（7）**別当次将**　次将は近衛の中将・少将の異称。

（8）**将監**　近衛府の構成員。定員四人。

（9）**巽角**　南東のすみ。

（10）**加署**　サインする。

（11）**内弁奏**　別当不参のときは内弁が奏上する。

（12）**五曲**　『江家次第』（巻二）に「皇帝破陣楽　玉樹後庭花　赤白桃李花　万歳楽　喜春楽等也」とある。

（13）**大曲一曲**　雅楽曲は、大・準大・中・小に分ける。序・破・急を備えているのがふつう。「大曲」は古くは「だいごく」と訓んだ。唐曲の八曲がある（『雅楽事典』音楽之友社）。

（14）**若及深更不必尽之**　舞楽が長びき夜おそくなったときは、全曲を演ずるとは限らない。『江家次第』（巻二）に「若入レ夜者不三必可レ奏二大曲一」とある。「尽」の字「つくす」とも訓むか。

（15）**上卿令奏事由可止歟**　白馬節会の上卿が理由を奏上したうえで演奏をとどめる。

（16）**天慶八年**　関連史料未詳。

（17）**延喜八年例**　関連史料未詳。

（18）**楽人於射場発音声**　雅楽を奏する楽人は、射場で管弦の音を出す。

(19) **楽前大夫二人不帯釼者権帯** 『江家次第』（巻二）に「楽前大夫二人前行〔用二帯釼者一、若無者権帯、留二立橘樹坤一、或王卿唱歌〕」とある。音楽を奏する前に大夫が二人進む。帯釼者であることが条件で、もし帯釼者でない場は仮に帯釼する。

(20) **采女** 後宮の女官の一。采女司が管掌。寛平九年（八九七）正月、采女の職掌を特定し、陪膳采女・髪上采女・得選采女の区別を生じた。

(21) **音声人** 音声楽を奏する楽人。

(22) **殿司** 後宮十二司の一。輿《こし》・蓋《かさ》・湯沐《とうもく》・薪油などを掌る。その職掌は主殿寮に類する。構成は、尚殿一人、典殿二人、女孺六人。

(23) **炷脂燭** 「脂燭」とは紙や布を細く巻いて撚《よ》った上に蝋《ろう》を塗った小形の照明具。「紙燭」とも。

(24) **楽工** 楽人。

(25) **禄台** 禄物を載せる台、机。

(26) **禄物** 節会に参加した者たちに賜わる禄物。『延喜式』（巻三十）に「諸節禄法／正月七日節〔十一月新嘗准レ此〕／皇太子絁《あしぎぬ》八十疋、綿《わた》五百屯、一品絁卅五疋、綿三百五十屯、二品絁卅疋、綿三百屯、三品絁卅五疋、綿二百五十屯、四品絁卅疋、綿二百屯、無品絁廿疋、綿一百屯、太政大臣絁七十疋、綿五百屯、左右大臣各絁五十疋、綿四百屯、大納言絁卅疋、綿二百屯、中納言絁廿五疋、綿一百五十屯、三位参議絁廿疋、綿一百屯、四位参議絁十五疋、綿六十屯、一位絁卅疋、綿二百屯、二位絁廿五疋、綿一百五十屯、三位絁十五疋、綿六十屯、四位絁六疋、綿卅屯、五位絁四疋、綿廿屯、外五位絁三疋、綿十屯〔内外命婦《ないげみょうぶ》准レ此〕六位女王絁二疋、綿四屯〔女王明日給レ之、新嘗会亦同〕」とある。また『延喜式』（巻十三）に「七日左右馬寮

允属馬医、寮別各一人、左右近衛十四人、牽二白馬七疋一、度二御殿前一、訖職司於二庁前一儲二酒肴一饗之、給レ禄允各綿十屯、属八屯、馬医六屯、近衛四屯」とある。なお『延喜式』（巻十八）に「凡諸節会日、供奉諸司若有二致怠一者、奪レ禄降レ考」とある。

(27) **宣命見参禄**　宣命使および節会に参加した者の禄。

(28) **次人**　未詳。

(29) **暫懐見参**　少しの間、見参目録を持っている。

【本　文】28

正月七日、十一月新嘗二節、俘囚夾名別紙、雖帯五位猶同〔官式〕件夾名、左近陣付外記云々、可尋、大藏省請申被物文、出御以前、辨奉上卿、卽經奏聞下給、一上卿者、不奏直下、至于祿絁率分絹、雖一上、猶奏之云々

天慶三年、諸衛次將、因警固、帶弓箭不用仗槍、但公卿帶武官者、依常儀

同五年、內辨右大將與式部卿親王、略定師輔卿、庶明朝臣、擬殿上錄事、故實、節會酒巡、不過七許巡、而今日及十一巡、王公唱哥擊笏、公宴酒興、延長以後未有、如今

天曆三年、右馬寮不進奏、內辨元方卿、經奏聞、插白帋進奏〔延長五年五月節例、大外記公忠申也〕

同二年、外記以式部所進雜怠諸大夫夾名、覽右大臣、右大臣問、可奏歟、外記申、直覽下給云々〔貞信公敎云、節會諸大夫雜怠者、未出御前奏之云々、而直下如何〕

應和二年、右馬助不參之由、臨期申之、依無諸衛佐、令仰新敘左右近將監、無朝服云々、仍仰本寮允、依助爲六

位官也

【訓　読】

正月七日(1)、十一月新嘗《しんじょう》(2)の二節《にせち》に、俘囚《ふしゅう》の夾名《きょうみょう》(3)は別紙(4)なり、五位を帯びると雖も猶《なお》し同じ(5)〔官式〕(6)件の夾名は左近の陣にて外記《げき》に付《さず》く(7)と云々、尋ぬべし(8)、大蔵省は被物《かずけもの》(9)を申す文を請う、出御より以前に、弁は上卿《しょうけい》(10)に奉り、即ち奏聞を経て下し給う、一の上卿(11)は、奏せず直ちに下すも、禄析率分《ろくりょうそつぶん》の絹(12)に至りては、一《いち》の上《かみ》(13)と雖も、猶しこれを奏すと云々、

天慶三年(14)、諸衛の次将《すけ》は、警固により、弓箭《きゅうせん》(15)を帯びて仗槍《じょうそう》(16)を用いず、但《ただ》公卿の武官を帯びるは(17)、常儀に依る、

同五年(18)、内弁《ないべん》の右大将(19)と式部卿の親王(20)と、略《ほぼ》師輔《もろすけ》卿(21)・庶明《もろあきら》朝臣(22)を、殿上の録に擬すること(23)を定む、故実は、節会の酒の巡《めぐ》り(24)は、七許《ばか》りの巡りを過ごさず、しかるに今日は十一巡に及び、王公唱歌し笏を撃《う》つ(25)、公宴酒興《くえんしゅきょう》の、延長(26)より以後《このかた》、未だ今の如きことあらず

天暦三年(27)、右馬寮は奏を進《たてまつ》らず、内弁元方卿(28)、奏聞を経て、白紙《はくし》(29)を挿《さしはさ》みて奏を進《たてまつ》る〔延長五年五月の節の例(30)、大外記公忠《だいげききんただ》(31)申すなり〕

同二年、外記は式部の進るところの雑怠《ぞうたい》の諸大夫の夾名《きょうみょう》(32)を以て、右大臣に覧ず、右大臣問う、奏すべきかと、外記申す、直ちに覧《み》て下し給えと云々〔貞信公《ていしんこう》(33)の教えに云う、節会の諸大夫の雑怠は(34)、出御せざる前《さき》にこれを奏すと云々、しかるに直ちに下すは如何《いかん》〕

応和二年(35)、右馬助(36)の参らざるの由、期《ご》に臨んで(37)これを申す、諸衛の佐なき(38)により、新叙の左右近将監(39)に仰せしめるも、朝服《ちょうふく》(40)なしと云々、仍りて本寮の允に仰す、助は六位の官たるによるなり(41)

【注　解】

（1）**正月七日**　白馬節会を指している。

（2）**十一月新嘗**　十一月下の卯日《うのひ》に行われる祭祀。天皇即位に際しては大嘗祭と呼ぶ。新嘗祭は①卯日の昼の班幣儀、②卯日の夜の天皇親祭、③辰日の豊明節会より成る。この祭には百官は供奉せず、祭の中心が②にあったことが明らかである。九世紀半ば頃からは天皇の親祭も行われず、臣下が代行する例が増える。

（3）**俘囚夾名**　俘囚は、古代東北地方に住んだ人びとに対する呼称で、七世紀後半以降に用いられた。俘囚は原住地から切り離されて諸国に移住させられたが、かれらは「調庸の民」ではなく、禄・食稲（一日人別稲二束・塩一合）などを支給された。『延喜式』（巻二十六）によると三五か国の出挙稲の中に「俘囚料」なるものが見える。これを出挙しその稲稲を俘囚料としたのである。夾名は禄を給与される俘囚の名簿。

（4）**別紙**　禄を給与される官人の名簿とは紙を別にして記す。

（5）**雖帯五位猶同**　俘囚にして五位の位階を有する者でも、他の俘囚と同様に別紙に記す。

（6）**官式**　太政官式。『延喜式』（巻十二）には「凡正月七日、十一月新嘗二節、預給ㇾ禄俘囚交（夾）名、別ㇾ紙而奏、雖ㇾ帯二五位一猶同二此例一」とある。

（7）**左近陣付外記**　左近衛府の陣において俘囚交名を外記に渡す。外記は太政官の書記官。大外記・少外記各二人。

（8）**可尋**　注（7）の件について公任はその根拠を明らかにしなかったのであろう。

（9）**被物**　功を賞して与える禄。元来は衣服類。纏頭《てんとう》とも。「カツゲモノ」とも訓む。

（10）**上卿**　朝儀・公事を奉行する公卿の総称。

（11）**一上卿**　筆頭の上卿。ふつう摂関を兼帯しない左大臣が当たる。欠員その他の理由で欠員の場合は右大臣・内大臣が当たることもあるが、大納言以下に及ぶことは少ない。

（12）**禄新率分絹**　禄として与える率分の絹。率分は、調庸等が未進となっているとき、一年分の一〇分の一、五分の一など一定の割合で塡納させることをいうが、率分として納入された絹を禄として給与する場合のことか、未詳。七日の節の禄については、『延喜式』（巻三十）に「皇太子絁八十疋、綿五百屯」以下、親王、大臣、納言、参議、外五位以上の有位者「六位女王絁二疋、綿四屯」まで規定がある。また『延喜式』（巻十三）に「七日左馬寮允属馬医、寮別各一人、左右近衛十四人、牽二白馬七疋一度二御殿前一、訖職司於二庁前一儲二酒肴一饗之、給レ禄允各綿十屯、属八屯、馬医六屯、近衛四屯」とある。また節会に欠勤した者については、『延喜式』（巻十八）に「凡諸節会日、供奉諸司若有レ致レ怠者、奪レ禄降レ考」とあり、「凡諸節会可レ取二権輔一、点定前一日申二太政官一、若被レ点不レ参者、不レ賜二当日禄一」とある。

（13）**一上**　一上卿のこと。

（14）**天慶三年**　九四〇年。『西宮記』（巻一）に、「七日、上不二出御一、依二兵乱一止二音楽一、故不レ構二舞台一、又依レ懸二左近警固幕施屏幔廊北柱一云々、今日、依二警固一諸衛次官已上帯二弓箭一、不レ用二杖槍一、但兼二武官一公卿依二常儀一云々」とある。

（15）**弓箭**　弓矢。

（16）**杖槍**　杖は長柄の武器。やり。

（17）**公卿帯武官者**　公卿にして武官の職を兼ねる者。

(18) **同五年**　天慶五年（九四二）。『九暦』同年正月七日条によると、「今日酒盃十一巡、王卿有二酒気一、吹二皮笛一、式部卿〔敦実〕親王云、年来更無二如レ此之時一、今日似二古昔一云々、後日参レ殿、申二此日事一、仰云、青馬并女楽奏已了更不レ下、而右大将〔実頼内弁〕乍二両度一下レ殿、未レ知二其由一者」とある。

(19) **内弁右大将**　藤原実頼。天慶五年には、大納言・右大将。注（18）参照。

(20) **式部卿親王**　敦実親王。注（18）参照。

(21) **師輔卿**　藤原師輔。忠平の一男。天慶五年正月には権中納言・中宮大夫・左衛門督。

(22) **庶明朝臣**　源庶明。斉世親王の三男。天慶五年正月には左兵衛督・紀伊権守。

(23) **擬殿上録**　未詳。

(24) **節会酒巡**　注（18）参照。酒盃をあげること七回までを尋常とするのに、一一回にも及んだという。節会に用いる酒の量については『延喜式』（巻四十）に規定がある。「正月元日一斛（石）八斗、七日三石四斗（中略）若可レ過二此限一、聴二弁官処分一」とある。

(25) **王公唱歌撃笏**　注（18）『九暦』の記載で「王卿有二酒気一、吹二皮笛一」とあったが、貴族らは歌をうたい、笏をうって拍子をとったのであろう。

(26) **延長**　延長年間（九二三―九三一）。醍醐天皇治政の末期。『延喜格式』の撰上されたのは延長五年（九二七）である。

(27) **天暦三年**　『吏部王記』に「七日、右馬寮奏遂不レ進、内弁（藤原元方）巻レ紙加二左奏一、々進故実也」（『台記』久安二年正月七日条）とある。本文には「白紙を挿みて奏を進る」とある。これと対照すると、『吏部王記』の「巻レ紙」とは「白紙」のことであろう。

(28) **元方卿**　藤原元方（八八八—九五三）。参議菅根の二男。文章得業生から対策を経て出身。延喜十七年（九一七）叙爵。天慶二年（九三九）参議となり、同五年中納言、天暦五年（九五一）大納言・民部卿に至る。同七年三月二十一日、六六歳で薨去した。元方が藤原師輔との権力争いに敗れて、怨霊となり師輔一族に祟った話は著名である。阿部猛『平安貴族の実像』（東京堂出版）二三四頁参照。

(29) **白紙**　本文「白帋」とある。帋は紙。何も書いてない、文字どおりの白紙。

(30) **延長五年五月節例**　未詳。

(31) **大外記公忠**　藤原公忠。藤原師尚の男で、母は太政大臣家扶大原保世の女。天慶四年（九四一）十一月五日右馬少允、石清水八幡に舞楽を奉納（本朝世紀）。寛和二年（九八六）一月二十三日、正六位上で内舎人に任ず（除目大成抄）。寛弘五年（一〇〇八）藤原道長の賀茂詣の陪従となる。同六年十一月二十日賀茂臨時祭の試楽に琴をひいた（御堂関白記）。槙野広造『平安人名辞典—長保二年—』（高科書店）参照。

(32) **雑怠諸大夫夾名**　節会に欠席した諸大夫の名簿。諸大夫は地下《じげ》の四位・五位の廷臣。

(33) **貞信公教**　藤原忠平の教え。但し口伝《くでん》ではなく、その日記「貞信公記」の記述をいうのであろう。

(34) **雑怠**　一般に「過怠」おこたり。注（32）の如き、節会への不参も。

(35) **応和二年**　九六二年。未詳。

(36) **右馬助**　右馬寮の助。

(37) **臨期**　そのときになって。その場にのぞんで。あらかじめではなくて。

(38) **諸衛佐**　六衛府（左・右衛門府、左・右兵衛府、左・右近衛府）の次官。

(39) **新叙左右近将監**　新しく任命されたばかりの左・右近衛府の将監。

（40）**朝服**　官人が出仕するときの衣服。朝衣。新任の将監らは服装が整わないので辞退した。
（41）**仰本寮允依助為六位官也**　そこで、本寮（馬寮）の允に右馬助の役を命じた。右馬助は六位官。この文章は意が通じない。前段は将監が助の代役をつとめられないことを言い、後段は、左右近将監を代役とした理由を述べている。馬寮の助の相当位は正六位下、将監の相当位は従六位上で、ともに六位官。馬寮の允は七位官。

【本　文】29

「御齋會始事」

八日、御齋會始事

王卿先着東廊座、上卿召外記問所司具否〔式部・彈正・治部・玄蕃・堂童子等也〕召辨問衆僧參否、仰可令打鐘之由、辨・少納言・外記・史等、出居東廊內座、式部・彈正度龍尾道前、着東西廊座、左右檢非違使候庭中、糺察濫行、王卿着大極殿〔上官出居後着之〕王大夫・堂童子等同着、僧侶參上、治部・玄蕃引之、二部樂在講讀師輦前〔省寮及講讀師前大夫等行前之〕衆僧着座後、各供一曲、講畢講讀師退下、樂工在前而出、東西行香如常、〔往年、着草履、今、卽無此事〕若有行幸、鈴奏・警蹕等如恆、親王以下着靴、又如例〔神事・佛事不可着靴之由、見式部式、而神事不可着、此日着之、是訛歟〕御小安殿後、王卿出昭訓門、脫靴着廊座、御座在高座艮角、御屛風東去一許丈、設內辨座、王卿座在南欄下〔雨儀、楹內〕辨・少納言・輔・弼等座在廊前、上官候南面東階東掖、堂童子等座在殿庭、王大夫座在其西〔行香時、昇自南面西階〕圖書寮依仰打鐘、供御輿𨊂、御大極殿、近衛引陣、大臣經東北壁下着座、〔西面、帯衛府人、脱弓箭把笏候、延長二年例、法用後參着〕次王卿參上、僧等出入自北面東西戸、經北壁外行道、事訖王卿出昭訓門、着靴供奉、自餘如常儀〔講師任僧綱例可尋〕

【訓　読】

「御斎会《ごさいえ》始《はじめ》のこと」

八日、御斎会始のこと(1)

王卿(2)は先ず東の廊の座に着く、上卿《しょうけい》(3)は外記《げき》(4)を召して所司の具否《ぐひ》を問う(5)〔式部(6)・弾正(7)・治部(8)・玄蕃(9)・堂童子《どうどうじ》(10)等なり〕弁(11)を召して衆僧の参否を問う、鐘《かね》を打たしむべきの由を仰す(12)、弁・少納言・外記・史(13)等は、東の廊の内の座に出居す、式部・弾正は竜尾道《りゅうびどう》(14)の前を度《わた》り、東西の廊の座に着く、左右の検非違使《けびいし》(15)は庭中に候し、濫行を糺察す、王卿は大極殿《だいごくでん》(16)に着く、〔上官出居ののちこれに着く〕(17)王大夫(18)・堂童子等も同じく着く、僧侶参上す、治部・玄蕃はこれを引く(19)、二部楽は講読師《こうとくし》の輦《てぐるま》の前に在り(20)〔省寮及び講読師は大夫等に前《さき》んじて行《あり》く〕(21)衆僧の座に着くのち、各《おのおの》一曲を供す(22)、講じ畢りて講読師は退下す、楽工《がくく》は前に在りて出ず、東西の行香《ぎょうこう》(23)は常の如し、〔往年は草履を着く、今は即ちこのことなし〕(24)若し行幸《みゆき》あらんには、鈴奏《すずのそう》(25)・警蹕《けいひつ》(26)等は恒《つね》の如し、親王以下靴を着くこと、また例の如し〔神事・仏事には靴を着くべからざる由、式部式(27)に見えて、神事には着くべからず、此の日これを着くる、是《こ》れ訛《あやまり》か〕小安殿(28)に御するのち、王卿は昭訓門《しょうくんもん》(29)を出で、靴を脱ぎ廊の座に着く、御座は高座《たかみくら》の艮《うしとらのすみ》(30)角にあり、御屏風を東に去る一許丈《いちばかりじょう》に内弁《ないべん》の座を設く、王卿の座は南の欄《てすり》の下にあり〔雨儀《うぎ》は、楹《はしら》の内なり〕弁・少納言・輔・弼等の座は廊の前にあり、上官(31)は南面の東の階《きざはし》の東の掖《わき》に候す、堂童子等の座は殿の庭にあり、王大夫の座はその西にあり〔行香の時は、南面の西の階《きざはし》より昇る〕図書寮(32)は仰せにより鐘を打つ、御輿を供え畢る、大極殿に御す、近衛は陣を引く、大臣は東北の壁の下を経て座に着く〔西面す、衛府を帯びる人[33]は、弓箭を脱し笏を把りて候す、延長二年の例[34]は、法用ののち参着す〕次いで王卿参上す、僧等は北面の東西の戸より出入す、北壁の外を経て行道す、事訖《お》わりて王卿は昭訓門を出づ、靴を着け供奉す、自余は常儀の如し〔講師、僧綱に任ずる例[35]、尋ぬべし〕

【注　解】

（1）**御斎会**　「みさいえ」とも。正月八日から十四日までの七日間、天皇が大極殿に出御して金光明最勝王経を講説し、国家の安穏を祈る儀式。その起源は八世紀後半の天平神護二年（七六六）または神護景雲二年（七六八）にあるとされる。『類聚国史』（巻百七十七）は桓武天皇の延暦二十一年から御斎会を挙げている。

（2）**王卿**　諸王と公卿。

（3）**上卿**　個別の朝儀・公事を奉行する公卿の上首。

（4）**外記**　太政官の構成員。大外記・少外記各二員。令制による職掌は、「掌、勘詔奏、及読申公文、勘署文案、検出稽失」とある。

（5）**問所司具否**　各官庁の役人たちが揃っているかどうかを問う。『延喜式』（巻十八）に「凡五位已上闕二正月御斎会職掌一、毎レ度奪二位禄絹一疋一、若絹尽以レ布准奪、其六位已下毎レ度奪二素禄布一端一」とある。

（6）**式部**　式部省。

（7）**弾正**　弾正台。

（8）**治部**　治部省。

（9）**玄蕃**　玄蕃寮。

（10）**堂童子**　諸寺の堂舎に分属し、堂内の雑事に従う童形の下部《しもべ》。金堂童子、講堂童子など堂名を付して呼ばれる。しかし、本文の場合は、官人が臨時に堂童子に任ぜられた。天皇が出御する法会の場合は蔵人が堂童子となる。

（11）**弁**　弁官。

（12）**仰可令打鐘之由**　上卿が弁に命じ、弁は史に仰せて鐘を打たせる。

（13）**史**　弁官の主典《さかん》に当たる。左・右大史、左・右少史は定員各二人。職掌は「掌、受㆑事上抄、勘㆓署文案㆒、検㆓出稽失㆒、読㆓申公文㆒」とある。

（14）**龍尾道**　大極殿前庭のいちだん高くなったところ。龍尾壇ともいう。南の朝堂院との間に段差を設けたのである。『年中行事絵巻』（巻七）の「御斎会」の部分に描かれている。壇の東西に階段があり、壇上に朱の高欄が設けられている。現在、京都平安神宮にその様子をうかがうことができる。

（15）**左右検非違使**　検非違使は左・右衛門府官人の兼帯で、その使庁もはじめ左・右衛門府に置かれたが、天暦元年（九四七）以降は左庁のみで事務を扱った。

（16）**大極殿**　大内裏朝堂院の正殿。天皇即位式、大嘗祭、元正朝賀、正月七日の宴、御斎会、射礼、政、告朔、相撲、例幣、考問などの定例の儀式のほか、多くの臨時の儀式がここで行われた。

（17）**上官出居後着之**　王卿は大極殿の座に着くが、『江家次第』（巻三）は「入㆑自㆓昭訓門㆒、経㆓東登廊㆒着㆓殿座㆒、上官出居後着」と記す。

（18）**王大夫**　大夫は四・五位の官人。王は諸王。『江家次第』（巻三）は、王大夫は「入㆑自㆓光範門㆒云々、近代不レ見」と記す。

(19) **僧侶参上治部玄蕃引之**　治部省・玄蕃寮の官人が先導して僧侶たちが参上する。『江家次第』（巻三）に「省寮左右前行、僧相分入レ自二東福西華門一、経二庭中一昇レ自二殿南階一、雨儀、昇レ自二東西廊一」とある。

(20) **二部楽在講読師輦前**　二部の楽は唐楽と狛楽。講師は、高座にのぼり経論を講説する役僧。読師は、同じく高座にのぼり、講師にあい対し、経題・経文を読誦する僧。輦は「れんしゃ」とも。宮城内で用いる人力により引き動かす小車。皇太子・親王・摂政・関白・大臣・妃・夫人・内親王・命婦・女御や老人・僧綱に許された。勅許を必要とし「輦車《てぐるま》の宣旨《せんじ》」と称する。『江家次第』（巻三）に「乗輿有二執蓋一、唐楽在レ西、狛楽在レ東」とある。

(21) **省寮及講読師前大夫等行前之**　治部省と玄蕃寮の官人および講師・読師は、大夫らより先に前を歩いて行く。

(22) **各供一曲**　唐楽・狛楽それぞれ一曲を演奏し舞う。『江家次第』（巻三）によると、「雨日於二殿壇上一舞」とある。

(23) **東西行香**　香を配る。「行」は「くばる」。「東西」は左右。左方は公卿、右方は弁・少納言。斎会の最中は続いて香をたき続ける。『江家次第』（巻三）は、「若有二不足一者、堂童子、大夫、外記史近代等立加」と記す。

(24) **往年着草履今即無此事**　『江家次第』（巻三）に「所司進二草履一近代不レ見」とある。

(25) **鈴奏**　天皇行幸の前後に駅鈴を申請し、また返還することを奏する儀式。『延喜式』（巻十二）に「凡行幸従レ駕内印、并駅鈴伝符等、皆納二漆簏子一、主鈴与二少納言一共預供奉、其駄者左右馬寮充之」とある。『内裏儀式』には「行幸時賜鈴并進式」があって、「少納言入就レ位奏云、御共爾持仕奉牟鈴賜止申、勅曰取之、少納言称唯喚二主鈴名一、主鈴称唯、少納言退出、置二印櫃於廊下一、主鈴率二大舎人一、就レ櫃取レ鈴立二廊前一、在二御輿前一、出二衛門陣外一、駄馬其於行所進者持レ鈴、大舎人叩レ閤如レ常」と見える。『北山抄』（巻九）には「若少納言遅参者、少将相代奉二仕鈴奏一」とある。

(26) **警蹕**　天皇の出入御、行幸、御膳を供するとき「おし」と唱える。まわりを戒め、先払いをする。『侍中群要』（第三）に「初供二御膳一人、先取二蓋盤一入二立鬼間御障子之間一、称二警蹕一、其詞オシ」とあり、『枕草子』（二一）に「昼の御座《おまし》の方には、御膳《おもの》まゐる足音高し、警蹕など『をし』と言ふ声聞ゆるも、うらうらとのどかなる日のけしきなど、いみじうをかしきに」と見える。

(27) **式部式**　『式部式』（巻十八）に「凡神事及斎会之処、不レ得レ著二深履一」とある。

(28) **小安殿**　「こあどの」とも。平安宮朝堂院の殿舎のひとつ。大極殿の北、昭慶門の南にあった。大極殿とは登廊で結ばれていた。大極殿後殿、同後房、また単に後殿、後房とも呼ばれた。

(29) **昭訓門**　平安宮朝堂院東廊の北門。龍尾道の東側、蒼龍楼の北にあった。

(30) **高座艮角**　高御座。天皇の御座。その北東。

(31) **上官**　一般には太政官の官人を指すが、具体的にいかなる人びとを称するのか判然としない。用法はさまざまであるが、①太政官の官人―弁・少納言・外記・史・史生・官掌・召使・使部など―全般を指す場合、②とくに外記・史を指す、③弁・少納言を指す場合があり、①②の例が多い。法律用語ではなく、当時の貴族の日常の略語であったろうといわれる。野村忠夫『官人制論』（雄山閣出版）、関口力「上官考」（林陸朗先生還暦記念『日本古代の政治と制度』続群書類従完成会）参照。

(32)　**図書寮**　中務省の被官。宮中の図書の保管、国史の編纂、諸司への紙・筆・墨の支給を掌る。頭・助・大允・少允・大属・少属各一名、写書手二〇人、装潢手四人、造紙手四人、造筆手一〇人、造墨手四人、使部二〇人、直丁二人より成り、これに紙戸が附属していた（「職員令」）。『江家次第』（巻三）に「仰二弁可レ令レ撃レ鐘由一、弁還レ座仰二行事史一、々起レ座令レ仰二図書一」とある。

(33)　**帯衛府人**　衛府の官を兼帯する人。

(34)　**延長二年例**　未詳。延長二年正月十四日の例は、本文27（一〇九頁）を参照。

(35)　**講師任僧綱例**　僧綱は、寺院・僧尼を監督する中央行政機関で、僧正・僧都・律師・佐官より成る。宝亀二年（七七一）閏三月、威儀師六員を置いたが、このとき佐官は廃されたのであろう（『続日本紀』巻三十一）。「任僧綱例」について、『日本三代実録』（巻二）貞観元年（八五九）正月八日条に「凡毎年十月興福寺維摩会、屈下諸宗僧学業優長果二五階一者上、明年正月大極殿御斎会、以二此僧一為二講師一、三月薬師寺最勝会講師、亦同請レ之、経二此三会講師一者、依レ次任二僧綱一、他皆効レ此」と見える。

【本　文】30

延長二年正月十四日、雪降、雅樂寮在左右軒廊、舞人供南榮階上、衆僧自欄邊出入、講讀師到軒廊乘輦云々

貞觀元年、不擧音樂、遏密也（國史）近例、諒闇年、依供佛事、或不止之、可有議歟

延長六年、正月六日宣旨、依承和六年例、停節會樂、但、御齋會猶可擧者、彼承和例、依同母弟喪、停止正月諸節樂、但、八日御八省奏樂云々（保忠卿記）

【訓　読】

延長二年正月十四日、(1)雪降る、雅楽寮は左右の軒廊にあり、(2)舞人は南栄《なんえい》の階上(3)に供す、衆僧は欄《てすり》の辺《あたり》より出入す、講読師は軒廊に到り輦《てぐるま》に乗ると云々

貞観元年、(4)音楽を挙《いた》さず、遏密《あつみつ》なり〔国史〕(5)近例は、諒闇《りょうあん》(6)の年は仏事に供するにより、或はこれを止めず、議あるべきか(7)

延長六年、(8)正月六日の宣旨、承和六年の例(9)により、節会の楽《がく》を停む、但《ただ》、御斎会《ごさいえ》猶し挙《いた》すべくは、彼の承和の例、同母弟の喪(10)により、正月の諸節の楽を停止す、但《ただ》、八日は八省(11)に御し、楽を奏すと云々〔保忠卿記(12)〕

【注　解】

(1) **延長二年正月十四日**　関連史料未詳。

(2) **雅楽寮在左右軒廊**　雅楽寮の楽人らは、唐楽と狛楽が東西（左右）に分かれて軒廊に控える。

(3) **南栄階上**　南栄は南檐《ひさし》。南向きの軒、庇《ひさし》。栄は屋根の軒端《のきば》のそりあがったところをいう。『江家次第』（巻三）に「南栄作レ棚居二五穀一〔左右各十一坏、以二白布一覆レ之〕」とある。

(4) **貞観元年**　『日本三代実録』（巻二）貞観元年（八五九）正月八日条に「乙丑、於二大極殿一始講二最勝王経一、以二元興寺僧三論宗伝灯大法師位道昌一為二講師一、不レ挙二音楽一、遏密也」とある。「遏密」とは諒闇のとき音楽をとどめること。遏はとどめる、密はしずかであるの意。

(5) **国史**　注（4）の『日本三代実録』を指すか。

（6）諒闇　天皇が服する喪のうち最も重いもの。この語は奈良時代から用いられた。天皇の服喪については「喪葬令」服錫紵《しやくじよ》条に「凡天皇、為二本服二等以上親喪一、服二錫紵一」（「錫紵」は薄墨色の麻の細布の衣）とあり、「儀制令」太陽虧条に「皇帝二等以上親、及外祖父母、右大臣以上、若散一位喪、皇帝不レ視レ事三日」とある。「近例」とあるが、具体例を挙示できない。

（7）可有議歟　議は「論議」「意見」「説」などの意。

（8）延長六年　その史料未詳。

（9）承和六年例　『続日本後紀』（巻七）承和六年正月八日条に「辛酉、於二大極殿一始修二最勝会一」とあり、同十四日条に「丁卯、最勝会竟、更引二名僧十余人於禁中一、令二論議一、訖施二御被一云々」と見えるのみ。

（10）同母弟喪　仁明天皇は嵯峨天皇の皇子であるが、嵯峨の子は五〇人にも及んだといわれ、頗る多い。『続日本後紀』（巻七）承和五年十二月二十六日条に「庚戌、芳子内親王薨、嵯峨太皇大后所レ誕第五皇女也、依二大后旨一、停二監護使一」と見えるが、これか未詳。翌六年正月一日条には「甲寅朔、廃二朝賀一、縁二天皇之同産芳子内親王去月薨背一也」とある。

（11）八省　八省院。朝堂院。

（12）保忠卿記　藤原保忠の日記。保忠は、寛平二年（八九〇）左大臣時平の一男として誕生。参議・右大弁・右大将を経て、延喜二十一年（九二一）正月権中納言で従三位、承平五年（九三五）大納言・正三位。翌年七月十四日薨。笙の名手で、『醍醐天皇御記』に「廿二日、召二保忠一令レ吹レ笙、曲調頗堪レ聴、因賜二橘皮笙一、是故太政大臣昭宣公（基経）弱冠時、承和天皇（仁明）為レ令二学習一所レ給也、寛平中以二其名物一而献レ之、其後為二宜陽殿笙一、令レ尋二旧意一以賜レ之」とある。

【本　文】31

「女敍位事」

同日、女敍位事〔外記奉勘文、如常、又當日下給申文、令勘申之、勘續年限合否返上〕

大臣依召候御前〔御晝御座、不垂御簾、孫庇敷菅圓座一枚、爲大臣座、召藏人所紙硯用之〕奏請後、召殿上次將、差遣院宮、令獻御給名簿〔或召藏人頭仰之〕書下名了、取副於笏、退下陣頭、令作位記、令持內記、參上令奏〔乳母位記狀、異他也〕請印之後、又奏、卽留御所〔若男位記相加者、從始入別筥奏之〕

【訓　読】

「女叙位《おんなじょい》のこと」

同日、女叙位のこと(1)〔外記の勘文《かもん》(2)を奉《たてまつ》る常の如し、また当日申文を下し給い、これを勘申せしむ、年限を続ぐ(3)合否・返上を勘す(4)〕

大臣は召により御前に候す(5)〔昼の御座《おまし》(6)に御し、御簾《みす》を垂《た》れず、孫庇に菅の円座(7)一枚を敷き、大臣の座となす、蔵人所(8)の紙硯を召し用う〕奏請《そうせい》ののち、殿上の次将《すけ》(9)を召し、院宮に差《さ》し遣わし(10)、御給《ごきゅう》の名簿《みょうぶ》(11)を献《たてまつ》らしむ〔或《ある》は蔵人頭《くろうどのとう》を召して仰す〕下名《おりな》(12)を書き了《おわ》り、笏《しゃく》に取り副《そ》え、陣頭《じんとう》(13)を退下す、位記《いき》(14)を作らしめ、内記《ないき》に持たしめ、参上し奏せしむ〔乳母《めのと》の位記の状(15)は他に異なるなり〕請印《しょういん》(16)ののち、また奏す、即ち御所に留む〔若《も》し男位記をあい加えんには、始めより別の筥《はこ》に入れて奏す〕

【注解】

(1) **女叙位** 「にょじょい」とも。内親王以下、女子を五位以上に叙する儀式。はじめ男子と同日に行われることが多かったが、承和元年（八三四）頃から正月八日に行うのを例とし（男子は七日）、他に吉日をえらんで行い、また臨時の叙位もあった。隔年に行われたといわれるが、実際には連年も多い。隔年となったのは平安中期以降か。『江家次第』（巻三）に「女叙位〔隔年行レ之、式日八日、近代択二吉日一〕」と見える。岡村幸子「女叙位に関する基礎的考察」（『日本歴史』五四一号）参照。

(2) **外記奉勘文** 外記は叙爵に預かるべき者の名簿（勘文）を提出する。『西宮記』（巻一）に「隔年、近代外記兼進二勘文一、預二叙位一者、親王、女御、更衣、内侍、乳母、女蔵人、女史、采女、大臣妻、内教坊、所レ有レ労者、一院三宮御給、御即位時、執翳一者又預」とある。下級女官の叙爵については『江次第鈔』（第三）に、闈司・主水・東豎子について、外記の勘文に「年限遠者輪転叙レ之」として、年労の者三人を連記して、当年の巡を以て第一に書くという。この勘文によって叙爵する。これを小輪転と称する。これに対して大輪転と称するものがあり、これは、女司・主殿女官・御手洗女官・掌縫女官・闈司・主水・東豎子の七人について行う。同じく外記勘文に拠り輪転して叙爵する。闈司以下三人については、小輪転と同年に巡に当たったときは、二人を同時に叙することはない。

(3) **続年限** 『江家次第』（巻三）に、「切杭《きりくい》」として「譬者、生年十歳女官、以二四十年労一申二叙爵一、是其母卅年之間奉二仕公一、仍母労卅与二我十一相合、以二卌労一申二叙爵一、是名二切杭一也」とある。切杭とは、木を伐ったあと、株から若い芽が生ずるを以て若年の女官をたとえたもの。若い女官が、その母の労を合算して叙爵にあずかろうとするものである。『江次第鈔』（第三）に、「切杭《きりくい》　如二樹杭生一若立《わかだち》也、所々女官等、母労与二我労一相并申也」とある。「若立」はいわゆる「ひこばえ」である。『朝野群載』（巻四）に切杭申文の例が掲げられている。

　主殿女孺正六位上山宿禰清子誠惶誠恐謹言

　請特蒙二　天恩一因二准先例一、依二年労一被二叙爵一状右清子謹検二案内一、身労已及二五十余年一、親母勤二仕女孺一之後、已経二十三箇年一相継補二任当職一之後卅余年、于レ茲已仕二四代之朝廷一、及二七旬之暮齢一、適浴二玄渙一、誰謂二非拠一、望請　天恩、依二年労恪勤一、被二叙爵一、弥仰二奉公之貴一、清子誠惶誠恐謹言

　　応徳三年十二月廿二日　　主殿女孺正六位上山宿禰清子

（4）**合否返上**　勘文により、年労を続ぐことの合否、また不適当なものを勘返すること。

（5）**御前**　天皇の御前。

（6）**昼御座**　昼の天皇の御座所。

（7）**菅円座**　菅を編《あ》んで作った敷物。円型。

（8）**蔵人所**　令外官。『続日本後紀』（巻三）承和元年（八三四）十月五日条を史料上の初見とする。天皇側近にあって諸々の用をつとめる。寛平二年（八九〇）の「蔵人式」は「凡蔵人之為レ体也、内則参二陪近習一、外亦召二仰諸司一、職掌之尊、誠可二厳重一（中略）殿上非違、喧嘩、濫悪、随レ聞必加二糺弾一、慎勿二隠忍一焉、奉二伝勅旨一、宣二下百官一、若有二違道一、必可二忠諫一、慎勿二黙止一焉、当番日記、事無二大小一慎勿レ脱焉」とある。『西宮記』（巻九）は「殿中諸事并諸奉事、皆蔵人頭以下所職也」と記す。その構成は、別当一人、頭二人、五位蔵人二〜三人、六位蔵人五〜六人（五位・六位合わせて八人）、預二人、出納三人、小舎人六人、所衆二〇人、

滝口二二人、雑色八人。

(9) **次将**　近衛の中将・少将の異称。

(10) **院宮**　上皇・法皇・女院及び三后（太皇太后・皇太后・皇后）・東宮の総称。

(11) **御給名簿**　院宮に与えられる年給の制において、諸国の掾・目・史生に任ずべき者の名簿。

(12) **下名**　叙位・除目のさい、四位以下の叙人・任人の姓名を列記したもの。

(13) **陣頭**　陣の座の場。

(14) **位記**　位階を授けるとき発給する公文。勅授・奏授・判授の別がある。

(15) **乳母位記**　古代・中世の貴族の家では、生まれた子を生母が養育せず、乳母を雇い養育を任せた。「後宮職員令」に「凡親王及子者、皆給二乳母一、親王三人、子二人、所レ養子年十三以上、雖二乳母身死一、不レ得二更立替一、其考叙者、並准二宮人一、自外女豎、不レ在二考叙之限一」とある。

(16) **請印**　印を捺《お》すことを請《こ》う、であるが、印は内印（天皇印）。内印は方三寸の大きさで、五位以上の位記および諸国に下す公文に捺す（「公式令」）。内印は少納言が掌る。「凡下二諸公文一、少納言奏二請印状一、訖主鈴印レ之、但勅符位記、少納言印レ之」（「延喜主鈴式」）とある。

【本　文】32

「女王祿事」

同日、給女王祿事〔謂之若刀自〕

随辨官觸、藏人可令入女王之由、仰右陣云々〔見藏人式〕舊例、作奏文、後日奏之、參議加署、近代無其事、
天暦四年十一月、依上不參、後日給之

【訓　読】

「女王禄《おうろく》のこと」
同日、女王禄(1)を給うこと〔これを若刀自(2)と謂《い》う〕
弁官の触《ふれ》(3)に随い、蔵人、女王を入れしむべき由、右陣(4)に仰すと云々〔蔵人式(5)に見ゆ〕旧例(6)は、奏文を作り、後日これを奏す、参議は署《しょ》を加う、近代はそのことなし
天暦四年十一月(7)、上《しょう》の参らざる(8)により、後日これを給う(9)

【注　解】

(1) **女王禄**　『江次第鈔』(第三)に「読時、略㆑女王禄トヨム故実也」とある。「ワウロク(おうろく)」とよむ。正月八日と十一月の新嘗会の翌日(中巳日)、女王に禄を賜わる儀。『延喜式』(巻三十九)に「凡正月八日給㆓禄女王㆒、所司設㆓座於殿庭㆒、立㆓幄二宇於安福殿前㆒、積㆓禄於版位南㆒、亦供㆓奉殿上装束㆒、天皇御㆓紫宸殿㆒、内侍率㆓女官㆒就㆑座、本司官人引㆓女王㆒自㆓月華門㆒参入、女王先就㆓幄下座㆒〔以㆑世為㆑次、不㆑拠㆓長幼㆒〕次官人共趍就㆓前庭座㆒、佑一人執㆑簿唱曰、某親王之後、即一祖之胤皆下座、共称唯就㆓庭中座㆒、座定執㆑簿一一喚㆑名、女王即称唯進受㆑禄退出、余亦加㆑之、其禄法人別絹二疋、綿六屯〔十一月新嘗会准㆑此〕」とあり、また被支給人数は二六二人で、闕員が生ずれば補うが、「改姓」(賜姓)による闕は補わない。長保三年(一〇〇

一）十一月二十六日、正親佑正雅の報告によると、女王の数は二〇〇人で、所当の絹人別二疋と綿六屯であった。近来は、絹は代物を以て給することになっていたという（『権記』）。

（2）**若刀自**　未詳、本文32（一三二頁）。

（3）**弁官触**　弁官の告知。

（4）**右陣**　右近衛の陣。

（5）**蔵人式**　蔵人の職員の服務に関する規律を集成した式。散逸して伝わらず、『西宮記』『侍中群要』『政事要略』など、また「左経記」「中右記」など日記類に散見するのみ。該当する条項未詳。

（6）**旧例**　ふるき先例。拠るべき史料を見ず。

（7）**天暦四年十一月**　『政事要略』（巻二十七）に「天暦四年（九五〇）十一月、不レ給二王禄一、依二日上不参一也、有二勅定一後日給乎、参議師氏朝臣行事」とある。

（8）**上不参**　上卿不参。のち、康保二年（九六五）正月八日にも、納言・参議みな障りを申して参らず、給女王禄のことが行われず、十日に行った（『江家次第』巻三）。応徳二年（一〇八五）十一月には「今日不レ給二女王禄一、無二節会一也」（『為房卿記』）といわれ、長治二年（一一〇五）にも「無二節会一時、不レ被レ行云々、仍被レ止了」（殿暦）とされたが、嘉承二年（一一〇七）十一月の場合は、新嘗会が行われなかったにもかかわらず女王禄の支給は行われた。『中右記』は「是雖レ無二節会一、先例有二王禄一云々」と記している。

（9）儀式の次第を『内裏式』『儀式』『延喜式』（正親司式）等によって見ると以下の如くである。

近衛の次将が指揮し、所司に命じて式場を整える。安福殿の前に紺色の幄を二宇建てる。版位の南に禄物を積みあげる。紫宸殿の南廂の西戸外に三尺の画障子をたて、御饌（菓子・雑餅など）ならびに皇后饌、女御・尚侍以下散事以上の饌（肴・菓子など）を弁備する。御座より東に女御以上の座を設ける。台盤をたて銀筋匙を置く。御座より東二丈許りに、南北あい対して孫王・尚侍・典侍らの床子（中床子）を設ける。東廂に南北あい対して散事の床子をたてる。東の第一間に酒器を安置し、禄より東、少し北に進み北面して内侍床子をたてる。その西八尺ばかりの所に女子の床子をたて、その前に案を立てる。西へ一丈ほどの所に掃部女孺の床子二脚をたて、前に禄を班つ台一脚をたてる（長床子を用いる）。掃部座の西南四丈ばかりの所に闈司の床子をたて、西北八丈ばかりの所に来著の床子六脚をたてる。禄より西五尺ばかり、更に南に折れること一丈の所に正親司別当以下令史以上の床子をたてる。これより北に板障子をたてる。以上の敷設が終わると、天皇は紫宸殿に出御し、内侍が女王をひきいて月華門から入り、幄下の座に就く。おわって本司別当以下が同門から入り、ともに赴き前庭の座に就く。ついで佑《じょう》一人が名簿を執り、「其親王之後于レ時一祖之胤皆下レ座」と唱える。女王らは称唯《いしょう》する。名簿にしたがって一人ひとり名を呼び、女王は称唯し禄を受け退出する。

【本文】33

七日以後、式部省進五位已上歴名帳事

【訓読】

七日以後に、式部省(1)、五位已上の歴名帳《れきみょうちょう》(2)を進《たてまつ》ること(3)

【注　解】

（1）**式部省**　文官の人事、養成、行賞を掌り、大学寮と散位寮の二寮を管する。長官である式部卿の職掌は「掌、内外文官名帳、考課、選叙、礼儀、版位、校㆓定動績㆒、朝集、学校、策㆓試貢人㆒、禄賜、仮使、補㆓任家令㆒、功臣家伝、田事」とある。その人的構成は、卿・大輔・少輔各一員、大丞・少丞各二員、大録一員、少録三員、史生二〇員、省掌二員、使部八〇員、直丁五員となっていた。

（2）**五位已上歴名帳**　五位以上の官人の名簿。注（1）に見える「文官名帳」のこと。

（3）『小野宮年中行事』に「七日以後、式部省進㆓五位已上歴名帳㆒事／弘仁式部式云、毎年正月、待㆓叙位官符㆒、即奏㆓内裏㆒／貞観同式云、更写㆓一通㆒進㆓太政官㆒／貞観同式云、凡郡司、并禰宜・祝及夷俘等、五位歴名帳別奏、毎年進㆑之」とある。これは『延喜式』（巻十八）につぎのような文章で定着した。「凡五位已上歴名帳、毎年正月待㆓叙位官符㆒、即奏㆓内裏㆒、更写㆓一通㆒進㆓太政官㆒」「凡郡司并禰宜・祝及夷俘等五位歴名帳、別㆑巻毎㆑年進㆑之」「凡五位已上歴名及補任、除目并年中宣旨、並毎㆑色抄㆓写熟紙㆒、以為㆓長案㆒、但郡司及俘囚五位歴名作㆓別巻㆒（郡司・俘囚位禄文亦准㆑之）」（『法曹類林』巻百九十七にこの式文が引用されている）。なお、女官歴名帳は中務省、武官歴名帳は兵部省が管掌する。

【本　文】34

「（外官）除目事」

九日、始議外官除目事〔或節會後、擇日行之、召仰後無政、不装束結政所云々、子細在別〕

先一日、大臣奉勅、召仰外記〔其詞云、自明日可始除目議、仰宣所司云々〕藏人頭仰内藏寮、令設饗饌〔大炊寮、從官仰之〕又催取所々勞帳奏聞之

【訓　読】

「外官《げかん》除目《じもく》のこと」

九日、始めて外官(1)の除目(2)を議すること〔或《ある》は節会《せちえ》ののち、日を択《えら》びこれを行う(3)、召し仰するのち政《まつりごと》なし(4)、結《かた》政所《なしどころ》を装束《しょうぞく》せずと云々(5)、子細《しさい》は別にあり(6)〕

先んずる一日、大臣は勅を奉《うけたまわ》り、外記《げき》(7)に召し仰す〔その詞《ことば》に云う、明日より除目の議を始むべし、仰せて所司に宣せよと云々〕蔵人頭《くろうどのとう》(8)は内蔵寮《くらりょう》(9)に仰せて、饗饌《きょうせん》(10)を設けしむ〔大炊寮《おおいりょう》(11)に官よりこれを仰す〕また所々の労帳《ろうちょう》(12)を催し取り、これを奏聞す

【注　解】

(1) **外官**　『公式令』に「凡在京諸司、為二京官一、自余皆為二外官一」とある。国司・郡司をはじめ軍団の職員など、地方官を総称する。なお、京官を内官ともいう。

(2) **除目**　官職任命の政務儀式で、この日より始まる。外官の除目は「県召《あがためし》」とも称されるが（『栄華物語』巻二十三に「新玉の年立ち返る春の県召にかずまへとどめまうす」と見える）、この称は鎌倉期以降に多く用いられるようになったらしい。「除」は官職を免じ除く（「除書」に載せる）、「目」は目録に載せること。

（3）**節会後択日行之**　九日より始めるというが、実際には一定せず、節会後のしかるべき日を定めて行う。除目のことは、『北山抄』巻三および巻六にも見える。

（4）**召仰後無政**　官政が行われない。

（5）**不装束結政所**　装束は準備、支度、用意の意。結政所は内裏東の建春門外にある太政官候庁（外記庁）の南に渡廊で連なる南舎にあって、文書類を襲蔵し結政を行った。官政の行われる前に諸司からの申文を類別してそれぞれ結びかたねたり準備をした。

（6）**子細在別**　『北山抄』巻七に外記政、官政、結政所などについての記述がある。

（7）**外記**　太政官の書記官。大外記・少外記各二員。その職掌は「掌、勘㆓詔奏㆒、及読㆓申公文㆒、勘㆓署文案㆒、検㆓出稽失㆒」とある。

（8）**蔵人頭**　蔵人所の頭は二人で「両頭」と称される。

（9）**内蔵寮**　中務省の被官で、天皇の宝物や物品の調達・保管などを扱う。

（10）**饗饌**　饗膳とも。もてなしのために揃えた、ごちそう、酒肴。

（11）**大炊寮**　宮内省の被官。頭《かみ》の職掌は「掌、諸国舂米、雑穀分給、諸司食料事」とされる。

（12）**所々労帳**　四所《ししょ》の労帳。内豎所・校書殿・進物所・大舎人寮の官人の姓名と年労（勤務年数）や上日数（出勤日数）を記した帳簿。

【本　文】35

當日、着議所、參御前等儀、同敍位儀〔執筆大臣、抄出毎年給・四所籍々幷道々擧・所々年官及兼國例等、又撰闕官寄物等、隨身之、欲參上時、仰外記、令入硯筥、臨暗欲退下時、依爲外記被披露也云々〕大臣依召着御前圓座、仰云、依例行之、大臣稱唯、搢笏取闕官帳、入筥奏之〔九條大臣、加奏秩滿帳者、清涼抄及年々私記無其事〕覽畢返給、復座端笏、先奏可給所々勞帳者之由、隨氣色開大間、任兩三人〔始自四所籍、九條記云、始自内豎所、或記云、始自三局史生云々、非也、京官除目、先三日三省史生也〕奏請後、召參議、仰可取遣院宮御給名簿之由〔居簀子可奉歟〕參議着議所、召左右近將監奉遣之〔近例、於孔雀間仰之、待還參取集名簿、一度奉大臣、大臣不開封奏之、返給、隨仰書入〕院宮舊年御給、幷親王以下巡給年給申文端、書可勘之由〔巡給書可勘當不、未給可勘給不、名替等可勘合否、納言二合者、可勘二合年〕召參議給之、參議令着孔雀間座、計枚數下、外記隨其袖書、勘注國次、卷重返上、大臣見定、取其一類文、惣奏之、書載大間、若二人已上申一國、有難自由事者、別奏隨仰、親王・大臣二合〔大臣隔年〕不勘給之、納言者隔四年給之、以子息申京官者、隨狀給之、參議及故者不許、議畢大臣奏大間、次卷收雜書了、以細帋結大間、着墨入筥〔成文皆入此筥、所勞帳者、雖懸勾、猶返給外記〕進御簾中、起座退出、大納言爲執筆者、卽執硯筥、從簀子敷可退出歟、近例、參議撤之

【訓読】

当日、(1)議所(2)に着く、御前に参る等の儀は、叙位の儀に同じ〔執筆《しゅひつ》の大臣、(3)毎年《としごと》の給《きゅう》(4)・四《し》所籍《しょのせき》々(5)ならびに道々《どう》の挙《きょ》(6)、所々《しょ》(7)の年官(8)及び兼国(9)の例等を抄出す、これを随身し、(10)参上せんと欲する時、外記に仰せ、硯筥(11)に入れしむ、暗《くら》きに臨み、(12)退下せんと欲する時、外記として披露せらるるによるなりと云々(13)〕大臣は召《めし》により御前の円座(14)に着く、仰せて云う、例によりてこれを行えと、大臣称唯《いしょう》す、笏《しゃく》を搢《さしはさ》み闕官帳《けつかんちょう》(15)を取り、筥に入れこれを奏す

〔九条の大臣、(16)秩満帳(17)を加え奏するは、清涼抄(18)及び年々《としごと》の私記(19)にその事なし〕覧畢《みおわ》り返し給う、座に復し笏を端《ただ》す、先ず所々の労帳(20)を給うべき者の由を奏す、気色《けしき》(21)に随い大間《おおま》を開き、(22)両三人を任ず〔四所籍より始む、九条記(23)に云う、内豎所より始むと、或る記(24)に云う、三局の史生より始むと云々、(25)非なり、京官の除目は三省の史生に先んずること三日なり〕(26)奏請《そうせい》ののち、参議を召し、院宮御給《ごきゅう》(27)の名簿《みようぶ》を取り遣わすべきの由〔簀子《すのこ》(28)に居り奉るべきか〕参議は議所(29)に着き、左右近将監(30)を召し、これを遣わし奉る〔近例は、孔雀《くじやく》の間《ま》(31)に於てこれを仰す、還り参るを待ち名簿を取り集め、一度《ひとたび》は大臣に奉る、大臣は封を開かずこれを奏す、返し給い、仰せに随い書き入る〕院宮旧年の御給、并びに親王以下巡給(32)の年給申文の端《はし》に、勘すべき由を書く(33)〔巡給の書は当不を勘すべし、(34)未給は給不を勘すべし、(35)名替《ながえ》等は合否《がっぴ》を勘すべし、(36)納言の二合《にごう》(37)は、二合の年を勘すべし〕参議を召しこれを給う、参議は孔雀の間の座に着かしめ、枚数を計り下す、(38)外記はその袖書《そでがき》(39)に随い、国次《くになみ》(40)を勘注し、巻き重ねて返上す、大臣は見定め、その一類の文を取り、惣てこれを奏す、大間《おおま》に書き載す、若し二人已上の一国を申さんには、(41)自由に難きことあらば、(42)別奏して仰せに随え、親王・大臣の二合〔大臣は隔年〕は勘せずにこれを給う、納言は四年を隔てこれを給う、子息を以て京官に申すは、(43)状に随いこれを給う、参議及び故《ふる》き者《ひと》(44)は許さず、議畢《ぎおわ》り大臣は大間《おおま》を奏す、次いで雑書を巻き収め了る、細き紙(45)を以て大間を結《かた》ね、墨を着け(46)筥に入る〔成文《なりぶみ》(47)はみな此の筥に入る、所の労帳《ろうちよう》は、勾《こう》を懸《か》く(48)と雖も、猶し外記に返し給う〕御簾《みす》の中に進《まい》らせ、座を起ち退出す、大納言の執筆《しゆひつ》たらんには、(49)即ち硯筥を執り、簀子敷《すのこじき》より退出すべきか、近例は、参議これを撤す

【注　解】

（1）**当日**　除目の当日。第一日めは九日と決まっていたわけではない。本文34注（3）（一三七頁）参照。

（2）**議所**　「ぎのところ」とも読む。宜陽殿南廂東二間。公卿は天皇の御前に参上する前にここに着す。

（3）**執筆大臣**　記録係の大臣。

（4）**毎年給**　としごとの御給、すなわち院宮給（院と三宮に与えられる年官と年爵）。

（5）**四所籍**　「ししょのしゃく」とも訓《よ》む。内竪所・校書殿・大舎人寮・進物所を四所とよび、ここに所属する下級官人の名簿をいう。

（6）**道々挙**　諸道の挙。『除目大成抄』によると、「諸道挙」として、紀伝道挙、明経道挙、明法道挙、算道挙、医道挙などをあげる。それぞれの専門分野からの推挙。一例をあげる。

同（安元二）　明経道
学生正六位上紀朝臣貞安
望二武蔵大掾一
右件人、入学年久、成業無レ期、仍為レ慰二空帰一、挙達如レ件
安元二年正月廿六日
正五位下行直講中原朝臣師家
正五位下行直講清原真人信弘
正五位下行助教中原朝臣師直
正五位下行助教中原朝臣広季
正五位下行大外記兼博士清原真人頼業

（7）**所々**　『除目大成抄』によると、御書所、侍従所、大歌所、画所、作物所、御厨子所、内給所、御願所、

神泉、穀倉院などをあげる。一例をあげる。

寛治六　越後少掾正六位上丸部宿禰信方　作物所作物所

請殊蒙二天恩一、依二年労恪勤一、以二内豎正六位上丸部宿禰信方一、補二任越後諸国闕一状、

右得二信方款状一偁、謹検二案内一、為二作物所内豎之輩一、依二年労恪勤一、補二任諸国掾一、逐レ年不レ絶、爰信方出二仕当職一之後、及二三十箇年一、就中為二木道工一大少公事、敢不レ致二所渋一、准二之傍輩一可レ謂二殊功一、今加二覆審一、所レ申有レ実、望請　天恩、依二年労恪勤一、以二件信方一被レ補二任掾闕一者、弥俾レ知二奉公之貴一、仍勤二在状一、謹請二　処分一

寛治六年正月廿三日

預正六位上行造酒令史秦忌寸信忠

正六位上行内匠属坂上宿禰守忠

従五位下粟田朝臣

従五位下紀朝臣

(8) **年官**　毎年、除目の際に所定の官職に所定数の人員を中任する権利を与える制度。

(9) **兼国**　京官で国司を兼ねている場合。『除目大成抄』に「勘申兼国例事」として「参議兼国例」「陰陽頭兼国例」「直講兼国例」「算博士兼国例」「主税頭兼国例」「主計助兼国例」「医道人重兼国例」「左右近中将兼国例」「左右近少将兼国例」「明法博士兼国例」「明法得業牛兼国例」などを列記し、「右年年補任帳、所レ注如レ件、仍勘申／永久四年正月廿九日　修理左宮城判官主計頭兼大外記助教但馬権守中原朝臣師道勘申」とある。

(10) **随身之**　抄帳を持参する。

（11）**硯筥**　執筆のための用具であるが、これに文書類を入れる。『江家次第』（巻四）に、

第一硯筥〔人々申文多付二外記一時、各加二筥数一〕

大間書一巻　三局奏〔弁少納言外記史申文、外記官史生、并上召使等奏〕硯筆台　墨一挺　筆二巻　続飯　続板　水瓶　小刀等云々

執筆以二私硯墨筆一〔硯或給或不レ給、不レ用二丹管班竹等一也／故実件筆可レ用二白管一〕小刀一給二外記一令二入替一云々、又寄物文〔執筆抄二出守介掾目等一也、闕官等段欲二参上一、仰二外記一令レ入也、近代先入レ之〕近代外記持二来闕官於執筆里第一之次給二件雑具等一

第二筥

五位以上歴名一巻　諸司主典已上補任二巻〔上下〕　武官主典已上補任一巻　諸国主典已上補任二巻〔上下〕

所々労帳〔四大舎人　一内豎　三進物所　二校書殿　文章生労帳　内舎人労帳〕　諸道課試及第勘文一巻

闕官帳二巻〔正権〕　文章生散位労帳一巻　令外官一巻

第三筥

諸人々申文

第四筥　第五筥

同前〔依二申文多少一有二筥数一云々、秋減二一合一〕

とある。

（12）**臨暗**　日がくれて夜になって。

（13）**依為外記被披露也**　「外記たるにより披露せらるるなり」と訓むのが常識的のように思えるが、考を得な

い。

(14) **円座**　円い形をした敷物。蒲の葉、菅、藁、藺などで渦巻形に平たく編んだもの。

(15) **闕官帳**　欠員となっている官を書きあげた帳簿。『江次第鈔』（四）には、正官・権官の二巻ありという。

(16) **九条大臣**　『九条年中行事』の著者である藤原師輔を指すのであろう。

(17) **秩満帳**　任期満了となった国司の氏名を記した帳簿。『延喜式』（巻十二）に「凡国司秩満者、式部造レ簿、正月一日進二太政官一、外記覆勘訖進二大臣一、奏聞拝除〈事見儀式〉自余解闕臨時奏補」とある。同じく『延喜式』（巻十八）に「諸国秩満帳者、正月一日進、蔵人所料亦十二月廿日進」とある。

(18) **清涼抄**　勅撰の宮廷儀式書。天暦元年（九四七）頃に成立。『政事要略』その他に引用されている逸文によって内容の一部が知られるのみ。

(19) **私記**　個人の日記を指すか。

(20) **労帳**　所の官人の姓名、労功を記した帳簿。所々は注（7）参照。福井俊彦「労および労帳についての覚書」（『日本歴史』二八三号）参照。

(21) **気色**　天皇の意向。お気持ち。

(22) **開大間**　大間は大間書。当時欠員となっている官職名を列挙してある。大間書は巻子本であるが、執筆の大臣は開きやすくするために折本のように折り畳んでおくという。執筆の大臣は、任命するに従って任官者の位階・姓名を書き入れる。

(23) **九条記**　九条年中行事。ここでは、四所のうちの内豎から始めるとの説である。

(24) **或記**　未詳。

（25）**三局史生**　三局は、太政官の少納言局、左弁官局、右弁官局の三局。そこに属する史生。また、左右の弁官と外記（少納言局）と内記を三局と称することもある。

（26）**京官除目先三日三省史生也**　ここの読み方落ちつかない。三省は式部省・民部省・兵部省。

（27）**院宮御給**　院と三宮に与えられる年官・年爵。

（28）**簀子**　簀子敷。殿舎の廂《ひさし》の外縁部。板や竹を、すき間《ま》をあけて打った床《ゆか》。

（29）**議所**　注（2）参照。

（30）**左右近将監**　左・右近衛府の三等官。定員は左・右各四人。

（31）**孔雀間**　校書殿の東廂の額《がく》の間の北二間の土間部分。史または外記が控えている所。名称の由来は、むかし、校書殿の右近陣に孔雀が飼われていたからという。

（32）**巡給**　親王以下の順序を定めて、毎年その順を逐って年官を認める方法。

（33）**年給申文端書可勘之由**　院宮年給の申文の文書の端《はし》に審査事項を記入する。その内容がつぎの割注（〈　〉内）の部分である。

（34）**可勘当不**　巡給の順番に当たるや否やをしらべる。

（35）**未給可勘給不**　『江家次第』（巻三）に「先任㆓未給㆒／播磨国／大掾正六位上紀朝臣長盛〈院去年御給〉／美作国／少目従七位上石作宿禰々〈摂政去寛治元年給〉」と見える。年給の未給分についてしらべる。

（36）**名替等可勘合否**　年官に応募して、給主の申請によって某国某官に任ぜられた者が、「本望に非ず」とか「身に病あり」などの理由で任符を受けない場合、そのかわりに他の者を申任することを名替という。『江家次第』（巻三）に「件申文、外記依㆓道次第㆒巻㆓重之㆒、仍執筆一一放㆑之任㆑之、不㆑奏㆓事由㆒、不㆓読申㆒書付之

後勾申文入レ筥／故源右府被レ示云、延喜御時時平大臣奉仕除目、名替申文任之、主上被二尋仰一云、何文哉不二奏任一也云々、大臣申云、名替〔爾侍利〕頗有二口惜之気一、主上令レ慙給云々／相模国／権掾正六位上秦宿禰連正〔停二承暦三年内給佐伯頼助一改任〕／上総国／大掾正六位上藤原朝臣致亮〔停二二条院承暦三年御給清原正春一改任／近江国／大掾正六位上紀朝臣有祀〔停二東宮去年御給笠氏光一改任／少掾正六位上苅田宿禰信正〔祐子内親王延久三年給山背正忠不レ給二任符一秩満代〕／是名替年限久過之書様也／常陸国／大目正六位上葛井宿禰宗時〔返二上右衛門督源朝臣承暦二年給三田吉頼任符一改任〕／是任符返上不二下勘一、仍夜前任レ之／陸奥国／介正六位上身人部宿禰如光〔停二左大臣承暦三年臨時給紀久遠一改任〕是臨時給名替書様也」とある。

(37) **納言二合**　二合とは、年官として与えられる二分《にぶ》（主典《さかん》）一人と一分《いちぶ》（史生など）の二者を合わせて三分（判官《じょう》）一人の任官を申請することをいう。給主が二合から得る任料収入は前二者の合計より多く、また二合の方が応募者も得やすいので、以前から行われていたが、寛平年間に至り、中納言以上の公卿に四、五年を隔てて許されるようになった。時野谷滋『律令封禄制度史の研究』二七三頁以下参照。

(38) **計枚数**　申文の枚数をかぞえる。

(39) **袖書**　文書の右の端《はし》の部分を袖という。袖に書かれた文言。注（33）参照。

(40) **国次**　五畿七道諸国の序列。排列。

(41) **若二人已上申一国**　もし、ひとつの国について二人以上の者が希望した場合。

(42) **有難自由事者**　障害がある場合は。思いどおりにならぬときは。

(43) **以子息申京官者**　給主がその子息を京官に申任する場合は。『魚魯愚鈔』（巻七）に「公卿停両年二分以息任兵衛尉／左兵衛尉《嘉暦二春》源清村〔按察使源朝臣親房合元亨元年給及同二年給二分請任二息子一〕などと見える。

(44) **故者** 亡くなった人。『魚魯愚鈔別録』（巻二）に「不レ進二故者申文一」として「経頼記」「為房記」などの記事を引いている。

(45) **細紙** 紙を細く切ってつくった紙縒《こより》のことであろう。

(46) **着墨** 点をつけること。

(47) **成文** 申請が認められて任官のきまった申文。

(48) **懸勾** カギ形の印《しるし》をつけること。『魚魯愚鈔』（巻七）に、「勘文突レ点、旧例懸レ勾」とあり、また「几返上文ハ不レ懸レ勾、只突レ点欤」とある。「突レ点躰」として図示し、「巻目ノ端ノ無キ方ニ突レ墨也」と注記している。

(49) **大納言為執筆者** 大納言が執筆の役に当たる場合は。

【本　文】36

竟日、有種々擧〔外記・史、三省丞・錄、衛門尉、以自御前下給申文、擧申、毎闕書兩三人、加申文返上、一司有二人以上闕者、有其用意、如出納者、不載之、近例、不下給錄申文、隨不擧申、大臣取擧奏之、然後定任大丞・大錄之闕、先有轉任、毎有遷官之者注付本官於大間也〕至于受領、不下給申文、納言以下就議所、外記毎人奉大間〔悉取解由、舊吏新敍第一者等、同奉之〕一國書一兩、署名之下、書上字、加表卷昏封、封書名上字、參上、一々進奉大臣、大臣不開封奏聞、事了奏大間〔入筥〕加入成文取之退出〔大臣若有故障、於殿上傳授納言、令行清書事、近例、預定其人、召御前給之、或記云、大間入硯筥、大臣者直退出、納言以下撤之云々、非也〕此日、仰外記、令誡候二省、給肴物於内記所〔清書等儀、在備忘記、大臣初日以後有障不參、他上卿行畢時、大間猶奉初人〕或於議所行之、參議執筆〔兼大辨者爲之〕議了、入間成文等、入筥進御所、付藏人退出、後日、従議所參上、給大間還着

攝政・大臣、或於直廬行之、辨奉筥文、奏大間、辨清書、如恆

【訓　読】

竟日《きょうじつ》(1)、種々《くさぐさ》の挙(2)あり、〔外記《げき》(3)、史《し》(4)、三省の丞《じょう》、録《さかん》(5)、衛門尉《えもんのじょう》(6)は、御前より申文を下し給うを以て、挙《あ》げ申す、闕《けつ》ごとに両三人を書き、(7)中文に加えて返上す、一司に二人以上の闕あらんには、其の用意あり、(8)出納《すいとう》(9)の如きは、これを載せず、近例は、録《さかん》の申文を下し給わず、随いて挙げ申さず、大臣は挙を取りこれを奏す、然《しか》るのちに大丞・大録の闕を定め任ず、先ず転任(10)あり、遷官《せんかん》(11)の者《ひと》あるごとに、本官を大間に注し付くるなり〕受領《ずりょう》(12)に至りては申文を下し給わず、納言以下は議所(13)に就く、外記は人ごとに大間を奉る〔悉く解由《げゆ》(14)を取る、旧吏新叙第(15)一の者《ひと》ら、同じくこれを奉る〕一国に一両を書く、(16)署名の下に、上字《あげじ》を書き、表の巻紙の封を加え、書名上字を封ず、(17)参上し、一々進みて大臣に奉る、大臣は封を開かず奏聞す、事了りて大間を奏す、〔筥に入る〕成文を加え入れ、これを取りて退出す〔大臣に若し故障あらんには、殿上に於て納言に伝え授く、清書(18)を行わしむること、近例は、預《あらかじ》めその人を定め、御前に召してこれを給う、或る記に云う、大間は硯筥に入れ、大臣は直ちに退出し、納言以下これを撤すと云々、非なり〕此の日、外記に仰せ、二省に候ずるを誡めしめ、肴物《さかなもの》を内記所《ないきどころ》(19)に給う〔清書等の儀は備忘記(20)に在り、大臣初日以後、障《さわり》ありて参らず、他の上卿《しょうけい》の行い畢《おわ》る時、大間猶し初人に(21)

奉る〕或は議所に於てこれを行い、参議執筆す〔大弁を兼ねる者《ひと》これをなす〕議了り、大間・成文等は筥に入れ御所に進《たてまつ》る、蔵人《くろうど》に付《さづ》け退出す、後日、議所より参上し、大間を給い還り着く
摂政《せつしよう》(22)・大臣、或は直廬《じきろ》(23)に於てこれを行う、弁は筥文を奉り、大間を奏す、弁の清書する恒《つね》の如し

【注　解】

（1）**竟日**　竟は「終わる」で、除日の最後の日。「ひねもす」の意もある。

（2）**種々挙**　さまざまな挙（推挙）。その内容は下の割注の部分に示されている。

（3）**外記**　太政官の構成員である大外記と少外記。

（4）**史**　弁官局の大史・少史。

（5）**三省丞録**　三省は式部省・民部省・兵部省で、三等官の大丞・少丞と四等官の大録・少録。

（6）**衛門尉**　左・右衛門府の大尉と少尉。

（7）**毎闕書両三人**　闕官ひとつについて二、三人の候補者名を書く。

（8）**一司有二人以上闕者有其用意**　一官司に二つ以上の闕（欠員）があるときは、あらかじめ候補者を用意しておく。

（9）**出納**　蔵人所の下級官人で「しゅつのう」とも訓む。文書・書籍をはじめ雑具の出し入れ、見参《げざん》の書写、宣旨の取りつぎなどを行う。

（10）**転任**　例えば右弁官から左弁官へ、少掾から大掾へ、権中納言から中納言へ、大属から少允へのように、右→左、少→大、権→正という異動、昇進など。

(11) **遷官**　「せんがん」とも訓《よ》む。ある官から他の官にうつること。

(12) **受領**　「じゅりょう」とも訓む。国司の交替に際して、前任国司から新任国司へ事務引継ぎを行い、官物を渡すことを「分付《ぶんづけ》」といい、新司がこれを受取ることを「受領」といった。遥授国司や、種々の名目・理由で帰洛・在京する国司が多くなると、現地に在府する国司が実務を扱い、在府の上席の国司を受領と呼ぶようになった。森田悌『受領』（教育社）、寺内浩『受領制の研究』（塙書房）参照。

(13) **議所**　本文35注(2)（一四〇頁）参照。

(14) **解由**　解由状。官人の交替に際して、新司が前司に与える事務引継完了の証書。『延喜式』（巻十八）に「解由式」がある。

某国司解申与㆓前司解由㆒事

　　官位姓名

右件人某年月日因㆑事〔得替遷任遭喪等類〕解任仍与㆓解由㆒即附㆓某名㆒申上謹解

　　年月日　　大目位姓名

守位姓名　　　大掾位姓名

介位姓名　　　少掾位姓名

　　　　　　　少目位姓名

(15) **旧吏**　受領経験者をいう。

(16) **一国書一両**　ひとつの国について候補者名を一、二人書く。

(17) **署名之下書上字加表巻紙封封書名上字**　ここの読み意を得ない。『魚魯愚鈔』（巻七）に「受領挙」として

「随各々志外記所書之国下書二入人名一〔新叙解由叶レ理之由見定之輩入レ之也〕又自身署所下名二字并上《アケ》字書レ之、如レ元巻レ之加二懸紙一封レ之、封目上書名上片字、人別如此」とある。

(18) **清書** 『江家次第』（巻三）に「除目清書事」として「執筆上卿取二大間一退出〔若宿老大臣於二御前一相二尋清書上卿一召二於御前一給レ之〕納言插レ笏取レ筥〔成文等入二大間一〕出二殿上一〔或公卿以下於二此所一披見〕召二外記於小板敷下一、令レ持二件筥一、次着二議所若陣座一〔春時参議二人共着〕召二陣官人一令レ置レ軾、仰二外記一令レ進二折堺一〔用二紙屋紙一〕硯等一〔有二勅任一者又加二黄紙一〕令二参議相分清書一〔参議進二寄上卿許一書レ之〕或上卿読令レ書レ之」とある。

(19) **内記所** 中務省の内記の候所。内記局ともいう。左兵衛陣（陽明門内南腋）の南にあった。肴物（肴）を内記所に給わる。

(20) **備忘記** 『北山抄』巻六に「除目清書等事」の項目がある。

(21) **初人** 未詳。

(22) **摂政** 天皇にかわって万機を摂《と》り行うもの。人臣摂政は貞観八年（八六六）八月に清和天皇の外祖父藤原良房が任ぜられたのに始まる。

(23) **直廬** 「ちょくろ」とも読む。皇親や摂政・関白・大臣・大納言らが宮廷内に与えられていた個室で、休息・宿直に用いられた。

【本 文】37

十一日、除目事〔南殿儀、見清涼抄并天暦六年私記〕
內裏式云、親王先入、少納言并二省卿・輔率五位以上參入
清涼抄、參議以上可任官者、東西相分列立、次少納言・辨二省卿・輔率五位以上云々、檢例、延喜九年貞信公御記云、左大辨爲卿代、少納言・辨在輔上云々、准七日式、卿代可列親王次歟

【訓　読】

十一日、除目のこと〔南殿の儀(1)は、清涼抄(2)ならびに天暦六年私記(3)に見ゆ〕
內裏式(4)に云う、親王先ず入り、少納言ならびに二省の卿(5)・輔は五位以上を率いて参入すと、清涼抄に、参議以上、任官すべくは、東西相い分れて列立す、次いで少納言・弁、二省の卿・輔は五位以上を率《ひき》いると云々、例を検するに、延喜九年貞信公御記(6)に云う、左大弁、卿の代となす、少納言・弁は輔の上に在りと云々、七日の式(7)に准じ、卿の代は親王の次に列すべきか

【注　解】

(1)　**南殿儀**　紫宸殿での政務・儀式。
(2)　**清涼抄**　天暦元年（九四七）頃に成立した勅撰の儀式書。
(3)　**天暦六年私記**　未詳。
(4)　**内裏式**　弘仁十二年（八二一）に奏進された勅撰の儀式書。その後、補訂が加えられて天長十年（八三三）に奏進された。完本は現存せず、原本の抄録本か残闕本、又は逸文を寄せあつめた本が存するのみ。

（5）**二省**　式部省と兵部省。

（6）**延喜九年貞信公御記**　貞信公は藤原忠平。その日記は現存せず、子の実頼が抄出した本のみ伝わる。本文のこの部分は『貞信公記』の逸文。本文101注（48）（三八三頁）参照。

（7）**七日式**　本文20（九〇頁）参照。

【本　文】38

「直物事」

直物事

大臣作公卿給、副二合停任、給外記〔二合停任、又給式部〕二省以召名々簿返上外記、外記勘其失錯、儲候、大臣〔謂行除目上卿〕定日着陣、令進勘文、能見案了、就御所令奏之〔或加人々申文、外記先申事由、加奉云々、不過三四枚、承平四年、奉十枚云々、舊例、副召名奉之、而近代、只奏勘文云々〕返給之後、召硯召名〔舊年召名、入勘文者皆奉〕令參議改正〔若無大辨、用他參議、下給申文者、先披見之、當年名替依國次、舊年名替、依除目年月次巻重、一度除目有二人以上者、又國次巻重之、其年々注紙給外記、令進召名、此間京官改正了、外記先見合名替請文改之、若任勘文改了後、又名替者、有再摩煩、若有國替未給等、先可令勘合否歟、近例、參議座召外記、下給請文、令申合否、更不書注、隨上卿命先草書、一定後、召引境清書、加直物奉之、舊例、先奏草、近代不然、至于剩闕、上卿令奏事由任之、其剩闕者、闕官之上引點也〕隨直、勾勘文幷申文〔申文一字相誤者、不改、其成文折上置別〕夾竿召名〔摩一行有空所者、又指夾竿云々〕畢、年々召名・勘文・成文等入筥奉之、上卿見了、留勘文・成文等、令持召名參上、奏聞、返給復本座、目參議、令放舊年召名〔有夾竿枚々、於上卿前放之、巻加當年召名奉之、取殘巻々歸座云々〕召二省給之、其儀如給宣旨〔多枚數者、結中給由、見天慶三年三月廿五日私記〕

承平二年二月六日、保忠卿行直物、依左大臣命也、大臣依爲攝政、讓他上卿令行歟、此日、令撤筥硯筥後給直物云々、式部候由、三度不申云々

【訓　読】

「直物《なおしもの》のこと」

直物のこと(1)

大臣は公卿給《くぎょうきゅう》(2)を作り、二合《にごう》停任(3)に副《そ》えて外記《げき》に給う〔二合停任、また式部に給う〕二省は召名《めしな》(4)の名簿を以て外記に返上す、外記はその失錯(5)を勘し、儲《もう》け候《うかが》う(6)、大臣〔除目《じもく》を行う上卿を謂《い》う〕は日を定めて陣に着く、勘文を進《まい》らしめ、能《よ》く案を見了《おわ》る、御所に就き、これを奏せしむ〔或は人々の申文(7)を加え、外記は先ず事由を申し、加え奉ると云々、三四枚に過ぎず、承平四年(8)、十枚を奉ると云々、旧例は、召名に副えてこれを奉る、しかるに近代は、ただ勘文を奏すと云々〕返し給いしのち硯と召名を召し〔旧年の召名(9)、勘文に入るるはみな奉る〕参議をして改正せしむ〔若し大弁なくは他の参議を用う、申文を下し給わんには、先ずこれを披《ひら》き見て、当年の名替《ながえ》(10)は国次《くになみ》により(11)、旧年の名替(12)は除目の年月の次《ついで》により(13)巻き重ね(14)、一度の除目に二人以上有らば、また国次に巻き重ね、その年々《としごと》の注紙は外記に給う、召名を進《まい》らしめ、此の間京官改正し了《おわ》る、外記は先ず名替の請文を見合(15)い、これを改む、若し勘文に任せて改め了るのち、又の名替は、再摩の煩《わずらい》あり(16)、若し国替未給等あらんには、

先ず合否を勘せしむべきか(17)、近例は、参議の座に外記を召し、請文を下し給い、合否を申さしめ、更に書き注さず、上卿の命に随い、先ず書を草し、一定《いちじょう》ののち引境を召し(18)清書す、直物を加えてこれを奉る、旧例は、先ず草を奏す、近代は然《しか》らず、剰闕《じょうけつ》に至りては(19)、上卿は事の由を奏せしめ、これを任ず、その剰闕は、闕官《けつかん》の上に点を引くなり(20)〕直しに随い、勘文ならびに申文を勾す〔申文、一字相い誤れるは改めず、その成文は上を折り別に置く〕召名を夾算《きょうさん》し(21)〔一行を摩して空所あらば、また夾算を指すと云々〕畢る、年々《としごと》の召名・勘文・成文等は筥に入れこれを奉る、上卿見了《おわ》り、勘文・成文等を留め、召名を持たしめて参上し奏聞す、返し給い本の座に復す、参議に目《め》くばせし、旧年の召名を放《はな》たしむ〔夾算の枚々あらば、上卿の前に於てこれを放ち、当年の召名を巻き加えこれを奉る、残る巻々を取り、座に帰ると云々〕二省を召し(22)これを給う、その儀は宣旨を給うが如し(23)、〔枚数多くば、中を結び給う由、天慶三年三月廿五日の私記に見ゆ(24)〕

承平二年二月六日、保忠卿直物を行う(25)、左大臣の命に依るなり、大臣は摂政たるにより、他の上卿に譲り行わしむるか、此の日、筥硯筥を撤せしむるのちに直物を給うと云々、式部の候する由、三度は申さずと云々

【注　解】

(1) **直物**　除目に、式部省・兵部省に下された召名《めしな》（除目の結果を清書した文書）の記載に姓名・官職などの誤りのあった場合、それを書き改める儀式のこと。

(2) **公卿給**　公卿に給された年官のこと。

(3) **二合停任**　二合は、二分官（目）一人分と一分官一人分を合わせて三分官（掾）一人分として給すること。

(4) **召名名簿**　召名は除目の結果を清書した文書。

(5) **失錯**　誤り。先例・故実に違う。

(6) **儲候**　勘文を作り儲け意向をうかがう。

(7) **申文**　除目に当たり、官職を希望する者が提出した文書、上申書。

(8) **承平四年**　その史実未詳。

(9) **旧年召名**　当年分の召名ではなく、以前の除目のときの召名。

(10) **名替**　年官に応募して、給主により某国の某官に任ぜられた者が、何かの理由で任符を受けない場合、給主が他の者を替わりに立てること。『除目抄』に「名替／摩㆓改本除目㆒也」とある。

(11) **依国次**　五畿七道諸国の序列、排列順序によって。

(12) **旧年名替**　当年分ではない過去の名替については。

(13) **依除目年月次**　除目で任ぜられた年月の順にしたがって。

(14) **巻重**　申文を上述（注(11)・(13)）の順序に重ねて巻く。

(15) **見合名替請文**　名替の請文を見くらべ検討する。

(16) **又名替者有再摩煩**　重ねての名替は、再び文書を削る（抹消する）手間がかかるので。

(17) **若有国替未給等先可令勘合否歟**　もし国替や年官未給の分などがあれば、あらかじめ、まず合否の適切なりや否やをしらべるべきである。

(18) **一定後召引境**　ことが定まったあとで引境を召す。引境は、『江家次第』（巻四）では「折堺紙」と見える。未詳。

(19) **剰闕**　過不足。

(20) **引点**　墨で点をうつ。
(21) **夾算**　巻物や書物の紙挟み。検出用や読みかけのしるしとして用いる道具。現在のしおりに当たるもの。竹や木をうすく削って作る。
(22) **二省**　式部省と兵部省の官人。
(23) **其儀如給宣旨**　その次第は宣旨を下されるときのようである。宣旨は、勅旨または上宣（上卿の命令）を外記または弁官を経て伝宣する下達文書。
(24) **天慶三年三月二十五日私記**　未詳。『北山抄』のこの部分は、『江家次第』（巻四）に「四条記云」として引用されている。
(25) **保忠卿**　藤原保忠（八九〇―九三六）。筝の名手。左大臣時平の一男。延喜十四年（九一四）二三歳で参議となり、同二十一年従三位権中納言、同二十三年中納言、延長八年（九三〇）正三位大納言、承平六年七月十四日薨、四七歳。本文記述の史実については傍証できない。

【本　文】39

十三日、三省秋冬馬析文事

【訓　読】

十三日、三省(1)の秋冬の馬料の文(2)のこと

【注　解】

（1）**三省**　中務省、式部省、兵部省の三省を指す。

（2）**秋冬馬料文**　三省の官人の秋冬の馬料支給を要求するための目録。馬料は、神亀五年（七二八）三月、防《ぼう》閤《こう》のかわりに官人に給与された従者の馬の飼養料（『続日本紀』巻十）。防閤は五位以上の京文武職事官に給された資人《とねり》の一種。官人の警衛に当たる。その後、馬料の支給範囲を拡大し、延暦十五年（七九六）以前に「少属已上人別給之」とされた（『類聚三代格』巻五・寛平三年八月三日太政官符）。馬料の給法は季禄と同じで、二月と八月の年二回、おのおの上日一二五日以上の者に給する。支給額は『延喜式』の「式部式」（文官）「兵部式」（武官）「中務式」（女官）に見える。「式部式」には各官司別に馬料受給額と人数を記し、つぎのように記している。

「右自二正月一至二六月一、上日一百廿五以上者、給二春夏馬料銭一、秋冬准レ此、但春夏七月十日、秋冬正月十日、与二中務兵部一共申二太政官一、其有二上日共一等、労劇亦同者、依二官位次第一作二差分一給、縦満二限日一貧濁有レ状者、不レ須二給与一、如帯二二官一者、従二一高一給、若有下大学頭、陰陽頭、不レ解二経術一者上、随レ便停レ給、其斎宮寮馬料者、以二神税一給、若不レ足者、通二用比国一」

「式部式」に「六月十二月下旬、文官各摠二計当司并所管官人上日一造レ簿、正月七月三日平旦、各令二主典申送一等事、如二季禄儀一、廿二日質明、省(式兵二省)掌向二大蔵省一、召(唱)二諸司一、掃部寮設二丞録以下座於蔵下一、丞録史生就(各)レ座、大蔵積(省)二料銭一、掃部寮又設二二省并大蔵座於其物(料)下一、大蔵積レ禄了状申二弁官一、令三官掌召(式兵)二二省一、録称唯進(参)、弁大夫命曰、(諸司)馬料早給、録受(称唯)レ宣退申レ丞、訖引就二庭座(須給)一、丞命曰、給レ之、(諸司主典随喚称唯進跪史生宣示物数蔵部)史生称唯、以レ次唱給、亦

承命計授随即旦申其数史生記録、大蔵亦如是）如㆓季禄儀㆒、史生申㆓給訖状㆒、即引退去」とある。〔（ ）内は『儀式』による〕

【本 文】40

「御齋會終事」

十四日、御齋會畢幷殿上論議事

結願了〔此日、供雜穀稻等、無論議事、自餘如始日云々〕王卿着東廊座、一獻之後、大辨起座、見申文還着〔非參議大辨者、着王大夫座〕目上卿〔或稱申文非也〕上卿揖了、史取申文、出自南幄、跪候砌上、上卿目之、進候膝着奉文〔天延二年、雅信卿少南面云々、准侍從所儀者、可右向歟、然而見近例、膝着在下方、勸盃如之〕上卿見了、先給表卷帋、次給治部解文、史披文候氣色、上卿揖許、次給僧名、史候氣色、仰云、申給、次給諸家加供文、史披一枚候氣色、所仰如先〔大臣一度給之、史結申如常、或在未獻盃前、承平六年、保忠卿每度仰申給、彼間治部解文、付內侍奏之、仍所仰也、近代不奏、作上宣官符云々、仍最初揖許也、或依舊皆可仰申給、而或記、件解文幷僧命、同揖許云々、僧名加供文者必可奏也、此說非也〕三獻後、內記奉宣命、上卿欲起座時、目王大夫給之〔前一日、中上定之〕此間、親王參內、公卿着布施堂〔昌福堂、雨儀、小安殿、公卿座、東面南上〕其儀、人自永陽門、經昌福堂北、着庭中座〔東面北上、先是僧侶着座〕辨・少納言率外記・史等、經同堂東着座、次式部官人以下着座了、公卿以下置笏三拜〔外記安和三年記云、六位以下後拜云々、檢式、大臣以下共起三拜者、六位以下不見差別、又舊例、多如之〕次王大夫着堂上座、宣制退下、次大藏輔・丞、布施文插文杖、授三僧、次史生等舁衆僧布施物、置各前、次丞一人、到佛布施案下、扶手於案脚、次堂達打磬一度、卽咒願了、丞退出、次公卿以下又置笏一拜〔承平七年・安和三年、把笏云々、近例、又把之、然而検舊例、置笏之由、見承平五八年私記、又彼私記、被注失由云々〕次衆僧退出

【訓　読】

「御斎会《ごさいえ》終わること」

十四日、御斎会畢《おわ》(1)りならびに殿上論議《てんじようのろんぎ》(2)のこと

結願《けちがん》(3)了る〔此の日、雑穀稲等を供す、(4)論議のことなし、自余は始めの日の如しと云々〕王卿は東の廊の座に着く、一献(5)ののち、大弁は座を起《た》ち、中文(6)を見て還り着く〔参議に非ざる大弁は王大夫の座に着く〕上卿《しようけい》(7)に目《めくばせ》す(8)〔或は申文を称するは非なり〕(9)上卿は揖《ゆう》(10)し了る、史《さかん》(11)は申文を取り、南の幄《あく》(12)より出で、跪《ひざまつ》きて砌《みぎり》(13)の上に候す、上卿はこれに目《めくばせ》し、進みて膝着《ひざつき》(14)に候し文を奉る〔天延二年、(15)雅信卿(16)少《しばら》く南面すと云々、侍従所の儀(17)に准ずるは、右向きなるべきか、然れども近例を見るに、膝着は下方に在り、勧盃儀(18)はかくの如し〕上卿見了り、先ず表の巻紙を給い、次いで治部の解文を給う、史《さかん》は文を披《ひら》き気色《けしき》を候《うかが》(19)う、上卿揖許《ゆうきよ》(20)す、次いで僧名を給う、(21)史は気色を候う、仰せて云う、申し給えと、次いで諸家の加供の文(22)を給う、史は一枚を披《ひら》き気色を候う、仰するところ先の如し〔大臣は一度《ひとたび》これを給う、史の結《かたな》い申すこと(23)常の如し、或は盃を献《たてまつ》らざる前《さき》に在りと、承平六年、(24)保忠卿(25)毎度申し給えと仰す、彼の間、治部の解文は内侍に付《さづ》けこれを奏す、仍りて仰《おお》するところなり、近代は奏さず、上宣《じようせん》官符(26)を作ると云々、仍りて最初は揖許なり、或は旧に依《よ》りみな申し給えと仰すべし、しかるに或記(27)に、件《くだん》の解文ならびに僧名、同じく揖許すと云々、僧名供文に加えんには必ず奏すべきなり、此の説非なり〕三献ののち、内記《ないき》は宣命《せんみよう》(28)を奉る、上卿座を起《た》たんと欲するとき、王大夫に目《めくばせ》し、これを給う〔前《さき》だつこ

と一日、申上しこれを定む」この間に親王参内し、公卿は布施堂(29)に着す〔昌福堂、(30)雨儀は小安殿《しょうあんでん》、(31)公卿の座は東面し南を上とす」その儀、永陽門(32)より入り、昌福堂の北を経て、庭中の座に着く〔東面し北を上とす、是より先、僧侶は座に着く」弁・少納言は外記・史等を率い、同堂の東を経て座に着く、次いで式部の官人以下座に着き了る、公卿以下、笏を置き三拝す〔外記の安和三年記(33)に云う、六位以下は後に拝すと云々、式(34)を検するに、大臣以下共に起《た》ちて三拝すとてへり、六位以下差別を見ず、また旧例は多くこの如し」次いで王大夫は堂上の座(35)に着き、宣制し退下す、次いで大蔵輔・丞は、布施の文(36)を文杖《ふづえ》(37)に挿《さしはさ》み、三僧に授く、次いで史生等は衆僧の布施物を舁《か》き、各《おのおの》の前に置く、次いで丞一人、仏布施の案下《あんか》に到《いた》り、手を案脚に扶《そ》える、(38)次いで堂達《どうたつ》(39)の磬《けい》(40)を打つこと一度《ひとたび》、即ち呪願《じゆがん》了《おわ》る、丞退出す、次いで公卿以下また笏を置き一拝す〔承平七年(41)・安和三年(42)には笏を把《と》ると云々、近例またこれを把る、然れども旧例を検するに、笏を置く由、承平五・八年私記(43)に見ゆ、またかの私記は失《しつ》の由を注《しる》さると云々」次いで衆僧退出す

【注　解】

（1）**御斎会**　本文29注（1）（一二二頁）参照。御斎会始は一月八日。

（2）**殿上論議**　御斎会結願の日に天皇の御前で最勝王経を論議すること。論議とは、文字どおり、経文の意味や教理について問答を繰り返し本旨を明らかにすること。講論、法問、問答なども称する。

（3）**結願**　日数を定めた法会、修法を終えること。またその最終日およびその作法。

（4）**供雑穀稲等**　『儀式』（巻五）に「十四日味旦、東西二寺盛㆓雑穀於漆器廿二具㆒、列㆓立南栄楹外㆒〔左右各十一具、中階上闕而不㆑列〕山城国以㆓稲廿四荷㆒〔以㆓四束㆒為㆓一荷㆒〕左右相分列㆓立龍尾道上庭㆒」とある。

（5）**一献**　ひとたび盃をあげる、酒を呑むこと。
（6）**申文**　いかなる申文か？
（7）**上卿**　当日の儀式を宰領する公卿。
（8）**目**　「めくばせす」と訓んだが、他に訓み方あるか未詳。或いは「もくす」と音訓みするか。
（9）**或称申文非也**　この読み方未詳。「称申文」とは「申文を称する」か。申文を読みあげる？ 前段に「目二上卿一」とあるので、ここは声を出さないことをいっているのであろうから、「めくばせする」でよいか。
（10）**揖**　会釈《えしゃく》する。笏を手にして上体を前に傾ける礼。
（11）**史**　弁官局の大史・少史。
（12）**幄**　臨時に庭に設ける仮屋。四方に柱をたて棟《むね》・檐《のき》を渡して作った屋形にかぶせ、四方に張りめぐらす幕。テント。
（13）**砌**　石や敷瓦を敷いたあまおち。
（14）**膝着**　跪くときに汚れを防ぐために敷いたマット。薄縁《うすべり》、布帛、薦《こも》などで作った大きさ半畳ほどの敷物。
（15）**天延二年**　九七四年。天延二年正月十四日の内論議について『親信卿記』（続群書類従・第二十九輯下）の記述があるが、本文該当の記事は見られない。
（16）**雅信卿**　源雅信。天延二年当時は正三位・大納言。五五歳。宇多天皇の孫。父は一品式部卿敦実親王、母は左大臣藤原時平の娘。延喜二十年生まれ。承平三年（九三三）昇殿、同六年従四位下、天慶元年（九三八）侍従、同五年右近衛権中将、同六年兼大和権守、同八年従四位上、天暦二年（九四八）蔵人頭、同三年兼近江権守、同四年兼春宮亮、同五年正月参議となる。同六年兼伊予権守、同九年正四位下、天徳二年（九五八）

兼近江権守、兼治部卿、応和二年（九六二）従三位、同三年兼播磨権守、康保四年（九六七）兼左兵衛督、同五年正三位、安和二年（九六九）兼左衛門督、同三年権中納言、ついで中納言、天禄三年（九七二）大納言、貞元二年右大臣、同三年左大臣、天元二年正二位、寛和三年（九八七）従一位、正暦四年（九九三）七月二十九日薨去。七四歳。

(17) **侍従所儀**　侍従所は侍従の候所。外記庁の南にあって、南所ともいう。公卿以下の宴がひらかれ、また学問の講堂にも利用された。『西宮記』（臨時八）に「侍従所／第一間西壁下有二左右大臣座一（東面南上、但有二太政大臣一之時、左右大臣座、大納言上申文中入如レ例、大納言座、母屋北辺西上南面一列、仍申文史作法等、与二納言一同）母屋北辺西第一間東辺有二大納言座一（南辺在、大臣座在二其上方西壁下一、壁下有二太大臣道一）同第二三間有二納言座一」と見える。

(18) **勧盃儀**　酒をすすめる。「けんぱい」とも。

(19) **候気色**　天皇の意向をうかがう。

(20) **揖許**　未詳。揖譲の語ならば、腕を前に組んで輪をつくり、おじぎをする、譲はへりくだる意。

(21) **僧名**　僧の名簿か。

(22) **諸家加供文**　未詳。

(23) **史結申**　史が文書を束ねる。

(24) **承平六年**　該当する史料未詳。

(25) **保忠卿**　本文38注(25)（一五七頁）参照。藤原保忠。

(26) **上宣官符**　上宣は、宣旨のうち上卿の責任で出されたもの。以外は奉勅宣旨。官符は太政官符。

(27) **或記**　未詳。

(28) **宣命**　天皇の命令を宣する下達文書。国文体の詔書。『北山抄』（巻六）に「詔書事〔改元・改銭并赦令等類也、臨時大事為レ詔、尋常小事為レ勅〕」とある。

(29) **布施堂**　未詳。

(30) **昌福堂**　八省院十二堂のひとつ。東方北の第一堂。七間二間の南北棟。『延喜式』（巻十八）に「凡就二朝座一者、昌福堂北階太政大臣、中階左右大臣、南階大納言、中納言、参議、少納言、左右弁」とある。

(31) **小安殿**　「こあどの」とも。朝堂院の一院で、大極殿の背後にある。

(32) **永陽門**　朝堂院東側の門。大極殿前面東楼蒼龍楼の東廊掖門。

(33) **外記安和三年記**　未詳。

(34) **式**　『儀式』（巻五）に「大臣以下参議已上入レ自二永陽門一、就二前庭座一、少納言弁入レ自二同門一経二昌福堂東一更西折趨就レ座、外記史入レ自二同門一経二同堂東一更西折、列二式部上一、相率共趨就レ座、訖大臣以下共起三拝、訖宣命大夫用二王臣四位一、升レ従二中階一就レ座〔預候二昌福堂南頭一〕」とある。これか。

(35) **堂上座**　堂上は堂下、地下に対する語。殿上。

(36) **布施文**　布施の目録。

(37) **文杖**　本文13注（52）（三四七頁）参照。

(38) **扶手於案脚**　これが何を意味するか未詳。

(39) **堂達**　法会の際に、唄師・散華などの下にあって諸事を行い、願文を導師に、呪願文を呪願師に捧げる役僧。

（40）**磬**　もと中国の楽器であるが、わが国では奈良時代以後、仏具として用いられた。仏前の礼盤の右側に置き、勤行のときなどに打ちならす。
（41）**承平七年**　該当の史料未詳。
（42）**安和三年**　同右。
（43）**承平五八年私記**　同右。

【本　文】41

公卿參内、着右近陣〔大臣參時、御前儀、在備忘記、親王東面、上卿西面云々〕陣官勸酒肴、次將着膝着勸盃、上卿召外記・史、令着陣座、頃之、召仰外記、可令入僧等之由令仰陣、僧等入自月華門、佇立射場邊、藏人向右近陣、召王卿、出居着座後、王卿參上、次僧侶參上、阿闍梨加持香水、僧綱讀僧夾名、次論議了、隨喜始間、王卿置笏、御導師着本座、王卿把笏、到殿上戸下取祿〔頭藏人等傳取授之〕進東簀子、跪被僧等、僧等退出、王卿退下、出居又退〔先是僧綱錄論議僧名、付內侍奏之〕若當御物忌者、於南殿東廂、有此事、出居參上〔今案、准釋奠內論議、王卿參上後、可參着、而前々例如此、雖有大臣之大將、次將猶先參上云々〕王卿着座〔經階下、出左近陣外、着靴〕次僧侶入自日華門參上、事了、進艮角戸下、取祿被之
寬平三年、依大相國薨、不擧音樂、亦停論議〔十三日薨〕
天慶八年、眞言宗僧綱依病不參、以一定法師令加持香水、近代、不聞事也〔貞御記〕

【訓　読】

公卿参内し、右近の陣(1)に着く〔大臣参る時、御前の儀は備忘記(2)に在り、親王東面し、上卿は西面すと云々〕陣官(3)は酒肴《しゆこう》を勧《すす》む、次将《すけ》(4)は膝着《ひざつき》(5)に着き盃を勧む、上卿は外記《げき》(6)・史《さかん》(7)を召し陣の座に着かしむ、頃《しばらくありて》(8)之、外記に召し仰せて、僧等を入らしむべきの由《よし》陣に仰せしむ、僧等は月華門(9)より入り、射場《いば》(10)辺に佇立《ちよりつ》(11)す、蔵人は右近の陣に向かい王卿を召す、出居《でい》(12)、座に着くのち、王卿参上す、次いで僧侶参上す、阿闍梨《あじやり》(13)は加持香水《かじこうずい》(14)し、僧綱《そうごう》(15)は僧の夾名《きようみよう》を読む(16)、次いで論議了る(17)、随喜(18)始むる間、王卿は笏を置く、御導師(19)本の座に着く、王卿は笏《しやく》を把《と》り、殿上の戸の下に到り禄を取る〔頭の蔵人等伝え取りこれを授く〕東の簀子《すのこ》に進み、跪《ひざまづ》き、僧等に被《かづ》く(20)、僧等退出し、王卿退下す、出居また退く〔是《こ》れに先んじて僧綱は論議の僧の名を録し、内侍に付《さづ》けてこれを奏す〕若《も》し御《おん》物忌《ものいみ》に当たらば(21)、南殿の東の廂《ひさし》に於て、此《こ》のことあり(22)、出居参上し〔今案ずるに、釈奠《せきてん》内論議(23)に准じて、王卿参上のち、参着すべし、而《しか》るに前々《さきざき》の例は此の如し、大臣の大将有り(24)と雖も、次将猶し先ず参上すと云々〕王卿は座に着く〔階《きざはし》の下を経て左近の陣の外に出で、靴を着く〕次いで僧侶は日華門(25)より入り参上す、事了《おわ》り、艮《うしとら》(26)の角《すみ》の戸に下に進み、禄を取りこれを被《かづ》く

寛平三年、大相国の薨により(27)、音楽を挙《いた》さず、また論議を停む〔十三日薨ず〕

天慶八年(28)、真言宗僧綱(29)、病いにより参らず、一定法師(30)を以て加持香水せしむ、近代、聞かざることなり〔貞御記(31)(32)〕

【注　解】

（1）**右近陣**　紫宸殿南庭の西側にある月華門。右仗。その北の、校書殿の東廂南側に右近陣座があった。
（2）**備忘記**　『北山抄』巻六。
（3）**陣官**　右近陣の官人。将監・将曹など下級官人。『北山抄』（巻九）に「八省事畢、王卿着二右近陣一、々羞二酒肴一」とある。
（4）**次将**　近衛府の中将・少将の異称。
（5）**膝着**　本文40注（14）（一六二頁）参照。
（6）**外記**　太政官の大外記、少外記。
（7）**史**　弁官局の大史、少史。
（8）**頃之**　「しばらくありて」と読むか。
（9）**月華門**　注（1）参照。
（10）**射場**　弓庭《ゆば》。紫宸殿の西側、清涼殿の東南に当たる広場に設けられる。
（11）**佇立**　「ちょりゅう」が正しい訓。たたずむ。
（12）**出居**　出居は、寝殿造に設けられた居間兼来客接待用の部屋のこと。出居の座につき事を行う侍従（出居侍従）また近衛少将を指す。
（13）**阿闍梨**　単に闍梨とも。弟子の行為を正し軌範となる高徳の師の意。伝法灌頂を受けた者、また灌頂の導師を指す。
（14）**加持香水**　加持とは①仏・菩薩が人びとを守ること、②仏・菩薩の力が信じる人の心に加わること、③真言密教の呪禁の作法、④わざわいを除くために祈ること。香水は香を加えた浄水。加持した香水をそそいで煩悩・けがれを除くこと。

(15) **僧綱**　寺院・僧尼を監督する中央行政機関で、僧正、大僧都、少僧都、律師、従儀師より成る。

(16) **読僧夾名**　僧の名簿を読む。『西宮記』（巻二）に「僧綱進立、読二結番一（律師読レ之）」とある。

(17) **論議了**　御斎会結願ののち、清涼殿で天皇の御前に於て仏教に関する討論が行われる。内論議と称する。『西宮記』（巻二）に「顕宗僧綱召二立番僧等一、当講已下論議（座前立二草墪一、置二如意一、答者取二如意一、二人問答、講余一双）」とある。『類聚国史』（百七十七）は、『日本後紀』（巻二十二）弘仁四年正月十四日条の「最勝王経講畢、延二高学僧十一人於殿上一論議、施二御被一」の記事を以て内論議の最初の史料とする。『延喜式』（巻三十八）は「御斎会終日、設二論義僧座於内裏御前一、僧綱座立二兀子一、問答座亦各立二兀子一、其前置二草墪一、香水机下敷レ筵、衆座立二中床子於簀子敷一、威儀師座差退立二床子一脚一、又親王公卿及出居少将座敷レ帖」とある。敷設は掃部司の担当である。

(18) **随喜**　他人の善を見てよろこびの心を生ずることを言い、大よろこびするさま。『西宮記』（巻一）に、論議の終わったあと、「番僧一人留二随喜一」とある。

(19) **御導師**　衆僧の首座となり儀式を行う僧のこと。

(20) **跪被僧等**　王卿は笏を把り殿上の戸の南に行き禄物をとり東の簀子敷のところに至り、ひざまづいて僧らに禄を授ける。『西宮記』（巻二）に「王卿一々立レ座、取レ禄授レ僧着レ座（於二侍小戸南一取レ之）威儀師立二長橋座前一、請二布施咒願一、々々了退下、王卿出」とある。―以上ここまでの次第については『北山抄』（巻九）に次のような記述がある。

「八省事早、王卿着二右近陣一、陣羞二酒肴一、本府次将（帯レ釼把レ笏）在二南垂板敷一（地火炉辺、東面）就二膝着一勧レ盃〔於二納言以上一五位取二続柄一、大臣着者四位又取、其連レ座者猶取レ之、在二他方一者不レ取、他效レ之、親王着二内座一、仍猶可レ勧二日上一歟〕弁少納言着二物節座一〔北面東上〕外記史随二上卿仰一、着二物節四座一〔院儀可レ注〕僧等入レ陣之後、蔵人来召二王卿一、左右次将等入レ自二右青璅門一、着二出居座一〔南廊壁下、北面西上、一条院、東面北上〕、次王卿参着、次僧侶参上、論義訖、随喜始間、王卿及出居置レ笏、随喜了把レ之、王卿取レ禄被レ之、僧等退出、王卿退下、出居又退」。

（21）**若当御物忌者**　天皇が物忌の日に当たっているときは。

（22）**於南殿東廂有此事**　物忌のときは「南殿儀」が行われる。本文の記述はきわめて簡略であるが、『西宮記』（巻二）によるとその委細はつぎの如くである。

「母屋東三間東面〔木工立二簾台一〕并同南懸二御簾一、南面東四間簾前立二香水机一、上置二香水散杖一、南去置二問答兀子一〔北上西面、草墪上置二如意一〕東二母屋立二僧綱兀子一〔西面南上〕二間立二凡僧床子一〔北上西面〕凡僧座後北方立威従床子一〔外記日記、立二北障子下一〕南庇南長押上立二王卿座一〔納言已上兀子、参議長床子〕東庇南一間立二出居座一、僧綱座前并南香水机、左右立二灯台一

王卿着二右杖一、盃酒如レ例、仰二外記一令レ入レ僧〔僧入レ自二右兵衛陣一、経二北面一、向二日華門一〕出居昇、〔着レ靴、外記日記、入レ自二日花門一、无二大臣大将一者、昇レ自二本陣一无レ妨〕王卿昇〔自二階下一向二左近陣一、着レ靴、各着レ座〕僧入レ自二日花門一、作法如レ常、事了王卿授レ禄、〔起レ座、経二簀子并東庇一、到二艮戸下一取レ禄、殿上人伝授、西行就二僧前一、僧下レ座相跪取レ禄、王卿右廻、自二本路一帰レ座〕威儀師請二咒願一、一僧咒願了退下〔自二東階一〕王卿下」

『小右記』天元五年（九八二）正月十四日条に「依二御物忌一、於二南殿東廂一有二内論議事一云々、伝聞、公卿乗

燭著二右近陣座一、依レ例雖レ儲二酒肴一、無二中少将等一、無レ人二勧盃一、仍公卿引起云々、中将道隆・時中一〔先カ〕人是退出云々、左中将正清候二出居一、頃之退出、称レ有二所労一不レ参二大内一」とある。また『北山抄』（巻九）に「若当二御物忌一、於二南殿東廂一有二此事一、其儀、出居着レ靴先参上〔其座如二釈奠内論義一、但准二彼儀一者、王卿参上後出居可二参着一、而前例如レ之、是准二御前儀并御読経等一歟、雖レ有二大臣之大将一、次将先参上〕次王卿着レ座、僧侶入レ自二日華門一参上、議義了、給レ禄如レ常」とある。また同裏書に「続水心後記云／長元五年正月十四日丙戌、少将資房来云、今朝内御物忌、仍内論義於二南殿一可レ被レ行」とある。

(23) **釈奠内論議**　本文59（一三六頁）参照。

(24) **大臣大将**　大臣であって近衛大将を兼帯する者。

(25) **日華門**　紫宸殿南庭の東側にある門。門を出ると、北の宜陽殿と南の春興殿の間に出る。西の月華門とあい対する。

(26) **艮**　北東。

(27) **寛平三年依大相国薨**　寛平三年（八九一）正月十三日、太政大臣藤原基経薨去。大相国は太政大臣の唐名。

(28) **天慶八年**　九四五年。

(29) **真言宗僧綱**　僧泰舜。泰舜（八七七―九四九）は東寺僧。天慶四年（九四一）東寺長者となる。

(30) **一定法師**　一（壹）定（八八四―九四七）は聖宝の高弟で、天慶五年（九四二）醍醐山第五世座主となり、同八年十二月東寺二長者となる。

(31) **貞御記**　『貞信公記』（藤原忠平の日記）天慶八年正月十四日条に「納言以上皆申二障由一不二参入一、仍有二内〔朱雀天皇〕仰一、令レ召二納言等一、藤中納言〔元方〕未時参入行レ事、秉燭着二布施堂一、御前参上間戌剋也、真言宗僧綱泰舜依レ

病不二参入一者、以二一定法師一令二灌香水一、近代不レ聞事也」とある。

（32）御斎会には多額の費用がかかり催すことには困難が伴った。はるかのち、保元・平治の頃であるが、『新任弁官抄』（藤原俊憲著）の記述は興味ふかい。

「御斎会行事／年中行事中第一大事也、仍自二前年冬一兼申沙汰、真言院御修法、太元法事、御斎会行事所同行レ之、用途巨多、布施供養物巨万、八省大幔布及二数百段一、此次或修二理真言院一、但於二大幔一者、保元二年以後、為レ憂二諸国一、省二公用一、待二破損一可二切充一之由、被レ下二知大蔵省一了、件以前、毎年所レ切二充諸国一也、如二式条一者、僧法服調二給之一歟、近代給レ料也、供養物能令二催済一之時、和布雑菜之類、一口之分殆積レ車、正月十二三日間、積二分東廊外一、賦二引之弁以下一、綱所相共検知支配二布施絹綿之類一、能令二催済一之時、一人分巨多、及二高三四尺一、古者参二御斎会一之僧、以二布施物一殆建二一堂一云々、近代陵夷／随二催済一近年納二蒼龍楼中一、抑行事方等偏成二監臨盗一、皆悉入レ已、或至二十四日一舁二布施一廻二小安殿之間一、史生官掌等抜取引散、不レ拘二制法一、不レ可レ説事也、仍光頼卿為レ弁奉行之時、制二私法一汰者数人、侍於二行事官一令レ検二納之一、又会二支配一、終日運二小安殿一之間、猶相二制之一云々、予奉行之時又如レ此、此年行事官不レ能レ入レ已者也」

【本　文】42

同日、踏哥事〔付後宴〕可抄出清涼抄・親王儀式・二朝御記・清愼公・九條私記・吏部・殿上記等

【訓　読】

同じき日(1)、踏哥(2)のこと〔付けたり、後宴《ごえん》(3)〕清涼抄《せいりょうしょう》(4)・親王儀式(5)・二朝御記《にちょうぎょき》(6)・清慎公《せいしんこう》(7)・九条私記(8)・吏部(9)・殿上記(10)等を抄出すべし

【注　解】

(1) **同日**　正月十四日。

(2) **踏哥**　踏歌。足で地を踏《ふ》み、拍子《ひょうし》をとって歌う集団舞踏。わが国古来の民間習俗である歌垣と、中国渡来の踏歌（唐代の風習）が結合して成立したもの。『養老令』「雑令」に正月十六日は「節日《せちにち》」とされている。民間の踏歌は男女混合で行われたが、天平神護二年正月十四日太政官符（『類聚三代格』巻十九）は「禁㆓断両京畿内踏歌㆒事」として「今聞、里中踏歌承前禁断、而不㆑従㆓捉搦㆒猶有㆓濫行㆒、厳加㆓禁断㆒不㆑得㆓更然㆒、若有㆓強犯㆒者追捕申上」と述べている。本文にいう正月十四日の踏歌は男踏歌で、十六日に女踏歌が行なわれた（本文48参照）。『西宮記』による次第は概ねつぎの如くであった。

正月八日に踏歌のことを定める。内蔵寮官人を召して明日（九日）以後用意すべきことを命ずる。同寮は酒肴・綿・糸などを用意する。掃部寮は床子の舗設、主殿寮は燎火《にわび》を奉り、衛門府は中院・含章堂を掃き清める。調楽のとき、晴れならば中院、雨ならば含章堂を用いるからである。大蔵省・木工寮を召して十四日の七丈の幄を中院に建てよと命じ、穀倉院預を召して同日の出立饗を設けよと命ずる。修理職・内匠寮に命じて歌頭以下儛人以上の杖（白杖）を作らせる（調楽のときはかりに相で作る）。大臣・大将、女御らの家司を召

して、来る十四日の踏歌の饗の準備を命ずる。また別に、高巾子造《たかこじづくり》を召し高巾子二口《く》の製作を命ずる。内蔵寮には高巾子料の冠絹を奉らしめる。また信濃布一丈六尺のうち一丈をふくろ状に縫い、六尺分を画所《えどころ》に遣わす。小舎二人に所要の綿などを調えさせる。十四日、左近衛府官人に杖二五枝を採るを命じ、それが進上されると、作物所《つくもどころ》に削り繕わせる。また高巾子冠等を御冠師に給い調え設けさせる。また長櫃を設ける。禄法については、歌頭六人に支子《くちなし》染《そめ》掛《うちかけ》各一領、歌掌以下舞人以上には支子染衾《ふすま》各一条、楽人九人に各襖一領、熨斗袋持、物師らには各疋絹を賜う。事おわると高巾子を所に返納する。同日夜、男踏歌あるときは、六、七日前に、御前にて歌頭以下嚢持以上の人びとを選定する。その後、中院で二、三度習礼（練習）を行う。雨雪のときは八省院含章堂で練習する。二日前には中院で試楽を行う。内蔵寮は平張を立て酒饌を備える。掃部寮は床子を立て、主殿寮は炬火を挙げる。当日十四日になると、大蔵省、木工寮は幄を中院に立て、装束の色目を載せ注す。深沓、闕腋等を加載する。また諸司の二分（目《さかん》・主典《さかん》）以下で踏歌のことに預かる者は、闕腋《けってき》の位袍を着る。内蔵寮は酒饌を弁え備える（或いは穀倉院が行う）。晩景（夕方）に、麹塵袍、白の下襲《したがさね》で着座する。打熨斗、嚢持等は位袍を着る。内蔵寮は綿を作物所に被《かず》け、綿花白杖を奉る（四、五日前に綿一屯、糸三両を作物所に給い造進させたのである）。当夜、歌人らは日華門から入り右近の陣に候ず。天皇が出御し、王卿は召しにより参上する。内蔵寮は王卿に酒肴を賜わる。御厨子所は天皇に御料を供する。歌人は南殿の西に於て調子を発し、仙華門より入り東庭に列立する。踏歌は三度まわり、御前に列立し言吹《ことほ》ぎ祝詞を奏する。おわりて嚢持を二度よぶ。嚢持はこたえて進み、綿を計り、絹鴨《（誦）》を奏し、次いで此の殿曲を奏し着座する。行立（列立）の間に、掃部寮は階の南辺に当たり一丈ばかり離れたところに床子を立て、歌頭以下舞人以上の者の座とする。各々あい対し、南北を上とする。仁寿殿《じじゅうでん》の西の階の南辺に床子を立て、管弦者の座とする。南廊の小板敷の東辺に、西面し東を上とし、畳を敷き机を立て、打熨・持嚢の座とする。若《も》し諸司の二分が管を吹かんには同じく此の座に着く。同じく壁下に北面し西を上とし畳を敷き殿上人の侍とする。内蔵寮は四尺の台盤を三碁舁《か》き、舞人以上の座に立つ。また八尺の台盤を立て、管弦者の座とする。台盤にはみな肴饌を弁備する。王卿以下は殿を下りて勧盃する。三、四巡《めぐり》ののち、調子を吹き、竹河曲を唱い、すぐ座を起《た》ち列立する。歌曲を唱ったあと、舞人以上はならび舞い進み、半ば東面の南の階を上る。内侍二人が分かれて綿を被く、舞人は舞いつつ還る。女蔵人二人が綿を匣に入れ内侍のうしろに控える。和琴を弾《ひ》く者以下男蔵人二人が御簾《みす》のうちから伝え取り庭中でこれを被《かづ》く。我家曲を奏し退出する。北廊の戸より所々に向かい、暁に御座に帰参するのは初めの如くである。歌頭以下の座を庭中に給わる。南北にあい対し西を上とする。管弦者の座を横切ることがある。北を上とし西面する。打熨斗・嚢持の座は南にあり西を上とし北面する。天皇出御ののち、歌人が召しにより参入し座に着く。酒饌を給わる。此の間、管弦を数回奏し、了《おわ》って禄を賜わること差《しな》あり。

（3）**後宴**　踏歌のあとに催される宴。

（4）**清涼抄**　勅撰の宮廷儀式書。天暦元年（九四七）前後の成立。五巻（『本朝書籍目録』）また一〇巻（『江次第鈔』）ともある。『法性寺殿記』（藤原忠通）の天永二年（一一一一）三月一日条に「清涼記者、天暦聖主令二作始一給之書也」とあり、また小一条大臣（藤原師尹）が注を加えた本のあることを述べている。現在、いずれも伝存しない。

（5）**親王儀式**　未詳。一本に「新儀式」とする。「新儀式」は応和三年（九六三）以後近い頃に成立した宮廷儀式書。『本朝書籍目録』には六巻とある。第四、第五の二巻のみ現存する（群書類従・巻八十）。臨時公事に関する二巻である。

（6）**二朝御記**　「延喜天暦御記抄」のことであろう。醍醐天皇、村上天皇の日記を項目別に部類化したもの。もと五〇巻か。巻一～巻十五は「年中行事」、巻十六以下は「臨時部」かという。現存するのは一巻のみであるが、所功氏によって古写本による翻刻・注記が行われている（所功編『三代御記逸文集成』所載「延喜天暦御記抄」および「『延喜天暦御記抄』の基礎的考察」参照）。

（7）**清慎公**　藤原実頼の日記「清慎公記」のこと。「水心記」ともいう。散逸し、若干の逸文が知られるだけである。

（8）**九条私記**　「九条殿記」（「九暦別記」）のことか。藤原師輔が父忠実の教命を受けて年中行事儀式についてまとめた部類記である。これらを基にして書かれたのが師輔の「九条年中行事」である。

（9）**吏部**　「吏部王記」のこと。醍醐天皇の皇子重明親王の日記。式部卿の唐名「吏部尚書」による。親王の極官は式部卿であった。現存せず、諸書に逸文が多く引用されている。月日を欠くが、延長七年（九二九）正月十四日条の逸文が『河海抄』（巻十・初音）に見られる。「踏歌人装、垂纓冠・麹塵闕腋袍・白下襲、著二深沓一、持二白杖一、以著立加レ列、前官脱剱《(マ　マ)》振靴、高巾子著レ綿、面《(而刀)》童子二人在二舞人列一〔右衛門督《(藤原恒佐)》児今阿子、故貞文子菖蒲町〕其装束如二舞人一、著レ花加二多髪房一、及著二糸鞋一、左少将行扶進二中間綿台東一供、了唱二嚢持一二声、清弘称唯、到二綿処一唱二一十百千万億等数一、北退調吹、左権中将伊衡左歌頭、右権中将実頼右歌頭、出二北戸一参二中宮《(穏子)》弘徽殿一、次飛香舎〔王公座南縁〕次承香殿〔右大殿《(藤原定方)》、女御《(能子)》〕次東宮《(資明親王)》、踏《(歌)》―参二御前一、左右大臣《(忠平・定方)》有レ障共不レ参二宿所一、故不レ踏、又云、内侍二一人相二分被綿一、且舞且還〔女蔵人持二綿匣一候二内侍後一〕但弾レ琴者在レ下、男蔵人二一人伝二取御簾中一、於二庭中一被レ之、奏二我家曲一退出」

(10) **殿上記**　「殿上日記」のことであろう。六位の蔵人が当番を組んで筆録したもので「番記」とも称する。寛仁三年（一〇一九）八月二十八日の皇太子敦良親王（後朱雀天皇）元服記、永承四年（一〇四九）十一月九日、同六年五月五日歌合記のみ現存する。

【本　文】43

十五日、主水司献御粥事

【訓　読】

十五日(1)、主水司(2)の御粥《おんかゆ》を献《たてまつ》る(3)こと

【注　解】

(1) **十五日**　十五日正月、旧暦の小正月で、いまも古習を伝える行事が多い。

(2) **主水司**　「しゅすいし」で供御の水のことを掌る。訓は「毛比止里乃豆加佐（もひ《(い)》とりのつかさ）」（和名類聚抄）また「モンド」（下学集）とも。「養老令」による職員構成は、正《かみ》・佑《じよう》・令史《さかん》（各一員）氷部《もいとりべ》（四〇）使部《つかいべ》（二〇）直丁《じきちよう》（一）駈使丁《くしちよう》（二〇）で、これに氷戸一四四戸が所属する。正の職掌は「掌、樽水《そんすい》、饘《せん》、粥《しゆく》、及氷室《ひむろ》事」とある。樽水は樽《たる》に貯えた水であろう。饘はかたがゆ、粥はしるがゆ。氷部は水部で「もひ《(い)》とりべ」、「モヒ」とは水を入れる器、転じて飲料水をいう。氷部は氷戸をひきいるトモ（伴）である。「官

員令」別記によると「氷戸百卌四戸、自二九月一至二二月一、毎レ丁役、自二三月一至二八月一、一番役二卅丁一、為二品部一、免二調雑徭一、宮内礼仏之時、僧等洗レ手湯者、当司設、若有二僧数多一不レ堪レ造レ湯者、仍請二主殿寮一」とある。氷室の池は山城（二九六）大和（三〇）河内（五八）近江（六六）丹波（九〇）に計五四〇あった（延喜式・巻四十）。福尾猛市郎「主水司所管の氷室について」（『日本歴史』一七八号）参照。

（3）**献御粥**　『延喜式』（巻四十）に「正月十五日、供御七種粥料（中宮亦同）」とある。『西宮記』（巻二）も「十五日、主水司献御粥事（七種付二女房一供レ之、御器納『所』当日請『之』）」とある。粥《かゆ》は七種粥《ななくさがゆ》であって、その材料は「米一斗五升、粟・黍・稗子・葟子・胡麻子・小豆各五升・塩四升」とある（『延喜式』巻四十）。『年中行事秘抄』（正月）では少し異なり、「七種粥／小豆・大角豆・黍・粟・菫子・薯蕷・米」とある。『年中行事秘抄』に引く「宇多天皇御記」は「寛平二年（八九〇）二月卅日丙戌、仰レ善（源）曰、正月十五日、七種粥、三月三日、桃花餅、五月五日、五色粽、七月七日、素麪、十月初亥餅等、俗間行来以為二歳事一、自レ今以後、毎レ色弁調、宜二供奉一之、于レ時善為二後院別当一、故有二此仰一」と記す。元来は民間で行われていたものが宮廷の歳事となったというのであり、宇多天皇の寛平頃には朝儀となっていたということになる。『土佐日記』承平五年（九三五）正月十五日条に「けふ（今日）、あづき粥煮ず」とある。紀貫之は船上にあったからである。これから、当時京都では小豆粥を祝う風のあったことがわかる。正月十五日、節供の粥を煮たあと、カマドにくべた燃えさしなどを削ったものを粥杖・粥の木といい、この杖で女の尻をたたくと必ず子が産まれるとした一種のまじないが行われた。『枕草子』（上巻）に「十五日、節供まゐり据ゑ、粥の木ひき隠して、家の御達《ごたち》、女房などのうかがふを、打たれじと用意して、常に後《うしろ》を心づかひしたるけしきも、いとをかしきに、いかにしたるにかあらむ、打ちあてたるは、いみじう興ありてうち笑ひたるは、いとはえばえし」とある。また

『狭衣』(四)にも同じような情景が描かれている。「十五日には、わかき人々こゝかしこにむれゐつゝ、をかしげなるかゆづゑ引かくしつゝ、かたみにうかゞひ、又うたれじとよういしたるすまひおもはくども、おの〳〵をかしう見ゆるを、大将殿は見給ひて、まろをあつまりてうて、さらばぞたれも子はまうけん、誠にしるしある事ならば、いとふ共ねんじてあらんなどの給へば、みな打わらひたるに…」とある。また『倭訓栞』(前篇六・加)に「正月十五日粥を焼たる木を削りて杖とし、子もたぬ女房の後を打ば、男子を産といへり、その事、源氏、狭衣、枕草子などに見えて、むかしは諸国にても、新婦を迎へし正月には、よめたゝきと称、今いせの神宮あたりにも有」とある。粥杖の風習は、現在まで民間の行事としても残り、「粥杖」の称のほか「福杖」「祝い棒」などともいう。行事そのものをも「嫁祝」「おかたぶち」「嫁叩《たた》き」「孕《はら》め打ち」などとも呼んでいる。粥杖で女の尻を打つ風は、農業における豊産を祈る行事に通ずるものであろう。主として小正月に行われてきた成木責《なりきぜめ》、木責と称される行事に共通の思想を持っている。古代中国の風については『荊楚歳時記』(平凡社・東洋文庫)に「正月十五日、豆糜《とうび》を作り、油膏《ゆこう》を其の上に加え、以て門戸を祠る」とし、「『斉諧記』を按ずるに曰く、正月の半ば、神の陳氏の宅に降るあり、是れを蚕室《さんしつ》と云う、若し能く祭らるれば、当《まさ》に蚕桑として百倍ならしめん、其の事に非ざるを疑わば、門を祭り、之を七祠に備えよと、今、州里の風俗、是(一に望に作る)の日、門戸を祠る、其の法、先ず楊枝を以て左右門上に挿《はさ》み、楊枝の指す所に随い、乃ち酒脯飲食及び豆粥・餻糜《こうび》を以て箸を挿んで之を祭る」とある(「楊枝の指す所云々は、ヤナギの枝に豆粥を塗って門《かど》にさした。枝の指す方角によって占い、そこで酒宴を催すのである)。また続けて「其の夕、紫《し》姑《こ》を迎え、以て将来の蚕桑を卜い、并せて衆事を占う」とある。紫姑は木に杓子をくくりつけた人形で、所により箒《ほうき》を神体とする。わが国のオシラサマのような神であろうという。養蚕におけるネズミの害を防ぐまじないであるが、わが国の鳥追い行事に通ずるものと見る説もある。

【本　文】44

同日、御薪事

【訓　読】

同じき日(1)、御薪《みかまぎ》(2)のこと

【注　解】

(1) **同日**　正月十五日。

(2) **御薪**　「ミカマギ」(伊呂波字類抄)と訓む。正月十五日に薪を宮中に奉る儀。『養老令』の「雑令」に「凡文武官人※、毎年正月十五日並進レ薪、長七尺以二廿株一為二一担一、一位十担、三位以上八担、四位六担、五位四担※※、初位以上二担、無位一担、諸王准レ之、无位皇親不レ在二此限一、其帳内資人、各納二本主一」として薪の規格および位階による担量を規定している。進納された薪の貯納については「凡進レ薪之日、弁官及式部・兵部・宮内省、共検校※※※、貯二納主殿寮一」としている。

※「文武官人」について『令義解』は「在京官人、其親王乃婦女、不レ在二此限一也」とするが『延喜式』(巻十九)は「正月十五日質明、輔以下就二宮内省一、検二収諸司畿内進薪一(事見二儀式一)」とあって、畿内国司

も納めることになっている。「令釈」に「文武官人、京官色、問、郡何、答畿内進、畿外亦不レ合、軍団亦同、唯朝集使耳」とある。また「朱」に「文武官人、謂諸司得考人皆見也、只非二官人一也、故合読レ読二文武官之人一者」（集解逸文）とある。『江家次第』には「年中所レ用御薪、諸司並五畿内国司供進、見二主殿寮式一」とある。『延喜式』（巻三十六）に「年中所レ用御薪」として、湯殿料一八〇荷、御匣殿御洗料七二荷、御沐料一八〇荷、御服水料二四〇荷、御炊料七〇八荷、儲料二〇〇荷（「中宮准レ之」とある）、御贄殿五荷（計一五八五荷）を挙げる。なお、諸司に充てる炭松はみな主殿寮の仕丁らが焼くもので、その薪は、内侍宣により、主殿寮に収納する薪を以てあてる。

※※「令釈」は神亀五年（七二八）格文として「外五位進レ薪、以二三荷一為レ限」とあるのを引く。神亀五年三月二十八日太政官奏（類聚三代格・巻五）は「内外五位不レ合二同等一事」を定めたものであるが、その中に「其毎レ年進レ薪、以二三荷一為レ限」とあるのに対応するのである。

※※※『令集解』逸文に「朱云、今行事、会二集宮内庁一、検校、問、弁官為行集哉、管二式兵部一故何」とある。『延喜式』（巻十一）に「凡大臣以下応レ進薪数、正月十五日下二式部省一、即弁史及左右史生・官掌各一人、就宮内省与二式部兵部及本司一、共検二挍諸司応レ進薪数一（事見二儀式一）、事畢諸司帰去、其後式部兵部勘二造総目一、申二送弁官一」とある。また『延喜式』（巻十八）は、諸司・畿内の薪を検収するとし、同（巻二十八）は「十五日平旦、輔已下向二宮内省一、検二武官薪一（事見二儀式一）」とある。式部省と兵部省で検収の分野を異にするのであろう。『延喜式』（巻三十一）には「凡毎年正月十五日、弁官及式部、兵部会二集於省一、相共検二挍諸司所レ進御薪一、訖省丞録各一人率二史生二人一、就二主殿寮一、検二挍御薪数并好悪一、其行事諸司給二粥并酒食一」とある。『儀式』（九）によると、諸司・諸国・諸家の進《たてまつ》る「御薪札」によって御薪数を勘し、司ごと

に移《い》一枚を造る。

儀式の次第は、『儀式』および『江家次第』に詳しい。平日、掃部寮は式部・兵部等の省の輔以下の座を西舎に設ける。宮内省正庁の東の第三の間《ま》に弁大夫の座を立てる。第二の間には史の座を立てる。そのうしろに史生の座を設ける。第四の間に式部・兵部・宮内の三省の輔丞録の座を立てる。そのうしろに史生の座を設ける。庭中に官掌および三省の省掌の座を設ける。ときに、弁大夫が東の一の戸から入り座に着く。つぎに、史および史生が堂の東の御簾から入り座に着く。三省の輔が西の階からのぼり座につく。つぎに丞以下が西の側階よりのぼり座につく。おわって、式部省掌が門外に出て、諸司ならびに畿内の国司を唱計する。おわって、官掌・省掌四人が版を中庭に置き、三省の省掌は退出する。官掌はとどまって座につく。式部省掌が諸司ならびに畿内国司をひきいて屛の西から入り版につく。その一人が「司《ツカサ》司申久御薪札進《たてまつる》留」というと、丞が「進《たてまつれ》礼」という。諸司共に称唯し、その最後の者二人が、札をまとめて録の傍らに置く。録はその札の数を計り、一の札を取って読む。「司司乃進礼留御薪進留、札若干枚申賜」という。輔が調べて確認する。兵部省についても同様な手順をふむ。三省の省掌が座につき、式部・兵部の二省の史生が舎のうしろで、諸司が進上した札を以て御薪数を勘合し、司ごとに移一枚をつくり、訖って二省につき押署を求め、二省の史生は移をとり、丞・録のうしろについて署判をとり、訖って諸司は二省の史生について移文を受ける。退出し訖って、宮内省掌が文武官の史生をひきいて版に就く。その一人が「司司進御薪文進」といい、丞が「進礼」という。史生はともに称唯し、伝え取り中分し、最初の者二人がすべてを取り進め宮内録の傍らに置き「司司乃進礼留御薪数札若干枚申賜」と申す。輔は丞に、丞は史生に命じ、訖って、式・兵二省の録は退出し、更に籬の東の頭から入り、官の版に就く。式部録が「式部省申久御薪勘了」という。訖って兵部録が西に進み、版に就き、式部は降って東に在り退く。兵部録の申し詞も式部に准ずる。式部は西に、兵部は東に退く。弁大夫が「縦（与止《よし》）」といい、録ともに称唯し退出する。更に屏の西頭より西の舎の後ろを通り、西の側の階から昇り座に復し、訖って弁官の史生進み出で、庁の北東の第一の戸を開き、弁大夫、三省輔以下、順に退出する。ときに所司は庁上に床子・食床を設け、弁大夫以下番上以上の官人が屏外に列立する。五位以上一々列をなし、主典以上一列、番上一列となし、順に参入し庭中に立ち、酒杯をあげ、五位以上は西の階から昇り、六位以下は西の側の階から昇り座に就く。饌ならびに粥を賜い、訖って各々退出する。これより先、諸司の史生は二省の押署せる移文を持ち主殿寮に向かいこれを進《たてまつ》る。巳《み》の刻に弾正忠ならびに巡察以下が御薪を検察する。

御薪は「年木《としぎ》」ともいわれる。民間の習俗に、正月に、戸口に「にうぎ」（丹生木）と称する木をたてかけたり、薪を積んだりするものがある。それは「山人が鎮魂のために里へ降りて来る時、持って来る山づとの事で」あり、「畿内の大社等では、度々山人が祭に参加し、祭の前の日に出て来たりした」「この方式を学んで、群臣が天子に服従を誓ふ式」それが御薪の儀であったと折口信夫は書いている（「水の木火の木」「年中行事」、全集・第十五巻）。また柳田国男は「正月の望《もち》の日に、文武百官をしておのおの御竈木《みかまき》を進献せしめられた式例」が「いかなる趣旨に出たものであるか」それは「年の初めがこの月の満月の夜であった時の名残が、ここにわずかばかり保存せられ」「ただの日の常の家事用の燃料でも、この日に樵《こ》り積むのを吉瑞としていたかも知れぬ」「至尊の御食事を調理する火が、正月十五日の木をもって作ったものでなければならなかった」と記す（「年木・年棚・年男」「春と暦」、全集16）。

【本　文】45

同日、奏給諸司秋冬馬䉼目錄文事

【訓　読】

同じき日[1]、諸司[2]に給う秋冬の馬䉼の目録の文[3]を奏すること

【注　解】

（1）**同日**　正月十五日。

（2）**諸司**　神祇官以下の諸官司。中務省（女官）・式部省（文官）・兵部省（武官）の三省の秋冬馬料の文については正月十三日条（本文39（一五七頁））に既出。

（3）**秋冬馬䉼目録文**　秋冬の馬䉼については本文39（一五七頁）参照。三省から報告された女官・文官・武官の馬料の総目録を太政官がとりまとめて天皇に奏上するのである。『延喜式』（巻十一）に「十五日少納言奏ㇾ之、廿日官符下㆓大蔵㆒、廿二日出給、秋冬准ㇾ之」とある。本文77（三〇四頁）参照。

【本　文】46

「兵部手番事」

同日、兵部手結事〔射文錢者、省預申請、自大藏穀倉院給之〕

射手取弓矢、着省射揚座、上卿參入〔具弓矢〕行手結事〔上卿、不參者、錄參藏人所令奏事由、有勅召參議已上、近例、無射手者、遣殿上侍臣〕三獻之後〔輔勸盃、丞取杓〕射手等各一度射了、錄取札置上卿前、上卿取札見之、點定射手、撰能射者廿人令錄書分前後、錄立庭中召計、三度射了、退出、近例、必不射之、錄書畢進之、上卿見畢返給

承平八年例、錄取簡硯置上卿前、定廿人、點其上、召錄給之云々

【訓　読】

「兵部手番《てつがい》のこと」

同じき日(1)、兵部手番《ひょうぶてつがい》のこと(2)〔射分銭は(3)、省 預《あらかじ》め申し請い(4)、大蔵穀倉院(5)より給う〕

射手(6)は弓矢を取り、省の射場《いば》の座(7)に着く、上卿参入し(8)〔弓矢を具す〕(9)手結のことを行う〔上卿参らずば(10)、録は蔵人所に参り事の由を奏せしむ(11)、勅ありて参議已上を召す(12)、近例(13)は、射手なくば殿上の侍臣を遣わす(14)〕三献ののち(15)〔輔は盃を勧め、丞は杓を取る〕(16)射手等各々一度射了る、録は札を取りて上卿の前に置く(17)、上卿は札を取りてこれを見る、射手を点定し(18)、能射の者(19)廿人を撰び、録をして前後に書き分けしむ(20)、録は庭中(21)に立ちて召し計《はから》う(22)、

三度射了り退出す、近例は、必ずこれを射ず、(23)録は書き畢《おわ》りこれを進《たてまつ》る、上卿は見畢り返し給う
承平八年(24)の例、録は簡《ふだ》を取り、硯を上卿の前に置く、廿人を定め、その上を点じ、(25)録を召してこれを給うと云々(26)

【注　解】

（1）**同日**　正月十五日。

（2）**兵部手番**　手番は「手結」とも。射礼《じゃらい》・賭射《のりゆみ》・相撲《すまい》などの勝負事において、競技者を左右に分けて二人ずつ組み合わせること、またその取り組みを指す語。もとは、本番の競技の組み合わせを作るために武芸演習を行い、その成績によって番付を作るもの。兵部はもちろん兵部省。この場合は十七日の射礼（大射）のために射手を簡《えら》び定め、調習するのである。射礼の前の手番を荒手番《あらてつがい》という（『江家次第』三）。また「手番」について『江次第抄』（三）は「謂二前後合レ手也」としている。

（3）**射分銭**　射礼の懸賞金。

（4）**省預申請**　兵部省があらかじめ射分銭の支出を申請して。

（5）**大蔵穀倉院**　射分銭を穀倉院から支出する。「大蔵」とあるのは不審。穀倉院は民部省管下にある。穀倉院の初見は『日本後紀』（巻十七）大同三年（八〇八）九月十六日条。『延喜式』（巻二十四）に「凡畿内所レ進調銭、勘二定調帳一之日、具録二銭数一移二送穀倉院一令レ収、其収文待二従レ官下一勘会」とある。穀倉院が調銭の収納を行うようになったのは貞観年間以前と思われる。

（6）**射手**　射礼の射手。

（7）**省射場座**　兵部省の射場。兵部省南門の射場（『延喜式』巻二十八）。「平安京大内裏図」に拠ると、兵部省は

朱雀門内の西、皇嘉門との間に弾正台と並んでいた。南は二条大路。

（8）**上卿**　手番の行事を主宰する公卿。

（9）**具弓矢**　尊経閣蔵本の頭注には「上卿於二東門内一取二弓矢一度二幄前一着レ座、上卿外座、西上北面、参議内座」とある。上卿は弓矢を持って参入する。

（10）**上卿不参**　永観三年（九八五）には公卿も参らず射手も不参で手番のことは行われなかった。藤原実資は「甚奇事也、公事陵遅、万事如レ此」と書いた。（『小右記』）。寛弘四年（一〇〇七）正月十五日にも上卿不参であり、『権記』（このとき著者の藤原行成は兵部卿であった）は「十五日癸丑、参内、有二手結一、所上卿不参、仍令レ奏二事由一、権中納言依レ勅向レ省、上卿不レ参之由、先例省録就二蔵人一令レ奏、然而予為二〔上〕卿一候レ内、仍便令レ奏也」と記す。寛仁二年（一〇一八）の場合も、深更に及ぶも上卿不参であったが、子の刻になって、やっと大納言源俊賢がやってきた。しかし射手不参で、ただ形の如く一度射たのみであった。

（11）**録参蔵人所令奏事由**　兵部録が蔵人所に行き、事の次第（＝上卿不参の由）を奏上せしめる。注（10）参照。

（12）**有勅召参議已上**　天皇の勅（仰せ）があって参議以上の公卿をお召しになる。

（13）**近例**　近頃の例では…。

（14）**無射手者遣殿上侍臣**　射手不参のときは殿上に仕える者を射手のかわりとする。天元五年（九八二）正月十五日、公卿らは悉く故障を申して不参であった。そこで兵部省に延引（延期）の例を調べさせたところ、「天暦以来無二延引之例一、以往之例文書破損、不レ能二引勘一」ということであった。そして言うには「去年按察大納言為光《（藤原）》被入手結、然依レ無二射手一、不レ行二手結一退出云々」ということであった。そこで仰せて、左衛門督重光《（源）》に命じ召し遣わすべしと。このことは蔵人の藤原孝忠に伝えられたが、すでに子の時となっていた。暁に重光が参入し兵部手結のことを行った。しかし「射手不レ参、仍差二遣右兵衛佐用光《藤原》・民部少輔時通《源》一了、件両人未レ向二兵部一之前、左衛門督退出云々、但行二手結事一云々」ということであった（『小右記』）。のち嘉承二年（一一〇七）正月十五日にも射手不参であった。「今夕、従レ内可レ着二行兵部手結一之由有レ仰、仍御幸之後、相二具蔵人少将宗能一向二兵部省一、入レ従二朱雀門西脇門一、着二兵部省幄一〔兼居レ饗〕省録覧レ簡、一献了、殿上射手上不二見来一、仍以二少将一令レ射了退出〔件手結、近代嗚呼事歟、可レ謂二奇恠一〕」（『中右記』）とある。

(15) **三献**　『江家次第』（巻三）に「一献輔勧レ坏　丞取レ杓／二献居二粉熟一／三献居二飯汁物一／近例、不レ及二三献一、纔一献歟」とある。

(16) **輔勧盃丞取杓**　注（15）『江家次第』参照。

(17) **札**　簡。名簿。

(18) **点定射手**　射手を指名、指定する。

(19) **能射者**　弓射にすぐれた者。

(20) **書分前後**　前後の組分けを行う。

(21) **庭中**　射場。

(22) **召計**　未詳。矢の数をかぞえる?

(23) **必不射之**　但し、『江家次第』（巻三）は「近例不二必射一レ之」とする。文章の流れからすれば、この方が適当であろう。したがって「必ずしもこれを射ず」であろう。

(24) **承平八年**　九三八年。該当する史料未見。

(25) **点其上**　二〇人の中の成績の良い者を上首として定める。

(26) 以上の記述と重複するところが多いが、荒手番（結）の次第については、平安末期のものながら『江家次第』（巻三）に詳しいので、それを大略記す。

兵部省が諸卿の出席を催促する。先ず納言以上に出席を求めるが、もし不参のときは省の録《さかん》がその由を奏上する。勅によって参議以上の者を召す、射手がないときは、殿上の侍臣を遣わす。侍臣は或いは殿上の弓を持ちその所に向かう。兵部省は幄《とばり》を立て（往年は南の片庇《かたびさし》に着けた）饗を設ける。近衛と兵衛が的《まと》を用意する。射分銭は兵部省が預め申請して穀倉院から支給される。射手が弓矢をとり射場の座につく。上卿が参入する。東の門内で弓矢をとり、幄の前に進み着座する。上卿は外座《とのざ》、参議は内座につく。一献には、輔《すけ》が坏を勧め、丞《じょう》が杓を取る。二献には粉熟《ふずく》が出る。三献には飯汁物が出る。但し近頃の例では三献に及ばず、わずか一献のみである。ついで射手がそれぞれ一度弓を射る。録が札二枚と硯を取り膝突《ひざつき》に控える。一枚は射手の簡《ふだ》で上卿に奉る。一枚は削簡で録がこれを持つ。上卿は札を取りこれを見る。そして射手を点定する〔能射の者二〇人を撰ぶ。近頃の例ではあるだけの人数で、二〇人に満たない〕。録は前後・度数を書き分ける。録は庭中に立ち召し計る（矢数をかぞえる？）。三度射ておわる〔近頃の例では必ずしも三度射ることはない〕。上卿が退出する。

【本　文】47

十六日　進冬季帳事

【訓　読】

十六日(1)、冬季の帳(2)を進《たてまつ》ること

【注　解】

(1)　**十六日**　一月十六日。

(2)　**冬季帳**　四季の始めに進める徴免課役帳のうち冬季の帳。『延喜式』(巻十八)に「凡四季徴免課役帳、毎レ季造二三通一、丞録一人勾二当其事一、精加二覆勘一、四孟月十六日、一通進二外記一、二通進二左弁官一、若有二失錯一者、勾当之官准レ法坐之」とある。大略同文の条項は『延喜式』(巻二十八)にも見える(但し帳の提出先は右弁官)。孟月とは季節のはじめの月で、正月(春)、四月(夏)、七月(秋)、十月(冬)。『養老令』の「賦役令」は、課役を徴収する事由の生じた季節やその内容に応じて徴収方法を定めている。

Ⓐ「凡応レ免二課役一者、皆待二蠲符《けんぷ》至一、然後注レ免、符雖レ未レ至、験二位記一、灼然実者、亦免、其雑任被レ解、応レ附者、皆依二本司解時日時一、拠レ徴」(蠲符条)

Ⓑ「凡春季附者、課役並徴、夏季附者、免レ課従レ役、秋季以後附者、課役倶免、其詐冒隠避、以免二課役一、

不レ限二附之早晩一、皆徴二当発年課役一、逃亡者附亦同」（春季条）
Ⓐ～蠲符（課役を免除する旨を記した符）が到来したならば「免」と記し、もし符が到来しなくても、位記をしらべて、そのことが明らかであれば免除する。雑任の場合、解任された月日により扱いが異なるが、その基準はⒷによるのである。ここで言う「雑任」とは、分番官の舎人《とねり》・兵衛・資人などをいう（『令義解』）。解任されると、それぞれの所属の官司の帳簿から名を削除して「本国帳」に記載する（『令集解』穴記）。本貫に戻すのである。本貫についた時季によって扱いが異なる。

春	免課・役
夏	免課・従役
秋・冬	免課・役

【本　文】48

「踏哥宴事」
同日、踏哥宴事
天皇御南殿、近衛引陣、警蹕如常、内辨着兀子、内侍召人、謝座參上、所司開門、闈司着座、大臣召舎人、少納言參入、大臣宣召侍從、群臣參入、謝座謝酒着座、供御膳、賜臣下饌、供御酒、給臣下等儀、皆同元日、一獻後、國栖奏、二三獻後、仰御酒勅使、雅樂寮奏立樂、次内教坊別當進舞妓奏（先取奏披見、後取文杖插之參上、是踏哥圖也、別當不署、中宮・東宮所獻妓女、同在此內、但中宮御別處者、不獻之〕左右府生取標、次妓女踏哥〔五位二人在前、降雨時、於南廂奏之、如七日雨儀云々〕次群臣拜舞、大藏積祿、辨奏目錄、大臣奏宣命・見參、給參議二人、宣制如恆、中務輔唱名、給綿有差

延喜二年正月十六日、不開建禮門、依明日射禮裝束也〔天慶九年如之〕

天慶九年正月十六日、大納言凊蔭卿、依召參入、內辨元方卿依爲下﨟、奏事由、欲付上﨟之間、雜事猶被仰元方卿、仍給始終行事

【訓読】

「踏歌の宴のこと」

同じき日(1)、踏歌の宴のこと(2)

天皇南殿《なでん》(3)に御し、近衛は陣を引く(4)、警蹕《けいひつ》(5)は常の如し、内弁《ないべん》(6)は兀子《ごつし》(7)に着く、内侍《ないし》(8)は人を召す、謝座《しやざ》(9)し参上す、所司は門を開く(10)、闈司《いし》(11)は座に着く、大臣は舎人を召す(12)、少納言参入す(13)、大臣は宣し侍従を召す(14)、群臣は参入し、謝座(15)し座に着く、御膳《おもの》(16)を供す、臣下に饌を賜う(17)、御酒を供す(18)、臣下に給う等の儀は、みな元日に同じ(19)、一献の(20)のち国栖奏《くずそう》(21)なり、二三献ののち、御酒勅使《みきのちよくし》(22)を仰す、雅楽寮《ががくりよう》は立楽《たちがく》(23)を奏す、次いで内教坊別当、舞妓奏を進《たてまつ》る(24)〔先ず奏を取り披見す、のちに文杖《ふづえ》(25)を取り、これを挿《さしはさ》み参上す、是れ踏哥《とうか》の図《と》(26)なり、別当は署《しる》さず(27)、中宮(28)・東宮(29)の献るところの妓女は、同じく此の内《うち》(30)にあり、但《ただ》中宮の別処に御《おわ》せば、これを献らず(31)〕左右の府生、標を取る(32)、次いで妓女踏哥(33)なり〔五位二人、前に在《あ》り(34)、降雨時《あめふるとき》(35)は、南の廂においてこれを奏す(36)、七日の雨儀(37)の如しと云々〕次いで群臣拝舞す、大蔵は禄を積み(38)、弁は目録を奏す(39)、大臣は宣命《せんみよう》・見参《げざん》を奏し(40)、参議二人に給う(41)、宣

制は恒《つね》の如し、(42)中務の輔、名を唱え、綿を給うこと差《しな》あり(43)

延喜二年(44)正月十六日、建礼門を開かず、(45)明日の射礼の装束によるなり〔天慶九年(46)も之の如し〕

天慶九年正月十六日、大納言清蔭卿、(47)召により参入す、内弁元方卿、(48)下﨟(49)たるにより、事の由を奏し、上﨟に付けんと欲するの間、雑事は猶し元方卿に仰せらる、仍りて始終事を行い給う

【注　解】

(1) **同日**　正月十六日。

(2) **踏哥宴**　踏歌の宴。足で地を踏《ふ》み、拍子《ひようし》をとって踊る、集団舞踏。中国の唐代の行事に倣ったもの。中国では上元の十五日から三夜にわたって行われた。わが国では正月十六日の行事で、円融天皇のとき男踏歌が廃れたので、以後は踏歌といえば女踏歌を指すようになった。男踏歌については本文42注（2）（一七二頁）を参照。

(3) **南殿**　紫宸殿のこと。

(4) **近衛引陣**　『江家次第』（巻三）に「将曹一人前行、自㆓口華門㆒進、遅参時右自㆓殿上方㆒出、左自㆓陣方㆒出、先令㆔官人立㆓仗檜㆒云々」とある。近衛の兵を整列させる。

(5) **警蹕**　この場合、天皇の出御に際して左・右大将または宰相中将が「おし」と唱える。『小右記』万寿二年（一〇二五）二月九日条に「或云、去月十六日節会日、乍㆑置㆓三位中将師房《（源）》㆒大納言斉信《（藤原）》卿称㆓警蹕㆒事、権大納言行成《（藤原）》卿注㆓其失錯於扇㆒置㆓臥内㆒、而子少将行経取㆓件扇㆒参内、隆国《（源）》相替自扇見㆑之、記㆓斉信卿失㆑礼事㆒及㆓披露㆒、斉信卿怨恨□《（無カ）》極云々」とある。

（6）**内弁**　宮廷内の儀式に際して、内裏承明門内（大極殿で行うときは会昌門内）で式の進行を主導する官人。門外で主導するものは外弁《げべん》。

（7）**兀子**　儀式に際して参議以上の議政官が用いる座具。方形の板の四隅に脚をつけ、敷物を敷いて坐った。『年中行事絵巻』に見える。『江家次第』（巻三）に「内弁着レ靴着二宜陽殿兀子一」とある。

（8）**内侍**　内侍司の女官。後宮における天皇の日常生活に供奉し、奏請・宣伝のことを掌る。

（9）**謝座**　群臣が庭中で感謝の意を表して行う拝礼。

（10）**所司開門**　『江家次第』（巻三）に「開門（左右将曹率二近衛八人一開二承明及左右門一、左右兵衛開二建礼門一）」とある。

（11）**闈司**　宮城諸門の鍵の保管・出納を扱う小司で、「養老令」では「掌、宮閤管鎰、及出納之事」とされる。宮閤は宮門と閤門、「大宝令」では中門と内門。管はカギを支える部分、鎰はあいカギ。

（12）**大臣召舎人**　『江家次第』（巻三）には「内弁召二舎人一／大舎人四人称唯（同音於二承明門幔外一称唯）」とある。『西宮記』（巻二）も「内弁召二舎人一二唯」と記す。「大臣」とあるは「内弁」。

（13）**少納言参入**　少納言は天皇に近侍して小事の奏宣、内印・外印や駅鈴の出納を掌るもので「養老令」による定員は三人。侍従を兼ねる。少納言は承明門の左の扉から入り版に就くのである（『西宮記』巻二、『江家次第』巻三）。

（14）**大臣宣召侍従**　内弁が侍従を召す。そのときの詞は「大夫達召セ」である（『西宮記』巻二）。『江家次第』（巻三）は「内弁宣大夫達召」と記す。

（15）**謝酒**　群臣に酒杯を賜うとき、群臣が再拝してこれを受ける礼。群臣が参入して版につき、内弁は「敷居《しきい》仁《に》」と宣する。すると群臣は謝座し（再拝する）、造酒司の正《かみ》が杯を貫主（蔵人頭）に授ける。群臣は再拝し、軒廊の東の二の間から入り着座する（『江家次第』巻三）。

(16) **御膳**　天皇の召しあがりもの。御物。『江家次第』（巻二）は「采女撤二御台盤帊《ヲヽヒ》一（陪膳撤レ之、役供以レ盤受二鎮子帊等一帰二西階一）内膳入レ自二日華門一供二御膳一（遅々時、内膳別当公卿下レ殿催レ之、内膳正以下令史等叉手前行、膳部擎二御膳一相従、正・令史留レ版、令史称レ警、膳部八人相並登二南階第一級一、采女等出レ自二御前次間一迎取供レ之、酢酒塩醤餛飩素《(索)》餅餲餬桂心）／群臣諸仗共立（晴御膳供了居）次供レ膳（自二西階一供レ之、自レ此後皆如レ此、䭔子黏臍饆饠団喜）」とある。

(17) **賜臣下饌**　『江家次第』（巻三）に「次給二臣下餛飩一（大膳大夫率二内竪《(豎)》一給）」「給二臣下飯一（大炊頭率二内竪一）」「給二臣下汁物菜等一（大膳大夫率二内竪一）」とある。『西宮記』（巻二）には「給二太子及臣下一、供二粉熟一（給二臣下一）供二飯汁一（給二太子臣下一）」と見える。右文中の餛飩《こんとん》は唐菓子の一種で、小麦粉をこねて、刻んだ肉を包み蒸《む》したり煮たりしたもの。小麦粉の団子に餡《あん》を入れ、煮たり蒸したりしたものをもいう。粉熟《ふずく》は米の粉を蒸してつくる菓子。

(18) **供御酒**　天皇にお酒をたてまつる。『西宮記』（巻二）には「供二御酒一（先供二三節一）」とあり、『江家次第』（巻三）には「供二三節御酒一（不レ給二臣下一、甘糟也、盛二青瓷一）」とある。文中の三節は三節会で、正月の元日の節会、七日の白馬の節会、十六日の踏歌の節会をいう。甘糟は堅練りの甘酒で、粥を甕《かめ》に入れてさまし、同量の麹を入れてかきまぜてつくる。青瓷《あおじ》は三彩・二彩・緑釉などの日本産の鉛釉陶器。本文9注（8）（四一頁）参照。

(19) **給臣下等儀皆同元日**　本文9参照。

（20）**一献**　献は酒をすすめることで、一度めの酒肴。『江家次第』（巻三）に「一献／采女供二御酒一／酒正給二臣下一」とある。

（21）**国栖奏**　国栖は大和国吉野の先住民とされた国栖人。節会に歌笛を奏する。寿福を招く呪法としての意味と、帰順の表現を演技化したものが見られる。林屋辰三郎『中世芸能史の研究』（岩波書店）参照。

（22）**二三献後仰御酒勅使**　御酒勅使は、天皇から群臣に酒を賜わる旨を伝えに行く官人。『西宮記』（巻二）は「三献或二、内弁仰二御酒勅使立楽一」とあるが、『江家次第』（巻三）は二献ののちに「仰二御酒勅使一」三献ののちに「立楽」としている。二献後の次第は『江家次第』（巻三）によると、「内弁起レ座磬折申云、大夫達御酒当給、御許了復レ座、召二参議一人一〔某《ママ》詞訓召レ之〕参議進二立内弁後七尺一、内弁仰、大夫達御酒給、称唯、左廻下二東階一問二外記一〔書進レ之〕還昇進二南簀子敷第二間一〔西進二二尺許一西面召〕召畢右廻復レ座」とある。

（23）**雅楽寮奏立楽**　雅楽寮の楽人が立ったままで楽器を奏する。

（24）**内教坊別当進舞妓奏**　内教坊は令外官。節会・内宴で舞楽・踏歌を演ずる舞妓の養成所で『続日本紀』（巻二十二）天平宝字三年（七五九）正月十八日条を史料上の初見とする。別当を長官とし、大納言・中納言を任ずる例であった。舞妓奏の内容はのちに記されているように「図」である。注（26）参照。

（25）**文杖**　文書をさしはさみ差出すための杖。杖の先端の文書をはさむ部分は鳥口といい、鳥のくちばしのように作られていた。和田英松『新訂建武年中行事註解』〈所功校訂〉（講談社学術文庫）八八頁参照。

（26）**踏歌図**　『西宮記』（巻二）に「坊家別当奏レ図、別当少将、於二階下一授レ図之」とある。『江家次第』（巻三）に「別当不参内弁奏レ之、別当少将於二階下一授レ之、進奏儀如二見参等一、留二御所一先披見後乍レ令レ持レ杖挿レ之

〔不レ加二署名一取レ之〕」とある。

(27) **別当不署**　注(26)参照。

(28) **中宮**　太皇太后・皇太后・皇后の総称(『令義解』)。皇后の別称、また皇后の他に並立した天皇の妃。

(29) **東宮**　皇太子。

(30) **妓女**　舞姫。内教坊および中宮・東宮からも妓女を出す。

(31) **中宮御別処者不献之**　中宮が別処におられるときには妓女を出さない。別処とは具体的にどこか?

(32) **左右府生取標**　左右近衛府の官人が版位の札《ふだ》をとる。

(33) **妓女踏哥**　妓女が踏舞する。『江家次第』(巻三)に「舞妓出〔西宮抄、冊人至二版位下一、折南行、更還北行、踏舞三廻了、如レ元退〕/楽前ン大夫《イフ》二人帯剱者前行ス、当二校書殿南端一東向立、妓分テ自レ殿西進、当二校書殿南端一東折、夾二馳道ヲ一分二進南一、更北ニ還作二大輪一、右廻一匝、又分レテ二左右ニ一南行、更折レ自レ内北進、了退留二校書殿東庭一、東向唱レ哥、了参二三宮一云々」とある。

(34) **五位二人在前**　楽前大夫二人が妓女を先導するのである。

(35) **降雨時**　雨のとき、雨儀。

(36) **於南廂奏之**　雨のときは南廂で歌舞を奏する。『西宮記』(巻二)に「雨儀、堂上、主殿女孺秉燭如二五節一、御酒具移二母屋一、楽女可レ候二簀子一云々、三廻了、退参二三宮一」とある。

(37) **七日雨儀**　正月七日の白馬節会の妓女の舞についての雨儀。本文24(九〇頁)参照。

(38) **大蔵積禄**　掃部寮官人が台を立て(『延喜式』巻三十八)、その上に大蔵省官人が禄物をつむ。

(39) **弁奏目録**　弁官が禄を給すべき者の目録を奏上する。『江家次第』(巻三)には「近代不レ見」との注がある。

（40）**大臣奏宣命見参**　この部分、『江家次第』（巻三）は「内弁着レ陣〔脱レ靴〕／外記進二見参一、内記進二宣命一〔見了返給〕／内弁到二階下一／外記取二宣命一横挿二加見参杖一進レ之／内弁経二王卿座東北一、到二御屏風南頭一、付二内侍一奏レ之、抜レ笏／退立二東障子戸一西柱下坤面〔右廻〕／奏覧了返給／内覧進搢レ笏取レ之、左廻退二下於東階下一、返二書杖ヲ外記一取レ文／参上着座」とある。宣命は天皇の命令を下す下達文書のひとつ。国文体の詔。見参は節会に出席した者の名簿。

（41）**給参議二人**　宣命と見参を参議二人に給わる。『江家次第』（巻三）に「召二参議一人一給二宣命一〔給レ之右廻復二本座一〕／召二参議一人一給二見参一〔給レ之左廻下レ殿、就二日華門内禄床子一〕」とある。

（42）**宣制如恒**　『西宮記』（巻二）に「宣命使就レ版〔宣制、臣下再拝、又宣制、拝舞〕、宣命使昇、王卿昇」とある。『江家次第』（巻三）には「宣命使下レ殿就レ版、／出レ自二軒廊東二間一、斜行当二日華門北扉一南向揖、経二公卿下一着二宣命版一／宣制一段〔群臣再拝〕／又一段／宣命使復レ座」とある。

（43）**中務輔唱名給綿有差**　中務省の次官（輔）が参加者の名簿を読みあげながら禄物の綿を賜わる。禄物の量は人により差等がある。『西宮記』（巻二）に「中務少輔唱レ簡、王卿已下、降二賜禄綿一〔出レ自二日花門一之〕」とある。『江家次第』（巻三）には「中務輔召唱〔近代不レ見〕／群臣下レ殿〔到二日華門前一侍レ唱跪二蘆弊上一、取レ禄一拝〔向レ乾出レ自二日華門一〕」とある。『延喜式』（巻三十）による禄（綿）の支給額はつぎの如くである（一屯は約一五〇グラム）。

皇太子三〇〇屯、一品一七〇屯、二品一五〇屯、三品一三〇屯、四品一一〇屯、無品七〇屯〔未レ冠減二廿屯一〕、太政大臣二五〇屯、左右大臣各二〇〇屯、大納言一三〇屯、中納言一〇〇屯、三位参議七〇屯、四位参議五

○屯、一位一三〇屯、二位一〇〇屯、三位五〇屯、四位二〇屯、五位二〇屯（内命婦准レ此）

（44）**延喜二年**　九〇二年。このときの節会、傍証を欠く。

（45）**不開建礼門**　内裏外廓の正門。真北に承明門があり紫宸殿に至る。翌日の射礼の仕度のためである。

（46）**天慶九年**　九四六年。注（47）以下参照。

（47）**大納言清蔭卿**　源清蔭。陽成天皇の第一皇子。延喜三年（九〇三）正月従四位上に叙し、侍従・信濃権守・大蔵卿を経て十九年正四位下、延長三年（九二五）正月参議、四二歳。天慶二年（九三九）十二月従三位で権中納言、同四年中納言、天暦二年（九四八）正月正三位に叙し任大納言。同四年七月三日死去。本文に「大納言」とあるが天慶九年には中納言であった。

（48）**内弁元方卿**　元方は藤原元方。菅根の二男。延喜六年（九〇六）文章得業生となり、同十七年正月従五位下に叙す。同二十二年正月従五位上、延長七年（九二九）正月従四位下、十一月正四位下、天慶二年（九三九）八月任参議。同五年従三位に叙し任中納言、天慶九年当時も同じ。

（49）**依為下﨟**　内弁藤原元方は源清蔭よりも序列の低い者であったから、そのことを天皇に奏上し、上﨟である清蔭に内弁の役を付《さづ》けようとしたところ、天皇が、そのまま元方がとり行うようにと仰せられたので、元方は始めから終わりまで行われた。『西宮記』（巻二）に「同（天慶）九年、大納言清蔭卿、依レ召参入、奏二事由一、着座、仍内弁大納言元方（為二下﨟一）奏二事由一、欲レ付二上﨟一之間、主上犯二雑事一、被レ召二仰元方卿一、仍終始行レ事云々」とある。文中両者とも「大納言」とあるが、天慶九年時には二人とも中納言。「犯二雑事一」の意は判然としないが、勘違いをされてくらいの意か未詳。『日本紀略』（後篇二）に「十六日戊申、踏哥、天皇御二南殿一、中納言元方行二内弁事一、行列之後、中納言源清蔭卿参入、其後元方猶行レ事、失也」とある。

【本文】49

「射禮事」
十七日、觀射事〔出御建禮門儀、在別、豐樂院儀、在清涼抄・親王儀式・九條・吏部王日記等〕
建禮門前、立七丈幄、其內設親王以下衛府佐等座〔相對、以西爲上、王北、卿南、辨・少納言座、在親王座末、諸衛佐座、在公卿座末、外記・史座西面〕有諸大夫并諸司幄、立鉦鼓、置賞物、不立諸幡、兵衛々門立仗戟也〔雨儀、裝束門內、射手立所立幄云々〕王卿先就左仗、奉仰相率出春華門、各取弓矢着幄下座〔不承不出御仰、直就大庭失由、見貞信公天慶二年御記〕所司預儲饌、造酒正勸盃、三獻後下箸如常、兵部丞二人唱名、無叩鉦執幡者、先左近・右兵衛射之、次右近・左衛門、次左兵衛・右衛門・帶刀等也、近衛・兵衛後參、當日不必射之〔皆具次官若長官在公卿座者、雖無次官、令射之〕日暮者、各令二人射、若有射遺、明日可候之由、令外記誡仰〔更不經奏聞、依省勘錄人數中否、進藏人所也〕於豐樂院行此儀時、殿前立幄、如建禮門裝束、顯陽堂設諸大夫座、不開儀鸞門、王卿入自東廊中門着座、射手自顯陽・承歡兩堂之間參入云々〔舊例、入自東掖門云々、明日射遺所、參議奉仰行事、取弓矢如昨、但不設諸大夫座、無左右陣也〕

【訓読】

「射礼《じやらい》のこと(1)」
十七日(2)、観射のこと(3)〔建礼門に出御の儀は別に在り(4)、豊楽院の儀は(5)清涼抄(6)・親王儀式(7)・九条(8)・吏部王日記等(9)に在

り〕

建礼門前に七丈の幄《とばり》(10)を立つ、其の内に親王以下衛府の佐等の座を設く、〔相い対し、西を以て上と為す、王は北、卿は南なり、弁・少納言の座は親王の座の末に在り、諸衛の佐の座は公卿の座の末に在り、外記・史《さかん》の座は西面す〕諸大夫并《なら》びに諸司の幄あり、鉦鼓《しょうこ》(11)を立て、賞物(12)を置く、諸幡(13)は立てず、兵衛門に仗戟(14)を立つるなり〔雨儀(15)は、門内に装束し(16)、射手の立つ所に幄を立つと云々〕王卿は先ず左仗(17)に就き、仰せを奉《うけたまわ》り相い率いて春華門(18)を出づ、各《おのおの》弓矢を取り幄の下の座に着く〔出御せざるの仰せを承《うけたまわ》らず、直ちに大庭に就くは失の由、貞信公の天慶二年の御記(19)に見ゆ〕所司は預め饌を儲く(20)、造酒正《みきのかみ》(21)は盃を勧む、三献(22)ののち箸を下すこと常の如し、兵部の丞(23)二人名を唱う、鉦を叩《たた》き幡を執る者《ひと》なし、先ず左近・右兵衛之《これ》を射《い》る、次いで右近・左衛門、次いで左兵衛・右衛門・帯刀《たちはき》等(24)なり、近衛・兵衛後参(補1)は、当日必ずしも之を射ず〔皆、次官《すけ》若《も》しくは長官《かみ》公卿の座に在る者《ひと》を具《ともな》う、次官なしと雖も、之を射せしむ〕日暮《く》れなば、各《おのおの》二人をして射さしむ、若し射遺《いのこ》りあれば、明日候ずべきの由、外記《げき》(25)をして誡め仰せしむ〔更に奏聞を経ず、省の勘録する人数・中否に依り、蔵人所に進るなり(26)〕豊楽院に於て此の儀を行う時(27)、殿の前に幄を立つること、建礼門の装束の如し(28)、顕陽堂(29)に諸大夫の座を設く(30)、儀鸞門(31)を開かず、王卿は東の廊の中門(32)より入り座に着く、射手は顕陽(33)・承歓(34)の両堂の間《ま》(35)より参入すと云々、〔旧例は、東の掖門《えきもん》(36)より入ると云々、明日射遺《いのこ》す所、参議は仰せを奉《うけたまわ》り事を行う、弓矢を取ること昨《きのう》の如し、但《ただ》諸大夫の座は設けず、左右の陣なきなり(37)〕

【注　解】

(1) **射礼**　正月十七日に、豊楽院または建礼門前において官人が弓を射る儀式。孝徳朝以来行われたらしく、古い儀式である。『養老令』の「雑令」に「凡大射者、正月中旬、親王以下、初位以上、皆射之、其儀式及禄、従二別式一」とある。正月が忌月に当たれば三月に行う。

（2）**十七日**　注（1）の「雑令」は「正月中旬」とするが、朝廷の儀式として整備されたのは、天武天皇四年（六七五）正月十七日の儀からで、式日も十七日に固定した。

（3）**観射**　大射、射礼を天皇が観る儀。

（4）**出御建礼門儀在別**　『北山抄』（巻八）に「射礼」として「或幸二建礼門一、行二此儀一、御二腰輿一、不レ候二大刀契及鈴一、称二警蹕一如レ常、衛府公卿不レ帯二弓箭一、取二弓矢一扈従／無二出御一者、諸衛佐着二公卿座末一、若無二次将一不レ能レ射、但、大将在レ座者、令レ射レ之〔諸衛如レ此〕」とある。また巻九に、「射礼／不二出御一者、上卿就二大庭座一行レ之〔或又於二豊楽院一行レ之〕次将取レ弓挿レ箭、着二建礼門前幄一〔公卿座末北面着也、旧例依二臈次一、今則依二官次一、但、四位五位猶依レ位〕三献後下レ箸、兵部丞二人召二射手一、次第参レ射、先左近・右兵衛・次右次・左衛門、次左兵衛・右衛門〔日暮者各令二一人射一〕次官不具者、不レ能レ射、若官長在二公卿座一者、雖レ無二次官一令レ射レ之、当二府射一了、次将或且起レ座退出」とある。射礼のことはまた『北山抄』（巻三）にも見える。

（5）**豊楽院儀**　射礼はもと豊楽院において行われたが、平安中期、豊楽院の荒廃とともに建礼門前で行われるようになったのである。『小右記』（長和五年三月七日条）に「源宰相（頼定）来談、射礼於二豊楽院一可レ被レ行之由、従二大納言公任（藤原）許一示二送之一、日記被二借送一、付注了、不二出御一之時、不レ異二建礼之儀一」とある。のち大治二年（一一二七）正月、摂政藤原忠通が、射礼の日に除目を行うことについて尋ねたのに対して、藤原宗忠は「射礼昔有二行幸一也、近代絶了、仍被レ行二除目一強不レ可レ有二其憚一也」と答えている（『中右記』大治二年正月十五日条）。

（6）**清凉抄**　清凉記。天暦元年（九四七）頃成立した勅撰の宮廷儀式書。現存しないが、逸文は和田英松編『国書逸文』に収める。但し当該事項の逸文は存在しない。

（7）**親王儀式**　未詳。

（8）**九条**　九暦。「九暦抄」天暦二年（九四八）正月十七日条に「辰刻参内、巳一刻幸㆓豊楽㆒・——（射礼儀有㆑之）」とある。同天暦三年正月十七日条には「於㆓建礼門南庭㆒射礼事」と見える。同天徳元年（九五七）三月十三日条に「射礼、豊楽院行幸停止事（大損後年無㆓行幸㆒事）」とある。

（9）**吏部王日記**　吏部王記。醍醐天皇の皇子重明親王の日記。豊楽院の儀に関する記述を見出せない。

（10）**七丈幄**　一辺の長さ七丈の幄舎、仮屋。その様子は「年中行事絵巻」などに見える。

（11）**鉦鼓**　軍楽に使われた鉦《かね》と太鼓。

（12）**賞物**　賞品。

（13）**幡**　はた。紙や布で作る。『和名抄』に「旌旗之摠名也」とある。

（14）**仗戟**　仗は長柄の武器。棒。戟はほこ。

（15）**雨儀**　降雨時の儀式次第。

（16）**装束**　しつらえる、準備する。

（17）**左仗**　左近衛の陣。

（18）**春華門**　平安宮の内裏外郭の南面東隅の門。南面中央は建礼門、西隅は修明門。門の左右に左馬寮の仗舎があり、左馬陣とも呼ばれる。

（19）**貞信公天慶二年御記**　貞信公は藤原忠平（八八〇—九四九）。その日記。現存する平安貴族の最古の日記。『貞信公記』天慶二年（九三九）正月十七日条に「右大将着二大庭幄座一、有レ召参入、承《（ママ）》下不二出御一之仰上者、失也」とある。『北山抄』本文の文章と少し相違する。意をとれば、『貞信公記』に脱字あるか。のちの『江家次第』（巻三）は「下座〔不レ承下不二出御一仰上直就二大庭一失由、見二貞信公天慶二年御記一〕」とある。

（20）**儲饌**　飲食物を用意する。

（21）**造酒正**　造酒司の長官。

（22）**三献**　『江家次第』（巻三）に「造酒正進レ盃、一献〔外記申二代官一或以前〕、二献〔粉熟〕、三献〔飯汁物下レ箸〕」とある。文章の「粉熟《ふずく》」は米の粉を蒸して作る菓子。『延喜式』（巻三十九）に「造二粉熟一料」としてその原料・用具などが列記されている。「白米四石、大角豆一石八斗、漉レ粉薄絹袋、水篩各二口〔袋各長六尺、篩各一尺五寸〕干レ粉暴布帳一条〔長三丈〕帊二水䃌一暴布一条〔長四尺〕挙レ粉暴布袋二口〔各長六尺〕水䃌麻笥一口、酒槽一双、由加二口、杓一柄、席二枚、簀二枚、薪日別卅斤／右起二三月一日一、尽二八月卅日一供之」とある。

（23）**兵部丞**　兵部省の三等官。ジョウ。

（24）**帯刀**　帯刀舎人。東宮の護衛兵。創置は宝亀七年（七七六）といわれ、人員は一〇名（『類聚三代格』巻四・天安元年五月八日格）。『江家次第』（巻三）に「帯刀〔近例更不レ見〕」とある。

（25）**外記**　太政官の外記。大外記（相当位正七位上）・少外記（相当位従七位上）。詔書の作成、論奏・奏事の草案を書くことを掌る。定員は各二人。

（26）**依省勘録人数中否進蔵人所也**　兵部省がしらべ記した人員と的中また外《はず》れた数を蔵人所に報告する。

(27) **於豊楽院行此儀時**　『西宮記』（巻二）に「射礼」として「建礼門儀」と「豊楽院儀」の両者を書きわけている。

(28) **如建礼門装束**　建礼門において行うときの仕度と同じである。

(29) **顕陽堂**　平安宮豊楽院九堂のひとつ。延明門の北西に位置する南北一九間の堂。

(30) **諸大夫**　四位・五位の官人。

(31) **儀鸞門**　平安宮豊楽院の内郭南面中央の門。

(32) **東廊中門**　どの場所か？

(33) **顕陽**　顕陽堂。注(29)参照。

(34) **承歓**　承歓堂。平安宮豊楽院の九堂のひとつ。西の中央の万秋門の北東の堂。

(35) **間**　柱間。

(36) **掖門**　正門の左右にある小さな門。脇門。

(37) 以上の本文に見えないが、射礼についての知識を整理しておく。

大射に出る射手の人数は、①近衛府からは官人二人・近衛二〇人、②衛門府からは官人二人・門部一〇人・衛士一〇人、③兵衛府からは官人二人、兵衛二〇人で、これに「後参」（?:ごさん、予備?）の射手を加える（未詳）。④親王以下五位以上の者二〇人。不足の場合は六位以下の者を取る。的《まと》については、『延喜式』（巻三十四）に「三尺的十枚、二尺五寸的百七十枚／右正月十七日大射節料、内匠寮預前来画、即寮官率二長上工部等一供之」とある。的を描くのは内匠寮の画師である。『延喜式』（巻十七）に「凡木工寮造二大射・賭射・騎射等的一、皆差二向画師一使二塗画一」とある。また『儀式』（巻七）に「的ハ編レ板ヲ画レ之ニ、親王ハ三尺、

品　位	内院(規)	中院(規)	外院(規)	皮
一　品（一位）	$\frac{}{35}$	$\frac{}{30}$	$\frac{}{25}$	$\frac{}{1}$
二　品（二位）	$\frac{30}{30}$	$\frac{25}{25}$	$\frac{20}{20}$	$\frac{1}{1}$
三・四品（三位）	$\frac{25}{25}$	$\frac{20}{20}$	$\frac{15}{15}$	$\frac{1}{1}$
四　位	$\frac{20}{20}$	$\frac{15}{15}$	$\frac{10}{10}$	$\frac{1}{1}$
五　位	$\frac{16}{16}$	$\frac{12}{12}$	$\frac{6}{6}$	$\frac{1}{1}$
六・七位	$\frac{8}{8}$	$\frac{6}{6}$	$\frac{4}{4}$	
八位以下	$\frac{5}{5}$	$\frac{4}{4}$	$\frac{3}{3}$	$\frac{0.5}{1}$ ※

※庸布・端、他はすべて調布・端

自外ハ二尺五寸、若有ハ二蓄客一、蓄客并ニ五位以上並ニ三尺」とある。射手からの距離は三六歩。禄法については、慶雲三年（七〇六）正月十七日に大射禄法を定めた（『続日本紀』巻三、〈表〉の各欄の上段の数字）。『延喜式』（巻三十）の規定もおよそ同様である（〈表〉の各欄の下段の数字）。禄は調布を以て賜わる。矢は二筋当たれば倍級するという。「規」「院」は的《まと》の黒い輪のこと。皮とは的をつるす革のこと。当日、射遺した者については翌十八日に射る（「射遺」と称する）。射礼に不参の者は名簿に録して式部省に送り、五位以上の者については新嘗会節への出仕を停められ、六位以下の者は季禄を奪われる。但し、兵庫の官人は兵庫守衛の任務のため、出席しなくても責任を問われることはない（『延喜式』巻二十八）。承和元年（八三四）十一月、国造田三〇町の地税を親王以下五位以上の射礼に出仕する二〇人の技術教習・向上のために宛てた（射礼田）（『続日本紀』巻三）。のちの『延喜式』（巻二十八）には「凡射田廿町〔近江国八町、丹波国六町、備前国六町〕充ニ大射射手、親王已下五位已上調習之資一」とあり、この射田管理のため、官人をえらび宛てた。「凡隼人司権史生一人、兵庫寮権史生二人、省択補預ニ近江・丹波・備前三箇国射田一」とある。

【本　文】50

十八日、賭躬事

「賭弓事」

四府修奏分、請申躬手箭、卽令分給、天皇御躬場、次將着座〔雨儀、公卿座末横敷之〕着御座、稱警蹕、奉仰召王卿〔經軒廊東第二間、還立南殿南階西頭、王卿着後復本座〕各取弓矢、經階下參入〔上卿於南殿坤角、問的付參着、若大將爲上卿者、取奏次可問之、疑上﨟參也、遲參之人、從殿上方參着、但從射遺所參入參議、幷有召參入大將等、從御前可參入歟〕左右大將奉射手奏〔起座至橘樹艮方、四府來具後、給弓官人、插矢先取府奏文披見、次取文杖縦插鳥口、取兵衛府奏文、同加插一杖、經射場北、不及欄下五尺許、膝行奏之、左廻退出、兵衛府奏加矢取夾名、若一府大將不參者、不別左右、取二文杖奏之〕左大將退後、右大將進奏、兩大將給文杖於官人、乍插矢取弓着座〔或抛文杖云々、然而延喜八年御記、左大將進四府奏、以文杖給各府云々、淸凉抄又如之〕御覽後〔奏文置置物御机、兩大將還着後覽之〕目上卿、上卿取弓〔不取矢、不着履〕進而膝行、給之復座、召左少將名、稱唯、後召右少將名、兩人參進、以右奏給左、以左奏給右、各退還、取硯就的付座、出居仰懸的〔上卿示氣色〕木工寮懸之、籌刺着座〔雨儀、在校書殿額間砌〕矢取自堋前西度、次四府參射〔近衛十人、兵衛七人也、或射手參入未射間、籌刺着座云々、若有申障之者、上卿取弓奏聞、先問替人奏之、御簾中者、令藏人奏、若有的論、有勅、遣藏人、藏人從屛幔東往反、或遣五位、見天德四年御記、可爲的者、仰令申的〕

【訓読】

「賭弓《のりゆみ》(1)のこと」

十八日、賭鉃《のりゆみ》(2)のこと

四府《しふ》(3)は奏文(4)を修し、鉃手《いて》の箭《や》を請《う》け申す、即ち分ち給せしむ、天皇鉃場《いば》(5)に御す、次将《すけ》(6)は着座す〔雨儀《うぎ》(7)は、公卿(8)の座の末に横に之を敷く〕御座に着き、警蹕《けいひつ》(9)を称す、仰せを奉《うけたまわ》り王卿を召す〔軒廊《こんろう》(10)の東の第二の間《ま》を経て、南殿《なでん》の南の階《きざはし》(11)の西の頭《ほとり》に還り立ち、王卿の着《つ》く後に本座に復す〕各《おのおの》弓矢を取り、階《きざはし》の下を経て参入す〔上卿は南殿の坤《ひつじさる》の角《すみ》(12)に於て、的付《まとつけ》(13)を問い参着す、若し大将の上卿たらば、奏を取る次いでに之を問うべし、上﨟《じょうろう》の参《さん》に擬《ぎ》するなり(14)、遅参の人は、殿上の方より参着す、但《ただ》射遺《いのこし》(15)に従《よ》り参入するところの参議、ならびに召《めし》ありて参入せる大将等《ら》は、御前従《よ》り参入すべきか〕左右の大将は射手《いて》の奏《そう》(16)を奉《たてまつ》る〔座を起《た》ち、橘《たちばな》の樹《き》の艮《うしとら》(17)の方に至り、四府(18)来り具《ととの》うのちに弓を官人に給う(19)、矢を挿《さしはさ》み、先ず府の奏文を取り披見す、次いで文杖《ふづえ》を取り縦《たと》い鳥口に挿み(20)、兵衛府の奏文を取り、同じく一杖に加え挿む、射場の北を経て、欄《てすり》の下に及ばざること五尺許《ばか》り(21)、膝行《しっこう》し(22)之を奏す、左廻《めぐ》りに退出す、兵衛府の奏は矢取の夾名《きょうみょう》(23)に加う、若し一府の大将参らずば、左右を別《わ》かたず、二つの杖を取り之を奏す〕左大将の退くのち、右大将奏を進《たてまつ》る、両大将文杖を官人に給い、矢を挿みながら弓を取り着座す〔或《ある》は文杖を抛《なげう》つ(24)と云々、然《しか》れども延喜八年御記(25)に、左大将(26)四府の奏を進り、文杖を以て各の府に給うと云々、清涼抄(27)もまた之の如し〕御覧ののち〔奏文は置物御机《おきもののみつくえ》(28)に置く、両大将還着(29)ののち之を覧《み》る〕上卿《しょうけい》(30)に目《めくばせ》す、上卿は弓を取り〔矢を取らず、履《くつ》を着けず〕進みて膝行し、之を給い座に復す、左少将の名を召す、称唯《いしょう》す、のちに右少将の名を召す、両人参進す、右奏を以て左に給い、左奏を以て右に給う(31)、各退き還る、硯を取り的付の座(32)に就く、出居(33)は的を懸けよと仰す(34)〔上卿《しようけい》は気色《けしき》を示す〕(35)木工寮之を懸(36)く、籌刺《かずさし》(37)は座に着く〔雨儀《うぎ》は、校書殿《きようしよでん》の額《がく》の間《ま》(38)の砌《みぎり》に在り〕矢取は(39)垜《あずち》(40)の前より西に度《わた》る、次いで四府射に参る〔近衛十人、兵衛七人なり、或は射手参入し未だ射ざる間、籌刺《かずさし》座に着くと云々、若《も》し障《さわり》を申す者《ひと》あらんには(41)、上卿は弓を取り奏聞す、先ず替人《たいにん》(42)を問い之を奏す、簾中に御せば(43)、蔵人をして奏せしむ、若し的論(44)あらば、勅あり、蔵人を遣わす、蔵人は屏幔(45)の東より往反す、或は五位を遣わすこと、天徳四年の御記(46)に見ゆ、的《あたり》たるべきは、仰せて的を申さしむ〕

【注　解】

（1）**賭弓**　賭射。弓の儀式であるが、賭物《かけもの》を出して弓の勝負を争う。内容は以下の本文に拠れ。山中裕『平安朝の年中行事』（塙書房）、大日方克己『古代国家と年中行事』（吉川弘文館）参照。

（2）**賭䠶**　賭射。

（3）**四府**　左右兵衛府と左右近衛府。衛門府は参加しない。

（4）**奏文**　次の文に見えるように、射手の矢を請くべき解文。

（5）**䠶（射）場**　射場殿。弓場。弓射は、校書殿・安福殿の東庭で行われる。校書殿東廂北第一間を天皇の御座とし、紫宸殿西北廊に参議以上の座を設ける。

（6）**次将**　近衛中将、同少将。次将は出居の座に着く（『北山抄』巻九）。

（7）**雨儀**　雨天の日の儀式。

（8）**公卿座**　注（5）の紫宸殿北廊の参議以上の座。

（9）**称警蹕**　天皇の出御にさいして、「おし」と声をあげる。『北山抄』（巻八）に、「称二警蹕一〔大将不レ候者、宰相中将称レ之、無二宰相中将一者、出居称レ之〕とある。

（10）**軒廊**　吹放ちで土間床の廊。近廊・東廊とも呼ばれる。紫宸殿左右南方の階段を降りて、東の宜陽殿、西の校書殿に至る廊はともに軒廊。但し西の廊は承和元年（八三四）に撤去された（『続日本後紀』巻三・承和元年正月二十三日条）。

（11）**南殿南階**　紫宸殿の南の正面の階段。

（12）**南殿坤角**　紫宸殿の南西の角。

（13）**的付**　射手の勝負を記す人。『延喜式』（巻三十八）に「射場東砌西面北上録的《マトツケノ》者座」とある。

（14）**疑上臈参**　「疑」は「擬」か。未詳。

（15）**射遺**　十七日の射礼に出席できなかったり遅参した官人が翌日改めて射る儀式。十八日に行われる。その次第は『江家次第』（巻三）に詳しい。外記は蔵人所に着き射遺のある由を奏する。蔵人は仰せを奉り内豎を差《つか》わして参議一人を召す。参議は参入し殿上に控える。蔵人は「建礼門に遣わし、昨日の射遺しを射させよ」と云う。参議は先ず左右の仗座に着く。外記を召して、諸司官人がそろったかを問う。次いで大庭の幄に着く〔春華門より出て弓矢を取る〕。弁・外記・史らが相い従う〔少納言は参らず〕諸衛佐着す〔官次により、四位・五位〕。諸大夫の座を設けず、左右の陣はない。射遺しの府将が着席する。もとは右衛門府と左兵衛府が遺るのであるが、近代は将佐不参の府は遺り、また近衛府は遺らない。しかるに近代は間《まま》その例がある〔承平七年左近衛府は遺した〕ついで、一献、二献、三献あり、つぎに将曹または志らを召す〔或いは医師を以て代官とする〕諸衛が矢を射る。次官不参の場合でも、参議の長官を帯びる者がこれを射させる。日が暮れたら各々二人に射させる。このあと賭弓が行われるときは、階の下を経て着座し、射遺が射了った由を当座の上卿に申告する〔近代はこのことは見えない〕もし賭弓が行われないときは、射了った由を奏上する〔近代は申しあげない〕。

(16) **射手奏**　射手の名簿を奏上する。

(17) **橘樹艮方**　紫宸殿の前の橘の樹の北東の方。

(18) **四府**　兵衛府と近衛府。注（3）参照。

(19) **給弓官人**　『北山抄』（巻九）に「次将令レ持二射手奏於将監一、進二橘樹下一、待二大将目一、跪置レ弓、起取レ奏奉レ之、退取レ弓立、兵衛佐奉レ奏間退還」とある。『北山抄』（巻八）の記述は巻一本文と大略同じ。

(20) **取文杖縦挿鳥口**　文杖を持ち、もし鳥口にさしはさむときは、兵衛府の奏文を取り、同じくその文杖に加えて一緒にさしはさむ。「縦」は「たとい」で「もし…ならば」くらいの意で用いる。

(21) **不及欄下五尺許**　欄の手前五尺ほどのところで…。

(22) **膝行**　ひざをついて進む。

(23) **矢取夾名**　放たれた矢を拾い集める役の者の名簿。

(24) **抛文杖**　文杖を抛《ほお》り出す？

(25) **延喜八年御記**　醍醐天皇御記。

(26) **左大将**　延喜八年（九〇八）に左大将は左大臣藤原時平。

(27) **清涼抄**　本文18注（3）（六九頁）参照。

(28) **置物御机**　置物机は清涼殿の玉座の左右にあったという。

(29) **両大将**　左近衛大将と右近衛大将。
(30) **上卿**　賭弓の儀を宰領している公卿。
(31) **以右奏給左以左奏給右**　右近衛の奏を左少将に給い、左近衛の奏を右少将に給う。
(32) **的付座**　注(13)参照。
(33) **出居**　出居次将。出居は本座からはなれて、臨時に設ける座。ここに着いて事を行う次将。
(34) **懸的**　『江家次第』(巻三)に「出居次将依二上卿気色一仰、的加介《まとかけ(よ)》、／木工寮史生懸レ的」とある。
(35) **上卿示気色**　注(34)参照。「気色」は御意《ぎょい》、お気持。
(36) **木工寮懸之**　『江家次第』(巻三)は「木工寮史生懸レ的」と記す。『延喜式』(巻三十四)に「三尺的十枚、二尺五寸的百七十枚／右正月十七日大射節料、内匠寮預前来画、即寮官率二長上工部等一供之」とある。
(37) **籌刺**　算刺、員刺とも。賭弓で味方の勝数を計《かぞ》える役。左右に一人宛つく。『江家次第』(巻三)では「籌刺府生着座」とある。近衛の射的では近衛府の府生。
(38) **校書殿額間**　校書殿の名を記した額のかけられた中央の柱間《はしらま》。
(39) **矢取**　注(23)参照。
(40) **垜**　垛、安土とも。的《まと》をかけるために設ける山形の盛り土。
(41) **若有申障之者**　『江家次第』(巻三)に「有二射手障一者、近衛次将進二上卿一申二障由一〈其詞曰、其官其姓其丸、有レ障不二奉仕一、替以二儲其丸一令二奉仕一シ女牟上卿目二蔵人頭一、々居二上卿西一、上卿申二此由一〉」とある。
(42) **替人**　支障あって出仕しない射手のかわりの者。注(41)参照。
(43) **御簾中者**　天皇が簾《みす》のうちにおられるときは。『江家次第』(巻三)は「頭入レ自二下侍北戸一到二御所後一於二簾中一奏レ之、主上仰聞食ッ、頭仰二其由一上卿仰二次将一曰令二奉仕一与」とある。

(44) **的論**　矢の中《あたり》について疑義があり論争となる。勅により蔵人または五位を遣わし実検させる。

(45) **屏幔**　幔幕。日おおいのない幕。

(46) **天徳四年御記**　村上天皇御記の天徳四年（九六〇）記。『西宮記』（巻二）に「天徳四年三月十四日御記云、矢取遆論、不レ申レ的、仰二左大臣一遣レ使見、大臣召二蔵人藤原守仁一令二検見一〔守仁須経二前庭一到二堋下一従二実検一、而従二後方一到二兵部官人候所一問失也云々〕及四度不相論、令下仰二左大臣藤一、遣二少納言兼家一見レ之〔前例遣二五位一検レ之、前度遣二六位一違二旧例一二〕」とある。

【本　文】51

勝方大將督、以罰酒唱平、行負方親王以下出居的付等、更就出居座末前方、召在幕次將佐等行之〔大將不參者、次將亦得、若無取杓次將、造酒正取之、抑王卿左右相分而久無其定、依當時座次可行歟、但依無所指、早不受之、案其由趣可行〕一二度射間、內膳・大膳給衝重於王卿・出居等、王卿立弓於後〔宸儀出入、及奏事時取之〕造酒正勸盃〔稱平云々〕御厨子所供菓子・干物・御酒等〔射手跪候、入御時又如之、不可早出御者、有仰令躲〕每度勝、其方將曹・志、令持祿布、置籌刺座前〔雨儀、置籌刺座前壇下〕躲了〔十度可躲也、而不及其數止之、仍上卿奉勅所仰也、依度員定勝負、度員同者、依小員、舊例、兵衛府躲了止之、而近代、彼府未躲時、仰出居令退之〕勝方奏樂、左右次將以的付文奏上卿、上卿付藏人奏之、勝方大將・督〔非參議督不行〕令奏云、弓奉仕〔禮留〕男等ニ御酒給む、卽蒙可許退出〔或事依載格、更不令奏之〕僚下哥遊相從、物節以下中七已上之者、殊加一級之由、仰次将〔若無其儲、稱障不參、依召參入之時、雖勝方未終前退出、無利間退尤有便宜〕御簾中之日、大将取副文杖於弓、入自射場南妻、就簾下南妻跪、置弓付內侍、取弓〔右廻有便歟〕還着本座〔經射殿東〕御覧之後、內侍示上卿、上卿着履進簾下請奏文〔從殿內直進〕

【訓　読】

勝方の大将・督《かみ》(1)は罰酒《ばっしゅ》を以て唱平《しょうへい》し、(2)負方《まけかた》の親王以下出居《でい》(3)・的付(4)等《ら》に行う、更に出居《でい》の座《ざ》(5)の末の前方に就き、幕に在る次将・佐等を召し之を行う(6)〔大将の参らざるは、次将また得《う》、(7)若し杓(8)を取る次将なくば、造酒正之を取る、抑《そもそ》も王卿左右に相い分ちて久しく其の定なし、(9)当時の座次に依り行うべきか、但《ただ》指すところなきにより、早く之を受けず、其の由趣を案じて行うべし〕一二度射《い》る間、(10)内膳・大膳、(11)衝重《ついがさね》(12)を王卿・出居等に給う、王卿は弓を後《しり》へに立つ〔宸儀《しんぎ》(13)の出入および事を奏する時之を取る〕造酒正盃を勧む〔称平《しょうへい》(14)と云々〕御厨子所《みずしどころ》(15)は菓子・干物・御酒等を供《ぐう》す(16)〔射手は跪き候す、入御の時もまた之の如し、早く出御せずば、仰せ有り射《い》さしむ〕勝つたび毎《ごと》に、其の方の将曹・志は(17)禄布《ろくふ》(18)を持たしめ、籌刺《かずさし》(19)の座の前に置く〔雨儀は、籌刺の座の前の壇の下に置く〕射了《いおわ》る〔十度射るべきなり、(20)而《しか》るに其の数に及ばず之を止む、仍《すなわ》ち上卿の勅を奉り仰するところなり、(21)度員により勝負を定む、(22)度員同じければ、小員による。(23)旧例は、兵衛府射了りて之を止む、しかるに近代は、彼の府のいまだ射ざる時に、出居に仰せ之を退けしむ〕勝方は楽を奏す、左右の次将、的付の文(24)を以て上卿に奉る、上卿は蔵人に付けて之を奏す、勝方の大将・督〔非参議《ひさんぎ》(25)の督は行わず〕奏せしめて云う、弓仕《ゆみつこ》うまつ〔れる〕男等に御酒《みき》給《たま》わむと、即ち可許《ゆるし》を蒙り退出す〔或は事は格に載するにより、(26)更に之を奏せしめず〕僚下歌遊し(27)相い従う、物《もの》の節《ふし》(28)以下中《あたり》七つ已上の者は、殊に一級を加うる(29)由、次将に仰す〔若し其の儲《もうけ》なく、障《さわり》を称し参らざるは、召《めし》により参入の時、勝方と雖も、未だ終らざる前《さき》に退出するは、利なき間《あいだ》退くに尤も便宜あり（30）」簾中に御《いま》す日は（31）、大将は文杖（32）を弓に取り副え、躰場《いば》（33）の南の妻より入り、簾下の南の妻に就き跪《ひざまづ》く、弓を置き内侍に付け、弓を取り〔右廻り便あるか〕還りて本座に着く〔射殿の東を経《ふ》〕御覧ののち、内侍は上卿に示す、上卿は履《くつ》を着け簾下に進み奏文を請う〔殿の内より直ちに進む〕

【注　解】

（1）**勝方大将督**　賭弓の勝負に勝った方の近衛の大将と兵衛の督《かみ》。

（2）**以罰酒唱平**　敗け方の者に罰として酒を飲ませるが、唱平とは平均に飲ませること。元来の意味は、長寿を祝に酒をすすめることをいう。『台記』（仁平二年〈一一五二〉正月二十六日条）によると、罰酒のことは長元六年（一〇三三）の関白藤原頼通の大饗後、約百年余にわたって絶えていたという。『江家次第』（巻三）に「勝方将行二罰酒於負方一〔近代无二此事一〕」とあり、新訂増補故実叢書本の頭書に「康治二年宇治左府欲レ行二罰酒一、以二久絶故一不レ行云々」とある。「行酒《こうしゅ》」とは酒をついでまわること。

（3）**出居**　出居の座に着いている次将。注（5）参照。

（4）**的付**　本文50注（13）（二〇九頁）参照。

（5）**出居座**　儀式のために臨時に設けた座席。賭射の時の座は南殿（紫宸殿）の西砌の下。

（6）**召在幕次将佐等行之**　出居の座ではなく幔幕の方に居る近衛の次将（中将・少将）や佐らを召し罰酒を与える。酒を注《つ》いでまわる。

（7）**大将不参者次将亦得**　罰酒を行うのは勝方の大将であるが（注（1）参照）、大将不参のときは次将が行ってもよい。

（8）**杓**　罰酒は造酒司の用意した杓を用いて飲ませる。杓を執る次将のないときは造酒正がこれを行う。

（9）**抑王卿左右相分而久無其定依当時座次可行歟**　この部分未詳。

（10）**一二度躲間**　弓射は三度行われる。

（11）**内膳大膳**　内膳司は宮内省被官、大膳職は宮内省被官。前者は天皇の食膳を、後者は朝廷での会食を掌る。

（12）**衝重**　食器台。四方に大きく格狭間《こうざま》を透《す》かした台に折敷《おしき》を重ねたもの。台の三方に穴をあけたものが三方《さんぼう》、四方に穴をあけたものが四方《しほう》である。

（13）**宸儀**　天皇のこと。

（14）**称平**　唱平に同じか。注（2）参照。

（15）**御厨子所**　宮内省に属し、朝夕の御膳を供進し節会などに酒肴を出す所。別当・預・所衆・膳部《かしわでべ》・女孺《にょうじゅ》・刀自《とじ》などから成る。

（16）**供菓子干物・御酒等**　菓子はくだもの、干物は魚介類の干したもの。『江家次第』（巻三）に「菓子四種、干物四種、自二御厨子所一経二殿上奥一、下レ自二小板敷一、陪膳以下皆跪、供了」とある。

（17）**将曹志**　近衛府の将曹《さかん》、兵衛府の志《さかん》（大志・少志）。

（18）**禄布**　禄として給する布（麻布）。

（19）**籌刺**　本文50注（37）（二一一頁）参照。

（20）**十度可躲也**　『江家次第』（巻三）に「三度射了〔本以二十度一為レ限、近代多三度、代初左無レ利時被レ延〕」

とある。

(21) **不及其数止之仍上卿奉勅所仰也**　三度で射を止むるについて、天皇は蔵人を通じて上卿に伝え、上卿は出居の次将に指示する（『江家次第』巻三）。

(22) **依度員定勝負**　元来は十番勝負で、一番ごとに左方、右方とも三度射て勝敗を決める。六番勝った方が勝となる。員＝数。

(23) **度員同者依小員**　十番勝負で五対五となった場合は、的中した数の多い方を勝とする。例えば、左方五勝、右方五勝となったとき、各番の的中数を総計して、左方六、右方五ならば左方の勝となる。的中数も同じ場合は「持《もち》」すなわち引わけになる。『西宮記』（巻二）に「勝方乱声、次舞〔持時左右共舞〕」とある。『江家次第』（巻三）にも「勝方乱声〔依二度数均一依二小員一共均者、共奉レ之〕」とある。

(24) **的付**　本文50注(13)（二〇八頁）参照。

(25) **非参議**　この場合、督であって参議でない者。一般に「非参議」は、①三位以上でありながら議政官を帯せぬ者、②参議昇進の資格を持つ四位の者を指す。

(26) **格**　未詳。

(27) **僚下哥遊**　配下の者たちは歌をうたい楽しむ。

(28) **物節**　近衛府の舎人で、東遊《あづまあそび》などの譜や節を心得ていて上手な者。『花鳥余情』（十）に「今案、物節といふは、近衛とねりの中、東遊に達したるものを物節に補す、其中に、番長府生などをもまはせる也、是によりて春日然賀茂祭の使の羽林、東遊の近衛十人召具するに、物のふしの近衛、求子、するがまひなどいふ事をつとむる也（中略）賭弓、すまふの大将のかへりあるじの時も、みな東遊あり、物の節の役也」とある。

と。

末尾の「かへりあるじ」（還饗）とは、賭弓の節会終了後、勝方の近衛大将が、わが方の人びとをもてなすこと。

（29）**加一級**　位階を一級あげる。例えば、従七位下から従七位上へ。

（30）**無利間退尤有便宜**　未詳。

（31）**御簾中之日**　天皇が御簾《みす》のうちにおられる日は。

（32）**文杖**　本文93注（52）（三四七頁）参照。

（33）**躬場**　射場。射場殿。本文50注（5）（二〇八頁）参照。

【本　文】52

重服大將、依召參入、奉奏之後退出、有例〔寛平三年、天暦四年例也〕

左右大將不參之時、上卿進四府奏、非無近例、延引停止時、上卿奉仰、仰外記〔降雨者、不出御、次日行之〕

天慶六年、持時、躬手給祿事、令勘當府及左府、依無其例不給

同七年、依兵部省掌遲參、木工史生申的

同九年、依右後塞粟秀蔭四度雙矢勝也、大將起座、出幔後、給阿古女、雖不聞例、依相撲例所給也〔同五年如此、次將等同給云々〕

應和四年、左府生眞茂重服、大將奏事由、令奉仕、其裝束、尋常袍・淺鈍色半臂・柳色汗衫・深鈍色袴・襪等也

同二年、公卿參入之間、雨降、仍經南殿北廂、出自明義門〔御記、自侍方可參入云々〕

永延元年、出御以後、未召公卿之前、雨降、仍次將經明義門召、公卿參入、又如之、大將於恭禮門下取奏

【訓　読】

重服《じゅうぶく》(1)の大将、召《めし》に依り参入し、奏《そう》を奉《たてまつ》りしのち(2)退出するは例あり〔寛平三年(3)、天暦四年(4)の例なり〕

左右の大将の参らざる時、上卿《しょうけい》(5)の四府《しふ》の奏を(6)進《たてまつ》るは、近例なきに非ず、延引停止の時、上卿は仰せを奉《うけたまわ》り、外記《げき》(7)に仰《おお》す〔雨降らば出《い》で御《たまわ》ず、次の日(8)に之を行う〕

天慶六年(9)、持《もち》(10)の時、射手に禄を給うこと、当府及び左府に勘《かんが》えしむるに(11)、其の例なきにより給わず

同七年(12)、兵部省掌《しょうしょう》遅参《ちさん》により、木工史生《もくのししょう》的を申す(13)

同九年(14)、右の後塞《のちふたぎ》(15)により、粟秀蔭(16)四度双矢《なみや》(17)にて勝つなり、大将は座を起ち幔(18)を出づるのち、阿古女《あこめ》(19)を給う、例を聞かずと雖も、相撲《すまい》(20)の例により給うところなり〔同五年(21)も此《かく》の如《ごと》し、次将ら同じく給うと云々〕

応和四年(22)、左府生真茂重服なり(23)、大将は事の由を奏し奉仕せしむ、其の装束は、尋常の袍《ほう》(24)、浅鈍色《あさにびいろ》の半臂《はんぴ》(25)、柳色の汗衫《かざみ》(26)、深鈍色《ふかにびいろ》の袴《はかま》(27)、襪《しとうず》(28)等なり、

同二年(29)、公卿参入の間、雨降る、仍《よ》りて南殿《なでん》の北の廂《ひさし》(30)を経《へ》て、明義門《めいぎもん》(31)より出づ〔御記(32)は、侍《はべ》る方《かた》より参入すべしと云々〕

永延元年(33)、出御の以後《のち》、いまだ公卿を召さざる前《さき》に、雨降る、仍りて次将明義門を経て召す、公卿の参入はまた之《こ》の如し、大将は恭礼門下(34)にて奏を取る

【注　解】

（1）**重服**　重い喪《も》。父母の死の際の喪。

（2）**奉奏**　四府の奏。注（4）参照。

（3）**寛平三年**　八九一年。該当史料未見。

（4）**天暦四年**　九五〇年。丹鶴叢書本の頭注につぎの如くある。「西宮記云、天暦四年正月廿八日九記云、左右大将重服也、而依㆑召参入、申刻、召㆓王卿㆒、左大将給㆑奏之後、早出云々、同記云、小一条記云、天暦四年正月十八日、今日賭弓也、左右大将依㆑召参内〔乍㆑両重服〕左閤〔実頼〕進㆑奏後退出、右閤〔師輔〕近衛府一度射訖乃退出、左近左兵衛勝云々」。また尊経閣文庫蔵永正本裏書につぎの如く見える。「帥入道資仲抄云／賭弓日事也、天暦四年正月十八日九記云、左右大将重服也、而依㆑召参入、申刻、召㆓王卿㆒、左大将給㆑奏之後早出云々、一度右勝、行酒事、仰㆓中将義方朝臣㆒出、是承平六年例也、此日、所随身、弓矢装束、黒漆弓、但、以㆓砥硧㆒如㆓蒔絵地㆒、以㆑篦為㆓弓柄骨㆒、以㆓鈍色絹耳㆒、纏（ママ）㆓其上㆒、不㆑巻㆑組、弓懸以㆓鈍色革㆒為㆓雁（鷹カ）鼻手覆㆒、以㆓白革㆒着㆓鞆緒㆒、以㆓鵢鵃羽㆒作㆑矢、以㆓鈍色糸㆒為㆓作糸㆒、左（右カ）閤御弓調度不㆑異㆓尋常㆒、但弓不㆑巻㆑組、又矢作糸上塗㆑漆／承暦二年正月日、有㆓賭弓㆒、其儀云、左大将取㆓四府奏㆒、〔橘樹西去一丈許立、四府将佐、寄㆓西頭㆒、北上西面立㆑之〕左大将取㆑奏儀如㆑恒、兵衛矢取巻㆓懸紙㆒、取㆑之給㆓随身㆒云々、橘樹西有㆑例歟、将佐立所可㆑尋、不㆑似㆓先例㆒／同三年正月十八日、同左大将取㆑奏、四府奏皆不㆑引㆓懸紙・裏紙㆒、返㆓給奏状㆒復㆑座〔矢不㆑挿㆑之、抜㆑之取副着㆓本座㆒、率㆓此例㆒抄説歟〕九条年中行事、抜㆑矢取㆓副弓㆒復㆑座云々、随㆓此説㆒歟／或説云、長元三年正月十八日、内大臣、四府奏還出取㆑弓着㆑座〔矢尚在㆑腰〕／給㆓奏於次将㆒事／永承六年三月十四日記、宰相云、賭弓日、内府奏㆓四府奏㆒、召㆓左右次将㆒、賜㆑奏之時、以㆓四府奏㆒、次置㆓於（定カ）座前㆒、先取㆓一府奏㆒賜㆓次将㆒云々、此事不㆑知㆓故実㆒也、以㆓三府奏㆒籠㆓給之㆒歟、如何」

(5) **上卿**　この場合は、賭弓を奉行する公卿の上首。

(6) **四府奏**　左・右近衛府、左・右兵衛府の賭弓に加わる射手の名簿などを天皇に奏する文。

(7) **外記**　太政官の構成員。少納言の下にあって詔書の作成、論奏・奏事の草案を書き、御所での儀式・公事の記録をとる（弘仁六年〈八一五〉以後）。大外記（二人、正七位上相当）と少外記（二人、従七位上相当）。

(8) **次日**　「ついでの日」と読めないこともない。この場合は、翌日ではなく、都合のよい日。しかし非か。

(9) **天慶六年**　九四三年。史料未見。

(10) **持**　勝負がつかず、引わけのこと。本文51注(23)（一一五頁）参照。

(11) **令勘**　調べさせる。持《もち》のときの給禄について先例を調査させた。

(12) **同七年**　天慶七年。九四四年。

(13) **木工史生申的**　兵部省官人が遅参したので、木工寮の史生が的《まと》をしつらえた。木工寮史生は養老六年（七二二）六月三日に四員を置いたのが最初。『延喜式』（巻十八）では史生の員数は一一。公文《くもん》の書写・複写・装丁を行う下級官人。

(14) **同九年**　天慶九年（九四六）。『日本紀略』（後篇二）天慶九年正月十八日条に「賭弓也、天皇御二射場殿一、右勝、奉二納納蘇利一」とある。本項の関連史料未見。

(15) **後塞**　賭弓で最後に射る矢。

(16) **粟秀蔭**　未詳。粟凡直氏は阿波国（板野郡か）を根拠とする氏族。

(17) **双矢**　双矢。後塞の双矢。最後に射る二本の矢。上に「四度」とあるのは未詳。

(18) **幔**　ひき幕、たれ幕。

(19) **阿古女** 衵、袙。束帯の下襲《したがさね》の下、単衣《ひとえきぬ》の上に着けた裏付きの衣。

(20) **相撲** 相撲については『北山抄』（巻二）「年中要抄・下」に記述がある。

(21) **同五年** 天慶五年。九四二年。関連史料未見。

(22) **応和四年** 九六四年。『日本紀略』（後篇四）に「（康保元年三月）十四日庚寅、賭射、天皇出㆓御弓場殿㆒」とある。

(23) **左府生真茂** 左近衛府の府生。真茂について未詳。丹鶴叢書本頭注に「続水心記、万寿四正十八、賭弓、府生茨田以近重服者也云々」とある。

(24) **袍** 「うえのきぬ」、表着。

(25) **半臂** 束帯の袍と下襲《したがさね》の間に着ける垂頸の胴衣。身二幅、袖のない短い衣。鈍色は濃いねずみ色のこと。

(26) **汗衫** 汗取りの一重の服。

(27) **袴** ズボンに相当する、下半身につける衣類の総称。

(28) **襪** したぐつ。沓《くつ》の下に用いる布帛製のはきもの。たび、くつしたに当たる。

(29) **同二年** 応和二年（九六二）。『日本紀略』（後篇四）に「（三月）十五日壬申、賭弓」とある。

(30) **南殿北廂** 紫宸殿の北廂。

(31) **明義門** 紫宸殿北廂の西側の階《きざはし》を降りた先の門。北側が仙花門。南側が明義門。

(32) **御記** 村上天皇御記。「（三月□□□《（十五日）》）射場装束用雨儀云々、諸卿経㆓紫宸殿北廂下㆒自㆓西北階㆒、入㆑自㆓明義門㆒著座、例公卿経㆓紫宸殿南階下㆒自㆓屏幔内㆒入著座、而開㆓明義門㆒参参入違㆓先例㆒、後聞、大臣等云々、依㆑雨不㆑可㆓自㆑庭参入㆒、今日所㆑参皆殿上公卿等也、須㆑用㆓此門㆒、今以為、若依㆑雨殿上公卿不㆑可㆑経㆓前庭㆒者、宜下従二侍方戸一入上、所行都無レ所レ拠」（所功編『三代御記逸文集成』国書刊行会、一四〇頁）。

(33) **永延元年**　九八七年。このとき天皇は一条天皇。『江家次第』（巻三）に「雨儀〔出二御射場殿一後有二降雨一時儀也、以前降レ雨停止〕／射手座立二平張一、出居座在二公卿座末一、籌刺候二安福殿廂一、次将経二明義宣仁等門一召二公卿一、公卿参上亦如レ此、大将於二恭礼門下一取レ奏云々、〔永延元年例〕出御之後、雨降時、上卿令二蔵人一奏下可レ改二雨儀一由上、勅許之後、召二掃部官人一令レ改二舗之一」とある。

(34) **恭礼門**　紫宸殿の北廂から東へ、東北廊に至る入口の東階にある門。

【本　文】53

廿日、内宴事〔在別〕

【訓　読】

廿日、内宴《ないえん》のこと(1)〔別に在り〕(2)

【注　解】

(1) **内宴**　正月二十日から二十三日のうち一日に、内裏仁寿殿《じじゅうでん》で行われた天皇の私宴。三献の賜酒ののち、賦詩および披講が行われ、内教坊の舞妓による女楽奏舞を行う。『日本後紀』（巻二十二）弘仁四年（八一三）正月二十二日条に「曲二宴後殿一、命二文人一賦レ詩、賜レ禄有レ差」とあるのを初めとする。元来は恒例のほか臨時の宴会を意味したが、正月の特定の日に固定した。『類聚国史』(巻七十二)の内宴の項によると、平城・嵯峨・淳和・仁明朝には、日は必ずしも一定しなかったが、文徳天皇の仁寿四年(八五四)以降、正月二十一日に定まった。長元(一〇二八—三七)以後中絶したが、保元三年(一一五八)正月二十二日、藤原通憲(入道信西《しんぜい》)の献言により復興した(『兵範記』『百錬抄(七)』『平治物語』)。なお『年中行事絵巻』に「内宴」が描かれている。鈴木敬三「年中行事絵巻『内宴』について」(『日本歴史』一三四号)に詳しい解説がある。

(2) **在別** 『北山抄』巻三、同巻八に「内宴」の項がある。巻三はとくに詳しい。

【本　文】54

官政始事

御齋會後、外記申一上、令勘其日、若有内宴、其後申行

【訓　読】

官政始《かんせいはじめ》(1)のこと

御斎会《ごさいえ》の(2)のち、外記《げき》(3)は一上《いちのかみ》(4)に申し、其の日を勘《かんが》えしむ　若し内宴(5)あらんには　其ののちに申し行う

【注　解】

(1) **官政始** 官政とは太政官で行われた政務のことであるが、のちそれが年中行事化したもの。平安時代、公

卿聴政が主流となり、これが弁官部局に場所を移して官政の起源となる。諸司から提出された申文《もうしぶみ》は官結政をへて上卿以下公卿が列座する「政」に供され、裁定・請印が行われた。平安中期になると太政官候庁（外記庁《げきちょう》）での外記政がふつうの形になり官政はすたれ、政務の実質を備えない儀式と化し、平安末期にはその儀式も行われなくなった。

（2）**御斎会**　「みさいえ」とも。正月八日―十四日に、宮中で「金光明最勝王経」を講説して国家安穏を祈る法会。本文29（一二〇頁）参照。

（3）**外記**　太政官の構成員。少納言の下に属する書記官。令制による定員は、大外記・少外記各二員。

（4）**一上**　筆頭公卿の意で、ふつう左大臣をいう。左大臣を欠くときは右大臣、右大臣も欠けば内大臣がこれに当たる。山本信吉「一上考」（『国史学』九六号）参照。

（5）**内宴**　本文53注（1）（一二二頁）参照。

【本　文】55

廿二日、於大蔵省給馬料事

【訓　読】

廿二日、(1)大蔵省(2)に於て馬料《めりょう》(3)を給うこと

【注　解】

（1）**廿二日**　一月二十二日。

（2）**大蔵省**　国庫の管理、朝廷行事の設営、器具・衣服などの制作を担当する省。『養老令』による卿《かみ》の職掌は「掌、出納、諸国調及銭、金銀、珠玉、銅鉄、骨角歯、羽毛、漆、帳幕、権衡度量、売買估価、諸方貢献雑物事」とある。省の職員構成は表の如くである。

	定員	相当位
卿	1	正4下
大輔	1	正5下
少輔	1	従5下
大丞	1	正6下
少丞	2	従6上
大録	1	正7上
少録	2	正8上
史生	6	
大主鑰	2	従6下
少主鑰	2	従7下
蔵部	60	
価長	4	
典履	2	従8上
百済手部	10	
典革	1	従8上
狛部	6	
省掌	2	
使部	60	
直丁	4	
駈使丁	6	
百済戸		
狛戸		

（3）**馬析**　神亀五年（七二八）三月、防閤のかわりに官人に給与された従者の馬の飼養料（『続日本紀』巻十）。防閤は、養老三年（七一九）十二月に設けられたもので、五位以上の文武職事官に給された資人《とねり》の一種。官人の警衛に当たった（同・巻八）。馬料への切りかえの理由は「京官文武職事、五位以上給二防閤一者、人疲二道路一、身逃二差課一、公私同費、彼此共損、自レ今以後、不レ須二更然一、其有レ官人重レ名、特給二馬析一」と述べている。馬料はのちに支給範囲を拡大し、また性質を変え、延暦十五年（七九六）以前、「少属已上人別給之」

（『類聚三代格』巻五・寛平三年八月三日太政官符）とされ、特定の官司の官人に給する要劇料的性質のものに変わった。馬料の給法は季禄と同じで、二月と八月の春秋二回、おのおの、上日《じようにち》（出勤日数）一二五日以上の者に給する（『延喜式』巻十八）。馬料の支給額は『延喜式』巻十二、十八、二十八などに見えるが、「式部式」（巻十八）によって示すと表（次頁）の如くである。「給馬料儀」は「儀式」にその次第が述べられているので、それによって式の流れを記す。

正月十三日（七月の場合は七月十日）の夜明け前に、中務・式部・兵部等の省の録《さかん》が順番に左弁官の版《へん》に就《つ》く。式部録が進み出て版に就き「式部省申さく、司々の秋冬乃馬料賜うべきのこと上に申し賜う」と申す。つぎに兵部録が進み同じように申す。つぎに中務録が「中務省申さく、比女刀禰《ひめとね》の秋冬の馬料賜うべきこと上に申し賜う」と申す。弁がこれに候ぜよと命ずる。三省の録は倶《とも》に称唯《いしよう》し退出する。輔・丞・録各一人が太政官庁に至り候ずる。丞・録各一人が外記に就き政を申すべき状を請う。すぐに少納言以下は三省の輔以下を率いて版に就く。（五位は前の版に就き、六位は後に就く。但《ただ》西堂に居れば直ちに馳道を渡る）大臣は喚べと命ずる。五位以上の者は倶《とも》に称唯《いしよう》し、六位以下もまた称唯する。五位以上は色に随い座に就く。六位以下も順序によりまた座に就く。弁が一人座を起《た》ち「司々の申せる政を申し賜う」と申す。式部録が起《た》ち読み申し「式部省申さく、秋冬の馬料を賜うべき司々の長上合せて若干、就中其位若干云々、賜うべき料銭若干貫、損益去年若干申し賜う」と申す。訖《おわ》って直ちに居次に兵部録は起《た》って、式部録と同様に申し、つぎに中務録が「中務省申さく、秋冬の馬料を賜うべき比女刀禰《ひめとね》合せて若干以下の言葉はまた式部と同じである。大臣は判《ことわり》を命ずる。三省の輔は一緒に称唯《いしよう》する（大臣がもし質問することがあれば、三省の輔は状にしたがい弁答する）つぎに丞・録ともに称唯し下から退出する（輔は版に就いておじぎをして出る。もし

馬料事（本文55）

給額(貫)	神祇官	文官	武官	女官
50		1位		
30		2位		
25			従3位	
20		正3位		
15		従3位		
9			従4位	
8				尚蔵(正3位)
7.5				尚侍(従3位)
7		正4位	正5位	
6	伯	従4位	従5位	
5		正5位		
4	大副 少副(5位)	従5位		
3.5				尚膳・尚縫(正4位)
3				典侍・典蔵(従4位)
2.8			6位	
2.65			7位	
2.5	少副・大祐 少祐・宮主	6位	8位	
2.35		7位		
2.2	大史・少史 卜長上	8位		
2.05		初位		
2				掌侍・典膳・典縫(従5位)
1.25				尚書・尚殿(6位)尚薬(7位)
1.175				掌蔵・尚兵・尚闈・尚掃・尚水(7位)
1.17				尚酒(6位)
1.1				尚書(7位)掌膳・尚縫・典薬・典兵・典闈・典殿・典水・典酒(8位)

曹司の庁で行うときは、これに准ずる〕訖《おわ》って解文をととのえ左弁官に進《まい》らせ、太政官は三省が申請した惣目を記録する。十五日に、少納言がこれを奏上する。二十日、符を大蔵省に下す。二十二日の夜明け頃、式部省・兵部省の二省の省掌が大蔵省に向かい諸司を唱計する。掃部寮は丞・録以下の座を蔵の下に設け、丞・録・史生はおのおの座に就き、大蔵省は料銭を積み、掃部はまた二省ならびに大蔵の座を料物の下に設ける。大蔵は物を積みおわり、状を弁官に申す。弁官は官掌に式・兵二省を喚《よ》ばせる。録は称唯し参進する。弁大夫は、諸司の馬料を早く給えと命ずる。録は称唯し退いて丞に申す。訖って引き頒給の座に就き、丞は「給え」という。史生は称唯し、諸司の主典は喚《よ》ばれるにしたがって称唯し、進んで跪く。史生は物数を宣示する。蔵部は命をうけ、計らい授け、其の数を申し、史生が記録する。大蔵の場合もまたこれに同じである。史生は終了した状を申し給い、直ちに引き退き出づる。

【本　文】56

廿八日、國忌事

【訓　読】

廿八日[1]、国忌《こき》[2]のこと

【注　解】

（1）**廿八日**　一月二十八日。

（2）**国忌**　皇祖・先皇・母后などの国家的な忌日で、この日政務を休み歌舞音曲をつつしみ追善供養を行う。正月二十八日のこの国忌は三条天皇の母藤原超子の命日。その設置は寛弘八年（一〇一一）十二月二十七日。『日本紀略』（後篇十二）に「廿七日丙寅、詔、追尊皇妣《ついそんこうひ》女御《にょうご》従四位上藤原朝臣超子、贈二皇大后一、置二国忌山陵一」とある。但し、国忌として超子の命日がおかれていたのは三条天皇の代の間だけで、つぎの後冷泉天皇のときには廃され、かわりに後朱雀天皇の女御、贈皇太后藤原嬉子が設置されている。『延喜式』（巻十九）に「国忌斎会」としてつぎの如く記されている。

「毎レ至二其日一、諸司各向二其寺一、省差二輔・丞・録・史生・省掌①一令レ向之、三綱《さんごう》②依レ例弁二備於仏殿前一、又設二輔以下座於廊下一、昧旦《まいたん》③、輔以下就レ座、省掌置二版位一、五位以上就レ版且命二職掌一、六位以下著二到於省掌所一、史生且依二著到一、分二配職掌一、上抄《のせしるすこと》已訖、録執レ簿唱示、諸司官人称唯《いしょう》、各向二其所一、其職掌者、左右堂童子④各五位四人、六位以下六人、左右執行水《もちぎょうずい》⑤各六位以下八人、左右衆僧前各五位二人、六位二人〔治部玄蕃在二此員内一〕撃鐘三下、省掌撤レ版《へん》、輔以下就二堂前座一、衆僧就レ座、礼仏散華《らいぶつさんげ》⑥、行香呪願《ぎょうこうじゅがん》、訖《おわりて》衆僧退出、群官散去、省依二諸司見参《げざん》⑦一造二奏文一〔五位以上具注二歴名一、六位以下但《ただ》載二物数一〕付二内侍一令レ奏」――また『江家次第』（巻三）はつぎの如く記す。

「国忌〔東寺儀、但雖二西寺国忌一於二東寺一行レ之、依二西寺荒一也〕／参議入レ自二南大門一、就二中門内座一〔北面外記申二代官一、近例着二堂前座一、仍入レ自二東門一〕／外記史式部諸司及散位大夫等、就二東西廊下座一〔近例依レ無レ廊、着二金堂南砌《みぎり》東西端一〕／大蔵省置二布施〔調布卌段〕於堂前中取《なかとり》⑧上一〔近例、早旦《そうたん》⑨付二寺家一〕／参議召二外記一、問二諸司具不《ぐひ》⑩一、召レ史問二僧并布施物具不一、次仰レ史令レ撃レ鐘／治部玄蕃率二衆僧一、入レ自二東西廊戸一到二会、庭中一〔近例自二堂左右砌一出、是雨儀也〕各北折昇レ堂着座／両師昇、諸司退／次所司行《ヒク》二手水《ちょうず》一⑪〔近代不レ然〕次礼レ仏着、次法用、⑫次図書給二花筥《けこ》一、⑬次講経／次左方行香〔外記史、式部、民部、治部、兵部等丞録立、若有二不足一図書取二火虵《かしや》二〕⑭／外記以二見参文《げざんのふみ》一〔刺《はさむ》二白木書杖《ふづえ》二〕⑮覧二参議一、々々見了返二給外記一、付二之式部省一〔云レ付二内侍所二〕／治部丞取二僧名巻数《かんじゅ》一、⑯付二内侍所一、不参諸司、可下有二其責一被上停レ会二参諸司一／典薬寮、修理職〔已上寛平二年十二月廿日能有卿宣〕／弾正近例不レ参云／当二神事一例／正暦二年四月三日、当二平野祭《ひらのまつり》一、⑰停二諸司参会一由、仰二諸司及寺家一云々／無二日上《ひのしよう》一⑱行例／天暦四年十二月廿九日、承平七年八月廿六日／西寺焼亡間付⑲二東寺一／永祚二年二月焼之／崇福寺《すうふくじ》⑳焼亡間付二梵釈寺《ぼんしやくじ》㉑一行レ之／当時国忌／

天智天皇山階 十二月三日〔崇福寺近例諸司不参〕　光仁天皇後田原 十二月廿三日東　桓武天皇柏原 三月十七日西寺　仁明天皇深草 三月廿一日東寺　光孝天皇後田邑 八月廿六日西寺
醍醐天皇後山階 九月廿九日西寺　崇道《すどう》天皇八島 十月七日㉒〔大安寺廃否可レ尋二諸司不参一〕　大后穏子宇治 正月四日㉓東寺　中后安子後宇治 四月廿九日㉔西寺　院母后今宇治 六月廿二日㉕東寺」

〈**補注**〉①省掌　式部省掌。掌は「掌、通二伝訴人一、検二校使部一、守二当省府一、庁事舗設」とある。②三綱　寺院に置かれた僧尼統制機関で、ふつう上座《じようざ》・寺主《じしゆ》・都維那《ついな》をさす。③昧旦　夜あけ前。④堂童子　花筥《けこ》を配ったり探題を迎えたりする役を臨時につとめる者。⑤執行水　行水は、きよらかな水で身体をきよめる。執＝持。?⑥散花　花をまいて仏に供養する。⑦見参　諸司の出席者を調べて報告する。⑧中取　台、机。⑨早旦　夜の明けがた。⑩問諸司具不　諸司の官人らが揃ったか否かを問う。⑪行手水　手水は水で手と顔をきよめる。「行」は「ヒク」と傍訓があるが「行う」意。⑫法用　法要に同じ。法会における法式。梵唄《ぼんばい》・散華《さんげ》・梵音・錫杖《しやくじよう》の四箇の法要。⑬花筥　散華の花を入れる器。⑭花虵　花蛇。ふたつきの香炉《こうろ》。⑮刺白木書杖　「書杖」は文杖。白木の文杖にはさむ。⑯巻数　僧が願主の依頼によって読誦した経文の題名や度数を記した文書。⑰平野祭　平野神社の祭礼。毎年四月と十一月の上申日《さる》に行れた。祭神については諸説があるが、百済系渡来氏族和《やまと》氏がまつった渡来神（今木《いまき》）と朝鮮系のかゝ、まど神、また土師《はじ》（大江）氏の奉斎していた神ともいう。⑱日上　上は上卿《しょうけい》。当日祭儀を担当する上卿。⑲西寺焼亡　永祚二年（九九〇）二月二日焼亡。⑳崇福寺　志賀寺。近江国滋賀郡内（現在の大津市内）にあった。天智七年（六六八）創建と伝える。延喜二十一年（九二一）、康保二年（九六五）、治安二年（一〇二二）に火災にあっている。㉑梵釈寺　近江国志賀郡内にあった（現大津市内）。延暦五―十四年（七八六―九五）に成立。桓武天皇勅願の山林寺。㉒崇道天皇　早良《さわら》親王。光仁天皇の第二皇子。母は高野新笠。延暦四年（七八五）の藤原種継暗殺事件に坐して乙訓寺に幽閉され、淡路へ流される途中で死去。桓武天皇は早良親王の怨霊のたたりを恐れて天皇号を追称した。京都の崇道神社、上御霊・下御霊神社は早良親王をまつったもの。㉓穏子　醍醐天皇の中宮。藤原基経の女。陵は宇治木幡にある。㉔安子　村上天皇の中宮。藤原師輔の女。陵は宇治木幡にある。㉕院母后　藤原茂子。後三条天皇の女御、白河天皇生母。

【本文】57

晦日、神祇官奉御麻事〔毎月奉之〕

【訓読】

晦日《かいじつ》(1)、神祇官《じんぎかん》(2)、御麻《みぬさ》(3)を奉《たてまつ》ること〔月ごとにこれを奉る〕

【注解】

	定員	
伯	1	従4位下
大副	1	従5位下
少副	1	正6位上
大佑	1	従6位上
少佑	1	従6位下
大史	1	正8位下
少史	1	従8位上
神部	30	
卜部	20	
使部	30	
直丁	2	

（1）**晦日**　みそか。月の終わりの日。割注に「毎月」とある。毎月の晦日。但し『延喜式』（巻二）に天皇については「毎月晦日御麻〔六月、十二月不レ在二此例一〕」とする。また「中宮晦日御麻〔東宮准レ此〕」とある。六月・十二月には大祓が行われるので、除いたのである。

（2）**神祇官**　神祇官の官人。神祇伯の職掌は「掌、神祇祭祀、祝部神戸名籍、大嘗、鎮魂、御巫、卜兆、惣二判官事一」とある。〔「今義解」〕。祓の解除を行うのは卜部と宮主。『養老令』による神祇官の構成は表の如くであった。卜部は伴造で番上官。亀卜を掌る。卜部のうち事に堪える者を宮主《みやじ》とする。

（3）**御麻**　「おおぬさ」とも。天皇が祓いに用いる。次第はつぎの如くである。

晦日、当日、中臣が卜部をひきいて延政門に候し、大舎人が門を叩《たた》く。闈司《いし》が「御麻乃事申賜止牟、宮内省官姓名叩レ門故爾申」と取次ぐ。「申さしめよ」と勅あって、闈司が「姓名等乎令レ申」と伝宣する。宮内省官人は版位に就き奏し「御麻進止牟神祇官位姓名候レ門止申」という。勅あり「喚レ之」というに応えて、宮内省官人は宮内省官人を喚び、神祇官人を喚び、神祇官人は麻を捧げ持ち版位に立つ。天皇は「参来《まうこ》」といい、神祇官人はこれに応えて階の下に就く。内侍がこれを取り天皇に渡す。天皇は麻を執り、自らのからだを摩し、ことおわれば神祇官人に渡す〔「内裏儀式」〕。祓えの行事である。『延喜式』（巻二）には

毎月晦日御麻〔六月十二月不レ在二此例一〕

鉄人像四枚、安芸木綿一斤、麻一斤、庸布一丈四尺、鍬二口、酒、米各二升、稲二束、鰒、堅魚、海藻各一斤、腊二升、塩一升

中宮晦日御麻〔東宮准レ此〕

鉄人像四枚、安芸木綿一斤〔東宮十両〕麻一斤、庸布一丈四尺、鍬二口、酒、米各二升、稲二束、鰒、堅魚、海藻各一斤、腊二升、塩一升

とある。『小野宮年中行事』は弘仁式を引いて「毎月中臣率二卜部一進レ之、中宮東宮准レ此、六月十二月不レ在二此例一」と記す。

【本　文】58

同日、御巫奉御贖事

【訓　読】

同《おな》じき日《ひ》、(1)御巫《みかんなぎ》(2)の御贖《みあがたもの》(3)を奉《たてまつ》ること

【注　解】

(1) **同日**　前項と同じ毎月の晦日。但し、六月と十二月の晦日は除く。本文57注(1)(二三一頁)参照。

(2) **御巫**　神祇官に置かれた女官で神事に奉仕した未婚の女性。『令集解』跡記に「神奈伎」とあり、『和名類

聚抄』に「加牟奈岐」とある。カンナギとは、神を和《やわ》らげ神に願うこと、またその人をいう。令釈には「巫者知㆓鬼神之道㆒也」とあり「官員令」（大宝令）別記によると、御巫は五人で、倭国二人、左京生嶋《いくしま》一人、右京座摩《いかすり》一人、御門一人で「各給㆓廬守一人㆒、又免㆓戸調役㆒也」という。『延喜式』（巻三）に「凡御巫、御門巫、生嶋巫各一人〔其中宮、東宮唯有㆓御巫各一人㆒〕取㆓庶女堪㆑事充㆑之」とあり、中宮・東宮にも御巫がいたことがわかる。また『延喜式』（巻二十六）に「御巫田（中略）為㆓不輸租㆒」と見え、御巫に不輸租田一町の給されたことを知る。

（3）**御贖**　『延喜式』（巻二）に、

毎月晦日御贖〔中宮東宮准㆑此、六月十二月不㆑在㆓此例㆒〕
金人像《カタ》、銀人像各卅二枚〔東宮各八枚〕紫帛四尺、五色帛各五尺、糸一絇、調布一端、木綿、麻、黄蘗各一斤、米一斗、酒六升五合、鮭二双、雑盛《マゼモリ》一籠、塩二升、坏二口、瓫《ホトギ》八口〔東宮四口〕、匏一柄、榊十把、食薦一枚、神輿形《ミコシカタ》四具、挿《ハサム》㆑幣木各廿枚

とある。『小野宮年中行事』は弘仁式を引いて「御巫参上、以㆓御贖㆒付㆓女蔵人㆒令㆓奉供㆒」と記す。贖物とは、一般には、犯した罪または身体のかわりに出すものをいう。

『延喜式』（巻一）による次第はつぎの如くである。

「晦日、卜部は各々明衣を著て、その一人は御麻を執り、二人は荒世《あらよ》（荒妙の衣）を執り、二人は和世《にごよ》（和妙の衣）を執る。二人は壷を執る。宮主・史生・神部らは左右に分れ前駆する。次いで中臣官人、次いで御麻、次いで東西《やまとかわち》の文部《ふひとべ》〔各々横刀を執る〕次いで荒世、次いで和世〔並びに木綿鬘を著く〕進みて延政門に候す、大舎人は門を叩く、宮内輔は入りて奏す〔其の詞は宮内式に見ゆ〕退出して中臣を召す、称唯《いしょう》し、

文《ふひとべ》部・四国の卜部を率いて入る〔宮主は此の中に在り〕宜陽殿の南の頭《かしら》に候す、中臣は卜部の荒世を執れる者を率いて、階の下に就き席の上に置く〔掃部寮は預め簀席を階の下に敷く、縫殿寮は荒世・和世の御服を席の上に置く〕次いで中臣は御麻を捧げ、進みて版位に就く、勅して曰く、参来《マウコ》と、即ち称唯《いしょう》して階の下に就く、中臣の女〔中臣氏女の事に堪うる者を簡び奏し定む〕は殿上に於て、転《つた》え取り供奉す、畢《おわ》りて中臣に授く、即ち執りて卜部一人に授け、祓所に向かわしめ、又更に宮内輔入り奏す〔其の詞は宮内式に見ゆ〕退出し中臣を召す、即ち称唯《いしょう》す、東《やまとのあやべ》文部は横刀を捧げ入り版位に就く、勅して曰く、参来《マウコ》と、即ち称唯し階の下に就き転《つた》え授く、中臣の女は取りて奉御、訖わりて即ち出づ、次いで西《かわち》文部の進退はまた前の儀の如し、宮主は荒世を披き中臣に授く、中臣は取りて中臣の女に授く、即ち御体を執り量ること惣《すべ》て五《いつ》度《たび》なり、訖わりて次いで宮主は坩を捧げ〔土器の中に小石等を入れ鈴の如し〕中臣は転《つた》え執り中臣の女に授く、執りて奉御す、訖わりて退き中臣に授け、転えて宮主に授く、宮主は取りて後取《しとり》の卜部に授く、荒世のこと畢わりて退出す、また中臣の和世を引くこと、進退は荒世の儀の如し、其の荒服《あらたえ》は卜部に賜う、和服は宮主に給う、訖わりて皆退出し、河に臨み解除して去る。但《ただ》、中宮中臣の佑已上一人〔東宮は此れに准ず、若し足らざれば兼ねて他の司に取る〕御麻を捧げて入り職司に候し、内侍をして啓せしむ、中臣の女は御麻・御贖を奉る、其の荒世・和世を奉る、また此の儀に准ず、東宮坊司入り啓す、訖わりて出で中臣を喚ぶ、称唯し麻を捧げて進み庭中に就く、令《みことのりして》曰く、参来と、称唯し南の階より昇り奉る、訖わりて退出す、卜部一人に授け、祓の庭に向かわしむ、また官人は宮主を率い、進みて荒世和世を席の上に置く、官人は階を昇り中臣の女に転《つた》え授け奉る、余《よ》は供御の儀の如し、其の荒服・和服は、縫殿寮預め階の下の席の上に置き、命婦は女孺《めのわらわ》を率いて取り奉る、訖わりて席の上に却け安んず、宮主・卜部に賜うこと前《さき》の如し」

「釋奠事」

上丁、釋奠事

官政畢、公卿以下相率向大學寮〔御前儀、在都省巻〕參議以上着廟門座〔闈内外立床子、親王東面、上卿西面、竝北上、但親王幷上卿在闈内、自餘在闈外、自床子中出入〕或仰本寮令開廟堂、率辨・少納言已上〔令召使仰寮官者、告辨・少納言〕入廟堂中、奉拜先聖・先師、各二度〔納言以上用中戶、參議用西戶、辨・少納言用東戶、或參議已上用中戶、雖無定法、後說有便、王卿昇中階、於西邊洗手、帶劍人脫之、入廟堂、東上列立、第一人當先聖、再拜、次東進、拜先師如前、或記云、公卿中有成業人時、有此事云々、然而舊例、不必然也〕畢着本座、外記申都堂裝束了由、王卿起座、於廟門東幔外着靴、入自都堂院東掖門、經東堂後、昇自南面東階着座〔東壁下、立兀子床子、西面北上、從座後着之〕上卿召召使二聲、稱唯參入、上宣召式部省〔若入夜、先問云々〕出自南門召之、丞參入、上宣刀禰奉入〔九條記云、末以禮可仰、末以り禮歟、見追儺式〕辨・少納言・寮頭・諸道博士以下學生以上、參入着座〔五位以上昇自南面西階、着西壁內座、問者五位以上博士、着同堂坤角床子、六位以下、相分着東西堂〕贊者率座主・都講〔謂音博士〕參入〔各着禮服、弟子十六人、着禮服、把黃卷、相從云々〕贊者云、再拜、座主・都講再拜、畢堂上就高座、都講先音讀發題、次座主訓讀了、問者博士以下、起西堂座、着都堂床子座、本寮屬、引如意、問者等出西壁外、脫靴着淺履、進申官位姓名、再拜、昇高座論議了、退而着靴就座、次第論議了〔不必盡十人〕座主・都講如初再拜退出、得業生以下歸西堂、次王卿起、經床前降階、更北向揖、左廻出東掖門、脫靴、暫着廟門床子、外記申本寮饗饌辨備了由、卽着廳座〔母屋東第三間、設參議已上座、東上對座、參議已上出入北面東戶、或云、參議用西戶〕諸大夫・外記・史已上着座〔近例、講論前着件座〕寮頭并少納言・辨五位已上、遞勸盃、寮官・學生等益送〔唱平、最末參議、轉盃執瓶者、執瓶者轉五位座也〕五六巡後、外記申都堂裝束了由、王卿起座、於便所着靴、暫着廟門床子、式部率諸大夫以下、列立南門外、了王卿經外記列北邊、入自南門、就庭中標、諸大夫以下、相分參入〔五位以上標在東、六位以下分東西、式部記文云、中階東端、南去一丈三尺、立親王標、其南重行、同階西端、南去四丈一尺、立王四位五位標、其南云々〕謝座謝酒、如節會儀、參議已上昇自南面東階、相分着座〔母屋東第二間以西、東上對座、上卿西面〕五位已上、昇自南面西階、相分着座、六位以下、着東西堂、所司設百度食〔謂之百度座〕造酒正以下、相向獻盃、如節會儀、三獻了下箸、不幾置箸起座〔上卿退出之間、辨以下起座〕納言出自北面中戶〔參議用西一戶〕於壇上脫靴、着北簷床子〔東上北面〕外記申宴座裝束了由、王卿以下還入着座〔不改本座、但此度不着靴〕外記・史・式部丞・錄、率文人於庭中、再拜〔北面西上、重行〕着五位座末、都講〔或注直講〕諸道博士・學生等着座、明經博士召答者學生名、稱唯、進申職姓名、着座、次召問者學生名、着座如先、問答如恆、明法・笇道、又如此、訖學生等退出、博士等退去、次本寮官人、取帋筆、置王卿以下前大盤、次上卿微音召文章博士名〔若不參入、召當座第一博士、其詞、其朝臣云々、四位、可召官朝臣歟、此事不必待論義了〕稱唯、進立上卿後、仰云、獻題、稱唯復座、書題、置折敷獻之、上卿見了、取副於笏揖之、博士取折敷復座、仰得業生若文章生令作序、本寮屬、舁文臺、立南庇東第二間、掃部寮、立穩座床子、寮羞祭胙、造酒司獻盃〔跪飮之〕詩四五枚并序獻了、寮允取文臺、王卿移着穩座床子〔東上南面〕外記候巽角砌上、寮允一人秉脂燭、上卿召文章得業生、爲講師〔若不參用故人〕卽着中央床子講之、外記開詩、若有佳句、令作者獻盃〔跪座末、唱平、相揖先飮之〕王卿或傳盃於講師、講師降座、取盃飮

了、復座〔若序遅献者、読詩後読序、王卿或献詩〕事畢分散

【訓　読】

上丁《じょうてい》、(1)釈奠(2)のこと

「釈奠《せきてん》のこと」

官政(3)畢《お》わりて、公卿以下相率いて大学寮(4)に向かう〔御前の儀(5)は、都省の巻(6)に在り〕参議(7)以上は廟門(8)の座に着す〔閾《しきい》(9)の内外に床子《しょうじ》(10)を立つ、親王(11)は東面し、上卿《しょうけい》(12)は西面し、並びに北を上とす、但《ただ》親王ならびに上卿は閾の内に在り、自余は閾の外に在り、床子の中より出入す〕或は本寮(13)に仰せて廟堂を開かしめ、弁(14)・少納言(15)已上を率い〔召使《めしづかい》(16)をして寮官に仰せしめんには、弁・少納言に告ぐるなり〕廟堂の中に入り、先聖(17)・先師(18)を奉拝すること各々二度《ふたたび》〔納言以上は中の戸を用い、参議は西の戸を用い、弁・少納言は東の戸を用う、或は参議已上は中の戸を用うと、定法なしと雖も、後《あと》の説に便あり、王卿は中の階《きざはし》を昇り、西《にし》の辺《ほとり》において手を洗う、釼を帯びる人はこれを脱す、廟堂に入り、東を上として列立す、第一の人先聖に当たりて再拝す、次いで東進し、先師を拝する前《さき》の如し、或る記に云う、公卿中に成業の人(19)有る時は、此のこと有りと云々、然れども旧例は、必ずしも然らざるなり〕畢わりて本の座に着す、外記(20)は都堂(21)の装束了(22)わる由を申す、王卿は座を起《た》ち、廟門の東の幔《とばり》(23)の外において靴を着し、都堂院の東の掖門《えきもん》(24)より入り、東堂(25)の後《うし》ろを経て、南面の東の階(26)より昇り座に着く〔東の壁下に兀子《ごっし》(27)・床子を立て、西面し北を上とす、座の後《うし》ろより着す〕上卿、召使《めしづかい》を召すこと二声《ふたこえ》、称唯《いしょう》(28)して参入す、上宣(29)して式部省(30)を召す〔若し夜に入らば、先ず問うと云々(31)〕南門より出でて召す、丞(32)参入す、上宣して刀禰《とね》(33)入り奉る〔九条記(34)に云う、末以礼《まいれ》と仰すべし、末《ま》以り礼せよか、追儺《ついな》(35)式に見ゆ〕弁・少納言・寮頭(36)・諸道の博士(37)以下

学生(38)以上、参入し着座す〔五位以上は南面の西の階より昇り、西壁の内の座に着く、問者(39)の五位以上の博士は同じき堂の坤《ひつじさる》(40)の角《すみ》の床子に着く、六位以下は相い分かれて東西の堂に着す〕賛者《さんじや》(41)は座主《ざす》(42)・都講《とこう》(43)を率い〔音博士《こえのはかせ》(44)を謂《い》う〕参入す〔各々礼服を着す、弟子十六人は礼服を着し黄巻《こうかん》(45)を把《と》り相い従うと云々〕賛者云う、再拝せよと、座主・都講再拝す、畢《おわ》りて堂上の高座に就く、都講先ず発題《はつだい》(46)を音読(47)す、次いで座主訓読(48)し了わる、問者の博士以下、西堂(49)の座を起ち、都堂の床子の座に着す、本寮の属《さかん》(50)、如意を引く、問者ら西の壁の外に出ず(51)、靴を脱ぎ浅履《あさぐつ》(52)を着け、進みて官位姓名を申し、再拝し、高座に昇り論議(53)し了わり、退きて靴を着け座に着く、次第の論議(54)了わり〔必ずしも十人を尽くさず(55)〕座主・都講は初めの如く再拝し退出す、得業生《とくごうしよう》(56)以下は西堂に帰る、次いで王卿起ち、床前を経て階を降り、更《ま》た北に向かいて揖《ゆう》(57)し、左廻りに東掖門を出で、靴を脱ぎ、暫《しばら》く廟門の床子に着す、外記本寮に饗饌(58)の弁備了わる由を申し、即ち庁の座(59)に着す〔母屋《もや》(60)の東の第三の間に、参議已上の座を設け、東を上として対座す、参議已上は北面の東の戸を出入す、或るひと云う(61)、参議は西の戸を用うと〕諸大夫《しよたいふ》(62)・外記《げき》・史《さかん》(63)已上座に着す〔近例は、講論前に件の座に着く〕寮頭ならびに少納言・弁の五位已上、遁《たが》いに盃を勧む、寮官・学生等益送《やくそう》(64)す〔唱平《しようへい》す(65)、最も末の参議、盃を転《つた》え瓶《かめ》(66)を執《と》らんには、瓶を執る者、五位の座に転《つた》うなり〕五六巡ののち、外記は都堂の装束了《お》わる由を申す、王卿は座を起ち、便所《びんしよ》(67)において靴を着す、暫くして廟門の床子に着く、式部(68)は諸大夫以下を率い、南門の外に列立す、了わりて王卿は外記の列の北辺を経て、南門より入り、庭中の標(69)に就く、諸大夫以下は相い分かれて参入す〔五位以上の標は東に在り、六位以下は東西に分かつ、式部の記文(70)に云う、中の階の東端、南に去る一丈三尺に親王の標を立つ、其の南に重行(71)し、同じき階の西端、南に去る四丈一尺に王の四位・五位の標を立つ、其の南と云々〕謝座《しやざ》謝酒《しやしゆ》(72)することとすること節会《せちえ》(73)の儀の如し、参議已上は南面の東の階より昇り、相い分かれて座に着く〔母屋の東の第二の間以西、東を上とし対座す、上卿は西面す〕五位已上は南面の西の階より昇り、相い分かれて座に着く、六位以下は東西の堂に着す、所司は百度《ももど》の食《じき》(74)を設く〔これを百度の座と謂う〕造酒正《みきのかみ》(75)以下は相い向かい献盃すること、節会《せちえ》の儀の如し、三献《さんこん》了わりて箸《はし》を下ろし、幾ばくならずして箸を置き座を起つ〔上卿退出の間、弁以下は座を起つ〕納言は北面の中の戸より出で〔参議は西の一の戸を用う〕壇上において靴を脱ぎ、北簷《きたひさし》(76)の床子に着す〔東を上とし北面す〕外記は宴の座の装束了わる由を申す、王卿以下は還り入り座に着く〔本の座を改めず、但《ただ》此の度は靴を着けず〕外記・史・式部丞・録・文人(77)を庭中に率《ひき》いて再拝し〔北面し西を上とし、重行す〕五位の座の末に着す、都講〔或は直講(78)と注す〕諸道の博士・学生ら座に着く、明経博士《みようぎようのはかせ》は答者の学生名を召す、称唯《いしよう》し、進みて職姓名を申し、座に着く、次いで問者の学生名を召す、座に着く先の如し、問答恒《つね》の如し、明法《みようぼう》・算道《さんどう》また此の如し、訖《お》わりて学生ら退去す、博士ら退去し、次いで本寮の官人、紙筆を取り、王卿以下の前の大盤に置く、次いで上卿は微音《びおん》(79)に文章博士の名を召す〔若し参入せずば、当座の第　の博士を召す、其の詞、其朝臣云々と、四位は官の朝臣と召すべきか、此のこと必ずしも論義の了わるを待たず〕称唯《いしよう》し、進みて上卿の後に立つ、仰せて云う、題を献《たてまつ》れと、称唯《いしよう》し座に復す、題を書き、折敷《おしき》(80)に置きて献《たてまつ》る、上卿見了わり、笏《しやく》(81)に取り副《そ》え揖《ゆう》す、博士は折敷を取りて座に復す、得業生《とくごうしよう》若しくは文章生《もんじようしよう》に仰せて序を作らしむ、本寮の属《さかん》は文台《ぶんだい》(82)を舁《か》(83)き、南庇の東の第二の間に立つ、掃部寮《かにもりのつかさ》(84)は穏座《おんのざ》(85)の床子に立つ、寮は祭酢《さいそ》(86)を羞《すす》め、造酒司《みきのつかさ》は盃を献る〔跪《ひざまつ》きて飲む〕詩四五枚ならびに序を献り了わる、寮の允文台を取り、王卿は穏座の床子に移り着く〔東を上とし南面す〕外記は巽《たつみ》の角《すみ》の砌《みぎり》(87)の上に候す、寮の允一人脂燭《しそく》(88)を秉《と》る、上卿は文章得業生を召し、講師(89)と為す〔若し参らざれば故人(90)を用う〕即ち中央の床子に着き講ず、外記は詩を開き(91)、若し佳句あらんには、作者をして献盃せしむ〔座の末に跪きて、唱平し、相い揖し先ず之を飲む〕王卿或は盃を講師に伝え、講師は座を降り、盃を取り飲み

了わる、座に復す〔若し序遅れて献らば、詩を読みし後に序を読む、王卿或は詩を献る〕事畢わりて分散す

【注　解】

（1）**上丁**　春秋の仲の月、すなわち二月と八月の最初の丁の日。

（2）**釈奠**　春秋の仲の月、すなわち二月と八月の上の丁の日に、大学寮で孔子とその弟子を祀る儀。「セキテン」「シャクテン」「サクテン」などと訓む。孔子をはじめとする儒教の先哲をまつる祭儀。十五世紀まで存続した。

『続日本記』（巻二）大宝元年（七〇一）二月十四日条に、「丁巳、釈奠ス釈奠之礼、於是始見矣」とあるのを初見とする。同書宝亀六年（七七五）十月二日条、吉備真備薨伝に、「大学釈奠、其儀未レ備、大臣依二稽礼典一、器物始修、礼容可レ観」とあり、『江家次第』（巻五）の傍書「或説」に、「吉備大臣入唐、持二弘文館之画像一来朝、案二置太宰府学業院一、大臣又命二百済画師一奉レ図二彼本一置二大学寮一云々」とある。これらによると、釈奠の儀は、奈良時代に始まり、後期に形をととのえたものかと思われる。

『養老令』の「学令」には、「凡大学国学、毎年春秋二仲之月上丁、釈二奠於先聖孔宣父一、其饌酒明衣所レ須、並用二官物一」とある。釈とは釈菜、奠とは奠幣。釈菜は、牛や羊などのいけにえを供えず、野菜類で祀る（略式である）、奠幣は絹を供え祀るの意である。『江家次第』（巻五）は、「先聖先师、古者以二国公一為二先聖一、孔子為二先师一、唐太宗貞観二年以二顔子一為二先师一」という。孔子とその弟子を祀るのである。孔宣父とは孔子のこと。饌は飲食、明衣は沐浴衣。

詳細は『延喜式』（巻二十）に記されている。

釈奠十一座とあり、二座は「先聖文宣王、先師顔子」すなわち、孔子と顔回。従祀九座は、「閔子騫、冉伯牛、仲弓、冉有、季路、宰我、子貢、子游、子夏」の九人。諸国で祀るのは二座（孔子と顔回）、大宰府は三座（孔子と顔回と閔子騫）。

春秋二仲之月上丁に行ういわれは、『令集解』（巻十五学令）跡記に「二仲之月上丁、謂氏二月者、昼夜相半之時、然則為レ会レ得二学生中正一故、又上、々也、始也、丁、壮也、盛也、丁上始盛壮之日為二釈奠事一者、為レ令二人盛長一故也」とある。古記、いずれも同意見である。釈奠当日より二十日前に、祀る日、幣帛、寮内の掃除を行う人夫の数（春は百人、秋は二百人）を式部省に申す。もし上丁の日が、国忌、祈年祭、日蝕に当たるときは、中丁の日に変える。諒闇の年は、祀りを停める。十日前に、講経・執経・執読・侍講等の名を式部省に申す。但し侍講は十人以下六人以上とする。

祀に預かる者は、散斎（あらいみ、軽い物忌）三日、致斎《ちさい》（まいみ、厳重な物忌）二日と身を慎しむ。散斎の場合は、通常の生活であるが、弔喪、問疾せず、音楽を作《な》さず、刑殺の文書に署判せず、刑罰を行わず、穢悪に預らず。致斎の場合は、祀りにかかること以外一切禁断である。斎《いみ》を終えたのちに祀官の欠員が生じても新補はしない。他の館官、学官および学生、雅楽工人はみな学館で清斎し、同宿する。祀官は、致斎の日には、朝夕酒食を給し、各々斎所で礼を習う。酒食を給せらるる人員は計百人である。但し、大蔵省・掃部寮・木工寮の人と左右京の兵士については、数に入れない。

（奠幣三献）　（献官を導引）　（授幣読祭文）
三献官（三人）　謁者（三人）　大祝（二人）　庿司（一人）

郊社令（三人）　奉礼郎（一人）　賛者（二人）　賛引（五人）
協律郎（一人）　斎郎（五〇人）　館官（一人）　学官（一人）
弾正忠（一人）　同疏（一人）　大蔵省（一人）　掃部寮（一人）
大膳職（一人）　木工寮（一人）　工（四人）　大炊寮（一人）
主殿寮（一人）　造酒司（一人）　主水司（一人）　雅楽寮（一人）
工人（二〇人）　左京兵士（四人）　右京兵士（四人）

祀りの三日前に、掃部寮は献官以下の斎切を設ける。二日前に、大学寮は祀官を差し定め、おわって、文章得業生以下が南門より入り、門屏内に立ち、属《さかん》は札をとり、座に在って数を唱え、それに随って版位に就く、一〇人ごとに、寮掌が「直立」と称して版の東につき、北面北上し、一〇人で列をつくる。允が、「明日、廟門に候へ」といい、承って退出する。同じく二日、雅楽寮は楽懸を廟庭に設ける。主殿寮は廟の内外を掃除して、掃部寮は廟内を舗設する。木工寮は、瘞《えい》埳を院内に造る。一日前、大膳職は大学寮に来て、器物を濯漑し、饌具を料理する。大炊寮は炊飯用の火をヒウチにより採る。主水司は水を用意する。奉礼郎は、三献位を東門のうちの道の北に設ける。執事位を道の南に設ける。これは等ごとに位を異にするが、ともに、西面北上する。望瘞位を堂の東北に設ける。瘞埳の東に当たり、西に向う。弾正忠、供を庿堂の下西南に設ける。東向き。

江戸幕府によって、寛永九年（一六三二）上野忍岡《しのぶがおか》に聖堂が建てられた翌年に復活した。しかし幕末・維新期に再び廃絶した。釈奠についての研究には、弥永貞三「古代の釈奠について」（坂本太郎博士古稀記念会編『続日本古代史論集』下）、倉林正次「釈奠の百度座」（『国学院雑誌』八六―二）、同「釈奠内論義の成立」（同八

六―一二）、須藤敏夫「江戸幕府釈奠の成立」（同六七―一〇）、同「江戸幕府釈奠の終焉」（同八〇―一二）。

（3）**官政**　元来、太政官で行われた政務。この頃は、朝堂院における公卿聴政を経て弁官局における外記政のことを指すようになっていた。しかもこれも儀式化し、政務は実質を失っていた。

（4）**大学寮**　式部省の被官。古代の高等教育機関。その職員構成は表の如くである。頭《かみ》の職掌は「掌、簡二試学生一、及釈奠事」とある。神亀五年（七二八）に大幅な学制改革が行われ、大学寮に新たに明法道（法律学科）と文章道（文学科）が設置された（『類聚三代格』巻四・神亀五年七月二十一日格）。のち大同三年（八〇八）に紀伝道（歴史科）が置かれたが、承和元年（八三四）に廃止された。新たに発足した文学科は文学・史学科であるが、文章道は紀伝道と呼ばれ、文章博士は紀伝博士と呼ばれるようになる。

（5）**御前儀**　官政。

（6）**都省巻**　都省は尚書省の別名。全ての行政を統べる省の意。『北山抄』（巻七）「都省雑事」を指すものと思われる。

	定員	相当位
頭	1	従5位上
助	1	正6位下
大允	1	正7位下
少允	1	従7位上
大属	1	従8位上
少属	1	従8位下
博士	1	正6位下
助教	2	正7位下
学生	400	
音博士	2	従7位上
書博士	2	従7位上
算博士	2	従7位上
算生	30	
使部	20	
直丁	2	

（7）**参議**　大臣・納言につぐ重職であるが令外官。「参二議朝政一」で、その職掌は大納言のそれで「職員令」は「掌参庶事」とし、「令義解」は「天下之庶事」＝「朝政」とする。平安時代の参議は、公卿として太政官会議に参加し、小事の朝儀の上卿をつとめることもあった。一方、参議以上が議政官集団として機能し、官人層の中でひとつの階層を形成し

た。

（8）**廟門**　廟堂の門。孔子廟。

（9）**閾**　しきい。門の下部にあって、とびらをとめ、内部と外部とを分ける境の横木のこと。

（10）**床子**　腰掛けの一種。机のような形をして、上面は簀子張りになっている。大床子・小床子・檜床子等がある。大床子は天皇が用いる。清涼殿に二脚ならべ、その上に高麗端《べり》の円座を敷く。

（11）**親王**　天皇の兄弟姉妹・子女をいう。女子は内親王。一品～四品の品階に叙されると、それに応じて封戸、田地等が与えられた。品階に叙されない場合は無品《むほん》という。平安時代には宣下（親王宣下）があって始めて親王と称されるようになった。

（12）**上卿**　ここでは、朝儀・公事を奉行する公卿の上首、すなわち釈奠の儀を奉行する公卿の上首。摂政・関白・太政大臣を除く大臣・大中納言が任ぜられるのが原則。但し、まれに参議の場合もある。

（13）**本寮**　大学寮。

（14）**弁**　弁官。太政官の構成員。左右大弁、左右中弁、左右少弁で定員は各一。左弁官は中務・式部・治部・民部の四省を管し、庶事を受付け、太政官内のことを糺判し、被官の官司の宿直を監する。右弁官は兵部省・刑部省・大蔵省・宮内省を管する。

（15）**少納言**　太政官の構成員。天皇に近侍し、小事の奏宣、内印・外印や駅鈴の出納をつかさどる。少納言は侍従を兼ねる。令制による定員は三人。

（16）**召使**　太政官の史生の下に置かれた微官。職務は、大射の執旗、釈奠や列見《れけん》で官人召すなど。『延喜式』（巻十八）によると、式部省が、散位の三九歳以下の「有二容儀一者」を取り、毎月五人宛二番に編成する。毎月の一日と十六日に式部省に出向いて交名を録す。また『延喜式』（巻十一）によると、召使は毎年一人、諸国（五畿内・志摩・伊豆・飛騨・佐渡・隠岐・淡路）の主典《さかん》（目）に任ぜられる。その選抜は勤務年数によらず、出勤日数（上日）の計算に基づいて行うという。
(17) **先聖** 孔子をさす。
(18) **先師** 顔回をさす。
(19) **成業人** 秀才・進士・明経・明法などの国家試験に合格して官職任用の資格を得た人。
(20) **外記** 太政官の構成員。納言の下に位いし、大外記・少外記、定員各二名。詔書の作成、論奏・奏事の草案を書く。職掌上、外記は太政官の主典《さかん》に相当する。
(21) **都堂** 都堂院。大学寮内の北西の一角を占める。
(22) **装束** 調度類を完備して配置する。支度。
(23) **幔** 幔幕。たれまく。とばり。
(24) **掖門** 脇門。大門のそばにある小さい門。都堂院の正門（南門）の両脇に、東掖門と西掖門がある。
(25) **東堂** 都堂院内には、正面に都堂があり、その前（南）に東堂（舎）と西堂（舎）が建っている。
(26) **南面東階** 都堂には北面・南面にそれぞれ三つの階（階段）があった。東階・中階・西階である。
(27) **兀子** 朝廷の儀式の際に用いる円形三脚、方形四脚の腰掛けのこと。参議以上の議政官、親王や僧綱の腰掛け。
(28) **称唯** 「いしょう」と読み慣わす。「おう」とか「おし」とか、応答すること。
(29) **上宣** 上卿の責任で発する宣旨。「奉勅上宣」に対する。

(30) **式部省**　式部省の官人を召す。式部省は官人の人事、養成、行賞などを掌る。大学寮は式部省の被官。

(31) **先問**　未詳

(32) **丞**　式部省の三等官。大丞・少丞、定員は各二員。その職掌は「掌、勘㆓問考課㆒、余同㆓中務大丞㆒」とある。

(33) **刀禰**　平安京の保刀禰、農山漁村における村役人的存在としての刀禰など種類が多いが、ここでは「百官主典以上称㆓刀禰㆒」（『吏部王記』）というのが相当する。

(34) **九条記**　「九暦」のこと。藤原師輔（九〇八―九六〇）の日記。

忠平（貞信公記）
- 実頼（清慎公記）
  - 頼忠 ― 公任（北山抄）
  - 斉敏 ― 実資（小右記）
- 師輔（九暦）
  - 伊尹 ― 義孝 ― 行成（権記）
  - 兼家 ― 道長（御堂関白記）
- 師尹（小左記）

(35) **追儺式**　追儺は大晦日に悪鬼を追い払うための儀式。のちに節分の豆まきとなる年中行事である。「追儺式」の存在については未詳。『内裏式中』に「敕曰、万都理礼」と見える。『西宮記』（十二月）には「勅日万都礼」とある。

(36) **寮頭**　大学寮頭《かみ》。

(37) **諸道博士**　道は専門分野の意で、文章博士・明法博士・音博士・書博士・算博士など。

(38) **学生**　大学寮の学生は明経生、すなわち儒学科の学生で定員は四〇〇人。

(39) **問者**　釈奠論義において質問する役の者をいう。

(40) **坤**　「ひつじさる（未申）」「こん」南西の方角。裏鬼門に当たる。

(41) **賛者**　「賛」はたすけるの意。儀式（少納言）のとき典儀をたすけ補助する者。『内裏式上』に初見する。「典儀曰再拝、賛者承伝二王公百官一」「典儀曰再拝、賛者承伝二群臣一」と見え、典儀の言葉を伝達する役目を負う。儀場における版位について「与二奏賀位一相対置一典儀位一差二西南一退置二賛者位一」とあって、典儀の傍らに控えていることがわかる。

(42) **座主**　本来は、学徳ぬきんでた一座の上首の意。平安時代からは大寺の寺務を統轄する貫主の職名となる。

(43) **都講**　講師の教授を助ける役。講師の講義に先立ってテキストを朗読する役と考えられる。初見は『文徳天皇実録』（巻三）仁寿元年（八五一）四月二十五日条の「帝喚二散位従四位下春澄宿禰善縄一、於二北殿一講二文選一、丹後権守従五位上豊階公安人為二都講一」であろう。十世紀以後、史料に見えなくなるという。

(44) **音博士**　大学寮の構成員。その職掌は「教レ音」とある。中国語の教官である。「学令」に「凡学生、先読二教文一、通熟、然後講義」とあるが、「読む」とは白読（素読）であって（「令集解」釈説）、中国音で読む。

(45) **黄巻**　書物を虫喰いから防ぐために黄蘗《おうばく》の葉で染めた黄色の紙を用いたことから、書物を指していう。

(46) **発題**　出題。

(47) **音読**　漢字を字音で読むこと。わが国に伝来して国語化した漢字の音は、その音の伝来した時代によって差異がある。推古音・和音・正音・呉音・漢音・対馬音・唐宋音など。『江家次第』（巻五）に「漢音近代不レ読」とある。

(48) **訓読**　漢字に国語をあてて読むこと。また漢文を国語の文法に従って訓点をつけて読むこと。

(49) **西堂**　都堂院内の、都堂の南側、西方に建つ堂。

(50) **本寮の属**　大学寮の属。定員は大属・少属各一員。

(51) **引如意問者等出西壁外**　「意の如く…」と読むと意明らかならず。「如意《きょい》を引き…」である。如意は、説法・法会ににおいて講師が手に持つ儀礼用の威儀具。『江家次第』（巻五）に「寮属取二如意一、授二問者一」とある。また「取二如意一曳渡、寮属取二如意一、至二弁少納言座一、自二上﨟一、次第引二渡之一」とある。

(52) **浅履**　浅沓。有位の廷臣の常用する履物。爪先から甲にかけて挿入する浅い構造から名がある。

(53) **論議**　経論の要義を問答すること。

(54) **次第論議**　あらかじめ決められた、予定された論議。論議は儀式化している。

(55) **不必尽十人**　『江家次第』（巻五）に「問者十人」「問者不三必尽二十人一〔近代唯一人問レ之、仍第二問以後無レ之」とある。

(56) **得業生**　諸道の生から選抜された成績優秀な者に与えられた身分。天平二年の学制改革で設けられた。定員は一〇名で、その内訳は、明経生四人、文章生二人、明法生二人、算生二人で、いまの大学院生に相当する。衣服・食料が与えられた。

(57) **揖**　両手を胸の前で組み、おじぎをする。あいさつ。

(58) **饗饌**　饗膳と同じ。神仏や帝王の前にささげる食物。

(59) **庁座**　庁は役所。具体的にどこ？

(60) **母屋**　家屋の中心となる部分で、庇《ひさし》に対していう。

(61) **或云**　「ある人」と読んだ。誰か未詳。

(62) **諸大夫**　四位又は五位の者の総称。

(63) **史**　太政官弁官局の書記官。左右大史、左右少史があり定員各二員で計八員。職掌は、「受レ事上抄、勘二署文案一、検二出稽失一、読二申公文一」である。

(64) **益送**　貴人の食物を陪食者に取り次ぐこと。「役送」とも。

(65) **唱平**　盃をすすめて長寿を祝うこと。

(66) **瓶**　瓶子《へいし》。酒を入れ盃に注ぐ容器。釈奠のときは胡瓶が用いられた。金銅製で、口に鳳凰の蓋《ふた》がついている。把手がある。

(67) **便所**　適当な場所。のち、みなりを整える場所のことをいう。

(68) **式部**　式部省官人。

(69) **標**　立つ位置を示すしるし。版位。式部省が管掌した。

(70) **式部記文**　式部省の記録か、未詳。

(71) **重行**　二位、三位、四位の者が重なり立つこと。

(72) **謝座謝酒**　官人が参入し着座する前に再拝して謝意を表すること（謝座）と、酒を賜わったとき再拝し謝意を表すること（謝酒）。

(73) **節会**　節日《せちにち》また重要な公事のある日に、五位又は六位以上の官人を集めて、天皇が出御して賜わる宴会。

(74) **百度食**　出納官司や勘解由使などの劇官に対する臨時の給食で、大炊寮が準備する。百度食を給う座を百度座という。

(75) **造酒正** 造酒司の長官。造酒司は宮内省被官。酒・酢の類の醸造を担当した。その構成は表の如くである。『延喜式』(巻四十)には、酒や酢の造法が記されている。

	定員	相当位
正	1	正6位上
佑	1	従7位下
令史	1	大初位上
酒部	60	
使部	12	
直丁	1	
酒戸	185戸	

(76) **北簷** 簷は「のき」「ひさし」。

(77) **文人** 一般には、文事を以て仕える人のこと。文雅の道に携わる人。また大学寮の学生を指す。

(78) **直講** 大学寮で博士・助教をたすけて経書の教授を担当したもの。神亀五年(七二八)の改制で設置され、定員は三員。大同三年(八〇八)一員を減じ紀伝博士一員を置いた。(『類聚三代格』巻四)。

(79) **微音** 小さい声で…。

(80) **折敷** 食器や神饌を載せる盆。四角形で、縁《ふち》がめぐっている。比較的略儀の場で用いられる。

(81) **笏** 官人が礼服、朝服を着たとき手に持つ板。長さ一尺余り。厚さ二分。五位以上は牙笏《げしやく》、六位以下は木笏《もくしゃく》で、もとは職事官の主典以上の者に把笏せしめたが、その範囲は時代とともに拡大された。

(82) **文台**　書籍や硯などを載せる台（机）。

(83) **舁**　物を肩にのせて運ぶこと。かつぐ、になう。

(84) **掃部寮**　宮内省被官。弘仁十一年に大蔵省掃部司と宮内省内掃部司の二司を併合して成立した令外官。宮中の清掃、舗設のことを掌る。その構成は表の如くである。

	定員	相当位
頭	1	従5位下
助	1	従6位上
允	1	従7位上
大　属	1	従8位下
少　属	1	大初位上
史　生	4	
寮　掌		
掃　部	40	
使　部	20	
直　丁	2	
駈使丁	80	

(85) **穏座**　節会や除目などのあと正式の勧杯《けんぱい》が行われてのち、席を改め、くつろいで酒宴・奏楽・演舞などの行われる座。

(86) **祭胙**　胙＝胙。ひもろぎ。祭のとき神に供えた肉。祭りのあとで人びとに分配される。「聡明」ともいう。『江家次第』（巻五）に「寮官居二聡明一、以二折敷高坏等一羞二公卿一（乍レ居二高坏一居二台盤上一、或留二高坏一亦用二折敷一、弁已下料居二台盤一）「聡明者酢（胙）也、餅白黒粱《アハ》飯栗《クリ》黄乾棗也」とある。

(87) **巽角砌**　南東の角のみぎり。砌は雨落ち、軒下の堺のところ。

(88) **脂燭**　紙燭。松の木を細く割り、先の方に油を滲み込ませて火がつき易いようにした、移動式の小さい照明具。もとは紙で巻いた。

(89) **講師**　詩会・歌会・歌合において披講される序・詩・和歌を読みあげる役。尋常の会では五位、儀式のときは四位の官人がつとめる。

(90) **故人**　文章生のうち学識・経験豊かな者。老大家、耆宿。

(91) **開詩**　開＝披。披講する。

【本　文】60

雨儀、王卿自廟門先着本寮饗座、次入自都堂院東掖門、昇自堂後東第一階、於壇上着靴、經東壁外砌上、入従巽角、着壁内床子、諸大夫入自西掖門、昇従堂後西階、經西砌上、入自坤角着座、外記・史以下、入自東掖門、着東堂座、式部省率學生等、入自西掖門、着西堂座〔不召召使幷式部省〕賛者・座主幷音博士等、入自西掖門、經西堂後、昇都堂後階、經西壁外砌上、入自坤角庇東行、入自母屋西第三間、相分着高座、問者・博士以下、進自西壁外、着砌上床子、百度座裝束了、王卿着靴、入自東西壁外砌、相分着座、文人等不拜、自餘同晴儀

【訓　読】

雨儀《うぎ》(1)、王卿は廟門《びょうもん》より先ず本寮の(2)饗座《あえのざ》(3)に着す、次いで都堂院の(4)東の掖門より入り(5)、堂の後ろの東の第一の階《きざはし》より昇り、壇上に於いて靴を着す、東壁の外の砌《みぎり》の上を経て、巽《たつみ》の角《すみ》(6)より入り、壁内の床子に着す、諸大夫は(7)

西の掖門より入り、堂の後ろの西の階より昇り、西の砌の上を経て、坤《ひつじさる》(8)の角より入りて座に着く、外記・史以下は、東の掖門より入り、東堂の座に着す、式部省は学生らを率いて、西の掖門より入り、西堂の座に着く〔召使ならびに式部省を召さず〕賛者(9)・座主(10)ならびに音《こえ》博士(11)らは、西掖門より入り、西堂の後ろを経て、都堂の後ろの階を昇り、西壁の外の砌の上を経て、坤角の庇より入り東行し、母屋の西の第三の間より入り、相い分かれて高座に着く、問者(12)・博士以下は、西壁の外より進み、砌の上の床子に着す、百度の座の装束(13)了わる、王卿は靴を着け、東西の壁の外の砌より入り、相い分かれて座に着す、文人らは拝せず、自余は晴の儀(14)に同じ

【注　解】

(1) **雨儀**　雨天の日の儀式次第。
(2) **本寮**　大学寮。本文59注(4)(二四四頁)参照。
(3) **饗座**　饗宴の座。
(4) **都堂院**　大学寮内の北西の一角を占める。
(5) **掖門**　本文59注(24)(二四六頁)。
(6) **巽角**　南東の角。
(7) **諸大夫**　四位・五位の者の総称。
(8) **坤角**　ひつじさるの角。南西の角。
(9) **賛者**　本文59注(41)(二四八頁)参照。
(10) **座主**　本文59注(42)(二四八頁)参照。

（11）**音博士**　本文59注（44）（二四八頁）参照。

（12）**問者**　本文59注（39）（二四八頁）参照。

（13）**百度座**　本文59注（74）（二五一頁）参照。

（14）**晴儀**　通常の晴天の日の儀式次第。雨儀の対。

【本　文】61

式云、若上丁、當國忌及祈年祭・日蝕等、改用中丁、其諒闇之年、雖從吉服、宴停云々〔若當園韓神祭、同日行之〕列見定考之日、若相逢釋奠者、上﨟人着釋奠云々、大臣着者、都堂艮角設休幕云々

延喜廿年八月、大内丙穢、不停釋奠

延長五年八月、依大内穢停之

天慶四年、依大炊寮不進百度、止宴座

同五年二月、博士不參、以前阿波守雅量爲講師、舊進士也

同六年八月一日、釋奠、依明日伊勢奉幣事、諸衛幷本寮三牲、以代可令進之由、右大將仰外記公忠

同八年、元方卿觸丙穢着釋奠、依祭外也、依舊例、以廟像令納廟倉了〔准之輕服人可着歟、然而有服者不着、注文有例、不見參着例云々〕

九條記、前日寮官申云、可初獻諸道博士有障不參、被下宣旨、以召博士令奉仕者、外記申上卿、以敏通朝臣、可令奉仕之由仰了

天暦三年八月、音博士不參、以本寮允大江遠以、以代官〔成業者〕在衡卿仰、延喜十二年例也
同六年二月八日、依太上皇御惱、無宴座、百度之後退出〔天慶、依中宮御薬又如之〕
應和二年二月、依無得業生、不上序、後日文章博士進過狀
同四年四月、皇后崩、八月釋奠、宴詩如恆〔心喪三月外也〕參議一人行事例〔天慶十年二月、天德二年八月〕
天元六年八月、上卿不參、講論宴座停止、五日、中納言保光卿、依宣旨參大學、行講論宴座等事〔去三年有此例云々〕

【訓　読】

式(1)に云う、若し上丁(2)、国忌《こき》(3)及び祈年祭《としごいまつり》(4)・日蝕《にっしょく》(5)等に当たらば、改めて中丁(6)を用う、其れ諒闇《りょうあん》(7)の年に当たらば、吉服《きっぷく》(8)に従うと雖も、宴を停むと云々〔若し園韓神《そのからかみ》祭(9)に当たらば、同日に之を行う〕、列見《れけん》(10)定考《こうじょう》(11)の日、若し釈奠に相い逢えば、上臈《じょうろう》(12)の人釈奠に着くと云々、大臣着けらば、都堂の艮《うしとら》の角に休む幕を設く(13)と云々
延喜二十年八月(14)、大内(15)丙の穢(16)なれど、釈奠を停《とど》めず
延長五年八月(17)、大内の穢により停む
天慶四年(18)、大炊寮、百度《ももど》を進らざるにより、宴座を止む
同五年二月(19)、博士参らず、前《さき》の阿波守雅量(20)を以て講師と為す、旧《もと》の進士(21)なり
同六年八月(22)一日、釈奠なり、明日伊勢奉幣(23)のことにより、諸衛(24)ならびに本寮(25)の三牲(26)、代わりを以て進らしむるの由、右大将(27)、外記公忠(28)に仰す
同八年(29)、元方卿(30)丙の穢に触れて釈奠に着くは、祭外(31)によりてなり、旧例により、廟像(32)を廟倉(33)に納めしめ了わん

ぬ、〔之に准《なぞら》え、軽服[34]の人は着くべきか、然れども、服すること有らば着かず、注文例あり、参着の例を見ずと云々〕

九条記[35]に、前日寮官申して云う、初献すべき諸道の博士、障《さわ》り有りて参らず、宣旨を下され、以て博士を召して奉仕せしめん、てへれば、外記上卿に申して、敏通朝臣[36]を以て、奉仕せしむべきの由仰せ了ぬ

天暦三年[37]八月、音博士《こえのはかせ》参らず、本寮允大江遠以[38]を以て、代官とす[39]〔成業の者《ひと》[40]なり〕在衡《ありひら》[41]卿仰す、延喜十二年[42]の例なりと

同六年[43]二月八日、太上皇御悩《ごのう》[44]により、宴座なし、百度ののち退出す〔天慶[45]に、中宮御薬によりまた之の如し〕

応和二年[46]二月、得業生なきにより、序を上《たてまつ》らず、後日文章博士[47]過状《かじょう》[48]を進《たてまつ》る

同四年[49]四月、皇后崩ず、八月の釈奠、宴詩は恒の如し〔心喪[50]三月の外なり〕参議一人事を行う例なり〔天慶十年[51]二月、天徳二年[52]八月〕

天元六年[53]八月、上卿参らず、講論・宴座停止す、五日[54]、中納言保光卿[55]、宣旨によりて大学に参り、講論・宴座等のことを行う〔去《い》ぬる三年[56]にも此の例有りと云々〕

【注　解】

（1）**式**　『延喜式』（巻二十）に「若上丁当ニ国忌及祈年祭、日蝕等一、改用ニ中丁一、其諒闇之年、雖レ従ニ吉服一」とあるのと同文。

（2）**上丁**　本文59注（1）（二四一頁）参照。

（3）**国忌**　本文56注（1）（二二八頁）参照。

(4) **祈年祭**　二月四日に行われる。一年の豊饒を祈願する祭祀。六月・十二月の月次祭、十一月の新嘗祭とこの祈年祭は、最重要な年中行事で「国家之大事」といわれた。本文70（二八一頁）参照。

(5) **日蝕**　日食。月が太陽と地球の間にきて、地球から見ると太陽がかけて見える現象であるが、古代・中世には恐ろしい忌むべき現象と考えられ「諸司廃務」とされた。陰陽家（暦官）は日食の予報を出すが、古代の知識では、あまり当たらなかった。

(6) **中丁**　第二の丁の日。

(7) **諒闇**　天皇が服する喪のうち最も重いもので、父母またはそれに准ずる人を対象とした。服喪期間は一定しない。

(8) **吉服**　冠婚など吉事に着る礼服。

(9) **園韓神祭**　宮内省内にある園韓神社の祭り。二月は春日祭のあとの丑の日、十一月は新嘗祭の前の丑の日に行う（『儀式』一）。本文72（二九〇頁）参照。

(10) **列見**　「れっけん」とも訓む。毎年二月十一日に、六位以下の叙位候補者を、大臣もしくは式部卿、兵部卿が引見する儀式。『西宮記』（巻三）『北山抄』（巻七）に詳しい記述がある。

(11) **定考**　「こうじょう」と訓み慣わす。毎年八月十一日に、前年八月から当年七月までの一年間の太政官の長上官の勤務成績を大臣に上申する儀。『儀式』（十）、『延喜式』（巻十一）、『西宮記』（巻五）に詳しい記述がある。

(12) **上臈人**　一般に身分の高い人をいうが、「二三位ノ人」（『江家次第秘抄』巻一）とあり、また「女房、上臈、不レ謂二是非一、二三位典侍号二上臈一」（『禁秘鈔』上）とある。

（13）**幕**　幕舎。

（14）**延喜二十年**　九二〇年。『年中行事抄』参看。

（15）**大内**　内裏。禁中。

（16）**丙穢**　日常と異なる不幸な状態が穢であるが、穢は甲→乙→丙→丁へと伝染していくもので、次第に薄くなり消滅していく。丙までは忌《いみ》を必要とするが、丁に至り消えると考えられた。

（17）**延長五年**　九二七年。『江家次第』（巻五）に「依二大内穢一停例延長五八」とある。

（18）**天慶四年**　九四一年。『西宮記』（巻五）に「或記云」として次の記述がある。「天慶四年八月十日、論議了、上卿以下着二寮饗一、両三盃之後、召二外記一問二都堂装束了否之由一、外記云、他事已了、但大炊寮未レ進二百度一者、召二大史言鑒宿禰一令二催行一、而言鑒申云、彼寮官人、一人不レ候、不レ儲二百度一者、又召二外記一仰云、今日宴中間停止之由、可二勘申一、外記帰レ局勘二先例一、此間問二伴（保平）宰相一云、饗宴丁（事）以二酒飯一為レ先、而今日不レ進二其飯一、為二之如何一、宰相云、左右宜レ待（被）二定行一、又問二朝綱・維時両大夫一、即云、従レ昔至レ今未レ見二無レ飯被レ行レ宴之例一、今初有二此事一、後代可レ遺二物誹一、加之只右（有）二講論事一、不レ行レ宴之例、近在二去年一、是則依二後宮御薬一、已謂二百度之座一、何无二其儲一被レ待（无）二定行一哉云々、此間、外記還来申云、中間停止之例、一両雖レ有、皆依二凶事一停止也、依レ无二酒飯一停止之例、无二所見一者、仰云、无二百度一行二饗宴一可レ无二便宜一、停止之由、宜レ仰二諸司一、又令レ召二勘大炊寮一云々」

（19）**同五年**　天慶五年、九四二年。

（20）**前阿波守雅量**　藤原雅量か。『尊卑分脈』に時範の子と見え、従五位上・左少弁・勘解由次官とある。東宮蔵人も。漢詩人として知られ、『扶桑集』に入集。天暦五年（九五一）八月二十七日没。

(21) **旧進士**　進士は文章生。
(22) **同六年**　天慶六年、九四三年。
(23) **伊勢奉幣**　『日本紀略』（後篇二）天慶六年八月二日条に「戊申、天皇幸二八省院一、奉二幣伊勢大神宮一、依レ祈二大宰府四王寺仏像堂舎鳴響一也」とある。
(24) **諸衛**　六衛府。左右衛門府・左右兵衛府・左右近衛府。
(25) **本寮**　大学寮。
(26) **三牲**　六衛府が捧げる儀牲。『延喜式』（巻二十）に「三牲〔大鹿、小鹿、豕、各加二五臓一〕菟〔醢料〕」とあり、「右六衛府別大鹿、小鹿、豕各一頭、先レ祭一日進レ之、以充レ牲、其菟一頭、先レ祭三月致二大膳職一、乾曝造レ醢、祭日弁貢、其貢進之次、以二左近一為二一番一、諸衛輪転、終而更始」とある。
(27) **右大将**　右近衛大将。
(28) **公忠**　三統公忠。ときに従五位下・大外記兼近江権少掾。天暦三年（九四九）卒去し、ときに正五位下・大外記・備中権介であった。
(29) **同八年**　天慶八年、九四五年。
(30) **元方卿**　藤原元方。天慶八年当時、元方は従三位・中納言。
(31) **祭外**　未詳。
(32) **廟像**　先聖・先師・九哲の像。
(33) **廟倉**　廟倉院。釈奠の祭器や像を収めたところ。倉庫。
(34) **軽服人**　薄い穢の者。

（35）**九条記**　九条年中行事。

（36）**敏通朝臣**　橘敏通。『尊卑分脈』によると、中納言公頼の子。従五位下、式部大輔・美濃権守を極官とする。

（37）**天暦三年**　九四九年。

（38）**大江遠以**　未詳。

（39）**以代官**　「為代官」の誤りであろう。

（40）**成業者**　本文59注（19）（二四六頁）参照。

（41）**在衡卿**　藤原在衡。天暦三年当時、従三位・中納言。

（42）**延喜十二年例**　九一二年。例、未詳。

（43）**同六年**　天暦六年。九五二年。『西宮記』（巻五）に「同（天暦）六年二月一日、講論及百度如レ常、但依二上皇不愈一、停二宴座一云々」とある。

（44）**太上皇御悩**　朱雀法皇のご病気により…。

（45）**天慶**　天慶三年。九四〇年。注（18）参照。

（46）**応和二年**　九六二年。『西宮記』（巻五）に「応和二五、民部卿依宜「宣旨」問釈奠不レ献レ序文章生英材」とある。

（47）**文章博士**　誰か？

（48）**過状**　怠状。過失・失錯をおかした者が、過失を認めて陳謝する文書。怠状の語は十世紀以後見られる。元来は公式令に定める解《げ》の様式による。

(49) **同四年**　応和四年。九六四年。『日本紀略』（後篇四）に「（四月）廿九日甲戌、中宮藤原安子崩㆓于主殿寮㆒〔年卅八、皇太子母也〕」とある。

(50) **心喪**　喪服は着ないが心の中で喪に服する。三か月の喪は、「喪葬令」によると「曾祖父母、外祖父母、伯叔父姑、妻、兄弟姉妹、夫之父母、嫡子三月」とある。

(51) **天慶十年**　九四七年。関連記事未詳。

(52) **天徳二年**　九五八年。同右。

(53) **天元六年**　九八三年。『日本紀略』（後篇七）に「（八月）四日丁亥、釈奠、諸卿申㆑障不㆑参、仍無㆓講論事㆒」とある。

(54) **五日**　天元六年八月五日。『日本紀略』（後篇七）に「五日戊子、権中納言保光卿依㆑仰参㆓大学寮㆒、有㆓講論事㆒、其後博士等参内、依㆓御物忌㆒無㆓論議㆒給㆑禄」とある。

(55) **中納言保光卿**　源保光（九二四～九九五）。三品代明親王の二男、母は右大臣藤原定方の娘。文章生より出身。天元六年八月五日現在、従三位・権中納言（公卿補任）。長徳元年五月に七二歳で薨去。ときに従二位・中納言。

(56) **三年**　天元三年、九八〇年。

【本　文】62

「春日祭事」

上申日、春日祭事〔未日使立、官式云、參祭藤氏、見役之外、給往還上日四箇日〕先十許日、別當辨以可參祭五位已上差文、奉長者、見了返給〔辨付外記〕或召外記給之〔上卿不參時、外記申其由、仰云、以辨可爲上、若辨不參者、史申其由、仰云、以參會諸大夫、可爲辨代也〕

【訓　読】

「春日祭のこと」

上の申《さる》の日、(1)春日祭のこと(2)〔未《ひつじ》の日(3)に使《つかい》立つ、(4)官式に云う、(5)祭に参る藤氏は、見役《げんやく》の外《ほか》に、(6)往還に上日四箇日(7)を給うと〕

先《さき》だつこと十許りの日、(8)別当の弁(9)は、祭に参るべき五位已上の差文《さしぶみ》(10)を以て、長者《ちょうじゃ》(11)に奉る、見了《おわ》りて返し給う〔弁は外記《げき》に付《さづ》く(12)〕或は外記を召してこれを給う〔上卿《しょうけい》(13)の参らざる時は、外記はその由を申す、仰せて云う、弁を以て上《しょう》(14)となすべしと、若し弁の参らざる時は、史《さかん》(15)はその由を申す、仰せて云う、参会の諸大夫(16)を以て、弁の代となすべきなりと〕

【注　解】

(1)　**上申日**　二月と十一月の最初の申《さる》の日。故に申祭《さるまつり》とも称する。

(2)　**春日祭**　奈良春日大社の例祭。二月と十一月に祭りがある。九世紀半ば頃には祭の存在が確認される。春日社は藤原氏の氏神。祭神は武甕槌命《たけみかずちのみこと》（＝常陸鹿島神）経津主命《ふつぬしのみこと》（＝下総香取神）天児屋根命《あめのこやねのみこと》（＝河内枚岡神）比売神《ひめ》（＝同上）で、神護景雲二年（七六八）十一月に大和国添上郡の御蓋（三笠）山に祀られた。官社として国家的保護を受け、のち伊勢神宮・石清水八幡宮と並び三社と称され、全国的な信仰をえた。

（3）**未日**　春日祭は申《さる》の日で、その前日の未《ひつじ》の日。

（4）**使立**　祭使《まつりのつかい》が出発する。もと神宝奉幣は春日斎女（藤氏の女が補される）が行っていたが（『儀式』巻一）、のちこれが停止され、近衛府使を務める摂関家の中将・少将がつとめ、これを祭使と称した。古いかたちは『儀式』に見える。すなわち、祭に先立ち、あらかじめ陰陽寮に祓の日時、方地を択ばせる。祓の一日前、弁官は所司に命じて幄を河頭に立てさせる。祓の日、斎女は車に乗り祓所に向かう。左右京の兵士や左右衛門、左右兵衛、左右近衛の兵士がこれに従い、京極大路には山城国司（五位、六位各一人）が郡司らをひきいて候し、祓所に導く。祭の一日前、斎女は車に乗り本社に赴く。山城・大和の国の堺で大和国司がこれを迎え、奈良坂を経て法華寺門前を経て、その夜は佐保頓舎に宿る。祭の当日、斎女は輦に乗り、行列を組んで本社に向かう。添上郡司が先行し、大和国司が続き、歩兵二〇人、騎兵四〇人が続く。ついで官幣、走馬そして斎女の輦、内侍・童女らの馬、荷駄が続く。社の西の方の北門に、前行の大夫以下が列立するなかを、輦を降りた斎女が内院に入り、神態の服をつけて座に就く。官幣・中宮幣・氏人幣を棚に捧げ、物忌がこれを神殿に納める。ついで氏人五位以上の者が神饌を机に舁《か》き、神前に陳列し、神部が酒樽をたてる。内侍以下が酒を奠じ、大臣以下朝使・氏人が座に就く。つぎに、神馬・走馬を神殿の前にひき列ねる。神主は祝詞を読み、朝使以下が拝礼、直会殿の座に就く。馬寮が神馬（四疋）をひき、近衛使は東遊《あずまあそび》を奉仕し、氏人、神祇官、社司が和舞《やまとまい》を奉仕する。ついで賜饗、賜禄があり、斎女は西門から退出、頓舎に戻る。大臣以下が馬場に出て、走馬が行われる（走馬は一二疋）。

（5）**官式**　太政官式。『延喜式』（巻十一）に「凡参二春日祭并薬師寺冣勝会、及興福寺維摩会一王氏、藤原氏五位已上六位已下、見役之外給二往還上日四箇日一、参二大原野祭一藤原氏、給二上日二箇日一、其散位五位以上、外記録二見参歴名一下二式部省一」とある。

(6) **見役之外**　春日祭使として務める勤務日数のほかに。

(7) **上日**　上は仕。出勤日数。京都から奈良までの往復の日数のほかに、四か日を出勤日数として計算する。

(8) **先十許日**　春日祭の日に先だつこと十日ばかり以前に。

(9) **別当弁**　勧学院の別当。大学南曹の別当で、多く左少弁が兼ねると『江家次第秘抄』にある。

(10) **差文**　差定《さじょう》とも。法会・祭事に奉仕する者の役目を書いて通知する文書。

(11) **長者**　氏長者。藤原氏の氏長者。

(12) **弁付外記**　弁官が差文を外記に与える。「付」は授ける。

(13) **上卿**　この場合は、春日祭の責任者である公卿。

(14) **以弁可為上**　弁官を以て上卿となすべし。「上」は上卿の略称。

(15) **史**　太政官の大史・少史。

(16) **諸大夫**　五位、六位の官人。

【本　文】63

當日、上卿先着宿院饗所〔上卿東面、辨南面、五位以上氏人南北相分、六位西面、上卿從南、辨幷諸大夫從北着之、諸司使中、有此氏人者、同着之〕催諸司使・內侍等〔使々以院雜色催之、內侍近衛府使、遣國氏人催之〕

使々來集列見辻、上卿率辨氏人等參向、先着祓戸〔使々同着、雨儀、着外院西門西第一屋〕祓畢就着到殿〔上卿西面、辨・五位氏人等南面東上、有官別當・六位氏人等着南庇、無官別當・六位氏人着其後座、竝北面東上〕先辨申上卿定所掌〔以有官無官別當爲之、若不參會、用他人〕六位氏人着到後、有官別當申其名、辨申上卿〔毎辨有所申事、上卿揖、辨稱唯〕次辨申上卿、定仰倭舞人々〔五位二人、辨定之、六位二人、有官別當定之〕次起座、洗手奉幣、次舁御棚〔年來之例、先舁細棚、帶釼之人、解劔舁之〕次上卿以下、着庭中座〔雨儀、便着直會殿〕內侍參進〔若內侍有障不下者、用五位四人〕次神主着中門座、再拜讀祭文、上卿以下、拍手三度、次着直會殿〔上卿南面、辨及諸大夫東面北上、六位氏人在後〕次馬寮牽廻御馬八廻、次近衛府東遊、次使々着直會殿〔北面西上〕所司羞饌〔大臣參時、用五位官〕次上卿召召使、稱唯參進〔臨暗問之〕仰云、宮內省召、省官參入〔先問〕上宣、御飯堅樂仁給倍、次大膳官人申御飯給畢由、次令敷和舞座、次倭舞〔先神主、次五位、次六位也〕次外記奉氏人見參、上卿披見給辨〔式云、返給外記、而近例、如之〕辨給史、史向祿所、上卿以下起座受之、一拜退出〔諒闇年、舞人袴不摺、舊例、或摺之云々〕

【訓　読】

当日、上卿(1)先ず宿院《しゆくいん》(2)の饗所に着き、〔上卿は東面し、弁は南面す、五位以上の氏人(3)は南北に相い分かれ、六位は西面す、上卿は南より、弁ならびに諸大夫(4)は北より之に着く、諸司の使(5)の中に此の氏の人あらば、同じく之に着く〕諸司の使・内侍《ないし》(6)らを催す〔使々《つかいごと》に院の雑色《ぞうしき》(7)を以て之を催す、内侍・近衛府使は、国の氏人(8)を遣わし之を催す〕使々《つかいごと》に来り列見《れけん》の辻(9)に集まる、上卿は弁・氏人らを率いて参向し、先ず祓戸《はらえど》(10)に着く〔使々《つかいごと》に同じく着く、雨儀(11)は、外院西門の西の第一の座に着く〕祓い畢《おわ》り着到殿(12)に就く〔上卿は西面し、弁・五位氏人らは南面し東を上とす、有官の別当・六位氏人らは南庇《ひさし》に着く、無官の別当、六位氏人らは其の後えの座に着く、並びに北面し東を上とす〕先ず弁は上卿に申し掌るところを定む〔有官無官の別当を以て之となす、若し参会せざれば他の人を用う〕六位の氏人着到ののち、有官の別当は其の名を申し、弁は上卿に申す〔弁の事を申すところ有る毎《ごと》に、上卿は揖《ゆう》し、弁は称唯《いしょう》す〕次いで弁は上卿に申して、倭舞の人々を定め仰せ(13)〔五位二人は弁之を定め、六位二人は有官の別当之を定む〕次いで座を起ち、手を洗い奉幣す、次いで御棚(14)を舁《か》く〔年来の例は、先ず細棚(15)を舁く、帯釼の人(16)は釼を解いて之を舁く〕次いで上卿以下、庭中の座に着す〔雨儀は、便《すなわ》ち直会殿《なおらいでん》(17)に着す〕内侍参り進む〔若し内侍に障《さわり》有りて下《お》りざるは五位四人を用う〕次いで神主中門の座(18)に着く、再拝し祭文(19)を読む、上卿以下、手を拍《う》つこと三度なり、次いで直会殿に着す〔上卿は南面し、弁及び諸大夫は東面し北を上とす、六位の氏人は後ろに在り〕次いで馬寮(20)は御馬を牽《ひ》き廻らすこと八廻りなり、次いで近衛府(21)の東遊《あずまあそび》(22)なり、次いで使々《つかいごと》に直会殿《なおらい》に着す〔北面し西を上とす〕所司饌を羞《すす》む〔大臣の参る時は五位の官を用う〕次いで上卿は召使《めしづかい》(23)を召す、称唯《いしょう》し参り進む〔暗《くらき》に臨みて之を問う(24)〕仰せて云う、宮内省を召せと、省官参り入る〔先ず問う〕上宣し、御飯堅楽仁給倍《おものかたらかにたまへ》(25)と、次いで大膳(26)の官人御飯《おもの》給い畢《おわ》る由を申す、次いで和舞《やまとまい》の座を敷かしむ、次いで倭舞《やまとまい》なり〔先ず神主、次いで五位、次いで六位なり〕次いで外記は氏人の見参《げざん》(27)を奉る、上卿披見《ひけん》し弁に給う〔式(28)に云う、外記に返し給うと、而《しか》るに近例は之の如し〕弁は史に給う、史は禄所(29)に向かう、上卿以下座を起ちて之を受く、一拝し退出す〔諒闇(30)の年は、舞人袴《はかま》を摺《す》らず(31)、旧例は、或は之を摺ると云々(32)〕

【注　解】

（1）**上卿**　春日祭を奉行する公卿の上首。

(2) **宿院**　「すくいん」とも。一般に、参詣人が宿泊する坊をいう。春日使が用いた佐保田荘の佐保頓舎があり、のちに佐保殿と呼ばれ氏長者の管領下にあった。

(3) **氏人**　藤原氏の者。

(4) **諸大夫**　五位・六位の総称。

(5) **諸司使**　近衛府使など。

(6) **内侍**　後宮十二司の一である内侍所の女官。

(7) **雑色**　雑色人の略。品部・雑戸をも雑色人とするが（「賦役令」義倉条義解）、ここでは、諸官司の伴部・使部等の雑仕の官を総称する。

(8) **国氏人**　大和国の藤原氏の者。

(9) **列見辻**　辻は道路の交叉するところ。官人ら使者の整列であるが、どこか。『江家次第秘鈔』には「六道ト云町ニ有」と記す。

(10) **祓戸**　「はらいど」とも。祓えを行う場所。

(11) **雨儀**　雨天のときの儀。

(12) **着到殿**　上卿以下は先ずここに着席、幣物を捧げて斎場に入る。床を張らず砂を敷きつめてある。

(13) **倭舞人々**　古くは大和地方の風俗舞であったものが宮廷に取り入れられたもの。『春日権現験記絵巻』では楽器は篳篥・笏拍子・笛・和琴で舞人は一二人二列に向かいあって立つ。

(14) **御棚**　祭器・食器などを置く棚。

(15) **細棚**　幅の狭い棚か。

(16)　**帯釼之人**　腰に釼をおびている人。

(17)　**直会殿**　直会は、神祭のあと神饌を下げて、饗饌にし、これを奉仕者らが飲食することで、そのための御《ご》殿《てん》。

(18)　**神主**　神職の総称として用いることもあるが、禰宜・祝の上に位する神職の上首。

(19)　**祭文**　神を祭るとき読む文。『本朝文粋』（巻十三）『本朝続文粋』（巻十二）『朝野群載』巻三・巻六に実例がある。祝詞が公的なものであるのに対して祭文は私的な性格がつよい。

(20)　**馬寮**　左・右馬寮。諸国の牧から貢上される馬の飼養・調教に当たる官司。『延喜式』（巻四十八）に「凡春日社春冬祭神馬四疋〔事訖放二本牧一〕走馬十二疋、其使五位以上官一人、率二馬医一人、馬部八人一供奉、但馬部各青摺衫一領、申レ官請受、事訖返上」とある。

(21)　**近衛府**　左・右近衛府。左近衛府はもと授刀衛、右近衛府は中衛府と称した。訓は「チカキマモリノツカサ」で、文字通り天皇側近の軍隊。『延喜式』（巻四十五）に「凡諸祭供二走馬一者、春日社使少将已上一人〔但帯二参議一者不レ須、賀茂亦同〕近衛十二人」とある。

(22)　**東遊**　東国の歌舞で「東舞」とも。九世紀後半に始まる。和琴・笛・笙・篳篥・拍子の伴奏で演ずる。

(23)　**召使**　本文114注(12)（四二三頁）参照。

(24)　**臨暗問之**　日が暮れてくらくなると…。

(25)　**御飯堅楽仁給倍**　御飯は天皇の食事。「かたらかに」は、速かに、しっかりとの意。

(26)　**大膳**　大膳職。臣下に下賜する饗膳のことを掌る。宮内省被官。その構成は表の如くである。

	定員	相当位
大　夫	1	正5位上
亮	1	従5位下
大　進	1	従6位下
少　進	1	正7位上
大　属	1	正8位下
少　属	1	従8位上
主　醤	2	正7位下
主菓餅	2	正7位下
膳　部	160	
使　部	30	
直　丁	2	
駈使丁	80	
雑供戸		

(27) **見参**　参会者（出席者）の名簿。

(28) **式云**　未詳。

(29) **禄所**　禄物を積んである場所。『江家次第』（巻五）に「上卿披見畢召レ弁給レ之〔弁為二代官一時取レ之下レ史〕弁復レ座召レ史給レ之、官掌令レ積レ禄、史就二給レ禄座一召二唱之一〔在二庭中一〕上卿以下起レ座受レ之」とある。

(30) **諒闇**　天皇が服する喪でいちばん重いもの。父母又はそれに准ずる人を対象とする。

(31) **袴不摺**　摺袴《すりばかま》とは種々の模様を摺り出した袴のことで、祭の使、舞人らはこの袴を着けるのであるが、諒闇のときはこれを用いない。

(32) 春日祭使の帰還に当たっては饗宴が行われたが、いつの頃からか、帰途の行事は一種の遊戯と化した。『江家次第』（巻五）によると、つぎの如くである。

祭のあと、一行は着物の紐《ひも》を解き髻を放ち梨原の宿院に着き終夜酔遊する。頭中将が大夫判官を召し、「御前辺狼藉恐有二犯人一、可二搦進一」と命ずる。直ちに、府の下部が犯人に見たてられ搦め捕られる。下部は罪を認め、盗品は使の君の御衣櫃の中に在ると答える。櫃をあけると禄の凡絹が入っている。これを官人らに分配する。翌日、酉《とり》の日の朝、餝馬をしたてて、ふだんから人気のない下人一人をのせて嘲哢する。帰途、不退寺の辺で、また盗人に見たてた男を捕らえ、盗品とした褂や衣を分配する。また大夫判官を馬から引き落とし、人ごとに足蹶《あしげ》にする。淀の津では雷鳴陣を立てる。官人らは笠をかぶり、胡簶《やなぐい》を負い、府の下部の一人に紅衣を着せて雷公と称し「為二春日大明神御使一所二送申一也、依レ此可下至二大臣大将一給上」と言う。ついで官人らに禄を給う。

【本　文】64

天徳五年二月、依禁中穢、祭使不參內、
應和六年十一月、春日祭使、平野祭、供奉所司觸內裏穢、仍以後日申可行
同四年二月廿二日、使幷他中少將皆觸穢、依先例停止
康保三年正月廿九日、雖在御忌月內、依神事不止、於陣下有歌遊事

【訓　読】

天徳五年二月(1)、禁中の穢により、祭使は参内せず(2)
応和六年十一月(3)、春日の祭の使、平野祭(4)、供奉の所司、内裏の穢に触る、仍《よ》りて後日の申を以て行うべし(5)
同四年二月廿二日(6)、使ならびに他の中少将皆穢(7)に触る、先例により停止す

康保三年(8)正月廿九日、御忌月の内に在りと雖も、神事止めざるにより、陣下(9)に於て歌遊(10)のことあり

【注　解】

(1) **天徳五年**　九六一年。応和元年。

(2) **祭使**　春日祭使。典拠未詳。

(3) **応和六年**　応和は四年までである。写本によっては「二」年とする。可然。応和二年、九六二年。

(4) **平野祭**　本文103（三九一頁）参照。四月と十一月の上申日に行われる。平野神社は延暦年間に創始されたと思われ、祭りもそのときから朝儀とされたのであろう。祭神は、今木・久度・古開・比売の四神を合祀したもの。今木は百済系渡来氏族の和《やまと》氏の祀った神、久度・古開は朝鮮系のカマド神または土師《はじ》（大江）氏の神という。

(5) **以後日申可行**　訓み方に三通りある。①後日の申の日を以て行うべし、②後日を以て申し行うべし。③後日を以て申《かさ》ねて行うべし。①か。『年中行事抄』に、「応和二年十一月、供奉諸司触㆓内裏穢㆒、仍以㆓後申㆒可㆑行」とある。

(6) **同四年**　応和四年。九六四年。

(7) **中少将**　近衛中将・少将。

(8) **康保三年**　九六六年。『日本紀略』（後篇四）に「廿九日乙未、春日祭使立、雖㆓御忌月㆒、依㆓神事㆒有㆓歌舞㆒」とある。

(9) **陣下**　陣は内裏の武官の詰所。

（10）**歌遊**　歌を詠じて遊び楽しむこと。

【本　文】65

同日、鹿嶋使立事〔長者定氏院學生、下宣旨給内印官符、天徳四年十一月、依内裏穢、給宣旨、伊勢使等例也〕

【訓　読】

同日(1)、鹿嶋使《かしまつかい》(2)立つこと〔長者《ちようじや》(3)は氏院《うじのいん》(4)の学生を定む、宣旨を下し内印《ないいん》(5)の官符を給う、天徳四年十一月(6)、内裏の穢により、宣旨を給う、伊勢使(7)等の例なり〕

【注　解】

（1）**同日**　上申日。春日祭の日と同日。

（2）**鹿嶋使**　常陸国の鹿島神宮は藤原氏の氏神とされ、朝廷は奉幣使を遣わした。

（3）**長者**　藤原氏の氏長者。

（4）**氏院**　大学別曹。藤原氏は勧学院。そこに寄宿勉学する学生。

（5）**内印官符**　内印は天皇御璽。内印の捺された太政官符。太政官符には内印を捺すものと外印（太政官印）を捺すものの二種がある。前者は諸国に下す太政官符、後者は在京の諸司に下す官符。

（6）**天徳四年**　九六〇年。九月二十三日に内裏焼亡（『日本紀略』後篇四）。

（7）　**伊勢使**　伊勢神宮への奉幣使。

【本　文】66

上酉日、率川祭事〔付春日祭幣使〕

【訓　読】

上《じょう》の酉《とり》の日、（1）率川《いさかわ》祭（2）のこと〔付《つけたり》、春日祭幣使（3）〕

【注　解】

（1）　**上酉日**　二月と十一月の最初の酉の日が率川社の祭りの日。

（2）　**率川祭**　藤原南家の氏神率川阿波神社（藤原是公によって建立された）の祭礼。率川は奈良市内を流れる小河川で延長五キロメートル。春日山紀伊社より発し、猿沢池付近では菩提川、率川神社付近では子守川と称し、大安寺の北西で佐保川に合流する。率川祭は、従来は率川坐大神御子神社の三枝《さいぐさ》祭のことと考えられていたが、最近の研究で、同社北方に鎮座する率川阿波神社の祭礼であることが明らかになった（岡田荘司『平安時代の国家と祭祀』〈群書〉一三二頁）。率川祭を三枝祭とする説は実に『令義解』にさかのぼる。「三枝祭〈謂、率川社祭也、以二三枝花一飾二酒罇一、故曰二三枝一也〉」とある。三枝は百合《ゆり》の花。三枝祭は平安中期には廃絶した。『神祇令』には「孟夏／神衣祭／大忌祭／三枝祭／風神祭」とし陰暦四月の祭りとする。『延喜式』

（巻一）は「四月祭」として「三枝祭三座〔率川社〕」とする。同じく『延喜式』（巻九）では「率川坐大神神御子神社三座」「率川阿波神社」と見える。『師光年中行事〔二月〕』は、「上酉日、率川祭事〔春日祭明日、或三枝祭云々、如二神祇式一者、四月祭レ之〕」「件両社在二一村一、相去不レ幾」と書いて疑問を呈し、『年中行事抄〔二月〕』も両社の名をあげて「件二社同在二一村一、相去不レ幾、世俗共称二率川一」と記す。

（3） **春日祭幣使** 本文62～64（二六二～二七一頁）参照。

【本　文】67

「大原野祭事」
上卯日、大原野祭事〔見役之外、給還往上日二ヶ日、延喜廿二年、新年祭同日行之〕
上卿以下先着着到殿〔入坤角庇、經諸大夫座後、着西面座、先着、氏大夫等起座、立屋西〕辨申定所掌、一獻後、於南庇卜神主〔用北家、若無用他門〕外記入筥、奉上卿、令開封見之、定仰一人〔冬祭、依子日前、令卜之〕三獻後下箸、次辨申行錄事、次所掌申着到人名、辨申上卿、次辨申定和舞人々、次起座、洗手昇御棚、次奉幣、着庭中座〔雨儀、御幣殿〕次內侍參進〔若有障者、神主開蓋〕次神主讀祭文、次着直會殿、次牽廻御馬、次東遊〔若近衛府使遅參、不必待之〕次上卿召召使〔二音〕稱唯參入〔入夜問之〕上宣、宮內省召、省官參入〔問之如先〕上宣、御飯速給、大膳官人申御飯給了由、次和舞、次外記奉見參、授辨、次給祿

【訓　読】

「大原野祭のこと」

上の卯《う》の日、(1)大原野祭のこと(2)〔見役の外《ほか》、還往に上日《じょうじつ》二か日を給う、(3)延喜廿二年、(4)祈年《としごい》祭(5)も同日に行う〕上卿以下は先ず着到殿に着く〔坤《ひつじさる》(6)の角《すみ》の庇《ひさし》に入り、諸大夫の座の後ろを経て、西面の座に着く、着くに先だち、氏の大夫ら座を起ち屋の西に立《た》つ〕弁は掌るところを申し定む、一献ののち、南の庇《ひさし》に於て神主を卜《ぼく》す(7)〔北家を用う、(8)若し無くば他門を用う〕(9)外記《げき》は筥《はこ》に入れ(10)上卿に奉る、開封せしめ之を見る、一人を定め仰す〔冬の祭は、(11)子《ね》の日より前《さき》に、之を卜せしむ〕三献ののち箸を下す、次いで弁は録事を申し行う、(12)次いで所掌は(13)着到人(14)の名を申す、弁は上卿に申す、次いで弁は和舞《やまとまい》(15)の人々を申し定む、次いで座を起つ、手を洗い(16)御棚を舁《か》く、次いで奉幣し、庭中の座に着く〔雨儀は、幣殿(17)に御す〕次いで内侍参進す〔若《も》し障《さわり》あらんには、(18)神主蓋《ふた》を開く〕次いで神主は祭文《さいもん》(19)を読む、次いで直会殿《なおらいでん》(20)に着く、次いで御馬を牽《ひ》き廻わす、次いで東遊《あずまあそび》(21)なり〔若し近衛府使遅参せば必ずしも之を待たず〕次いで上卿は召使《めしづかい》(22)を召す〔二音《ふたこえ》(23)〕称唯《いしょう》(24)し参入す〔夜に入り之を問う〕上宣し、宮内省召せと、省官参入す〔之を問うこと先の如し〕上宣し、御飯速《おものかたらか》(25)に給えと、大膳の官人、御飯給い了《おわ》る由を申す、次いで和舞《やまとまい》なり、次いで外記は見参《げざん》(26)を奉る、弁に授く、(27)次いで禄を給う。

【注　解】

(1) **上卯日**　二月の最初の卯の日。十一月にも祭りがあり、こちらは中の子の日。

(2) **大原野祭**　山城国乙訓《おとくに》郡の大原野神社の例祭。祭神は春日社と同じ。健甕槌命・伊波比主命・天児屋根命・比売神の四座。

(3) **見役之外給還往上日二ヶ日**　大原野祭への奉仕の日数のほか、往復を二日分上日（出勤日数）として認められる。

（4）**延喜廿二年**　九二二年。

（5）**祈年祭**　本文70（二八一頁）参照。

（6）**坤**《ひつじさる》　南西。

（7）**卜神主**　神主を定める。

（8）**北家**　藤原北家の者。

（9）**他門**　藤原氏以外の者。

（10）**入筥**　選らばれた神主の名を書いたものを筥に入れる。

（11）**冬祭**　十一月の大原野祭。十一月中の子の日。

（12）**録事**　酒をすすめること。『江家次第』（巻五）に「録事、皇后不レ祭之時不レ仰レ之、録事差二氏人一人一強二酒於氏人等一也、同二於大饗録事之義一也」とある。

（13）**所掌**　掌は各官庁に配置された判位官で書類を上達し使部を取締る。

（14）**着到人**　祭事に参仕し、その場に到った者。

（15）**和舞**　大和地方の風俗舞曲。奉仕するのは六位の氏人。『江家次第』（巻五）。

（16）**洗手**　身を潔める。

（17）**幣殿**　拝殿と本殿との中間にあり幣帛や献上物を捧げる社殿。

（18）**若有障者**　もし内侍に支障があれば…。

（19）**祭文**　神に告げる言葉。祭詞。

(20) **直会殿**　直会は、神事のあとに、神前に供えた神酒・神饌をおろして行う宴会で、その場所。
(21) **東遊**　本文63注（22）（二六九頁）参照。
(22) **召使**　太政官の史生の下に置かれた微官で、釈奠や列見で官人を召す役。
(23) **二音**　二声。「音」の訓はこえ。
(24) **称唯**　官人が喚ばれたときに「おう」「おし」と応えること。
(25) **御飯速給**　速かに食事を給え…。
(26) **見参**　祭祀に参加した人の名簿。
(27) **禄**　見参の者に賜わる。臨時手当。

【本　文】68

上卿不參時、以辨爲上代、但、氏辨有障不參者、他氏辨參入、異春日祭、若有氏人一人、神主更不卜之、但、有北家人一人、又有他門人々者、尚卜歟、可尋之

天暦七年二月、於內裏不發歌笛〔依院御周忌內、於陣外發歟〕

天德五年二月、安居令申依傍親喪、不供奉由、仰令差代官

應和元年十一月、右大臣令申以大宰所進綿、可充祭庭積事

【訓　読】

上卿参らざる時は、弁を以て上《しょう》の代《かわり》とす(1)、但《ただ》、氏の弁の障《さわり》ありて参らざるは、他氏の弁参入す、春日祭(2)に異なるなり、若し氏人一人あらんには、神主更に之を卜《うらな》わず(3)、但、北家の人(4)一人あり、又他門の人々有らば、尚《なお》卜うか尋ぬべし

天暦七年(5)二月、内裏《だいり》に於て歌笛《かてき》を発《おこ》さず(6)〔院の御周忌(7)の内により、陣(8)の外に於て発すか〕

天徳五年(9)二月、安居《あんご》(10)傍親の喪により(11)供奉《ぐぶ》せざる由を申さしめ、仰せて代官を差《つか》わしむ

応和元年(12)十一月、右大臣(13)、大宰《だざい》の進《たてまつ》るところの綿(14)を以て祭の庭積(15)に充つべきことを申さしむ

【注解】

(1) **上代** 上卿の代官。

(2) **春日祭** 本文62~64(二六一~二七一頁)参照。

(3) **神主更不卜之** 氏人が一人でも居れば、そのうえこと更に誰を神主に充つべきか卜うことはしない。

(4) **北家人** 藤原北家の人が一人おり、またそれ以外の人々が居た場合は、卜いえらぶ。

(5) **天暦七年** 九五三年。

(6) **不発歌笛** 音楽を奏することをしなかった。

(7) **院御周忌** 院は朱雀法皇。天暦六年八月に没した。周忌は亡くなってから一年のうちの忌日。

(8) **陣** 近衛の陣。

(9) **天徳五年** 九六一年。

(10) **安居** 夏季九〇日間、経典の講説を行い修行する行事。但し、ここは二月のこと、未詳。

(11) **傍親喪**　傍系親族の喪。天徳四年五月村上天皇の女御安子の父藤原師輔が没している。

(12) **応和元年**　九六一年。天徳五年二月十六日改元、応和となる。

(13) **右大臣**　藤原顕忠。但し、写本により「左大臣」とするものあり。左大臣は藤原実頼である。

(14) **大宰所進綿**　大宰府から貢進された綿（真綿）。都に送られる綿は貢綿船に載せられて送進された。

(15) **庭積**　このところ、読みが落ちつかない。禄物に充てる綿であろう。

【本　文】69

三日以前、京官除目事

【訓　読】

三日より前《さき》(1)、京官《きょうかん》(2)の除目《じもく》(3)のこと

【注　解】

(1) **三日以前**　二月三日以前。『小野宮年中行事』に「三日以前京官除目事（式部省例云、十三日以前京官除目）」とある。

(2) **京官**　養老「公式令」には「凡在京諸司為㆓京官㆒、自余皆為㆓外官㆒」とある。「大宝令」文では「凡在京諸司為㆓京官㆒、其監司在外及国郡軍団、皆為㆓外官㆒」（野村忠夫氏復原）又は「凡在京諸司為㆓京官㆒、是此内官、

其監司在外国郡軍団、皆為二外官一、是此外官」（瀧川政次郎氏復原）とあったと推測される。すなわち、京官＝内官。

（3）**除目**　官職任命の政務的儀式。「除」は官に任ずることで、旧官を除いて新官を授けること。『官職難儀』に「京官除目は秋行也、是も上古は春行て侍る也、然れども秋行事になれり、さて秋の除目と申也、延引すれば冬行たる例多く侍り、此除目を内官除目とも司召とも申也、是は内官を本として外国をも任ずる也」とある。除目ははじめ二月であったが、しだいに時期がおくれ、平安後期には秋から冬の十二月にかけて行われるようになった（「秋の除目」と称した）。『小右記』永観二年十月二十八日条に、「廿八日、甲辰、早朝参内、依レ仰撰候申文等、今日除目議始也、申時左大臣先依レ召参上、次召二諸卿一参上〔有筥事〕内蔵饗如レ例、仰余云、此度可有御給否、以二大外記忠輔一令レ勘二先例一者、有二天慶・安和例一〔天慶例京官・外国相並、安和唯京官而已〕戌終公卿退下」とある。

【本　文】70

「祈年祭事」

四日、祈年祭事〔廢務、前散齋一日、少納言付内侍、令奏齋文、月次・九月十一日奉幣・新嘗祭同之〕神祇官率御巫着西廳、大臣以下、入自齋院北門〔若事未辨備、暫坐北門西掖、大臣東面、參議以上西面、外記候閤外、外記申供神物辨備之由〕就北廳座〔大臣南面、入北面東戸、參議已上西面、入自東妻着之、王大夫東面並北上、延長二年、伯安則申、先例、大臣入自西戸、納言入自東戸、參議入自東壁下云々、而儀式及先年例如之〕

上卿召召使二聲、稱唯參入、上宣、式部省乎刀禰奉入止〔末ツ禮、若末以禮歟〕宣、式部省率群官、入自南門、着南廳座、御巫坐西廳前庭、左右馬寮各引馬十一疋〔月次祭各二疋〕立刀禰殿東庭〔猪雞等預繋之〕神部・祝部等、入立西廳南庭、神祇官人降坐廳前、次上卿以下、降着廳前座〔雨儀、砌上〕中臣進就座、讀祝詞了、上卿以下拍手、各復本座、次班幣物〔雨儀、立砌上〕訖、史申其由、上卿以下退出

神祇官有穢時、於宮内省行之、上卿先着後廳北屋、供奉神物辨備了、經廳東砌上着座、如神祇官儀

【訓読】

「祈年祭のこと」

四日(1)、祈年祭《としごいまつり》(2)のこと〔廃務(3)、散斎《あらいみ》(4)に先《さきだ》つこと一日、少納言は内侍《ないし》に付《さづ》け、斎文《さいもん》(5)を奏せしむ、月次《つきなみ》(6)、九月十一日(7)奉幣す、新嘗祭《にいなめのまつり》(8)も同じ〕神祇官は御巫《みかんなぎ》(9)を率いて西の庁(10)に着く、大臣以下、斎院の北の門(11)より入り〔若し事の未だ弁《わきま》え備えざるは、暫《しばら》く北門の西掖《にしわき》(12)に坐す。大臣は東面し、参議以上は西面す、外記は閤外《こんがい》(13)に候す、外記は供神物弁え備うる由を申す〕北庁(14)の座に就く〔大臣は南面し、北面の東の戸に入る、参議已上は西面し、東の妻《つま》(15)より入りて之に着く、王大夫(16)は東面して並び北を上とす、延長二年(17)に、伯《はく》安則申す(18)、先例は、大臣は西の戸より入り、納言は東の戸より入り、参議は東の壁下より入ると云々、而るに儀式(19)及び先年の例は之の如し〕上卿の召使《めしづかい》(20)を召すこと二声《ふたこえ》、称唯《いしょう》し参入す、上宣(21)し、式部省を刀禰《とね》(22)入り奉れと〔末ツ礼《まつれ》、若しくは末以礼《まいれ》か〕宣す、式部省は群官を率いて、南門より入り、南庁(23)の座に着く、御巫は西庁の前庭に坐す、左右馬寮は各々《おのおの》馬十一疋を引く〔月次祭(24)には各々二疋なり〕刀禰殿(25)の東庭に立つ〔猪雞(26)等は預め之を繫ぐ〕神部《かんべ》(27)・祝部《はふりべ》(28)ら、西庁の南庭に入り立つ、神祇官人は降りて庁前に坐す、次いで上卿以下、降りて庁前の座に着く〔雨儀は、砌の上なり〕中臣

(29)は進みて座に就く、祝詞《のりと》(30)を読み了わり、上卿以下手を拍《う》ち、各々本の座に復す、次いで幣物を班《あか》つ(31)〔雨儀《うぎ》は、砌《みぎり》の上に立つ〕訖《おわ》りて、史《さかん》は其の由を申し、上卿以下退出す、
神祇官に穢ある時は、宮内省に於て之を行う、上卿は先ず後庁の北の屋(32)に着き、供奉の神物弁え備え了わり、庁の東の砌の上を経て座に着くこと、神祇官の儀の如し

【注　解】

（1）**四日**　二月四日。

（2）**祈年祭**　「きねんさい」。一年の豊穣を祈る祭祀。「年」は「稔」で五穀の実りを意味する。「神祇令」に「仲春祈年祭」とあり、『令義解』は「祈猶レ禱也、欲レ令二歳災不一レ作、時令順レ度、即於二神祇官一祭之、故曰二祈年一」とある。「祈年」の字は『周礼』（春官条）の「祈レ年承二豊年一」に出典がある。その慣わしは唐代のそれに拠るもので、天武朝に始まり「飛鳥浄御原令」で規定が設けられたものと考えられる。柳田国男「月曜通信」（全集16）に「旧暦二月の満月以前のある一日をもって、田の神の高きより降りたまうとする信仰は、ほぼ一様に全国に行き渡っている。（中略）朝廷の式典の古来著名なもの、すなわち二月月始めの祈年祭と、十一月下弦の頃の新嘗祭とが、この田の神の祭日と、ほぼ一致したのは偶然とは言われない」とある。一方『古語拾遺』に、神代に、大地主神が田を作っていたとき、歳神の祟《たたり》にふれ、歳神が蝗《いなご》を田に放ったので、稲がたちまち枯れてしまった。そこで大地主神は白猪・白馬・白鶏を献げて歳神の怒りを鎮めたという。「是今神祇官以二白猪白馬白鶏一祭二御歳神一之縁也」とある。柳田の指摘とあわせて、この祈年祭の起源は令制以前の民間信仰に求められるかもしれない。寛平五年（八九三）三月二日太政官符（『類聚三代格』巻一）

には、「二月祈年、六月十二月〻次、十一月新嘗祭等者、国家之大事也、欲レ令二歳災不レ起時令順一レ度、預二此祭一神、京畿外国大小通計五百五十八社」とあり、『延喜式』（巻一）には「祈年祭神三千一百卅二座」とあり、神名帳に載っているすべての神社が、この祭で幣帛の供進に与った。幣帛の品目と量は大社（四九二社）と小社（二六四〇社）で座があるが、それらは『延喜式』に詳しい。

二月四日の平明（＝夜あけ）幣を斎院の案上・案下に奉る。神祇官人、大臣以下所定の座に着く。中臣が進み出て祝詞を宣る。ついで大臣以下は二回手を拍ち、忌部が神祇伯の命により幣帛を頒ち、官人らは退出する。諸社の祝《はふり》が出頭して幣を受けるのであるが、平安初期には「程途遼遠、往還難渋」を理由として祝が出頭せず、徒らに官倉に山積されているありさまだったので、貢調使・大帳使に附して送り、官長に奉幣させる手段もとった（斉衡二年五月二十日太政官符『類聚三代格』巻一）。一〇世紀初頭には、この祭が衰退して実を失っていたことは三善清行の意見十二箇条にも述べられている。

（3）**廃務**　朝廷の政務を停止し官人らが出仕しない。

（4）**散斎**　祭祀の際に、神事を執り行う者が、真忌《まいみ》の前に行う軽い物忌のこと。「あらいみ」とも。

（5）**斎文**　祭文？非か。

（6）**月次**　月次祭。毎年六月と十二月の十一日に神祇官で行われた祭儀。神々に奉幣する。

（7）**九月十一日**　伊勢神宮への奉幣。

（8）**新嘗祭**　毎年十一月下卯日に行われる祭儀。天皇即位の場合は大嘗祭と呼ぶ。

（9）**御巫**　神祇官に置かれた女官で吉凶を占い、また神事に奉仕する未婚の女性。

（10）**西庁**　神祇官の西院の西舎。

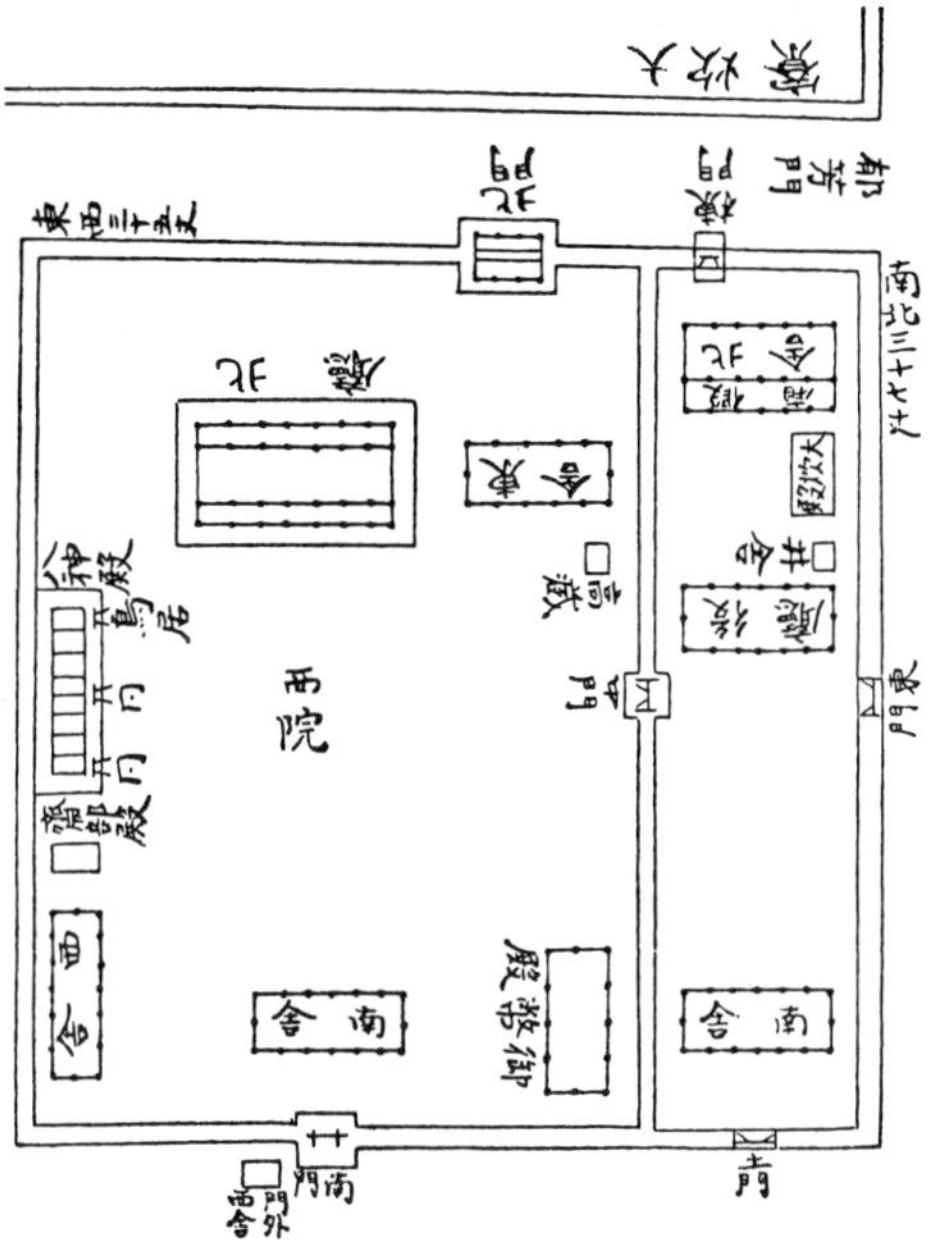

（大内裏圖考證　第十九坤より）

⑾　**北門**　神祇官の北門。

⑿　**西掖**　北門の西掖（脇）門。

⒀　**閫外**　しきいの外。戸外。

⒁　**北庁**　神祇官西院の主屋。

⒂　**妻**　建物の側面。

⒃　**王大夫**　王と大夫。王は皇胤で、親王宣下を受けたもの。大夫は、五・六位の官人を指すか。

⒄　**延長二年**　九二四年。

⒅　**伯安則**　『尊卑分脈』（巻三）に源趁の母は神祇伯大中臣安則女と見える。「中臣氏系図」（群書類従巻六十二）に見える。寛平六年祭主、権大祐、正六位上。同七年八月転権少副、同八年正月従五位下、同時任大副、同九年十一月従五上、延喜十四年正五下、同十七年十一月十七日従四下、同十八年転任伯、同廿一年正月兼伊勢権守、延長三年正月従四上、同六年正月廿四日卒。

子老（祭主正四位下 神祇伯）――弟守（豊前守 従五下）――道雄（伯耆大掾）――安則

(19) **儀式** 該当部分を抜書きする。「次神祇官人率二御巫等一入レ自二中門一、就二西舎座一、東面北上、大臣以下入レ自二北門一、就二門内座一〔大臣在二西掖一東面、参議以上在二東ノ掖一西面、着レ紫、五位以上在二門外ノ東ノ掖一西面、外記率二史生召使等一在二西ノ掖一東面重行〕外記申二庶事弁畢之状一、共起就二北舎座一、大臣南面、参議以上西面、諸王東面、並北上〔其大臣用二北戸一、参議以上東砌、諸王西砌〕」とある。

(20) **召使** 史生の下に置かれた微官で、官人を召すなどの役をつとめる。

(21) **上宣** 上卿の責任において出す宣旨。奉勅宣旨に対する。

(22) **刀禰** 諸司の主典《さかん》以上の官人。

(23) **南庁** 神祇官庁西院の南舎。

(24) **月次祭** 注(6)参照。

(25) **刀禰殿** 神祇官庁西院の西側にある斎部殿のこと。

(26) **猪雞** 『江家次第』（巻五）に「白猪入レ檻、白雞予繋レ之」とある。

(27) **神部** 神祇官の構成員で定員三〇人。伴部《ともべ》で番上官。

(28) **祝部** 祝は下級神職。地方の神社の祭祀を掌ったが、中央では神主と称した。祝部は祝を統轄する伴。神戸から取り任用した。祝部は祭物を受け、これを自己の祭る神に供えるのである。

(29) **中臣** 祝部である中臣氏。

（30）**祝詞**　のりと。神に向かって唱えることば。

（31）**班幣物**　延喜十四年（九一四）の三善清行「意見十二箇条」に、「神祇官、毎レ社設二幣帛一裹、清酒一瓮、鉄鋒一枝一、陳二列棚上一、又社或有二奉馬者一焉、〔祈年祭一疋、月次祭二疋〕亦左右馬寮、牽二列神馬一、爰神祇官、読二祭文一畢、以二件祭物一、頒二諸社祝部一、令レ奉二本社一」とある。

（32）**後庁北屋**　後庁は神祇官庁の東側の区劃（東院）の中央にある東舎で事務室。北屋はその北側にある北舎。

【本　文】71

延引停止時、於建禮門前、行大祓、月次・賀茂祭・九月十一日奉幣・新嘗祭等、同之、但、賀茂祭・新嘗祭、以他月不行

延長四年十二月、月次祭、外記・史皆觸內裏穢、仍用代官

同七年十二月、辨史皆觸內裏穢、仍用代官

承平四年六月、月次祭、馬代進調布八端、上卿令仰可進見馬之由〔後々多此例云々〕

天曆三年七月廿二日、月次祭〔依穢延也〕馬寮所牽進馬、腰損足蹇、已不中用、右少史扶茂參藏人所、令奏事由、以板立御馬、可令牽進者

同十年六月、月次祭、伯勘事、無五位以上副、依無代官例、免忠望王勘事、令分行諸社幣畢

天德五年二月、左馬寮中馬十一匹內、不堪牽進狀、仰以野放馬令充

應和四年二月、以不穢所司令供奉

【訓読】

延引・停止の時(1)は、建礼門前(2)に於て、大祓(3)を行う、月次(4)・賀茂祭(5)・九月十一日奉幣(6)・新嘗祭(7)等も之に同じ、但《ただ》、賀茂祭・新嘗祭は他月を以て行わず

延長四年(8)十二月、月次祭、外記・史皆内裏の穢に触る、仍りて代官を用う

同七年(9)十二月、弁・史皆内裏の穢に触る、仍りて代官を用う

承平四年(10)六月、月次祭、馬代《うましろ》(11)に調布八端を進る、上卿は見馬(12)を進るべき由を仰せしむ〔後々、此の例多しと云々〕

天暦三年(13)七月廿二日、月次祭〔穢に依り延びたるなり〕(14)、馬寮の牽《ひ》き進《まい》らすることろの馬、腰損じ足は蹇《な》えて、已に用うるに中《あた》らず(15)、右少史扶茂(16)、蔵人所(17)に参り、事の由を奏せしむ、板立《いただち》(18)の御馬を以て牽き進らしむべしとてへり

同十年(19)六月、月次祭、伯勘事、五位以上の副(20)無く、代官の例無きに依り、忠望王(21)勘事を免《ゆる》す、諸社の幣を分け行わしめ畢《おわん》ぬ

天徳五年(22)二月、左馬寮、馬十一疋の内、牽き進らすに堪えざる状を申す、仰せて野放《のかい》馬(23)を以て充てしむ

応和四年(24)二月、穢れざる所司を以て供奉せしむ

【注解】

(1) **延引停止時**　祈年祭が何らかの事由によって、先送り、またはとりやめになったときは…。

（2）**建礼門**　内裏外郭南面正面の門。ここを入ると承明門で、これを通ると正面の紫宸殿に至る。

（3）**大祓**　罪けがれを祓い清める行事。元来は六月と十二月の晦日に朱雀門前で行われたもの。臨時に行うことも多々ある。

（4）**月次**　月次祭。本文70注（6）（二八四頁）参照。

（5）**賀茂祭**　京都の賀茂別雷神社（上社）と賀茂御祖神社（下社）の祭礼。四月第二の酉の日（現在は五月十五日）。葵祭。なお、賀茂臨時祭が十一月末の酉の日に行われた。本文（四四〇頁）参照。

（6）**九月十一日奉幣**　伊勢大神宮への奉幣。

（7）**新嘗祭**　毎年十一月下の卯の日に行われる祭祀。天皇即位に際しては大嘗祭と称する。稲の収穫を感謝し、来るべき年の豊熟を祈念する祭。

（8）**延長四年**　九二六年。

（9）**同七年**　延長七年。九二九年。

（10）**承平四年**　九三四年。

（11）**馬代**　馬そのものではなく、その代物のこと。ここでは調布八端。調布は調として納められた麻布。端は布の長さの単位。二丈六尺。

（12）**見馬**　現馬。馬そのもの。

（13）**天暦三年**　九四九年。

（14）**依穢延也**　『日本紀略』（後篇三）に「廿二日癸亥、月次祭、神今食也、天皇依㆑雨不㆑幸㆓神嘉殿㆒、去月頻有㆑穢、于㆑今所㆓延引㆒也」とある。

(15) **已不中用**　まったく役に立たない。

(16) **右少史扶茂**　未詳。

(17) **蔵人所**　今外官。平安初期に設置された。天皇側近に在って諸々の用をつとめる。別当、頭、五位蔵人、六位蔵人などより成る。

(18) **板立**　櫪飼《いたがい》に同じ。板囲いの厩《うまや》の中で馬をかうこと。

(19) **同十年**　天暦十年。九五六年。『江家次第』（巻七）頭書に「伯勘事云々、天暦十、六十一、天皇御二中院一為レ班幣神祇官人不レ候、仍忽免二勅勘一、忠望王従レ事」とある。

(20) **副**　神祇副、次官。大副の相当位は従五位下、少副の相当位は正六位上。

(21) **忠望王**　『尊卑分脈』（第四篇）四一頁に光孝天皇の孫で、内膳正・正五位下忠望王がみえる。

(22) **天徳五年**　九六一年。二月「四日戊辰、祈年祭」（『日本紀略』〈後篇四〉）。

(23) **野放馬**　野飼馬。牧場に放って飼育する馬。「板立馬」に対する。

(24) **応和四年**　九六四年。『日本紀略』（後篇四）康保元年（七月改元）二月四日条に「祈年祭延引、仍於二八省院東廊一大祓」とある。そして二十二日に「祈年祭〈式依レ穢延引也〉」と見える。

【本　文】72

「園韓神祭事」

中丑日、園韓神祭事〈用春日祭後丑〉

上卿入自宮内省南門、着神院北屋座〔西第三間、南面、辨以下侍従内舎人等、着件座〕神祇官獻供神物〔内侍・女藏人參仕、如恆〕次發絲竹音、迎山人〔院南門内設座〕左右衛士山人申了、取薪置南北炬火屋、次上召召使二聲、稱唯參入、上宣、阿誰、召使申職姓名、上宣、治部省召、丞參入、上宣、阿誰、申官姓名、上宣、哥人率來〔爲天萬宇古〕雅樂寮哥人等、着南屋座、次召召使二音、召使參入、問答如前、上宣、左右馬寮召、允等參入、上宣、誰、各申官姓名、上宣、神御馬率來、御馬各二疋、牽立神殿前、次召召使、問答如前、仰云、大藏省召、丞入、上宣、誰、申官姓名、上宣、蘰木綿給、隨召給之、次祝師〔或說云、御巫子〕申祝詞、上卿以下拍手、次引廻御馬七廻、了引出、次神遊、御巫舞了、神部等持神寶舞廻、次度北神殿、神遊如先、了、又就南、大膳職羞饌、造酒司獻盃〔佑置盃於酒臺、獻上卿、令史勸辨・侍從等、史生給外記以下〕所司敷倭舞座、次和舞〔先神祇官人、次本省丞・侍從二人、次内舎人二人、次大舎人二人〕次辨召官掌、令召宮内省、仰御飯事、大膳官人申給了由、上卿以下分散

【訓　読】

「園韓神祭《そのからかみまつり》のこと」

中の丑《うし》の日(1)、園韓神祭(2)のこと〔春日祭(3)ののちの丑を用う〕

上卿《しょうけい》(4)は宮内省(5)の南門より入り、神院(6)の北の屋の座に着く〔西の第三の間、南面す、弁《べん》以下侍従《じじゅう》(7)内舎人《うどねり》(8)ら件の座に着く〕神祇官《じんぎかん》は供神物《ぐしんもつ》を献《たてまつ》る〔内侍《ないし》(9)・女蔵人《にょくろうど》(10)の参仕する恒《つね》の如し〕次いで糸竹《しちく》(11)の音を発す、山人《やまびと》(12)を迎う〔院の南門の内に座を設く〕左右の衛士《えじ》山人申し了わる、薪(13)を取り南北の炬火屋《ひたきや》(14)に置く、次いで、上《しょう》(15)の召使《めしづかい》(16)を召すこと二声《ふたこえ》、称唯《いしょう》し参入す、上宣(17)す、阿誰《たれぞ》と、召使は職姓名を申す、上宣し、治部省召せと、丞参入

す、上宣す、阿誰《たれぞ》と、官姓名を申す、上宣す、歌人《うたびと》(18)率来《いてまうこ》と〔為天万宇古《いてまうこ》〕雅楽寮《うたのつかさ》の歌人ら、南の屋の座に着く、次いで召使を召すこと二音《ふたこえ》、召使参入す、問答は前《さき》の如し、上宣す、左右馬寮召せと、允ら参入す、上宣す、誰そ、各々官姓名を申す、上宣す、神御馬(19)率来《いてまうこ》と、御馬各々二疋、神殿の前に牽《ひ》き立つ、次いで召使を召す、問答は前の如し、仰せて云う、大蔵省召せと、丞入る、上宣す、誰そ、官姓名を申す、上宣す、蘰木綿《かづらゆう》(20)給えと、召すに随い之を給う、次いで祝師(21)〔或る説に云う、御巫子《みかんのこ》と(22)〕祝詞《のりと》(23)を申す、上卿以下手を拍《う》つ、次いで御馬を引き廻らすこと七廻り、了《お》わりて引き出す、次いで神遊《かみあそび》(24)、御巫《みかんなぎ》舞い(25)了わる、神部ら神宝《じんぽう》(26)を持ち舞《ま》い廻《めぐ》る、次いで北の神殿に度《わた》り、神遊する先の如し、了わりて、又南に就く、大膳職は饌を羞《すす》む、造酒司は盃を献《たてまつ》る〔佑は盃を酒台に置き、上卿に献《たてまつ》る、史をして弁・侍従らに勧めしむ、史生は外記以下に給う〕所司は倭《やまと》舞《まい》(27)の座を敷く、次いで和舞なり〔先ず神祇官人、次いで本省の丞、侍従二人、次いで内舎人二人、次いで大舎人二人〕次いで弁は官掌《かじょう》(28)を召し、宮内省を召さしめ、御飯《おもの》のことを仰す、大膳の官人、給い了わる由を申し、上卿以下分散す(29)

【注　解】

（1）**中丑日**　二月第二の丑の日（春日祭のあとの丑の日）と十一月の第二の丑の日（新嘗祭の前の丑の日）。

（2）**園韓神祭**　園神と韓神の祭。両神は、宮内省占有地内西北隅に祀られていた神。その来歴は不詳とされているが、園神は大物主神、韓神は大已貴命を祭神とする。

（3）**春日祭**　本文62（二六二頁）参照。

（4）**上卿**　本文25注（36）（一〇一頁）参照。

（5）**宮内省**　天皇・皇室の庶務を扱う。職掌はすこぶる広く、職一・寮四・司一三の下級官司を管する。

（6）**神院**　園・韓神を祀るところ。

（7）**侍従**　中務省の構成員。従五位下相当で定員は八人。このうち三人は少納言。天皇に近侍し、その職掌は「掌、常侍規諌、拾遺補闕」とある。規諌とは「規《のり》」を越えないように天皇をいさめる。それは「少々行事」とあるように、たとえば「御酒過レ度」というようなこと（『令集解』古記）。「拾遺」は「可行事在二遺忘一中悟耳」、「補闕」は「装束闕落取治心耳」とあるように、天皇の身の廻わり、挙措、日常生活上の注意をすることをいう（『令集解』古記）。

（8）**内舎人**　中務省に属し、侍従に類する近習。「掌、帯刀宿衛、供二奉雑使一、若駕行分二衛前後一」という。内舎人は蔭子孫中からえらばれる。

（9）**内侍**　本文25注（13）（九九頁）参照。

（10）**女蔵人**　女官の一。天皇に近侍する。内裏貞観殿内の御匣殿を候所とする。殿中の掃除、手水・御膳の供進、御剣・御璽の奉持等々を行う。命婦を中﨟、女蔵人を下﨟とするという（『江次第鈔』一）。

（11）**発糸竹音**　琴・琵琶などの弦楽器と笙・笛など管楽器の総称。管弦を奏する。

（12）**山人**　元来は山中を漂泊していた山中の民であるが、吉野国栖の如き者であろう。祭事になぜ山人が奉仕するのか、必ずしも明らかではないが、柳田国男は「山人の参列はただの朝廷の体裁装飾でなく、あるいは山から御霊を御降し申すために、欠くべからざる方式ではなかったか」と述べている（「山の人生」『柳田国男全集』4）。

（13）**薪**　本文44（一七九頁）（御薪事）参照。

(14) **炬火屋**　火炬屋。ひたきや。衛士の詰所。かがり火をたいて守衛する。

(15) **上**　上卿。

(16) **召使**　本文5注（14）（二一三頁）参照。

(17) **上宣**　上卿の責任で発する宣旨。

(18) **歌人**　雅楽寮に属し歌謡をつかさどる。歌人は男で定員四〇人。女は歌女で一〇〇人。

(19) **神御馬**　神馬。神に奉納する馬。

(20) **蘰木綿**　木綿《ゆう》は、楮《こうぞ》の木の皮の繊維を蒸《む》して水にさらし、細かに裂いて糸としたもの。幣帛として用いる。神官（神事奉仕の者）が冠にかけるのを蘰木綿と称する。

(21) **祝師**　祝詞師《のりとし》か。未詳。

(22) **御巫子**　御巫《みかんなぎ》。神祇官に置かれた未婚の女官。吉凶を占い、また神事に奉仕する。

(23) **祝詞**　神祭りに、神に捧げる唱えごと。古体の独特の文体を持つ。

(24) **神遊**　歌舞を奏して神を慰めること。また、その歌舞をいう。神楽《かぐら》。

(25) **御巫舞**　巫女《みこ》の舞。

(26) **神宝**　神社に供えられる宝物。神服・調度品・武具・紡織具など多岐にわたる。

(27) **倭舞**　和舞とも。本来大和地方の風俗舞であったものが古代宮廷に入ったもの。初見は『続日本紀』（巻三十）宝亀元年（七七〇）三月二十八日条内「河内大夫従四位上藤原朝臣雄田麻呂已下奏㆓和舞㆒」である。

(28) **官掌**　神祇官の掌。各官司に置かれた掌と同様、「通㆓伝訴人㆒、検㆓校使部㆒、守㆓当官府㆒、庁事鋪設」とされる。神祇官掌の設置年次は未詳。

（29）祭の次第について、『儀式』（巻一）に拠り略述する。祭の当日早朝に、神祇官は神部・卜部・炊女《かしきめ》らをひきいて神院に向かい供物を備える。舗設担当は掃部寮である。神祇官は高机を神殿の前に立てる。まず南の園神、ついで北の韓神の順である。内侍が座につき〔二月は戊の一刻、十一月は酉の三刻〕大臣、諸司が順によって座につく、神祇官は神饌を供え、神部二人が賢木を庭中に立て、庭火をたく。大臣の召により召使が版位につき姓名を名乗る。ついで治部省の丞が版位につき官姓名を称する。大臣の宣により雅楽寮官人と歌人・歌女が座につく。ついで神馬が索かれる。大蔵省の丞が大臣の宣により木綿を筥に入れて持参し、神祇官人に賜い、ついで丞が参議以上に賜い、録が五位以上の官人に、史生が諸司の判官以下召使以上に、蔵部が諸司の史生以下歌女以上に賜わる。いずれも手を拍《う》ちこれを受ける。主典以上は安芸木綿、自余は凡木綿である。おわって、御巫が微声で祝詞を宣《の》る。神馬が退出し、神祇副が琴師二人、笛工二人に演奏させる。御神子が庭火を廻り、湯立《ゆたて》の舞を舞い、神部八人もともに舞う。また祐以上、宮内の丞一人、侍従二人、内舎人二人、大舎人二人が舞う。弁大夫が官掌を喚ぶ。官掌は版位につき官姓名を称する。官掌は外門に出て録を喚び、参入した録に弁大夫が「御飯を賜わしめよ」と命じ、膳部五人が出て、大膳進・属以下とともに神祇官官人、大臣以下に御飯を賜う。おわって、神祇官は拍手し、酒盃を三度傾ける。大臣以下は順に退出する。神祇官は御巫・物忌・神部らをひきい、両神殿前で神楽を奏する。造酒司の史生・酒部らが朝の神楽料一缶をたてまつる。主殿寮の殿部らが庭燎を供し、ことおわり退出する（なお、『西宮記』『江家次第』にも式次第について記述がある）。

【本文】73

天慶二年二月十七日、外記貞周申云、今日祭、參議以上皆悉有障不參云々、依大原野祭無上行例、可行之由、仰了、十八日、貞周申告治部卿令參事、是任意招取有病老卿也〔貞御記〕

【訓読】

天慶二年(1)二月十七日、外記貞周《さだちか》(2)申して云う、今日の祭(3)、参議以上みな悉く障《さわり》(4)ありて参らずと云々、大原野祭(5)に上《しょう》(6)なく行う例により、行うべき由、仰せ了《おわ》る、十八日、貞周、治部卿(7)に申し告げ参らしむること、是れ意《こころ》に任せて病いある老卿を招き取るなり〔貞御記(7)〕

【注解】

(1) **天慶二年**　九三九年。

(2) **外記貞周**　『外記補任』天慶二年条に大外記物部貞用と見えるのは貞周か。未詳。写本によっては「貞用」とする。

(3) **今日祭**　天慶二年二月十七日の園韓神祭。

(4) **障**　何らかの差支えがあって、支障あって。

(5) **大原野祭**　本文67（二七五頁）参照。

（6）**上** 上卿。

（7）**治部卿** 天慶二年当時、治部卿は従三位・参議藤原当幹（七六歳）。父良尚、母は菅野高年の娘。文章生より出身。蔵人、従五位下、下野守、左衛門権佐、従五位上、右少弁。従四位下・右京大夫・大宰大弐を経て延長元年（九二三）正月任参議。ついで治部卿。天慶四年十一月四日薨去。ときに七八歳、参議従三位治部卿兼播磨守。高齢のうえ、病気であったらしい。

（8）**貞御記** 貞信公記。藤原忠平の日記。延喜七年（九〇七）から天暦二年（九四八）に至る間の抄本が現存する。但し、関連の記事は見出せない。

【本　文】74

十日、三省中考選目録及春夏季祿目録事〔在都省巻〕

【訓　読】

十日（1）、三省（2）、考選《こうせん》（3）の目録及び春夏の季禄《きろく》（4）の目録を申すこと〔都省《としょう》（5）の巻に在り（6）〕

【注　解】

（1）**十日** 二月十日。

（2）**三省** 中務省、式部省、兵部省。中務省は女王・命婦・宮人の人事を扱う。式部省は文官の、兵部省は武官の人事を扱う。

(3) **考選**　考は官人の年間の勤務評定。考を所定の年数分まとめたものを選という。考・選によって官人の位階の昇進が行われる。『延喜式』(巻十九)に「二月十日、考選目録申㆓太政官㆒、当日平旦、弁官未㆑申㆑政之前、中務・式部・兵部三省輔、各引㆓其丞㆒、就㆓太政官版位㆒、如㆓弁官申㆑政儀㆒、輔読㆓申内外諸司諸家考目録㆒、丞読㆓申目録㆒、次兵部、次中務、並如㆓式部儀㆒、訖退出〔事見儀式〕」とある。

(4) **季禄**　在京の文武職事官と大宰府・壱岐・対馬の職事官に対して、官職の担当位に対して支給される禄物。二月に春夏の禄、八月に秋冬の禄を支給するが、支給月以前半年の上日《じょうにち》(出勤日数)が一二〇日以上であることを要する。支給される物は、絁・綿糸・布・鍬(鉄)で一位から少初位まで差をつけて給した。季禄は大蔵省の倉庫から支給されるもので、財源は調。『禄令』による季禄の支給額は〈表〉の如くであるが、宝亀六年(七七五)「京官禄簿、不㆑免㆓飢寒之苦㆒」ということで、「利厚」き国司の公廨の四分の一を割いて「在京俸禄」に加増する措置がとられた(『続日本紀』巻三十三・宝亀六年八月九日条)。一方、『延喜式』(巻十九)には

位階	絁(匹)	綿(屯)	布(端)	鍬(口)
正従1位	30	30	100	140
正従2位	20	20	60	100
正 3 位	14	14	42	80
従 3 位	12	12	36	60
正 4 位	8	8	22	30
従 4 位	7	7	18	30
正 5 位	5	5	12	20
従 5 位	4	4	12	20
正 6 位	3	3	5	15
従 6 位	3	3	4	15
正 7 位	2	2	4	15
従 7 位	2	2	3	15
正 8 位	1	1	3	15
従 8 位	1	1	3	10
大 初 位	1	1	2	10
少 初 位	1	1	2	5

*家令は1級を降す

※春夏禄では、綿1屯について糸1絇の割合で代えて給し、秋冬には鍬5口について鉄2廷の割合で代えて給する

「凡内官兼二外官一者、位禄季禄、並給二兼国一」という条文がある。この条文の成立時期は不明であるが、京庫に給する季禄の一部を外国に給する（＝正税を割く）例を開いたことを意味する。九世紀末の「寛平御遺誡」は「諸国諸家等所レ申、季禄大粮衣服月料等、或入二官奏一、或就二内給一申二不動正税等一、縦令レ勘二申国中帳遺一、或違二年帳一、雖レ為レ実、今須二不動者一切禁断一、正税者随レ状処分」といい、季禄等が正税・不動穀を以て支出することが広く行われたことを示している。やがて、この状態が別納租穀制の確立に結果する。延喜十四年（九一四）の三善清行の「意見十二箇条」は「比年依二官庫乏レ物」り「公卿及出納諸司」には季禄が毎年支給されるものの、自余の庶官に対しては「五六年内難レ給二一季料一」きありさまだと述べ「平均充二給百官季禄一」うよう求めている。

（5）**都省巻**　『北山抄』巻七「都省雑例」を指す。都省は太政官の異称。

（6）『延喜式』（巻十九）によると、正月下旬に、文官は各々当司および所管の官人の上日を総計して勘録する。二月三日（八月三日も）主典に命じて申送させる。当日は早朝に式部省掌が門外に諸司官人を整列させ、版位につき、そのうちの一人が進み申し、丞が「進《たてまつ》れ」という。諸司官人ともに、これに応え転授する。最下に在る一人がまとめて進る。録がその巻数を総計して読み申す。輔が「勘えよ」というと、録が承り、丞が「候え」と命ずる。諸司官人は「おう」と応える。その儀は五位以上の官人の上日を申送するのと同様である。訖《おわ》って専当の録および史生が造簿を総勘する。十日の早朝、録を遣わし左弁官の版位《へんい》に就かしめ、「禄文を上《たてまつ》り申さん」という。三省の輔が各々丞・録をひきいて直ちに馳道《ちどう》をこえて、左右弁官にしたがい太政官の前の版位につく、六位以下は後ろの版位につく、大臣が「召せ」といい、五位以上がこれに応える、六位以下もまたこれに応える、五位以上は色《しき》に随い堂上の座につく、六位以下は順にしたがい庇の下につく、式部録、兵部録、中務録の順に読み申す。大臣の質問があれば三省の輔が答える。大臣の命により、輔・丞・録が応え、退く。輔は版位につき以て退出する。もし曹司庁で行うときは、これに准ずる。訖って解文を作り、十三日に左弁官に進る。

【本　文】75

十一日、列見選人事〔在都省巻〕

【訓　読】

十一日、列見《れけん》(1)選人《せんにん》(2)のこと〔都《と》省《しょう》の巻に在り(3)(4)〕

【注　解】

(1) **列見**　「れっけん」とも。二月十一日、式部省・兵部省の輔が、六位以下に叙すべき選に入った官人〔主典以上〕をひきいて太政官に赴き、列立して大臣の点簡を受ける儀式。

(2) **選人**　成選人《じょうせんにん》。「成選」は「せいせん」とも訓む。

(3) **都省巻**　都省は太政官のこと。『北山抄』巻七「都省雑例」を指す。

(4) 列見の場は、当日早朝に、掃部寮官人が弁官南門のうらに、しつらえる。輔以下が座につき、二省の省《しょう》掌《しょう》が南門外路で諸司専当官人、朝集使および選人を点検する。大臣が座につき、弁官が政《まつりごと》を申す、訖《おわ》って二省の輔以下が門外の路に列立する、選人以上は順序によって進み列立する、大臣がふた声、召使《めしづかい》を喚《よ》ぶ、召使は応えて進み版位《へんい》につく、大臣は式部・兵部を喚《よ》べと宣する、召使はこれに応え喚ぶと、二省の輔がいっしょに応え、丞が代わって参入し版位につく、大臣が選成人を将《い》て参れと命ずる、丞は承り退き、列に戻り、式部の輔、丞、録が参入し版位につく。丞・録は諸司の申文と別記を取り版位につき、ついで省掌が選人らを率いて来る、輔・丞・録が西の階《きざはし》より昇り床子につく、史生らが硯や短策筥《たんざくばこ》を捧げ持参する。輔が「式部省申さく、国司の長上の其の年に選成る申し給うと申す」と言う、その後、録は別記を読む、順に官位姓名を称し、選人は応えて版位につく、一〇人揃うごとに直立し、退去する（以上『儀式』〈九〉、『延喜式』〈巻十九〉も大略同じである。なお『江家次第』〈巻五〉にも詳しい）。形式的な、大臣による面接審査で「器量容儀」を見るのである。

この儀の初見は『三代実録』（巻四）貞観二年（八六〇）二月十一日条で、「公卿於二太政官曹司庁一列二見文武官成選之人一」とある。列見の儀が訖ると、朝所《あいたんどころ》で大臣以下が座につき宴会がある。献盃三献また囲碁《いご》などがあった。のちの『中右記』嘉承元年二月十一日条に「列見（中略）朝所三献史兼時勧盃云々」とある。音楽が奏され、人びとに花が配られ、これを頭に挿す。大臣は藤の花、納言は桜、参議は山吹、弁以下は時の花。いずれも作花（造花）である。訖《おわ》って、参仕者全員に禄を賜わる（『江家次第』巻五）。列見定考《こうじょう》の饗料米は近江国から進納され太政官厨が管理していた（『左経記』長元七年八月十日条）。『中右記』嘉承元年八月十日条に「左大史兼時来申云、明日定考、依レ無二饗料一延引、近江国所進也国司無物之由申上依二如レ此事一延引又恒事也、但式日延引之由、以二史兼時一申二執政殿下一了」とある。のち、饗料未進の状況に対応して近江国細江荘を饗料便補の地とした。小槻有家注文に、「件庄者、隆職宿禰奉二綸言一建二立之一、伝二領地主職一、便二補列見定考炊料米一、建久四年被レ下二立券宣旨一、建暦元年重賜二子孫相伝宣旨一畢、当時山門虚空蔵庵彼岸所押領之間、乍レ帯二度々綸旨一厨家不レ及二庄務一」とある（橋本義彦「太政官厨家について」『平安時代貴族社会の研究』二〇四頁参照）。

官所宛　二月十一日の列見のあと、十三日以後に朝所《あいたんどころ》で、所々の別当を任ずる儀が行われた。『江家次第』（巻五）に

定二所々別当一事

位禄所

右左少弁某ノ姓朝臣某

王禄所

右権左中弁藤原朝臣某

大粮所　厨家

右左少弁大江朝臣某（以下略）

と見える。列記された「所」等は、位禄所、王禄所、大粮所、厨所、造曹司、元慶寺、季禄所、東大寺、大膳職、木工寮、大炊寮、仁和寺、円教寺、内膳司、造物所、嘉祥寺、金勝寺、左京職・右京職、東寺、廩院、主水司などであった。官宛所ののち饗あり。

【本　文】76

十五日、奏給諸司春夏祿及皇親時服目録文事

【訓　読】

十五日(1)、諸司に給う春夏の禄(2)及び皇親《こうしん》の時服《じふく》(3)の目録文を奏すること

【注　解】

（1）**十五日**　二月十五日。

（2）**春夏禄**　季禄のうち春夏の禄。本文74注（4）（二九八頁）参照。

（3）**皇親時服**　令制下、皇親に賜わる衣服料。「着老令」の禄令皇親条につぎの如くある。

凡皇親、年十三以上、皆給㆓時服料㆒、春絁二疋、糸二絇、布四端、鍬十口、私絁二疋、綿二屯、布六端、鉄四廷、其給㆓乳母王㆒者、絁四疋、糸八絇、布十二端

受給者は無品・無位のものに限られる。五位以上に叙されると封禄・季禄を給されるのであり、重給はされない。令文の「給乳母王」は孫王。しかし、大宝元年（七〇一）八月に至り「不㆑論㆓官不㆒」すなわち任官すると否とにかかわりなく、一三歳に達すると与えられるようになる（『続日本紀』巻二）。天平十五年（七四三）五月、無位皇親の上日《じようにち》（出勤日数）一四〇日に満たない者には時服を給せずとし（同巻十六）、延暦六年（七八七）格（『令集解』）は、六位王が五位官に任じたときは官禄（季禄）を給し、七位官に任じたときは王禄（時服）を給うとし、延暦二十年十二月十三日太政官符（『類聚三代格』巻六）は、上日不足で季禄を受けぬ王には王禄（時服）を給するとした。二世より四世に至る皇親の数は増加する一方で、多いときは五〇〇〜六〇〇人に達し、九世紀半ば頃、名簿に載せる者四〇〇余人であった。貞観十二年（八七〇）二月に定数を定め、

禄にあづかる者四二九人とした（『三代実録』巻十七）。

（4）**奏……目録文**　中務・式部・兵部三省の申すところの總目録を少納言から天皇に奏上する。

【本　文】77

廿二日、於大藏省給春夏季祿事

【訓　読】

廿二日[1]、大蔵省[2]に於て春夏の季禄を給う[3]こと

【注　解】

（1）**廿二日**　二月二十二日。

（2）**大蔵省**　卿の職掌は、「掌、出納、諸国調及銭、金銀、珠玉、銅鉄、骨角歯、羽毛、漆、帳幕、権衡度量、売買估価、諸方貢献雑物事」とある。

（3）**給春夏季禄**　十五日に少納言が奏上した惣目（録）により、二十日に官符を大蔵省に下し二十二日に出給する（『延喜式』巻十一）。『延喜式』巻三十に、「凡諸司給二春夏禄一者、弁官、式部、兵部、弾正並集二積禄物一、畢弾正巡検、即省申二弁官一、弁官宣命、訖式部・兵部唱レ名、省司班給〔位禄准レ此、但不二宣命一〕若当日不レ了、具録二栈数一、移二送式部一、待レ報及給秋冬准レ之、女孺以上給二春夏禄一者、於正倉院一立二五丈幄二宇、〔一宇南面

懸レ幔、掃部舗ニ内侍以下座一、一宇北面積レ禄、秋冬准レ此）」とある。また『儀式』（巻九）によると、その次第はつぎの如くである。

二十一日に式部省・兵部省の両省は、五位以上の歴名を録し、弾正台に送る。二十二日、式部省は史生を分かち四番とし、あらかじめ省掌を大蔵省に遣わし、諸司を唱計し、直丁を進めしめ禄物を運び積む、弾正弼以下が史生・台掌をひきいて大蔵省の正蔵院に至り、西亭の座につき五位以下を点検する。訖って式部・兵部両省の丞・録が史生・省掌らをひきいて座につく。式部丞が録に命じ省掌を喚ばしめる。録は史生に命じ、省掌を喚《よ》ばしめる。史生はふた声省掌を喚ぶ。省掌は中庭に立つ。丞は版を置けと命じ、省掌が版を置く。兵部省もまた史生が諸司計会の録文を分かち禄物を積む。おわって、掃部寮は諸司の座を禄物の北側に設ける。このとき、弁の大夫は南面し、省の輔・丞・録は西面し北を上《かみ》とする。史生は北面し東を上とし、省掌は東面し南を上とする。巡察弾正は禄物を検察し、訖って大蔵録が進み、禄を積みおわった旨を弁官に告げる。式部・兵部両省の省掌は預め群官を整列させ、弁大夫は官掌を喚び、式部・兵部両省を喚べと命ずる。官掌は称唯して退き、両省の版につき、式部、兵部の順に喚ぶ。録は称唯し進み版につく。弁は群官の列立を命じ、録は称唯し輔にこれを伝え、訖ってともに起《た》ち列につく。この際、式部の輔以下史生以上は西面し北を上《かみ》とし、省掌は北面し東を上とし、兵部は西に在ってこれにあい対する。弾正の史生以上は北面し西を上とし、台掌は西面し南を上とし、文官の五位以上は弾正の東から進み、式部の前に並ぶ。北面し北を上とし二列に並ぶ。武官の五位以上は弾正の西から進み兵部の前に並ぶ。六位以下はおのおの五位の後ろ弾正より南に並ぶ。「立定更ニ進列立」—このとき、文官の五位以上は馳道の東に在り北面し西を上とする。式部・弾正の六位以下はその後ろに並び、他の者はそのつぎに並び二列になる。兵部は馳道の西側に位置し、東側の列にあい対する。訖って、弁大夫は進み出で中庭に立ち宣制して「今宣《の》りたまはく、常も賜ふ春夏の禄賜はくと宣る」と宣る。五位以上はともに称唯し、六位以下もまた称唯し拝舞し、訖って弁官および三省は、順序にしたがって賜禄の座に就く。弁大夫が「賜わしめよ」と命ずると、式部省・兵部省の輔がともに称唯し、史生に「賜え」と仰せられる、史生はともに起ち称唯し、一番から始め簿を披いてこれを唱える、諸司の主典は称唯し、史生は賜う物の種類と数を示す、蔵部は命をうけて計り授けるにしたがい、その数を申す、史生はおのおの記録する、大蔵もまたこのようにし畢ると、おのおの順により畢状を申し賜う。式部・兵部の録はともに起ち廻りて禄物の南から馳道に向かい進み、弁に「禄賜い畢る」と言う、弁は「縦《よし》」といい録は称唯しおのおの座に戻る。弁官が先ず退き、諸司がつぎに退く。なお季禄については、本文74（二九七頁）・76（三〇二頁）参照。

【本　文】78

「位禄事」

位禄事〔中旬行之〕

一上卿着陣、左大辨申事由、史歴名・別納租穀勘文・官充分并目錄、去年書出等、入筥進之、上卿見了、目錄一卷入筥、付殿上辨若藏人奏聞、返給之後、令大辨書一世源氏等、書出殿上人書出各一枚、召其所辨給之〔口傳幷九條年中行事如之、但、應和三年三月廿日私記云、大納言高明卿、依殿下命奏之、佐忠朝臣返奉之次申云、書分文有加奏、雖非指御氣色如之云々、書分後久猶豫遂不被奏退出、安和二年三月二十三日、右大臣、先令藏人奏主税寮勘文、次令大辨書出七箇國十一箇國文、奏之云々、又清愼公被奏件書分之由、在齋光卿記云々、此事可尋案之」

【訓　読】

「位禄のこと(1)〔中旬に行う(2)〕

一《いち》の上卿《しょうけい》(3)陣《じん》に着く(4)、左大弁事の由を申す(5)、史(6)は歴名《れきめい》(7)、別納租穀の勘文《かもん》(8)、官充分《かんあて》(9)ならびに目録(10)、去《い》にし年の書出し等(11)、筥《はこ》(12)に入れて進《たてまつ》る、上卿見了《おわ》りて、目録一巻を筥に入れ、殿上の弁(13)若しくは蔵人(14)に付《さづ》け(15)て奏聞す(16)、返し給いしのち、大弁をして一世源氏(17)等を書かしむ、殿上人の書出し(18)おのおの一枚を書き出す、その所の弁を召してこれを給う〔口伝《くでん》(19)ならびに九条年中行事(20)之の如し、但《ただ》、応和三年三月廿日私記(21)に云う、大納言高明《たかあきら》卿(22)、殿下(23)の命に依り之を奏す、佐忠《すけただ》朝臣(24)返し奉りし次《つい》でに申して云う、書き分けの文(25)、奏に加うることあり、指したる御《み》気色《けしき》(26)に非ずと雖も之の如しと云々、書き分くるのち久しく猶予《ゆうよ》(27)し遂に奏されず退出す、安和二年三月二十三日(28)、右大臣(29)、先ず蔵人をして主税寮勘文(30)を奏せしめ、次いで大弁をして七箇国十一箇国の文(31)を書き出さしめ、之を奏すと云々、また清慎公(32)、件の書き分けを奏せられし由、斉光卿記(33)に在りと云々、此のこと之を尋ね案ずべし〕

【注　解】

(1) **位禄**　位階に応じて給する禄物。「大宝令」「養老令」では、四位・五位の者に絁・布などを給する定めであった。大宝元年（七〇一）に五位位禄を定めた。これは令制よりやや優遇されていたが、大同三年（八〇八）に至り令制に戻った（『類聚三代格』巻六・大同三年十一月十日太政官符）。但し、慶雲二年（七〇五）十一月四日までは、五位の位封が行われていたから、五位位禄の給与はその後のことであった（『続日本紀』巻三）。神亀五年（七二八）三月、外五位の位禄は内位の半分とした（『類聚三代格』巻五・神亀五年三月二十八日太政官奏）。女子の有位者には、妃《ひ》・夫人《ぶにん》・嬪《ひん》を除き半給とした。中央官人の位禄は調庸の中から支給され、大蔵省でうけ取る。国司の位禄は早くから、諸国正税より給するようになっており（同・巻六・大同四年正月二十六日太政官符）、貞観頃までに、中央官人の場合も正税で支払うようになった（『年中行事秘抄』二月）。その財源は諸国正税と不動穀であった（『三代実録』巻三十六、元慶三年十二月四日条）。

	令制				大宝元年格制				
	絁（疋）	綿（屯）	布（端）	庸布（常）	絁（疋）	綿（屯）	糸（絇）	布（端）	庸布（常）
従五位	四	四	二九	一八〇	六	六	二〇	三六	一六〇
正五位	六	六	三六	二四〇	八	八	二六	四八	二一六
従四位	八	八	四三	三〇〇					
正四位	一〇	一〇	五〇	三六〇					

（2）**中旬行之**　二月中旬。『江家次第』（巻五）に「二月中旬可レ行レ之」とある。但し実際には時期は区々であった。以下の本文は、位禄定《いろくさだめ》の儀についての記述である。位禄定は、位禄を給う人員と、その位禄を出す国とを定める公事である。

（3）**一上卿**　上卿は公事（この場合は位禄定）を奉行する公卿の上首をいい、上卿の筆頭を一上卿、一上《いちのかみ》と称する。摂政・関白・太政大臣・参議を含まないのが常態。多くは左大臣。

（4）**着陣**　陣は陣座。左右近衛陣における公卿の座。仗座ともいう。本来は近衛府の武官の詰所であるが、平安中期以降、公卿僉議が陣座で行われるのが通例となった。平安後期には右近衛陣が用いられるのが通常であったらしい。右近陣は月華門の北、紫宸殿の西の校書殿の東廂にあった。左近陣は日華門の北、紫宸殿の東の宜陽殿の西廂にあったが、のち紫宸殿の東北廊南面に移った。

（5）**左大弁**　太政官弁官局の長。中務・式部・治部・民部の四省を管する。『江家次第』（巻五）に「大弁着二腋床子一」とある。

（6）**史**　太政官の弁官局の主典《さかん》。書記である。『江家次第』（巻五）に、「弁史以下候二床子一」とある。

（7）**歴名**　歴名帳。官人の名前を列記した帳簿。『江家次第』（巻五）に「諸大夫命婦暦名各一巻」とある。

（8）**別納租穀勘文**　諸国の租穀の一部を別置して、位禄・季禄・時服等に宛てる。これは元来は臨時の支出であったが、それが固定し、所出国も定まり「年料別納租穀」と呼ばれた。延喜七年（九〇七）十一月十三日太政官符によって別納租穀制が固定したという（『政事要略』巻五十七）。『延喜民部式』の記載によると、所出国は伊賀・伊勢以下二五か国で計一三万三七二九石であった。「勘文」は勘申の文。

（9）**官充分**　官所宛文。諸司、所の別当を定める文。本文72（二九一頁）〈付記〉参照。

（10）**目録**　三省（中務・式部・兵部省）の総目録。『江家次第』（巻五）に「小野宮抄曰、可レ用二黄紙一」とある。

（11）**去年書出**　昨年の書出《かきだし》。受領書出をいうが、ここでは位禄給与のために別納租穀を出す国ぐに。『江家次第』（巻五）に「去年書出二枚（一枚可レ給二禁国一人々也、十箇国在レ状、随レ時取択一枚、殿上分五ヶ国許八人〕」とある。禁国とは、諸家等の封戸に充てることを禁止されていた国ぐに。伊賀・伊勢・三河・近江・美濃・越中・石見・備前・周防・長門・紀伊・阿波の一二か国。

(12) **筥**　ふたつきの箱。文筥《ふばこ》。

(13) **殿上弁**　内裏清涼殿の殿上の間に昇ることを許されている弁官。

(14) **蔵人**　令外官。天皇の側近で諸々の用をつとめる。初見は『続日本後紀』（巻三）承和元年（八三四）十月五日条。別当（一人）頭（二人）五位蔵人（二～三人）六位蔵人（五～六人）以下の職員がいる。その職掌は多様でしかも重い。

(15) **付**　「さづける」と訓む。付与する。授与する。

(16) **奏聞**　（蔵人を通して）天皇に申しあげる。

(17) **一世源氏**　源姓を賜って臣籍に降った一世皇親。仁明・文徳・清和・陽成・光孝・宇多・醍醐・村上・花山・三条の各源氏がある。

(18) **殿上人書出**　四位・五位の殿上人に給う位禄に宛てる別納租穀を出すべき国名を列記する。『江家次第』（巻五）に次の記載がある。

殿上
伊賀二人四位一人五位一人　信濃二人四位一人五位一人
丹後二人四位一人五位一人　但馬二人四位一人五位一人
紀伊二人四位一人五位一人　淡路三人五位
長保三年五月十三日

伊賀一人五位　紀伊二人五位
能登六人五位　越中五人五位
越後四人五位　丹後一人五位
但馬二人四位一人五位一人　信乃二人四位一人五位一人
淡路二人五位

右十箇国女御更衣諸衛佐馬寮助諸道博士二寮頭助史等所レ給也

長保三年五月十三日

（19）**口伝**　口づたえに伝授することであるが、奥義を伝えた書物。秘伝の書。

（20）**九条年中行事**　右大臣藤原師輔の著。父忠平の「九暦記」や自らの日記「九暦」「九暦別記」などを材料として著した。「群書類従」に収める。位禄に関わる全文はつぎの如くである。

位禄〔二月中旬行レ之〕

一上卿着二陣座一、左大弁執二申位禄文可レ申之由一、大臣諾、史筥入二諸大夫命婦暦名各一巻一、主税寮別納租穀勘文一巻、官充文一巻〔注二位階一不レ注レ名〕目録一巻、去年書出二枚之中一枚、注二某国若干具、四位若干人、五位若干人一、右状注二一世源氏、女御、更衣、外衛督佐、左右馬寮頭助、二寮頭助、外記史等料一〔但件状、随レ時可二取捨一〕一枚注二某国若干具、四位五位若干人一、右状注二殿上分一、進二上卿一々々見畢、以二目録一巻一入レ筥、付二殿上弁若蔵人一、奏聞返給、□令書、一世源氏等書出一枚、殿上人書出一枚、大弁書了奉二上卿一、々々召二位禄行事弁一、給二件書一、史参入、撤筥文硯等一、若一上卿終日有レ障之時、随二大弁申次一、上卿奉行

（21）**応和三年三月廿日私記**　応和三年＝九六三年。私記、未詳。

（22）**大納言高明卿**　源高明（九一四―八二）。高明の大納言在任は、天暦七年（九五三）九月二十五日から康保三年（九六六）正月十七日まで。醍醐天皇の皇子。安和三年（九六九）左大臣で太宰府に左遷（安和の変）。

（23）**殿下**《てんが》　藤原実頼を指すか。応和三年には、正二位・左大臣で六四歳。

（24）**佐忠朝臣**　藤原佐忠か。出羽守連茂の男。六位蔵人・木工権助・式部丞・摂津守・右中弁を歴任。康保二年（九六五）大宰大弐。ついで勘解由長官。極位は従四位上。

（25）**書分文**　配分の結果を記したもの。処分状であるが、位禄の配分の文。

（26）**御気色**　天皇のお気持ち、みこころ。ご意向。

（27）**猶予**　ぐずぐずしていて実行しない。延引し実行を遅らせる。

（28）**安和二年三月二十三日**　安和二年は九六九年。相当する史料未見。

（29）**右大臣**　藤原師尹。この直後、三月二十六日に左大臣源高明は大宰権帥に貶された。師尹はそのあとを襲い左大臣となる。

（30）**主税寮勘文**　諸国正税稲の例用の遺（用残）に関する主税寮の勘文。『朝野群載』（巻二十六）に様式が掲載されている。

（31）**七箇国十一箇国文**　位禄の財源とする別納相殺所出国の勘文。

（32）**清慎公**　藤原実頼。その日記が清慎公記。いまは散逸。

（33）**斉光卿記**　未詳。藤原致忠の男に斉光がいるが、多分違うであろう。保昌の兄弟で、従五位下・右兵衛尉にすぎない。

【本　文】79

康保三年三月五日御記云、左大臣令保光朝臣奏可給當年位祿・王祿・衣服・諸國勘文、大臣令保光奏定充位祿文二枚

【訓　読】

康保三年三月五日御記[1]に云う、左大臣[2]、保光朝臣[3]をして、給うべき当年の位禄[4]・王禄[5]・衣服[6]・諸国勘文[7]を奏せしむ、大臣、保光をして位禄を定め充つる文二枚[8]を奏せしむ

【注　解】

（1）**康保三年三月五日御記**　康保三年は九六六年。村上天皇御記。この条は同御記の逸文。

（2）**左大臣**　藤原実頼。

（3）**保光朝臣**　源保光。醍醐源氏。中務卿二品代明親王の二男。母は右大臣藤原定方の娘。侍従・弁官・勘解由長官・蔵人頭（九六九）を歴て参議となる（九七〇）。権中納言、中納言（九八八）となり、長徳元年（九九五）五月薨去。

（4）**位禄**　本文78（三〇六頁）参照。

（5）**王禄**　皇親に給する時服のことをいうが、つぎに「衣服」があるので、ここでは「女王禄」（「おうろく」と

読む）か。未詳。

（6）**衣服**　時服。本文76（三〇二頁）参照。

（7）**諸国勘文**　未詳。不堪佃田勘文か？

（8）**定充位禄文二枚**　本文78注（18）（三一〇頁）、注（25）、注（31）（三一二頁）参照。

【本　文】80

式部省一分除目事

【訓　読】

式部省(1)　一分除目《いちぶじもく》(2)のこと

【注　解】

（1）**式部省**　文官の人事、養成、行賞などを掌る官司。卿《かみ》の職掌は「掌、内外文官名帳、考課、選叙、礼儀、版位、位記、校㆓定勲績㆒、論㆑功封賞、朝集、学校、策㆓試貢人㆒、禄賜、仮使、補㆓任家令㆒、功臣家伝、田事」（『養老令』）とある。

（2）**一分除目**　一分召、一分召除目。一分とは諸国の史生。国医師・博士もこれに准ずる。その任命の式を一分除目という。『北山抄』巻六〈備忘略記〉に「一分召事」として記事がある。『西宮記』（巻十六）にも「一分召時宣旨事」として記事がある。それらによると、式部省は日を定めて一分召を行うべき由を奏聞する。一日前に、諸司所々の奏、公卿請文等を上卿に下し給い、択び定め下すべしと仰せられる。上卿が択び定むるについて所用の文書は、一分闕国補任帳、年々の宣旨抄などである。選定訖わると奏聞する。勅許ののち、式部輔を召し、陣の膝突《ひざつき》でこれを給わる。この場合、上卿はあらかじめ目録を写し手許に留める。或いは御前において一定ののち、〔蔵人頭は仰せを奉り、宿所で撰定しこれを奏上する〕おのおの申請書に朱で点をうつ、上卿はただ目録を写し輔に給うこと、また何の煩いがあろうや。但し、このことについては、種別に例がある。公卿の給わる品官権任一分等を申請し、品官正員、道々受業練道の者に給わった。省は道理に任せ補し定める、また諸司の間、或いは毎年の年給、隔年の年給の司々がある。このように甚だ繁多であり、よくよく先例を尋ぬべきである。故堀河左大臣の奏するところは、先例は諸司の奏は十枚に過ぎず、但し近年下すところの宣旨はすべて七、八十枚許りであり、百枚にも及ぶほどだ—と。

【本　文】81

同省文章生試事

【訓　読】

同省(1)の文章生試(2)のこと

【注　解】

（1）**同省**　式部省。

（2）**文章生試**　文章生とは、大学寮で漢文学・中国史を学ぶ学生、紀伝道の学生。平安前期に文章生希望者が増加したので、選抜試験が行われるようになった。それが文章生試である。貞観頃（八五九―七七）に予科に相当する擬文章生が設置され、それまでの選抜主体が大学寮であったのを式部省に移した（寮試→省試）。この段階で、文章生は進士と呼ばれ、成績最優秀の者を秀才、文章得業生といわれ、更に方略試に合格した者（大業という）を官人に任用するようになった。また、学業を終了し（成業《じょうごう》という）、文章生から諸司の判官《じょう》、諸国の掾《じょう》に任官する。『日本紀略』（後篇一）延喜十六年九月二十八日条に「天皇幸二朱雀院一、有二競馬事一、召二諸儒文章生一命二宴席一、題云、木落洞庭波、有二擬文章生試一、題云、高風送レ秋」とあり、十月二日条には、「召二諸儒於蔵人所一、令レ定二申文章生試詩等一、及第者五人」と見える。『延喜式』（巻十八）には、「凡擬二文章生一者、春秋二仲月試之、試了喚二文章博士及儒士二三人一、省共判二定其等第一、奏聞即補之、文章得業生試了判定奏聞亦同」また「凡補二文章生一者、試二詩賦一取二丁第已上一、若者不第之輩、猶願二一割一者、不レ限二度数一試之」とある。また同じく『延喜式』（巻二十）では、擬文章生について定員を二〇人とし、闕員を補充するときは、博士の挙により、「一史五条」についてテストし、三以上の正解の者を以て補任するとある。『小野宮年中行事』には、文章試について、「或当日早旦、召二輔一人一加レ封給二御題一、判定之後、以二及第文一省丞参二蔵人所一令二奏聞一、若省官中有二昇殿者一時、以二其人一令レ奏レ之、御覧後下給之」と記している。

【本文】82

「季御讀經事」
季御讀經事〔或三月行之、初後日無政〕
定僧名等儀、見備忘記、但、東大・興福・延暦等寺、抽請四人、輪轉四人也、其興福寺、去年見學《研》立義者、必在寺分〔新薬師寺、延暦寺、天王寺、若有闕請、別當三綱、便選其人、請補〕
觸穢例〔延長八年三月、延喜十九年、依二三月有穢、四月行之〕國忌例〔天慶四年三月、天暦元年三月〕

【訓読】

「季《き》の御読《みど》経《きょう》のこと」
季の御読経のこと(1)〔或は三月に之を行う(2)、初後《しょご》の日は政《まつりごと》なし(3)〕
僧名等を定むる儀(4)は、備忘記に見ゆ(5)、但《ただ》、東大(6)・興福(7)・延暦等(8)の寺は、抽請四人(9)、輪転四人(10)なり、其れ興福寺、去ぬる年の見学立義(11)は、必ず寺分在り(12)〔新薬師寺(13)、延暦寺、天王寺の(14)、若し闕ありて請わんには(15)、別当三綱(16)は、便ち其の人を選び、請補せよ(17)〕
触穢(18)の例〔延長八年三月(19)、延喜十九年(20)には、二、三月に穢あり、四月に之を行う〕国忌(21)の例〔天慶四年三月(22)、天暦元年三月(23)〕

【注　解】

（1）**季御読経**　春秋二季（二月と八月）に各四日間一〇〇人の僧を宮中に召して大般若経を転読させ国家の安泰、天皇の静安を祈る儀。おそらく天平元年（七二九）に毎年一度大般若経を読むことが制度化されたかという。『三代実録』（巻二）貞観元年（八五九）二月二十五日条に「請二六十口僧一於二東宮一転二読大般若経一、今日起首、限二三日一訖、凡貞観之代、毎季四季転二読大般若経一、他皆效レ之」とある。毎年四季は、のち元慶元年（八七七）に至り二季となる。『三代実録』（巻三十）元慶元年三月二十六日条に「屈二百女僧於紫宸殿一、限以二三日一、転読二大般若経一、今上践祚之後二季修レ之、変二於貞観四季之例一也」とある。季御読経の儀式次第は、『江家次第』（巻五）によるとつぎの如くであった。

　当日、上卿以下が陣に着き外記を召し、諸司官人が揃っているか（準備ができているか）を問う〔図書堂の童子、南殿の出居の次将《すけ》らである〕、弁を召して僧の参否を問う、ついで仰せを奉り御前の僧を定め申す〔或るは仰せがなくとも定め申す〕弁に仰せて例文・硯筥を進らしめる〔史二人がこれを進ることは恒の如くである、弁は預め見参の僧の御前に候することのできる者二〇人を書き出し、筥に入れさせる、僧綱は四人以上〕参議をしてこれを書かせる〔大弁を用いるが若しいない時は他の者〈参議〉に書かせる、僧綱の候せざる例は、延喜十年、十三年、応和四年である〕蔵人もしくは殿上の弁に奏上させる〔筥に入れる〕返し給い〔弁に下す〕時が来ると上卿は行事の弁に命じて鐘を撞《つ》かせる〔その鐘は御読経のとき承明門外に懸けておく、しかしいま考えるに永安門外か〕右近衛は永安門を開き、大臣は陣に於て南殿に候すべき納言・参議らを差し定める〔納言が行事であるときは南殿に留まる、地下の納言・参議は南殿に着く、もしみな昇殿の人であれば、いちばん末の人が南殿に着く、季御読経のときは地下人であっても御前に参る、但し、臨時のときはこの限りではない、いま考えるに、季御読経であっても南殿に候するにしかず〕

ついで王卿は御前に参上する、左右近衛の次将は南殿の簀子敷の座に着く〔東西の階より昇る、但し左近衛次将は本陣より出て宜陽殿の西の砌《みぎり》ならびに軒廊《こんろう》を経る。もし左右どちらかの府の次将が居ないときは、宣旨により、北に度《わた》る府の将を候せしめる、或いは一人ある時は南殿に召し渡し、御前に候せしめない、但し先例は、御前の僧を上げたのちに南殿に着く、〈天延三年の例である〉候せざる例〈延喜十七年である。ついで納言・参議各一人が南殿に着く、ついで僧侶が参上する〔近衛一人が胡床に着き濫入を制する〈看督《かどの》使《つかい》である〉僧綱の従僧二人、童子一人、凡僧各一人、威儀師は御前の僧をひきいて明義門・仙華門などから入る、従儀師は自余の僧をひきいて西の階より昇る、大威儀師は凡僧の上《かみ》に坐る、諸寺は順にしたがい東西の廂に居る。坐が定まると法用を差し定める、〔従儀師は、もし南殿に呪願導師に奉仕すべき僧綱已講有職の僧なくば、威従をして御前に候し上卿に触れしめ、上卿は事の由を奏上しこれを遣わす、或いは非職の僧の導師を奉仕せし例あり〕御導師が着く〔従僧は先ず座具を敷き香炉筥を置く〕諸僧は惣て三度、礼をする、〔これは従儀師の催し（合図）による〕堂童子が坐に着く〔図書が先として日月華門より入る、旧例は図書は浄衣を服す、近例はこれとは違っている、雨のときの儀は宜陽殿・校書殿の壇上に着く〕唄を二度うたう〔磬《けい》を打ち、王卿は笏を置く〕分花僧が左右に各十人〔散華僧は西に一人居る〕が南廂に居る、堂童子が昇り〔南の階を用いる、中央の門から入り花筥を行《や》り帰り座に復す〕衆僧の行道畢わり〔唄はうたわない〕堂童子は昇り花筥を納めて退く、近衛の次将が御願の趣《おもむき》を述べる〔東の階を経て南の廂から入り、先ず上卿の近くに坐り、これを仰せる、或いは必ずしも仰せられず、臨時の御読経のときは必ず仰せられると。先例を調べてみると、延長八年二月、天慶三年三月の季の御読経にはかく仰せられた、就中、延長年間、貞信公が御願の趣を弁に問われ、中将英明が来り仰することがあった〔従僧が座具を取る〕
ついで啓白《けいびゃく》教化、読経の作法など終り、導師は座に戻る〔従僧が座具を取る〕呪願〔西より出づる〕三礼〔東より出づる〕着す〔従僧らが座具を敷く、従儀師一人が三礼の南に坐り、凡僧一人が呪願の南に坐る、図書寮官人が各々行香机の前に居る〕左右行香〔図書寮官人・従儀師は奩を転じ、王卿の麬を着くる人は本座に於て之《これ》を解き笏を置く〕左王卿〔若し不足有れば弁少納言、出居将、猶も足りないときは大夫外記史、近代は堂童子も〕右侍従〔猶足らざるときは殿上人を申し加え、又不足ならば出居の将を之に加える〕
先ず唄い三礼〔西は呪願〕ののち東西の第一の行僧に行い、自余の僧には行わず、図書寮官人は火蚫をとりあい随う、王卿は座に復し、従儀師は仏前に跪き、御導師らを差す〔西方より出で之を差す、夕座、初夜、半夜、晨朝、明日朝座等の御導師である〕僧らは退下し、王卿も退下す、出居も下る、王卿は陣の饗《あえ》に着く〔近例は着かず〕上卿一人南殿に着く例〔天喜四年〕
上卿候せざりし例〔延長八年殿上人は南殿に着く、応和元年〕
竟日《きょうじつ》〔第四日、承平元年五月二十七日に始った、二十九日に結願、明日が忌火によるのである〕
其の儀は初日の如くである、但し仏供聖供等の机は立てない
仏前香花机の前に仏布施机を立てる〔綿十屯、綿帛を以てこれをつつみ、机に置き、仏前に立てる〕法用ののち、次将は度者に仰せる〔詞に曰く、大法師らに杖とり給うと、僧申し云う、あなかしこと〕行香は初日と同じ、呪願三礼おわりてのち従儀師は布施を申し呪願す。

（2）**三月行之**　御読経は二月と八月の両季となっているが、三月に行うこともあった。『小野宮年中行事』に

「御読経事〔択二吉日一修レ之、或三月行レ之〕」と見える。『北山抄』（巻九）に「天元四年三月十七日甲寅季御読経結願也」とある。

（3）**初後日無政**　季御読経の初日と終わりの日には、政務はない（＝廃務）。『延喜式』（巻十一）に「凡春秋二季、於大極殿修二読経一、弁史専当行事、初後両日、親王已下参議以上就二殿上座一、遣近衛少将労問、臨時読経亦同」とある。

（4）**定僧名等儀**　注（5）参照。

（5）**備忘記**　『北山抄』巻六の「備忘略記」を指す。同巻に「臨時御読経事」の項がある。

「仰二弁官一、令レ進二例文一、令三参議書二僧名一、又仰レ弁、召二陰陽寮一、令レ勘申二日時一、相二加奏聞一、返給、給レ弁〔是季御読経例也、臨時召二百口一者、又同〕其後史撤レ筥、又仰二弁官一、令レ成二料物請奏々下一〔季御読経者、永宜レ宛二料物一〕」

「前一両日、定二御前僧一奏レ之、返給、給二行事弁一〔近例、臨レ期奉二辞書一、初日多遅参、仍当日旦、記二取見参・定奏一為レ善〕

（6）**東大**　東大寺。

（7）**興福**　奈良の興福寺。

（8）**延暦**　比叡山延暦寺。

（9）**抽請四人**　上記の三寺から季御読経の請僧各四人をえらび出す。請僧百僧はつぎの寺々から出る。平安末期には、東大寺・興福寺・元興寺・大安寺・薬師寺・西大寺・法隆寺・東寺・西寺・延暦寺・定心寺・梵釈寺・崇福寺・天王寺・常住寺・貞観寺・嘉祥寺・極楽寺・元慶寺・法琳寺・仁和寺・円成寺・醍醐寺・広隆

寺・法性寺・雲林院・円融寺・慈徳寺・積善寺・円教寺・法成寺・円宗寺・法勝寺・尊勝寺から僧を請ず（『江家次第』巻五）。

(10) **輪転四人**　請僧四人のほか、順に四人を寺々から参加させる僧のことか。

(11) **見学立義**　研学立（竪）義であろう。研学は学問研究、立義は南都・北嶺で行われた学僧課試の法。事前のテストで一二問中七問以上正解した者を竪者（立者）とし竪義にあづかる。探題（僧）が一〇題の問題を選択し、問者（僧）が試問し、精義（僧）が解答を採点し、最終的に探題が合否を判定する。全問正答者は皆無という難しいものであったが、後世には形式化した。

(12) **必在寺分**　必ずしも寺に割り当てられた僧ではなかった。

(13) **新薬師寺**　奈良の高畑にある。天平年間の香山薬師寺に起源する。

(14) **天王寺**　摂津四天王寺。

(15) **若有闕請**　闕員ができて僧をえらび出すときは。

(16) **別当三綱**　寺の別当と三綱。別当は諸大寺の長官、三綱は寺院の僧尼統制機関で、ふつう、上座・寺主・都維那を指す（『令義解』）。但し『令集解』古記は、「三綱謂二寺主・上座・都維那一也」としている。上座は一寺の長老、寺主は寺院の運営を掌る。都維那は寺の事務を掌る。三綱全体として職掌とするところは、①仏事の厳修、②寺院の管理・維持、③寺院の造営、④僧尼の指導・監督など。三綱の任命については、『延喜式』（巻二十一）に、各寺において、能治廉節の僧をえらび僧綱に申し送り、僧綱はこれを覆審し玄蕃寮に送り、寮は治部省に送り、省は太政官に申し補任するとある。三綱は「任用」に相当し、その交替には解由状を必要とした。別当・三綱の秩限は四年（『三代実録』巻十八・貞観十二年十二月二十五日条）。

（17）**請補**　僧中よりえらび招き補任する。
（18）**触穢**　穢にふれる人は儀式から排除される。
（19）**延長八年三月**　九三〇年。『日本紀略』（後篇二）延長八年三月九日条に「無品儼子内親王薨〔陽成院第二皇女〕」とあるが、関わりあるか。
（20）**延喜十九年**　九一九年。『史料綜覧』（巻一）を見ると、同年二月九日条に「内裏死穢アリ北山抄、年中行事私抄」と見え三月三日「穢ニ依リテ、御灯ヲ停ム北山抄、江次第、年中行事秘抄」、四月二十一日「穢ニ依リテ、斎院御禊ヲ止ム日本紀略」、五月十八日「季御読経結願西宮記」と見える。
（21）**国忌例**　季御読経が国忌と重なった場合。天皇崩御の日（＝命日）に寺院で追善斎会を行うこと。本文56（二一七頁）参照。
（22）**天慶四年三月**　九四一年。桓武天皇国忌であろう。
（23）**天暦元年三月**　十七日桓武天皇国忌。二十一日仁明天皇国忌。このとし三月五日に季御読経僧名を定め、二十一日季御読経始、二十四日御読経竟（『日本紀略』後篇三）。

【本　文】83

朔日及十一日、着朝座事

【訓　読】

朔日《ついたち》及び十一日、(1)朝《ちょう》座に着くこと(2)

【注　解】

(1) **朔日及十一日**　三月一日と十一日。『西宮記』（巻三）に「一日着㆓朝座㆒〔可㆑尋㆓寛平九年日記庁例等㆒〕」とある。『小野宮年中行事』に「朔日及十一日着㆓朝座㆒事〔是月毎㆑旬著㆑之、但廿一日廢務〕」とあり、『九条年中行事』も大略同文。

(2) **着朝座**　天皇が出御して政治について報告を聞き、群臣に謁見する場所が、朝堂。『延喜式』（巻十一）に「凡百官庶政皆於㆓朝堂㆒行之、但三月、十月旬著㆑之、正月、二月、十一月、十二月、並在㆓曹司㆒行㆑之」とある。

【本　文】84

三日、御燈事〔廢務、件齋間、不可必忌僧之由、見康保四年御記〕
其儀見清涼抄、潔齋之間不可必有官奏云々〔邦基卿記、又見貞信公延喜九年御記〕
延喜十九年三月、依去月九日内裏死穢、御燈停止、然而輕服人不參、三日諸司廢務如常

【訓　読】

三日、御灯《ごとう》のこと(1)〔廃務、(2)件《くだん》の斎《ものいみ》(3)の間、必ずしも僧を忌《い》むべからざる由、康保四年御記(4)に見ゆ〕

其の儀は清涼抄(5)に見ゆ、潔斉の間、必ずしも官奏あるべからずと云々〔邦基卿記(6)、また貞信公の延喜九年御記(7)に見ゆ〕

延喜十九年三月(8)、去月九日の内裏死穢《だいりしえ》(9)に依り、御灯停止なり、然れども軽服《きょうぶく》の人(10)は参らず、三日諸司廃務(11)する常の如し

【注解】

（1）**御灯** 毎年三月三日と九月三日に、天皇が灯火を燃して北辰をまつる儀。国土安穏、天変地異を避けんと祈る。北斗信仰の行事である。延喜十五年（七九六）三月十九日勅して、北辰を祭るを禁じた。それによると、以前から禁止されていたにもかかわらず、京畿の吏民が「棄レ職忘レ業、相二集其場一、男女混殽《こんこう》」するといい、これでは、北辰を祭ることにより却って殃《わざわい》を招くという。若しやむをえなければ「毎レ人異レ日、莫レ令二会集一」という（『類聚国史』巻十）。星祭そのものというよりも「男女混殽」「集会」という風俗上、政治上の配慮から制約が加えられているのである。九世紀後半からは朝廷の恒例行事となった。一日から三日までの間、精進潔斎が行われる。当日は天皇の身体の祓いを行う（御卜《みうら》）。当日は廃務となる。『江家次第』（巻六）の「三日御灯事」にはつぎの如く見える。一日から三日まで天皇は「御浄食」すなわち、なまぐさい物は食べない。ただ一日は、先ず宮主に「御灯奉否の由」を占わせ、御厨子所で卜い、蔵人が奏聞する（これには白木の杖を用いる）。若し子《ね》の日に当たれば二月晦日に卜う（天徳四年三月には子の日に卜った）。もし御灯を奉ることがなくとも「御浄食并御禊」は行われる。その儀は、まず東廂の御簾《みす》を垂れ、孫廂の南の第三の間に小筵二枚を敷き、其の上に半帖の畳を置く。東庭には菅円座を敷き宮主の座とする。天皇は先ず沐浴し時刻

に出御される。内蔵寮が御贖物を奉る。宮主は仙華門から入り座に着く。御禊おわり宮主は三度拝し、天皇が退出すると御贖物を撤去する。また三度拝する。天皇が入御されると御座と庭中の座を撤去し、御簾を掲げ、ついで魚味を供する。『年中行事絵巻』に「御灯」の場面が描かれている。

（2）**廃務**　天皇および諸官司が政務を行わない。『養老令』儀制令に「凡大陽虧、有司預奏、皇帝不レ視レ事、百官各守二本司一、不レ理レ務、過レ時乃罷、皇帝二等以上親、及外祖父母、右大臣以上、若散一位喪、皇帝不レ視レ事三日、国忌日、謂、先皇崩日、依二別式一合二廃務一者、三等親、百官三位以上喪、皇帝皆不レ視レ事一日」とある。すなわち、日蝕のとき、国忌に当たるとき廃務となる。のちには、月蝕・火災・神仏事として御灯が廃務の理由となる。

（3）**斎**　ものいみ。祭りの前に酒や肉を断ち、心身を清める。

（4）**康保四年御記**　九六七年。村上天皇御記か、未詳。『江家次第』（巻六）に「御灯間行二仏事一、康保四年三月一日〔春宮召二御持僧一御記、不レ可二必忌レ僧云々」とある。

（5）**清涼抄**　清涼記。天暦元年（九四七）頃に成立した勅撰の儀式書。現存しない。

（6）**邦基卿記**　藤原邦基の日記。邦基は左大臣良世の五男。寛平五年（八九三）文章生となり、昌泰元年（八九八）従五位下に叙し、延喜十七年（九一七）従四位下にのぼり、同二十一年正月参議に任じた。延長八年（九三〇）従三位で中納言に任じたが承平二年（九三二）三月八日五八歳で薨去した（『公卿補任』）。

（7）**延喜九年御記**　貞信公記。

（8）**延喜十九年三月**　九一九年。御灯停止の例。

（9）**内裏死穢**　『年中行事秘抄』に「依レ穢停二止被レ行由御禊一例」として「延喜十九年三月三日御灯停止、自二去月九日一内裏有二卅日穢一故也、但依レ例廃務、又自二朔日一軽服人不レ可二参内一之由、兼被二仰下一」とある。御灯停止の例は、『江家次第』（巻六）に「御二諒闇一年停二御灯一、亦無二御祓一（天暦八年御記、正暦三年）」「依二狐死一停二御灯一事（寛平五年）」とある。

（10）**軽服人**　服喪のうち程度の軽いもの。父母の喪を重服とし、他は軽服とする。

（11）**諸司廃務**　諸官司が政務を執らない。

【本　文】85

七日、薬師寺寂勝會始事

【訓　読】

七日、（1）薬師寺《やくしじ》（2）最勝会《さいしょうえ》（3）始《はじめ》のこと

【注　解】

（1）**七日**　三月七日。

（2）**薬師寺**　現、奈良市西ノ京にある法相宗の大本山。

（3）**最勝会**　金光明最勝王経を講讃して、国家の安穏、天皇の息災を祈る法会。最勝会には、①御斎会で、正月八日から十四日まで清涼殿（はじめは大極殿）で行われたものと、③円宗寺最勝会がある。『西宮記』（巻三）

に「供米在二近江国一、専寺催二不足米一、自二大和国一依二宣旨一給、有二氏后一時、給二講師布施一、東宮給二読師布施一、自二大蔵省一又給二布施物一」とあり「頭書」に「近江米七二斛（正米六十斛賃料十二斛以二寺請牒一下レ之二」とある。『延喜式』（巻十五）によると、「凡薬師寺最勝会、講師布施料、絹十二疋、綿五十屯、調布廿端、韓櫃一合（加レ台）寮毎年送二彼寺一」とある。また『延喜式』（巻三十九）には「凡参二薬師寺寂勝会一王氏無官六位已下廿人已下十六人已上、司預差定、三月一日名簿進二太政官一」とある。『今昔物語集』（巻十二―第五）は、薬師寺における最勝会の始めについて、天長七年、中納言従三位兼行中務卿直世王が淳仁天皇のゆるしを得て始めたと記して、また「公ノ勅使ヲ遣シテ被レ行レ、講読聴衆ニ布施ヲ給フ事不レ愚ズ、僧供ハ寺ニ付タリ抑モ此ノ寺ノ檀越ハ代々ノ天皇ノ御後ノ人ヲ可レ用シト宣旨有レバ、源氏ノ姓ヲ給ハレル御子の子孫ヲ以テ檀越トス、然レバ源氏ノ上臈ヲ以テ此レニ用ヒル、然レバ此ノ会ノ勅使ニモ源氏ヲ下シ遣ス也」と述べる。『年中行事抄』は「源氏長者行レ之、以二五位一為レ使、又不足米聴衆等事被二宣下一、法会与二維摩会一不レ殊、興福寺維摩会、八省御斎会、薬師寺寂勝会、称二之三会一」とある。

【本　文】86

中午日、石清水臨時祭事（若遇國忌用下午、有二午時、下午、遇國忌者用上午）

【訓　読】

中《なか》の午《うま》の日、(1) 石清水臨時祭《いわしみずりんじさい》のこと(2)（若し国忌《こき》(3)に遇《あ》えば下の午(4)を用いる、三の午あるときは、(5) 下《しも》の午を、国忌に

遇えば上の午《かみのうま》(6)を用う。(7)〕

【注　解】

（1）**中午日**　三月に三回あるうちの第二の午の日。

（2）**石清水臨時祭**　石清水八幡宮は、山城国綴喜郡、現在の京都府八幡市男山峰に鎮座する。祭神は大菩薩（応神天皇）、大帯命《おおたらしのみこと》（神功皇后）、比咩大神《ひめおおかみ》（『三代実録』貞観七年〈八六五〉四月十七日条）。貞観二年（八六〇）豊前国宇佐八幡宮から八幡神を勧請した。「臨時祭」と称するのは、貞観五年から八月十五日に行われるようになった放生会《ほうじょうえ》を恒例とするのに対する呼称。天禄二年（九七一）から永式となった。京都では、賀茂臨時祭を北祭と称し、対する石清水臨時祭を南祭と言った。

（3）**国忌**　本文53、本文79注（21）参照。このあと、本文84参照。

（4）**下午**　中の午の日が国忌に当たるときは下の午の日、すなわち三月の第三の午の日に行う。

（5）**有二午時**　三月に午の日が二回あるときは…。つぎに見る如く、下の午の日に行う。

（6）**遇国忌者用上午**　上記の下の午の日が国忌に当たれば上の午の日に行う。

（7）石清水臨時祭の次第を『江家次第』（巻六）によって見ると、つぎの如くである。

〈装束を分け取ること〉行事蔵人が使料を取り出納を差《つかわ》し給う、御半臂《はんぴ》・下襲《したがさね》・表御袴である。使は今日は禁色を着る。殿上の舞人は直衣《のうし》を着て参入する。陪従料は参入にしたがい給う。宿衣は高遣戸の下に立ち参入しない、料は行事が取り給わる〔うけ取る人の僕従が袋を持ってうけ取る〕人長料は内蔵寮から給わる。弓場殿に内蔵寮は饗を設ける、装束し参るべき舞人らの料を給うためで、所司はこれを露払饗と称している。〈弓場殿に朝飯を据えること〉弓場殿の内の北の上《かみ》に据える、東西に向かいあい座を設け、牙盤を用いる。〈御禊のこと〉使以下が参集する。御装束は第五の間に南面して供える、内蔵寮は幣の案二脚を立てる。南第五の間に南面して御座を用意する。三幣案には黒漆の案二脚を立て御幣を安置する、御贖物は陪膳あるいは殿上の四位、御笏筥の蓋《ふた》に袋を敷き、その上に御笏を置く、内記を小板敷に召し宣命を進らせる、上卿は宣命を職事に渡し奏聞する〔筥に入れる〕御覧になると返し給う、上卿は宣命を笏に副え取り、使を小板敷に召し、御座覆懸の小間よりこれを給わる、代始めに、公卿が使であるときは、長押《なげし》の上に召して給わる、東納言は暫く上小台盤と長台盤の間に居り、宣命を見おわると退く、公卿使は長押の上に昇り上卿におじぎをするが、これについては有無両説がある。

蔵人頭が殿上の戸から参入し、御簾を褰《かか》げ、五位の蔵人が御笏を持ち参進する、天皇は黄櫨《きはじかみ》の御袍を着て出御し着座する、五位蔵人は孫庇《まごびさし》から進み御笏を奉る、〔簀子敷より進み、御座の南の間より入り、これを奉る、或る説には、御座の南を通って行くという〕御贖物を供する〔頭は米を取り、五位蔵人は人形をとり、簀子敷より進み御座の南の間に入る〕宮主は仙華門より入り長橋の北に進む〔河竹台に当たる〕蔵人頭は御麻を伝え取り進る〔第四の間からこれを進る〕御吻し（＝息をふきかける）返し給う〔倍従に持たしめながら吻し持ち帰って宮主に返す〕宮主は着座し、使も着座する〔仙華門から入り、装束は巡方帯、魚袋、浅履《あさぐつ》で、衛府は闕腋に螺鈿の釼を帯びる〕舞人は滝口から御馬を引いて入る。もし人が足りなければ陪従がこれを引く〕ついで宮主は祓詞を申し、畢って退出する、陪従は北廊の外で歌笛を発《おこ》す、舞人らが御馬を引き出し、畢って退出する、陪従・役供は進み出て御贖物を撤する、使は座を起ち進み案のところに就く〔跪いて笏をさしはさみ、更に立ち幣三捧を捧げて西の第一、第二、第三の間に立つ〕再拝を二度くり返す、使は幣を置き退出する、天皇は入御する〔陪従の人の祇候することは常の如くである〕内蔵寮官人らが参入し案などを撤する〔先ず御幣を取る〕上卿は宣命を奏する〔使を小板敷に召し、これを給う、使は笏を取りこれを給う、早暁に不ㇾ定使が退き、宣命を内蔵寮官人に預ける〕

〈御前の座のこと〉御装束おわる〔第三の間に御倚子を立てる、打敷あり、幼主のときは承足を加える。（「承足」とは足をのせる台のこと）。〕庭中の装束は式の如くである〔内蔵寮は衝重《ついがさね》を居《す》え、飯は預め居える〕公卿らが参入し殿上に候する、天皇が出御し御倚子に着く、頭は殿上に帰り出で召す由を公卿に告げ、大臣以下が仙華門より入り壁下の座に着く、天皇が人を召す、頭は称唯し殿上の戸より出で、進んで年中行事障子の北に候する、仰せを奉り使以下を召す、使以下が着座する。

一献、二献あり、大臣は穏座に着く、三献あり、公卿は垣下の座に着くが、暮年（老年）の公卿は或いは瓶子を取らない、取っても垣下の座には着かない、また使が子孫であれば盃を執らない、垣下の公卿の子が舞人として盃を受けるときは、次人を召してこれを陪従の座に給う、箸を下す、陪従は歌笛の声を発し挿頭花台に立つ、螺盃銅盞を置く、四献なり、五献なり、坏料を円座に敷き重ねる、舞人の座二所、陪従の座一所である、重盃五重許《いつかさねばかり》を給う、舞人の前（座カ）二人、陪従の座一人である、ただ螺盃銅盞は近代は行わない。

五位蔵人が挿頭花台の下に着く、公卿以下は順にしたがい挿頭花台下に着く、五位蔵人は順にこれを伝える、使・舞人以下、陪従料、五位蔵人、使以下退出する、天皇が入御される、内蔵寮は饌物などを撤し、掃部寮は座を撤し、主殿寮は掃除をする。

（以下に舞のことが記載されているが、省略する）。

【本　文】87

十七日、國忌事

【訓　読】

十七日、(1)国忌《こき》(2)のこと

【注　解】

(1) **十七日**　三月十七日。

(2) **国忌**　桓武天皇の命日に当たる。『小右記』万寿二年（一〇二五）三月十八日条に「昨国忌日、而於㆓内府㆒挙㆓音楽㆒如何、又関白書亭令㆘会㆓儒士㆒作文㆖云（者カ）、彼書亭始有何事云々又如何々々」とあり、『御堂関白記』寛弘三年（一〇〇六）三月十七日条に「己未、従㆑夜雨下、依㆓国忌日㆒不㆑召、又雨下」とあり、『中右記』承徳元年（一〇九七）三月十七日条に「候㆑内、中宮御悩従㆓今朝㆒宜御也、終日祗候、申時許、臨時祭使舞人等帰参、於㆓北陣方㆒如㆓昨日㆒密々御覧、有㆓指仰㆒舞人騎馬渡㆑之、陪従不㆑発㆓歌笛声㆒、今日依㆓国忌日㆒欤、於㆓弓場殿㆒着座有㆓三献㆒（殿上人取㆑之）次給㆑禄、各々退出」とある（他に大治四年三月十七日条、同五年三月十七日条も）。

【本　文】88

廿一日、國忌事

【訓　読】

廿一日、(1)国忌《こき》(2)のこと

【注　解】

(1)　**廿一日**　三月二十一日。

(2)　**国忌**　仁明天皇の命日に当たる。『権記』長保五年（一〇〇三）三月二十一日条に「詣二東寺一、仁明天皇国忌也、諸司多不レ参、仰下外記可レ注二不レ参者一之由上、午剋事了参二左大殿一、御読経始也」とある。『小右記』長和三年（一〇一四）三月二十七日条に「今日石清水臨時祭、中午者廿一日也、依二国忌一延而及二今日一、因二物忌一不二参入一」とある。仁明天皇は嵯峨天皇の第二皇子。母は橘嘉智子。弘仁元年（八一〇）生まれ、天長十年（八三三）即位、嘉祥三年（八五〇）没。在位中、承和の変（八四二年）が起こった。

【本　文】89

四月〔近例、八日以後、不申觸佛事文云々、仍検舊例、神事斎日以外、非無其例〕
朔日、着朝座事〔此日有官政、七月・十月同之〕

【訓　読】

四月〔近例(1)は、八日(2)以後は、仏事に触るる文を申さずと云々(3)、仍りて旧例《きゅうれい》を検《けん》ずるに(4)、神事斎日《しんじさいにち》(5)以外《よりほか》は、その例なきに非ず〕
朔日《ついたち》(6)、朝座《ちょうざ》(7)に着《つ》くこと〔此の日官政《かんせい》(8)あり、七月(9)、十月(10)も之に同じ(11)〕

【注　解】

(1) **近例**　近頃の例。
(2) **八日**　四月八日は灌仏会の行われる日である。本文115（四二四頁）参照。
(3) **不申触仏事文**　仏事斎会にかかわることは行わない。
(4) **検旧例**　旧《ふる》き例をしらべてみると。
(5) **神事斎日**　神まつる日、また八斎戒を守って身心をつつしみ精進する日。毎月の、八・十四・十五・二十三・二十九・三十日を六斎日という。
(6) **朔日**　四月一日。
(7) **朝座**　天皇が政治についての報告を聞き、群臣に謁見する場。朝堂。またそれに列する廷臣の席のこと。
(8) **官政**　太政官庁における政《まつりごと》。もと政務は朝堂院で行われたが、しだいに太政官庁で行われるようになった。九世紀後半には内裏のすぐ東の外記庁で行われるようになり（外記政）、官政はたまに行われるようになった。十世紀以降は、四月、七月、十月の一日に行われた。平安末期には官政は全く絶えていたことは『台記別記』久安三年四月一日条に明らかである。藤原頼長は官政の復興を行い、式次第を記している。太政官庁の西廊で弁・少納言以下による結政があり、上卿以下の公卿は正庁に着座し、弁以下も列座する。ついで申文・請印が行われ、終わって一同は侍従所に移り申文・食事が行われ、終わって侍従所を出て参内するが、侍従所の出入に際して出立《いでたち》の儀がある。

（9） **七月** 注（8）参照。

（10） **十月** 注（8）参照。

（11） 『九条年中行事』に「朔日着朝座事〔自㆓是月㆒迄㆓八月㆒、毎月着、若天子御㆓朝堂㆒之時、名云㆓告朔㆒〕」とある。『小野宮年中行事』には「自㆓是月㆒迄㆓八月㆒毎月着、若天皇御㆓朝堂㆒時、奏㆓告朔㆒、七月十月同之、若無㆓朝座㆒者於㆓官庁㆒行㆑政」とある。告朔《こうさく》は、上日を記した文を天皇がご覧になる儀式。『本朝月令』に次の如くある。

朔日視㆓告朔㆒事

□式云、凡天皇御㆓大極殿㆒、視㆓告朔㆒者、諸司大夫進置㆓函於案上㆒、奏者奏畢復㆓本列㆒、訖侍従令㆓舎人喚㆒内記㆒〔預候㆓龍尾道階下㆒〕内記二人称唯、昇㆓東西階㆒、就㆓版位㆒立、侍従宣曰、進文収㆑之、称唯進㆓案下㆒、搢㆑笏昇㆑案退、降㆓東階㆒、出㆓蒼龍楼掖門㆒〔公文惣送㆓中務省㆒〕弘仁弾正式云、凡進㆓告朔函㆒時者、弁官、式部、兵部、弾正、六位已上者、立㆓本司庁前㆒、諸司五位已上者、立㆓東西庁前㆒、六位以下立㆓弁官式部庁後㆒国史云、承和元年四月辛巳朔、天皇御㆓大極殿㆒、聴㆓告朔㆒、貞観掃部式云、凡暉章堂告朔、諸司五位已上座

	定員	相当位
正	1	従6位上
佑	1	正8位下
令史	1	少初位上
氷部	40	
使部	10	
直丁	1	
駈使丁	20	
氷戸	144戸	

所在地			負担
山城	葛野郡	徳岡	1丁1駄
	愛宕郡	小野	2丁1駄
		栗栖野	〃
		土坂	〃
		賢木原	〃
		石前	1.5丁1駄
大和	山辺郡	都介	6丁1駄
河内	讃良郡	讃良	4丁1駄
近江	志賀郡	龍華	3丁1駄
丹波	桑田郡	池辺	5丁1駄

者、毎二朔日旦一、以二儲料一鋪レ之〔曹司庁准レ此〕但皇帝臨レ軒不レ須《またず》

【本 文】90

同日 始貢氷事

【訓 読】

同日(1)、始めて氷を貢《たてまつ》る(2)こと

【注 解】

(1) **同日** 四月一日。

(2) **貢氷** 『延喜式』（巻四十）につぎの如くある。

○凡供御氷者、起二四月一日一尽二九月卅日一、其四九月日別一駄〔以二八顆一為レ駄、准二一石二斗一〕五八月二駄四顆、六七月三駄、進物所冷料、五八月二顆、六七月四顆、御醴酒并盛所冷料、六七月一顆

○凡供二中宮一氷者、五八月日別四顆、六七月六顆、進物所

冷料、五八月二顆、六七月三顆、御醴酒并盛所冷料、六七月一顆
○凡東宮氷者、五六月日別四顆、六七月日別六顆
○凡斎内親王妃夫人尚侍、起㆓五月㆒尽㆓八月㆒、日別一顆
○凡雑給氷者、起㆓五月五日㆒尽㆓八月卅日㆒、侍従料、五八月日別三顆、六七月五顆

所在地	供御氷数
徳　岡	6合
霊　厳	10
鵜原西	10
鵜原東	10
柿原西	10
柿原中	10
柿原東	10
松崎北	9
松崎南	9
都　介	6
讃良北	3
神　谷	8
計	101

○凡儲氷者、五八月各日別四顆、六七月各日別一駄四顆

氷は氷室から都に運ぶ。氷室を管理するのは主水司で、同司は宮内省の被官。その職員構成は〈表〉の如くで、正《かみ》の職掌は「掌、樽水、饘、粥、及氷室事」とある。「氷部」は「モヒトリベ」で「水部」が正しい。氷戸は一四四戸で、「官員令」別記は、「氷戸百卌四戸、自㆓九月㆒至㆓二月㆒、毎㆑丁役、自㆓三月㆒至㆓八月㆒、一番役㆓丁㆒、為㆓品部㆒、免㆓調雑傜㆒、宮内礼仏之時、僧等洗㆑手湯者、当司設、若有㆓僧数多㆒不㆑堪㆑造㆑湯者、仍請㆓主殿寮㆒」と記す。『延喜式』（巻四十）による氷室の所在地及び氷室傜丁の負担は〈表〉の如くであった。のち、康和三年（一一〇一）正月三十一日主水司氷解文（『朝野群載』巻八）によると、氷室所在地と氷の数は〈表〉の如くである。なお、阿部猛『万葉びとの生活』（東京堂出版）「避暑と氷」参照。

【本　文】91

同日、近衛・兵衛四府進御扇事

【訓　読】

同日(1)、近衛《このえ》(2)・兵衛《ひょうえ》(3)　四府《しふ》の御扇《みおうぎ》を進《たてまつ》(4)ること

【注　解】

(1)　**同日**　四月一日。

(2)　**近衛**　天平神護元年（七六五）二月三日、授刀衛を改めて近衛府とした（『続日本紀』巻二十六）。大同二年（八〇七）四月二十二日、中衛が右近衛府に改められたとき（『類聚三代格』巻四）近衛府は左近衛府となる。

(3)　**兵衛**　左・右あり、天皇を守衛し行幸に供奉する。

(4)　**進御扇**　『西宮記』（巻三）に、「一、四府進二檜扇一〔起レ自二四月一日一、尽二九月一、左右近衛、左右兵衛、付二内侍所一〕」とある。本文96（三六一頁）参照。扇のうち檜扇は、檜の板の薄く削ったもの二五枚ほどを銀の要で締めて上端を糸でつないだもの。いまひとつは、蝙蝠《かわはり》といい、木や竹の骨に紙を張ったもので夏扇である。扇を賜うことについては本文96（三六一頁）参照。

【本　文】92

同日、定應向廣瀬・龍田祭五位事〔式部點之、官政申之〕

【訓　読】

同日(1)、広瀬(2)・竜田(3)の祭に向かうべき五位(4)を定むること〔式部(5)これを点じ、官政これを申す(6)〕

【注　解】

(1) **同日**　四月一日。

(2) **広瀬**　広瀬神社。大和国広瀬郡内、現在の奈良県北葛城郡河合町に鎮座する。祭神は和加宇加売命（＝豊宇気比売命）で、初見は『日本書紀』（巻二十九）天武天皇四年（六七五）四月十日条で、小錦中間人連大蓋《おおふた》と大山中曽禰連韓犬を遣わして大忌神を広瀬河曲に祭らせたとある。大忌祭は、つぎの竜田の祭りとともに、王朝国家の重要な農耕祭祀とされた。広瀬社の所在地は大和川ぞいにあり、小河川が合流する場所である。水神祭り起源か。本文110（四〇九頁）参照。

(3) **竜田**　竜田神社。大和国平群郡内、現在の奈良県生駒郡三郷町立野に鎮座。祭神は天御柱命と国御柱命。『日本書紀』（巻二十九）天武天皇四年（六七五）四月十日条。広瀬神社とともに農業神を祭るもので、生駒山の東の谷の入口にある風の神。本文110（四〇九頁）参照。

(4) **五位**　『延喜式』（巻十一）に「凡大忌風神二社者、四月、七月四日祭之、式部省四月、七月朔日点二定社別王臣五位已上各一人一、申二送弁官一、弁官下二知大和国一（事見二神祇式一）」とある。また『延喜式』（巻十八）に「凡大忌、風神二祭使王臣五位王二人、臣二人、若王五位不レ足者、聴レ差二王四位一、但其名簿、四七両月朔日点定、申二送弁官一」とある。『延喜式』（巻一）に大忌祭と風神祭の料が記載されているが、そのあとに、「右

二社、差二王臣五位已上各一人、神祇官六位以下官人各一人一〔卜部各一人、神部各二人相随〕国司次官以上一人、専当行レ事、即令三諸郡別交易、供二進贄二荷一、其直并米酒稲、並用二当国正税一、自外所司請供、但鞍随レ損供進」とある。

（5）**式部**　式部省。使の五位をえらび定める。

（6）**官政申之**　『延喜式』（巻十八）に「其名簿、四七両月朔日点定、申二送弁官一」とある（注（4）参照）。

【本　文】93

「旬日」

同日、旬事〔十月同之、他月、近例、不必出御〕

宸儀御南殿、着御座之後、左近將曹〔或府生、率近衛〕令開左掖・延政兩門、大舎人叩門、闈司奏〔入自掖門、雨儀、諸奏於承明門壇上奏之〕勅答〔令申與〕監物御鎰奏〔典鎰、在監物巽〕勅答〔取禮〕畢、典鎰・大舎人官人〔近例、不必見件官人〕率大舎人等、取御鎰退出、次將曹閇門、還入本陣、内侍召人、出居次將出本陣、進行之間、大臣云、有奏、即復本座〔大臣兼大將者、次將無進出儀〕大臣着靴、經宜陽殿壇上、進立軒廊西一間〔南向、頗逼北倚東立、先是於陣座見奏文如恆、但覽了、大辨退去、大臣奏了、還着時、又進來着座、又外記覽官符、少納言覽内案、或當出御、事依倉卒不覽云々、見天慶十年六月私記及吏部王同年十月記〕史持官奏、進經小庭、跪奉大臣〔於納言者、磬折而奉、舊例、史入軒廊、從前奉之云々、而近年、九條一門人、候奏時、就後方從右奉之、依可違清涼殿儀乎〕大臣取奏、昇自東階、立簀子敷、西向磬折、候天氣、天皇目之、大臣稱唯、自東廂北行、入自母屋北間參進〔過障子戸之後、漸々磬折云々〕不及御帳六七尺許膝行〔三度許〕進之、天皇執奏畢〔置置物御机〕持文杖膝行、起而右廻立障子戸西邊柱西〔節會奏者立所〕叡覽畢、結中、置置物御机〔從御屛風第二枚上、伺見天覽畢由〕大臣銜片膝〔右有便、而或説左膝云々、非也、銜右事見九條天慶八年十一月一日記〕置文杖、進跪、膝行取奏文、退座御帳臺東六七尺許、西向開文結申、隨天許、稱唯畢結文、起而右廻、至御障子下、西向銜片膝、副文杖、左廻退下、立軒廊〔如初〕史來給奏、插文杖、立小庭東邊、大臣度小庭、乍着靴跪陣座、〔左足引上、右足踏立〕史進奉奏文、此間、出居次將參上〔若無官奏、次將先參上、但大臣兼大將者、大臣先參上、次皇太子以下參議已上、着座了、次將率出居侍從、入自日華門參上、雖大臣兼大將、有官奏時、奏了、次將先參上〕大臣傳奏報、如常儀

【訓読】

「旬日《しゅんじつ》」

同日(1)、旬(2)のこと〔十月之に同じ、他の月、近例は、必ずしも出御せず(3)〕宸儀(4)、南殿《なでん》に御す、御座に着きたまいしのち、左近の将曹(6)〔或いは府生《ふしょう》(7)、近衛《このえ》(8)を率いる〕左掖《さえき》(9)・延政(10)の両門を開かしむ、大舎人《おおとねり》(11)門を叩《たた》き、闈司《いし》(12)奏す〔掖門より入る、雨儀《うぎ》(13)は、諸奏承明門《じょうみょうもん》(14)壇上に於て之を奏す〕、勅答〔申さしめよと〕監物《けんもつ》(15)御鎰《かぎ》(16)奏す〔典鎰《てんやく》(17)、監物の巽(18)に在り〕勅答〔取れと〕、畢りて典鎰・大舎人の官人〔近例は、必ずしも件の官人を見ず〕大舎人らを率いて、御鎰を取り退出す、次いで将曹は門を閇《と》ぢて、本陣に還り入る(19)、内侍(20)人を召す、出居《でい》の次将《すけ》(21)は本陣を出で、進み行《あり》く間に、大臣云う、奏ありと、即ち本座に復す、〔大臣の大将を兼ぬる(22)は、次将《すけ》進み行く儀なし〕大臣は靴を着け、宜陽殿《ぎようでん》(23)の壇上を経て、軒廊《こんろう》(24)の西の一の間に進み立つ〔南向か

いに、頗る北に逼《せま》り東に倚《よ》りて立つ(25)、是れに先んじて陣の座に於て奏文を見ること恒《つね》の如し、但《ただ》、覧了《みおわ》りて大弁(26)は退き去る、大臣奏し了り、還り着く時、また進み来りて座に着く、また外記(27)は官符(28)を覧《み》、少納言(29)は内案を覧(30)る、或《ある》は出御に当たり、事は倉卒《そうそつ》(31)に依り覧ずと云々、天慶十年六月私記(32)及び吏部王《りほうおう》同年十月記(33)に見ゆ〕史(34)は官奏(35)を持ち、進みて小庭(36)を経て、大臣に跪《ひざまづ》き奉る〔納言(37)に於ては、磬折《けいせつ》(38)して奉る、旧例は、史は軒廊に入り、前より之を奉ると云々、而るに近年、九条一門の人(39)、候《うかが》い奏する時、後方《しりえ》に就《つ》き右より之を奉る、清涼殿の儀(40)に違うべきに依るか〕大臣取り奏す、東の階(41)より昇り、簀子敷《すのこじき》(42)に立つ、西向かいに磬折す、天気《てけ》を候《うかが》う(43)、天皇は之に目くばせす(44)、大臣は称唯《いしょう》し、東の廂《ひさし》(45)より北行す、母屋(46)の北の間(47)より入りて参進す〔障子の戸(48)の後を過ぐ、漸々《ようやく》(49)磬折すと云々〕御帳(50)に及ばず六七尺許り膝行《しっこう》し〔三度許り〕之を進《たてまつ》る、天皇奏を執り畢《お》わる〔置物《おもの》御机(51)に置く〕文杖《ふづえ》(52)を持ち膝行す、起《た》ちて右廻りに障子戸の西の辺《ほとり》の柱の西に立つ、〔節会《せちえ》(53)の奏者の立つ所なり〕叡覧《えいらん》し(54)畢《おわ》って、中を結《かた》ね、置物御机に置く、〔御屏風(55)第二枚の上より、天覧(56)畢わる由を伺い見る〕大臣は片膝を衝《つ》き〔右は便《たより》あり(57)、而るに或る説は左膝と云々、非也、右を衝《つ》くことは九条の天慶八年十一月一日記(58)に見ゆ〕文杖《ふづえ》を置き、進みて跪き、膝行《しっこう》して奏文を取る、御帳台の東六、七尺許に退座し、西に向かい文を開き結《ゆ》い申す、天許に随い、称唯《いしょう》し畢り文を結ね、起《た》ちて右廻りに御障子の下に至り、西に向かい片膝を衝《つ》き、文杖を副え、左廻りに退下《たいげ》し、軒廊《こんろう》に立つ〔初めの如し〕史来り奏を給う、文杖に挿《さしはさ》み、小庭《しょうてい》の東辺に立つ、大臣は小庭を度《わた》り、靴を着け乍《なが》ら陣の座に跪く〔左足を引き上げ、右足を踏み立つ〕史は進みて奏文を奉る、此の間、出居の次将参上す〔若し官奏なくは次将先ず参上す、但《ただ》大臣の大将を兼ぬるは、大臣先ず参上し、次《つい》で皇太子以下参議已上、座に着き了《おわ》る、次将は出居侍従(59)を率いて日華門(60)より入り参上す、大臣の大将を兼ぬると雖も、官奏ある時は奏し了り、次将先ず参上す〕大臣の奏報を伝うる常の儀の如し

【注　解】

（1）**同日**　四月一日。

（2）**旬**　本来は、日のひと巡りの意。古代中国で、十干の甲・乙・丙・丁・戊・己・庚・辛・壬・癸に至る一〇日を一旬といった。一日、十一日、二十一日および十六日に天皇が紫宸殿に出御して政を視、ついで宴を群臣に賜うことが行われ、これを旬政、旬、旬儀と称した。但し、十世紀に入ると二孟旬《にもうのしゅん》として四月と十月の朔にのみ行われるようになった。『北山抄』（巻九）「二孟旬」の項参照。

（3）**不必出御**　天皇は必ずしもおでましにならない。天皇が出御しない場合を平座《ひらざ》と称する。『江家次第』（巻六）に「二孟旬無二御出一儀レ」として、天皇が出御せぬ場合を記している。

（4）**宸儀**　天皇を指す。天皇のおからだ。

（5）**南殿**　「なんでん」とも。紫宸殿。なお紫宸殿《ししいでん》の称は江戸時代から。

（6）**左近将曹**　左近衛府（大同二年〈八〇七〉成立）はもと近衛府、さかのぼり授刀衛。将曹は近衛府の主典《さかん》。定員四人。相当位は従七位下。

（7）**府生**　近衛府生。定員六人。武官。文官の史生に相当する。

（8）**近衛**　近衛府の舎人である。定員左右各四〇〇人を大同三年（八〇八）七月二十日左右各三〇〇人に減じた（『類聚三代格』巻四）。

（9）**左掖**　内裏の春興殿の南の掖門。ここを通ると南庭（紫宸殿の南の広場）に通ずる。西の安福殿の南の掖門は右掖門という。

(10) **延政**　延政門。内裏内郭十二門のひとつ。東面の宣陽門の南にある掖門。

(11) **大舎人**　左・右大舎人寮に属する舎人。大舎人の大は、内舎人の内に対するもの。左・右寮各八〇〇人を定員とするが半減した時期もある。大舎人は、内六位以下八位以上の嫡子の二一歳以上のものから簡試して、上等のものを取る。延暦十四年（七九五）六月十四日勅（『類聚国史』巻百七）により、大舎人には蔭子孫を以て補するとした。「叩門」は「叫門《みかどごい》」であろう。

(12) **闈司**　後宮十二司のひとつ。宮城諸門の鍵《かぎ》の保管・出納を扱う小司。構成は、尚闈一人（正七位相当）、典闈四人（従八位相当）、女孺四人（少初位相当）。

(13) **雨儀**　雨天の際の儀式次第は…。

(14) **承明門**　内裏内郭南の正門。建礼門の北にあり、ここを通ると真直ぐ紫宸殿に至る。同門の基壇の上に立って奏上する。角田文衞『平安京散策』一五頁図参照。

(15) **監物**　和訓「おろしもののつかさ」。中務省の構成員。大監物（二人、従五位下相当）中監物（四人、従六位上相当）少監物（四人、正七位下相当）あり。大監物の職掌は、「掌、監㆓察出納㆒、請㆓進管鎰㆒」とある。

(16) **鎰**　カギ。鎖《じょう》（鏁、錠とも）を解くための器具。

(17) **典鎰**　監物のもとでカギの出納と諸司の庫の開閉に従う。大典鑰（二人、従七位下相当）少典鑰（二人、従八位上相当）。

(18) **巽**　南東。辰巳。典鎰は監物の南東に控えている。

(19) **本陣**　近衛の武官の詰所。

(20) **内侍**　後宮十二司のひとつ。天皇の日常生活に供奉し、奏請・宣伝のことを掌る。尚侍（二人）典侍（四人）掌侍（四人）と女孺一〇〇人より成る。尚侍《ないしのかみ》の職掌は、「掌、供奉、常侍、奏請、宣伝、検二校女孺一、兼知二内外命婦一、朝参・及禁内礼式之事」とある。

(21) **出居次将**　出居は儀式のとき臨時に設ける座で出居座ともいう。紫宸殿では南殿の西の砌の下や南殿の東廂南一の間、清涼殿では南廊小板敷の壁下の座。出居に着く次将、すなわち近衛府の中将・少将。

(22) **大臣兼大将**　大臣で近衛大将を兼任する場合。

(23) **宜陽殿**　紫宸殿の東にある殿舎。南に日華門を経て春興殿がある。

(24) **軒廊**　屋根つきの渡り廊。

(25) **頗逼北倚東立**　かなり北寄りに、しかも東寄りに。

(26) **大弁**　太政官の事務局、弁官局の長。左大弁の職掌は「掌、管二中務式部治部民部一受二付庶事一、糺二判官内一、署二文案一、勾二稽失一、知二諸司宿直一、諸国朝集、若大弁官不レ在、則併行レ之」とある。

(27) **外記**　太政官の構成員。大外記（二人、正七位上相当官）少外記（従七位上相当官）。中務省の内記に対し外記と称する。大外記の職掌は「掌、勘二詔奏一、及読二申公文一、勘二署文案一、検二出稽失一」とある。外記は四等官外の品官であるが、その職掌上からは主典《さかん》に当たる。外記の執政所は、外記の庁、外記局と称し、建春門外にあった。

(28) **官符**　太政官符。

(29) **少納言**　太政官の構成員。天皇に近侍し、小事の奏宣、内印・外印や駅鈴の出納を掌る。少納言は侍従を兼ねる。

(30) **内案**　公文書の正文と同一の控え。天皇への上奏文の控え。延暦九年（七九〇）五月十四日内侍宣（『類聚

符宣抄』巻六）に、

応レ勘二内案一事

内侍宣、有レ勅、進奏之紙、梟悪者多、自今以後、簡二清好者一、応レ宛二奏紙一、若不二改正一、執奏之少納言必罪レ之者、当番案主、宜二知レ意勘一レ之、不レ可二遺忘一

延暦九年五月十四日

とあり、『延喜式』（巻二十八）に「凡廃二置御馬・駅家・軍穀・兵士・器仗等一者、造二省符一副二内案一進レ官、請印施行、但留案捺二省印一」とある。『御堂関白記』長和五年（一〇一六）七月十日条に「源中納言行二内印一事、以二外記伴信道一、内案示見給由、留二案文一」とある。

(31) **倉卒**　急なこと、いそいで。

(32) **天慶十年六月私記**　九四七年。何か？

(33) **吏部王同年**（天慶十）**十月記**　吏部王記。重明親王（醍醐天皇の皇子）の日記。吏部は式部省の唐名。親王の極官が式部卿だったことによる。『日本紀略』（後篇三）天暦元年（九四七）十月一日条に「官政、中少弁不参、仍無二中文一、今日天皇依二御物忌一不レ御二南殿一、平座見参如レ恒」とある。

(34) **史**　太政官の大史・少史。

(35) **官奏**　太政官奏。

(36) **小庭**　内裏にある、文字どおり小さい庭であるが、紫宸殿の東、宜陽殿との間にある。また、宜陽殿の北、納殿との間、また校書殿と清涼殿との間、紫宸殿の北廂から東西にある階《きざはし》を降りたところの小庭もある。

（37）**納言**　大納言、中納言。
（38）**磬折**　立ったまま、一定の時間、腰を折りまげて上体を前方に屈して敬礼する作法。
（39）**九条一門**　九条家（藤原氏）の人びと。
（40）**清涼殿儀**　清涼殿で行われる儀式。
（41）**東階**　紫宸殿東面の南側の階段であろう。
（42）**簀子敷**　簀子は、板または竹を、すき間をあけて打った床。この場合、紫宸殿の南廂の外側に張り出した簀子敷（縁側）の部分。
（43）**候天気**　天皇のご意向をうかがう。
（44）**天皇目之**　天皇が声を出さず、めくばせする。
（45）**東廂**　紫宸殿の東に張り出した部分。
（46）**母屋**　紫宸殿の建物の中心部分。
（47）**北間**　間《ま》は柱間。紫宸殿母屋の東面の柱は四本で、柱間は三つある。その北側の柱間のことか。
（48）**障子戸**　引戸障子。
（49）**漸々**　おもむろに、の意か。
（50）**御帳**　御帳台。
（51）**置物御机**　装飾と実用を兼ねた台。天皇がさまざまな物を置くに用いる。
（52）**文杖**　長さ一五〇センチぐらいの木の杖の先に鳥口《とりくち》と称する鳥のくちばし状の金具があり、ここに文書をはさむ。

(53) **節会** 規定の公事の行われる日に催される天皇が群臣に賜う宴会。「雑令」による節日は、正月一日、同七日、同十六日、三月三日、五月五日、七月七日、十一月大嘗の日であるが、平安時代には、これらを元日の節会、白馬節会、踏歌節会、上巳節会、端午節会、相撲節会、豊明節会と呼ぶ。天皇が豊楽院、紫宸殿に出御し宴を賜わる。

(54) **叡覧** 天皇がご覧になること。

(55) **御屏風** 未詳。

(56) **天覧** 天皇がご覧になる。

(57) **右有便** 右膝をついて行うのが道理にかなっている。「便」は根拠、また有利であること。

(58) **九条天慶八年十一月一日記** 未詳。

(59) **出居侍従** 儀式のとき出居の座につく侍従。侍従は中務省に属し、定員八人で従五位下相当。定員八人は少納言三人を含む。侍従八人だけでは不足なので、次侍従を任命する(「次」は「なみ」すなわち侍従次《なみ》の意)。出居侍従は一二人であるが、十世紀後半には五、六人にすぎなかったという(『西宮記』巻十四)。

(60) **日華門** 内裏内郭の宜陽殿と春興殿の間にある門。南庭の東側。対する西側は月華門。

【本文】94

皇太子參上、次王卿次第參上着座〔於敷政門外着靴、上卿者親王丌子二脚外、計臈次着之、親王二人外、又一人參入者、出居侍従參上、次將召掃部母屋第三柱下立丌子着之、西面北上、但上臈遲參者、下臈起座、上臈代着後、着母屋座〕次出居侍從參上、次進物所供御膳、采女舁御臺盤、至南廂西第二間之此、出居次將召內豎二音、稱唯參入、立櫻樹邊、仰云、御飯給、稱唯退出、此間、采女取傳造酒司酒器、立南廂西第二間、內膳下器立第一間、東宮采女立御臺盤、內豎舁大盤、立臣下前、次置箸匕〔舊例、本自置之〕此間、酒番侍從着座、采女供御四種、次東宮采女供之〔從東障子戶出入、每供采女一人行前供奉〕次給臣下、次內豎持下器西度〔雨儀、從階下往還〕至進物所、受索餠、還至版位坤之間、供御膳索餠、次給太子、內豎於本所分盛、給王卿及出居、次下御箸、太子以下搢笏同下、次侍從・厨家別當以下、取御贄、進稱物名〔元慶八年四月一日、而奏之、而延喜以來無其例〕西度、次供鮑御羹〔便撤索餠〕次供御飯、次給太子、次給親王以下、次供御菜幷御汁物、次給臣下、御箸、臣下又隨、次供御酒、次酒番侍從唱平勸盃〔其儀如二宮大饗、但先行南座親王、次母屋座、次公卿、次出居座、始自北〕一獻後、內豎持下器西度、就西階下、受下物、還來給臣下〔每物一二箸各分取〕次供御菓子・干物等、次給臣下

【訓読】

皇太子参上す、次いで王卿《おうけい》は次第《しだい》(1)に参上し座に着く〔敷政門《ふせいもん》(2)外において靴を着《つ》く、上卿は親王の兀子《ごっし》(3)二脚の外に、臈次《ろうじ》(4)を計り之に着く、親王二人の外《ほか》、又一人参入せば、出居侍従参上す、次将は掃部(5)を召し、母屋《もや》の第三の柱の下に兀子を立て之に着す、西面し北を上とす、但上臈遅参《ただじょうろうちさん》せば、下臈《げろう》(6)は座を起《た》ち、上臈の代に着するのち、(7)母屋の座に着く〕次いで出居の侍従参上す、次いで進物所《しんもつどころ》(8)は御膳《おもの》を供す、(9)采女《うねめ》(10)は御台盤《だいはん》を舁《か》く、(11)南廂《みなみひさし》(12)西の第二の間に至る此《ころ》、出居の次将の内豎《ないじゅ》(13)を召すこと二音《ふたこえ》(14)、称唯《いしょう》(15)し参入す、桜の樹(16)の辺《ほとり》に立つ、仰せて云う、御飯《おもの》給え(17)と、称唯《いしょう》し退出す、此の間、采女《うねめ》は造酒司(18)の酒器(19)を取り伝え、南廂の西の第二の間に立つ、内膳(20)は器(21)を下し

第一の間に立つ、東宮の采女は御台盤を立つ、内豎は大盤を舁《か》き、臣下の前に立つ、次いで箸匕《ちょひ》(22)を置く〔旧例は本より之を置く〕此の間、酒番侍従《さけばんじじゅう》(23)は座に着く、采女は四種(24)を供御す、次いで東宮の采女之を供す、〔東の障子の戸より出入す、供ごとに采女一人前に行き供奉す〕次いで臣下に給う、次いで内豎(25)は器を持ち下げ西へ度《わた》る、〔雨儀(26)は、階の下より往還す〕進物所に至り、索餅《さくべい》(27)を受く、還りて版位《へんい》(28)の坤《ひつじさる》(29)に至るの間、御膳索餅を供す、次いで太子(30)に給う、内豎は本所に於て分け盛り、王卿及び出居に給う、次いで御箸を下したもう、太子以下は笏を搢《さしはさ》み同じく下す、次いで侍従・厨家別当(31)以下、御贄(32)を取り、進《たてまつ》り物の名を称《とな》う(33)〔元慶八年四月一日(34)、而して之を奏す(35)、而して延喜以来《よりこのかた》その例なし〕西に度《わた》る、次いで蚫《あわび》の御羹《あつもの》(36)を供す〔便ち索餅を撤す〕次いで御《お》飯《もの》を供す、次いで太子に給う、次いで親王以下に給う、次いで御菜并《ならび》に御汁物(37)を供す、次いで臣下に給う、御箸臣下また随う、次いで御酒を供す、次いで酒番侍従唱平し(38)盃を勧む〔其の儀は二宮大饗《にぐうのだいきょう》(39)の如し、但《ただ》、先ず南の座の親王に行い(40)、次いで母屋の座、次いで公卿、次いで出居の座、北より始む〕一献ののち、内豎は器を持ち下げ西に度《わた》る、西の階の下に就く、下物《おろしもの》(41)を受け、還り来り臣下に給う〔物毎《ごと》に一二箸、各《おのおの》分け取る〕次いで御菓子干物(42)等《など》(43)を供す、次いで臣下に給う

【注解】

(1) **次第**　順序にしたがって。

(2) **敷政門**　内裏内郭門のひとつ。綾綺殿と宜陽殿の間にある門。左近陣に近く、公卿たちの通用門となっていた。

(3) **兀子**　腰かけとする足つきの台。

（4）**計臈次**　臈次とは、もと受戒後の年数による僧の位次のことであるが、ここでは公卿の次第、順序、年臈。官位の高い者。注（6）の「下臈」に対する語。

（5）**掃部**　掃部寮の官人。同寮は宮内省の被官。定員四〇人。後宮十二司の「掃司」も訓は「かにもりのつかさ」で同訓であるが、こちらではない。

（6）**下臈**　官位の低い者を指して言う。

（7）**上臈代着後**　「上臈に代《か》わりて着するのち」と読むか、未詳。

（8）**進物所**　「たまひどころ」とも訓む。天皇の供御を扱う令外官。もと内膳司（宮内省被官）に属したが、のち蔵人所の下に置かれた。内膳司で作られた供御を進物所で温め直して進め、またここでも調理を行った。内裏内郭安福殿の西に在った。

（9）**供御膳**　天皇に食膳をたてまつる。

（10）**采女**　天皇に近侍し、主としてその食膳に奉仕した下級女官。宮内省采女司が統轄した。「後宮職員令」氏女采女条によると、郡少領以上の者の姉妹又は娘の十三歳から三十歳までの者を貢上する。

（11）**舁御台盤**　座卓式の食卓。脚は四脚。四尺台盤、八尺台盤などの大きさがある。舁くとは、かついて運ぶ。肩にのせる。

（12）**南廂西第二間**　紫宸殿の南面の廂の西から二つめの柱間。

（13）**内豎**　「ちいさわらわ」。豎子。宮廷の雑事につかわれた童《わらわ》。年少の者が多いが、成年男子の場合もある。内豎所の統轄下にあった。春興殿の東廂に「内豎所内候」があった。

（14）**二音**　音の訓は「こえ」＝声。令制大学寮の中国語の教官は「音博士《こえのはかせ》」。

(15)　**称唯**　オオと応える。

(16)　**桜樹**　紫宸殿の南庭、階の東側にある。右近の桜。西側は橘。左近の橘。

(17)　**御飯**　食事、食膳。強飯《こわいい》である。米を甑《こしき》で蒸したもの。

(18)　**造酒司**　宮内省被官。供御および朝廷の節会・神事に用いる酒・醴《あまざけ》・酢《す》などを醸造する。正《かみ》（一人、正六位上相当）佑《じょう》（一人、従七位下相当）令史《さかん》（一人、大初位上相当）酒部（六〇人）使部（一二人）直丁（一人）より成り、これに酒戸一八五戸が附属する。酒戸は大和国（九〇戸）河内国（七〇戸）摂津国（二五戸）にあった。

(19)　**酒器**　ちょうし、さかづきの類。

(20)　**内膳**　内膳司の官人であろう。奉膳・典膳・令史らいづれの官人か未詳。

(21)　**器**　酒器。

(22)　**箸匕**　箸と匙《さじ》。

(23)　**酒番侍従**　酒宴のとき、正規の侍従のほかに任命され、勧盃の役などをつとめた。「しゅばんのじじゅう」とも訓む。正規の侍従以外の次侍従・酒番侍従は一二人えらばれ四人で一番となし勤務する。

(24)　**四種**　未詳。

(25)　**内豎**　注(13)参照。

(26)　**雨儀**　雨天の際の儀式次第。

(27)　**索餅**　小麦粉と米粉を水で練り、それに塩を混ぜて縄状にしたもので麦縄《むぎなわ》とも称する。油であげて食する。

(28)　**版位**　朝廷の儀式において、群臣の列位を定めるために置いた木の板。

(29) **坤**　南東の方角。

(30) **太子**　皇太子。

(31) **厨家別当**　太政官厨家《だじようかんちゆうけ》の別当。太政官の厨房で、諸国公田の地子を管掌した。別当（少納言・弁・外記・史から各一人）と預（少納言局および左右弁官の史生各一人）を置いた。橋本義彦『平安貴族社会の研究』（吉川弘文館）「太政官厨家について」。

(32) **贄**　神に供える神饌、また天皇に貢納する食料品。

(33) **称物名**　贄の種別ごとに名をとなえる。

(34) **元慶八年四月一日**　八八四年。

(35) **而奏之**　この部分、写本により「侍問奏之」また「侍従同奏之」とある。「而」では文意通じがたい。

(36) **蚫御羹**　鰒《あわび》のあつもの。煮て酒や醤・塩などで味付けした吸い物。

(37) **汁物**　あつものであるが、平安時代には、あつものと区別された汁物が見える。しかし区別は明らかではない。

(38) **唱平**　酒盃をすすめて長寿を祝う。

(39) **二宮大饗**　二宮は東宮と中宮。正月二日に行われる、拝賀と賜宴を内容とする正月儀礼。本文19参照。

(40) **行南座親王**　南の座の親王に酒をつぐ。「行酒」で酒をつぐ、すすめるの意。

(41) **下物**　食べ物の残り。おさがり。内竪が持ってくる器が下物の器。下物については、阿部猛『平安貴族の実像』（東京堂出版）一七〇頁参照。

(42) **菓子**　くだもの。

(43)　干物　乾物？

【本　文】95

次開左掖門、闈司入自同門、就版奏勅答〔令申與〕畢退出、次六府番奏、〔上番左奏、下番右奏、若上番無左官人、右奏之、次官不參之時、判官帶弓箭在後、臨欲奏時、任官次、加前列奏之、或有一二府不具奏例、四位猶依官次可列立、依奏之次第可違濫也、天暦十年四月一日例如之〕勅答〔置介〕訖、闈司二人入自左掖門、列立六府上、次將等一々手轉授闈司、闈司各取重三枚〔或左次將取重授之〕至橘樹下之間、左廻退出、闈司昇自西階付內侍、內侍二人取左右近簡、就御帳東奏覽、次供御酒、次給臣下、二獻後、闈司取內案、就版奏、勅答〔持來〕畢、昇自南階西行、入南廂西第三間、至御帳西進之、取文杖、退立南廂西第三間、天覽了、勅答〔令申與〕後、下自同階就版、退出、次掃部寮立案〔版位南〕次少納言就版披文奏〔或說、就案〕勅答〔取禮〕畢、傍行召主鈴、出印捺印〔少納言展文、主鈴捺之〕又奏、勅答〔給倍〕畢、稱唯、令納印退出、〔近代、無雨儀例〕次撤案、次閇掖門、此間供御酒畢、左右近衛發亂聲、御盃離御手之間、大將目各陣令發之、先發聲爲勝、遞奏舞〔各二三曲〕畢、大臣着陣座、外記進見參・祿目錄等〔侍從以上一紙、非侍從一紙、預臨時宴內記・侍醫等類也、七十以上人、雖身不參預之、但至參議以上不在此限云々、或雖非參議、稱非節會停之〕大臣參上付內侍奏之、返給退下〔此間、太子退下〕着陣、召少納言給見參、召辨給目錄、了、參上着座、少納言入自日華門就版、唱見參、畢加列〔雨儀、立宜陽殿南第三間砌上〕王卿稱唯、下殿〔出居一人、稱唯不下〕列立庭中〔版位巽三許丈、西上北面、參議以上一列、四位五位一列、雨儀、立宜陽殿西廂第三間以南、侍從立春興殿西廂〕拜舞退出、天皇入御、

【訓読】

次いで左掖門(1)を開き、闈司(2)は同門より入り、版に就き勅答(3)を奏す〔申さしめよ〕畢りて退出す、次いで六府番奏(4)なり〔上番左奏(5)、下番右奏(6)、若し上番左の官人無くは、右之を奏す、次いで官不参の時(7)は、判官《じょう》(8)は弓箭を帯びて後《しり》へに在り、奏せんと欲する時に臨み、官次《かんじ》(9)に任せて、前列に加えて之を奏す、或《ある》は一二府具せず(10)奏する例あり、四位は猶し官次に依りて列立すべし、奏の次第違濫すべきに依るなり(11)、天暦十年四月一日の例(12)この如し〕勅答〔置け〕訖《おわ》り、闈司《いし》二人左掖門より入り、六府の上に列立す、次将ら一々手転(13)し闈司に授く、闈司は各《おのおの》三枚(14)を取り重ね〔或は左次将に取り重ね之を授く〕橘の樹(15)の下に至る間、左廻りに退出す、闈司は西の階(16)より昇り内侍に付く、内侍二人、左右近の簡《ふだ》(17)を取り、御帳(18)の東に就き奏覧す、次いで御酒を供す、次いで臣下に給う、二献ののち、闈司は内案(19)を取り、版に就き奏す、勅答〔持《も》て来《こ》〕畢りて、南の階(20)より昇り西行す、南の廂の西の第三の間(21)に入り、御帳の西に至り之を進る、文杖《ふづえ》(22)を取り、南廂の西の第三の間に退き立つ、天覧了り(23)、勅答〔申さしめよ〕の後《のち》、同じ階より下り版に就く、退出す、次いで掃部寮(24)は案(25)を立つ〔版位の南なり〕次いで少納言は版に就き文を披《ひら》き奏す〔或る説(26)に、案に就くと〕勅答〔取れ〕畢り、傍らに行き主鈴(27)を召す、印(28)を出だし印を捺《お》す〔少納言は文を展《の》べ(29)、主鈴は之に捺す〕又奏す、勅答〔給え〕畢り、称唯《いしょう》し、印を納めしめ退出す〔近代は雨儀の例なし〕次いで案を撤《す》つ(30)、次いで掖門を閉づ、此の間御酒を供し畢《おわ》る、左右の近衛は乱声《らんじょう》(31)を発《おこ》す、御盃の御手を離るる間、大将(32)は各の陣に目《めくばせ》し之を発《おこ》す、先だちて声を発《おこ》すを勝と為す、遞《たがい》に舞を奏す〔各二三曲〕畢りて大臣は陣の座に着す、外記《げき》(33)は見参《げざん》(34)・禄目《ろくもく》(35)等を進《たてまつ》る〔侍従以上一紙、非侍従一紙なり、臨時の宴に預かる内記《ないき》(36)・侍医《じい》(37)等の類なり、七十以上の人は身は参らずと雖も之に預かる、但《ただ》、参議以上に至るは此の限りに在らずと云々、或《ある》は参議に非ずと雖も、節会に非ずと称し之を停む〕大臣参上し内侍に付《さづ》けて之を奏す、返し給い退下し〔此の間、太子退下す(38)〕陣に着く、少納言を召し見参《げざん》を給う、弁を召し目録(39)を給う、了りて参上し座に着く、少納言は日華門(40)より入り版に就き、見参を唱す、畢りて列に加わる〔雨儀は、宜陽殿の南の第三の間の砌の上に立つ〕王卿称唯《いしょう》す、殿を下《お》り〔出居(41)一人、称唯するも下りず〕庭中に列立す〔版位の巽三許り丈(42)に、西を上とし北面す、参議以上は一列、四位五位は一列なり、雨儀は、宜陽殿の西の廂の第三の間より南に立つ、侍従は春興殿《しゅんこうでん》(43)の西廂に立つ〕拝舞(44)し退出す、天皇入御す、出居は警蹕《けいひつ》(45)を称す

【注解】

(1) **左掖門** 南庭の東南のすみ、春興殿と内裏内郭塀の間にある門。

(2) **闈司** 後宮十二司のひとつ。宮城諸門の鍵《かぎ》の保管・出納を扱う小司。尚闈《みかどつかさのかみ》(一人、正七位に准ずる)典闈《みかどつかさのすけ》(四人、従八位に准ずる)女孺(四人、少初位に准ずる)より成る。

(3) **就版** 版位に立って。版は儀式の際にそれぞれの官人の立つべき場所を示す木の板。

(4) **六府番奏** 六衛府は、左・右近衛府、左・右衛門府、左・右兵衛府の計六府。六衛府の官人が各衛府の名簿《みょうぶ》を奏上する。

(5) **上番左奏** 上番は番につく(勤務に当たる)こと。左は六衛府それぞれの左の官司。

(6) **下番右奏** 注(5)参照。但し、この部分の解釈不詳。上・下は、単に順序を示すようにも思われる。はじめに「左」が奏上し、つぎに「右」が奏上する?

（7）**官不参時**　番奏を行うのは六衛府の次将（中将・少将）である。官は次将。『西宮記』には「中将」とあり、『江家次第』には「次将」とある。

（8）**判官帯弓箭在後**　判官（尉・監）は武装し弓を持ち後ろにひかえている。『西宮記』には「有三六位者帯二弓箭一…」とある。尉・監の相当位は六位、七位。

（9）**任官次**　官の高下により席次を定めること、またその席次を言うが、ここでは、官庁序列のことか。官次を「つかさなみ」とも訓むか。「つかさなみのままに」。

（10）**一二府不具**　六衛府のうち一、二の官が揃わない。「具」は「備」と同義か。

（11）**依奏之次第可違濫也**　次将不参のとき判官を以てかわりにつとめさせるが、位階の順を守ると、官次（官庁序列）による奏上の順序が狂うから。『江家次第』には「若次将不レ参者、判官帯二弓箭一立レ後、臨二奏時一任二官次一、加二五位列一、跪置レ弓立奏レ之」とある。

（12）**天暦十年四月一日例**　『西宮記』に「天暦年、五位依二府次一列レ上、中将立レ下云々」とある。『江家次第』に「右次将四位、左次将五位、実資公記同二此次第一、先二高位一也、北山抄説、依二官次一、久安朔旦、左少将実長、右少将成隆朝臣相論、然而宇治左府仰云、雖二五位一以レ左可レ為レ上也云々、近代用二官次之説一也」「四条記云、雖二左右四位一、猶依二官次一立、依三奏聞可二違濫一也、天暦十年四月一日例、或有二一二府不レ具例一」と見える。

（13）**手転**　転は伝。手渡しする。

（14）**三枚**　番奏の簡《ふだ》を三枚重ねて…。注（17）参照。

（15）**橘樹**　南殿（紫宸殿）の前の西側に橘の木がある。東側は桜。

(16) **西階**　南殿の南西にある階段。

(17) **簡**　番奏の簡（札）。『江家次第』によると「札、長四尺五寸、広五寸、下広四寸余、厚四分、白木也、面方書二番長近衛名一、裏方年月日大将位署」とある。

(18) **御帳**　帳台。天皇の座所。帳はとばり。御帳台の東側、すなわち向かって右側の近くに寄り奏覧する。

(19) **内案**　上奏文の正文と同一であることの確認された控え。『類聚符宣抄』（巻六）につぎの如くある。

応レ勘二内案一事

内侍宣、有レ勅、進奏之紙、梟悪者多、自今以後、簡二清好者一、応レ宛二奏紙一、若不二改正一、執奏之少納言必罪レ之者、当番案主、宜二知レ意勘一レ之、不レ可二遺忘一

延暦九年五月十四日

『延喜式』（巻二十八）に「凢廃二置御馬、駅家、軍毅、兵士、器仗等一者、造二省符一副二内案一進レ官、請印施行、但留案捺二省印一」とある。また、『御堂関白記』長和五年七月十日条に、「源中納言(俊賢)行二内印一事、以二外記伴信道一、内案示見給由、留二案文一、参上ヽ、宮(彰子)聞二事由一、定二後院司一、中宮大夫(道綱)・按察大納言(斉信)・左大将(頼通)・皇大(太)后宮大夫・左大弁(道方)・清通朝臣(大江)・泰通朝臣(藤原)等也、預・蔵人等在二別紙一、候レ内、年物等令レ献レ宮、沙金百両・壇紙五十帖・色紙五十巻・犬頭糸五十約(絢)・丹波糸百約(絢)、人二陸奥唐櫃一合一、以二納殿預成章(高階)一令レ奉、退出…」とある。

(20) **南階**　南殿の南側の階段。正面。

(21) **南廂西第三間**　南殿の南廂の西側から三番めの柱間。廂の外側は簀子敷である。

(22) **文杖**　文《ふ》挟《ばさみ》(ふみばさみ)と同じ。文書類を挟んで差し出すための白木の杖。杖の先端は鳥口と称し、ここに挟む。

（23）**天覧**　天皇がご覧になる。

（24）**掃部寮**　宮中の清掃と設営を掌る令外官。弘仁十一年（八二〇）大蔵省掃部司と宮内省内掃部司を併合して成立。宮内省被官。職員構成は〈表〉の如くであった。

	定員	相当位
頭	1	従5位下
助	1	従6位上
允	1	従7位上
大属	1	従8位下
少属	1	大初位上
史生	4	
寮掌		
掃部	40	
使部	20	
直丁	2	
駈使丁	80	

（25）**案**　物を置くための机。神事用のものは白木。宮中の御料等をのせるものは漆塗り、また蒔絵、螺鈿を施したものがある。

（26）**或説**　未詳。或る説によると、少納言は、版位に就くのではなく、案（机）のところに立って文を披《ひら》き奏上するという。

（27）**主鈴**　中務省の構成員。大主鈴（二人、正七位下相当）少主鈴（二人、正八位上相当）がある。その職掌は「掌、出二納鈴印伝符一、飛駅函鈴事」とある。少納言の指揮下で諸国に下す公文に印を捺す。但し、勅符と位記は少納言が自ら捺す。

（28）**印**　少納言が捺す印は、内印《ないいん》（天皇御璽）と外印《げいん》（太政官印）。

(29) **展文** 紙を平らにのべひろげる。

(30) **撤案** 机を片づける。「撤」の訓は「すつ」（すてる）で、物を取り除いて、通りをよくすること。

(31) **乱声** 雅楽の舞楽で用いる笛の調べの呼称。乱声を奏する。舞楽は近衛の職掌のひとつ。

(32) **大将** 近衛大将。

(33) **外記** 太政官の構成員。大外記（二人、正七位上相当）少外記（二人、従七位上相当）より成る。詔書の作成、論奏・奏事の草案を書く。その職掌上は、外記は太政官の主典《さかん》に相当する。

(34) **見参** 出席者名簿。

(35) **禄目** 出席者に賜わる禄の目録。

(36) **内記** 中務省の構成員。大内記（二人、正六位上相当）中内記（二人、正七位上相当）少内記（二人、正八位上相当）より成る。その職掌は「掌、造二詔勅一、凡御所記録事」とある。太政官の外記に対して内記と称する。

(37) **侍医** 天皇・中宮・東宮の診療、薬香の供奉、薬の処方を掌る。令制では内薬司（中務省被官）に属し、定員四人（正六位下相当）。寛平八年（八九六）九月七日、内薬司は典薬寮に併合され、十月五日、侍医四人、女医博士一人、薬生一〇人が典薬寮に配置がえとなった。『令集解』の「古記」は「取レ脉也」「見二病気色一也」とするが、のちの在り様では、侍医は安福殿の薬殿に詰めている。天皇の御座近くまで進むことはできず、天皇が殿上の間に出御したとき、小板敷から「竜顔」を拝するのみであったという。

(38) **太子** 皇太子、東宮。

(39) **目録** 禄目録であろう。注(35)参照。

(40) **日華門** 宜陽殿と春興殿の間にある門。ここを通ると南庭に入る。

(41) **出居** 出居の座に着く、出居侍従、出居次将。出居は、儀式のため臨時に設ける座で、庭また庭に面して設ける。

(42) **版位巽三許丈** 版位から東南に三丈ほどの位置。

(43) **春興殿** 「しゅんきょうでん」とも訓む。紫宸殿南庭東側の一番南の建物。日華門をはさんで北に宜陽殿がある。南庭をはさんで安福殿に対する。

(44) **拝舞** 祝意、謝意をあらわす礼の形式で、まず再拝し、立ったまま上体を前屈して左右を見、これにあわせて袖に手をそえて左右に振り、つぎに跪き左右を見、そのまま一揖し、更に立って再拝する。

(45) **警蹕** 天皇の出入御、行幸、御膳を供するとき「おし」と唱える作法。左・右大将また宰相中将が唱えるが、不在のときは座にある上席の公卿が唱える。本文の場合は出居次将が唱えたか。

【本 文】96

番奏之後、二獻之前、暑月給扇、其儀、內侍取盛扇楊筥、出自御帳北、坐御屛風南妻、目出居次將、次將進取之、立王卿座前給之〔片手取筥、片手取扇給也〕給者先懷本扇、把笏起座、更插腰賜扇、又把笏復座、賜了、次將跪、置筥賜自料、以楊筥置大盤下〔或返內侍云々、天曆三年五月一日、有拜舞、西面、異位重行、准給馬例、參議以上可立一列云々、延喜十二年外記記云、无拜失也、然而邑上仰云、延喜間無此拜、御記不見失由、不可有也云々〕

【訓　読】

番奏(1)ののち、二献の前に、暑月《しょげつ》(2)は扇(3)を給う、其の儀は、内侍は扇を盛る楊筥《やないばこ》(4)を取り、御帳《みちょう》の北より出で、御屏風の南の妻(5)に坐し、出居の次将に目くばせす、次将は進みてこれを取る、王卿の座の前に立ち之を給う〔片手に筥を取り、片手に扇を取りて給うなり〕給わらば先ず本扇を懐《ふところ》にし、笏を把り座を起つ、更《また》腰に挿《さしはさ》み扇を賜う、又笏を把り座に復す、賜い了り、次将は跪《ひざまづ》き、筥を置き自料を賜う、楊の筥を以て大盤《だいばん》(6)の下に置く〔或は内侍に返すと云々、天暦三年五月一日(7)、拝舞あり(8)、西面し異位重行《いいじゅうぎょう》す(9)、給馬の例に準じ(10)、参議以上は一列に立つべしと云々、延喜十二年の外記記(11)に云う、拝の无《な》きは失なりと、然れども邑上(12)の仰せられて云う、延喜の間、此の拝なし、御記(13)に失の由は見えず(14)、有るべからざるなりと云々〕

【注　解】

(1) **番奏**　本文95注(4)(三五六頁)参照。

(2) **暑月**　夏季。「喪葬令」親王条義解は「謂、六月七月」とし、「集解」古記は「謂六月七月也」とし「准下賦役令役二丁匠一条上也」と記す。賦役令の条文は「其六月七月、従レ午至レ未、放聴二休息一」というもの。

(3) **扇**　扇には檜《ひ》扇と蝙蝠《かわほり》扇があり、前者を冬扇(十〜三月用)、後者を夏扇(四〜九月用)と称する。暑月に給うは夏扇であろう。本文91(三三七頁)参照。

(4) **楊筥**　柳の木でつくった箱。柳の木を細長く三角に削り、白木のまま並べ生糸又は紙撚《こより》で編んだ。ふたつき。『延喜式』(巻十七)に「年料柳筥一百六十八合〔一尺六寸已下一尺以上〕料、柳一百三連〔山城国進レ

之〕織㆑筥料生糸一十二斤、巾料調布一丈、浸㆑柳料商布一段、長功三百卅六人、中功三百九十二人、短功四百卌八人」とある。

（5）**御屏風南妻**　妻は「端」（はし）。

（6）**大盤**　台盤に同じ。「だいはん」とも訓む。食器類をのせる足つきの台。『年中行事絵巻』の東三条殿の大饗図中に見えるが、丈《たけ》の低いおぜん様のもの。

（7）**天暦三年五月一日**　『日本紀略』（後篇三）に「五月一日甲辰、天皇御㆓南殿㆒、有㆓番奏庭立（上）奏等㆒」と見える。

（8）**拝舞**　本文95注（44）（三六一頁）参照。

（9）**異位重行**　位階の順にしたがって高位の者から順に前から後ろに並び、同位の者は横に一列に並ぶ。

（10）**給馬例**　八月七日の「牽㆓甲斐勅旨御馬㆒事」および同十五日の「牽㆓信濃勅旨御馬㆒事」と同二十八日の「牽㆓上野勅旨御馬㆒事」（以上『北山抄』巻二）の条を参照。

（11）**延喜十二年外記記**　九一二年。太政官の外記の記録した公日記。

（12）**邑上**　村上天皇をさす。

（13）**御記**　醍醐天皇御記。

（14）**不見失由**　間違いであるとの所見はない。

【本文】97

十月、給氷魚、其儀、采女二人〔一人陪膳〕取氷魚指鹽〔預盛片垸供之〕進來、坐貫首人西頭、下座跪給之、置大盤上、復座目出居、令召内豎、内豎二人參上、取氷魚等、次第持到、各以匕一度掻取、指鹽沃上〔延喜十一年五月、給粽甘葛煎等、其儀同氷魚也〕

【訓読】

十月、氷魚《ひお》(1)を給う、其の儀は、采女(2)二人〔人は陪膳なり(3)〕氷魚の指塩(4)を取る〔預め片垸《かたもい》(5)に盛りてこれを供す〕進み来り、貫首人《かんしゆにん》(6)の西の頭に坐す、座を下り跪《ひざまず》きこれを給う、大盤《だいはん》の上に置く、座に復し出居(7)に目くばせし、内豎《ないじゆ》(8)を召さしむ、内豎二人参上す、氷魚等を取る、次第(9)に持ち到る、各《おのおの》(10)匕を以て一度《ひとたび》掻《か》き取り、指塩を上に沃《そそ》ぐ〔延喜十一年五月(11)、粽《ちまき》(12)・甘葛《あまずら》(13)等を給う、其の儀は氷魚に同じさなり〕

【注解】

(1) **氷魚** 鮎《あゆ》の稚魚。『延喜式』(巻三十九)に「山城国近江国氷魚網代各一処、其氷魚始二九月一迄二十二月卅日一貢之」とある。網代は川の瀬に設ける魚を取る設備。山城国宇治と近江国田上の網代から氷魚を貢上する。

(2) **采女** 本文8注(10)(三七頁)参照。

（3）**陪膳**　天皇に食膳を供する者。食膳を取りつく者は役送という。
（4）**指塩**　いずれにせよ汁であろう。
（5）**片垸**　ふたのない素焼の土器。「片」は不完全の意。
（6）**貫主人**　「かんじゅ」とも訓む。蔵人頭《くろうどのとう》の異称。
（7）**出居**　出居の次将。
（8）**内豎**　本文7注（15）（三四頁）、本文10注（12）（四八頁）参照。
（9）**次第**　順によって。順番に。
（10）**匕**　匙《さじ》。
（11）**延喜十一年五月**　九一一年。
（12）**粽**　米を長円型に固めて蒸した餅。茅《ちがや》で巻いたのでその名がある。
（13）**甘葛**　深山で松や杉にからむつる草で、それから採った甘味料をもいう。秋・冬に、地上一尺くらいのところで切り、したたる汁を容器にうける。

【本　文】98

「奏御暦事」
十一月朔日、奏御暦、其儀、復下器後、番奏前奏之、同元日儀、但闈司退出後、少納言率内豎、入自日華門、先舁案退出、次少納言令舁櫃退出〔雨儀、付内侍所、延喜八年例也〕二孟之外、無厨家御贄・奏樂・奏見參等事、有撤饌儀、三獻後、安御箸了、采女撤御膳〔天慶九年六月、采女小田㝡子說、置御箸時、陪膳采女召云、采女伴、采女等取御盤參來云々〕之間、出居次將召内豎二聲、内豎稱唯、即仰云、數多參來、内豎等參入、撤臣下饌〔下大盤撤之事未了還御者、無此儀〕訖、親王以下退下、即還御

【訓　読】

「御暦《ごりやく》を奏すること」
十一月朔日、御暦(1)を奏す、其の儀は、下器《げき》(2)を復すのち、番奏(3)の前にこれを奏す、元日の儀(4)に同じ、但闈司《ただいし》(5)退出ののち、少納言は内豎を率《い》て、日華門より入る、先ず案《あん》を舁《か》き退出す、次いで少納言は櫃《ひつ》(6)を舁《か》かしめ退出す、〔雨儀は、内侍所(7)に付《さづ》く、延喜八年の例なり(8)〕二孟(9)のほか、厨家(10)の御贄《みにえ》(11)・奏楽(12)・見参《げさん》(13)を奏するなどのことなし、饌(14)を撤《す》つる儀あり、三献ののち、箸を安《やす》(15)めたまい了る、采女《うねめ》(16)は御膳《おもの》(17)を撤《す》つ〔天慶九年六月(18)、采女小田最子《おだのいとこ》(19)説《い》う、箸を置きたもう時、陪膳の采女(20)を召して云《のたま》わく、采女伴《とも》(21)せよと、采女ら御盤(22)を取りて参り来《こ》と云々、〕この間、出居の次将の内豎を召すこと二声《ふた》(23)なり、内豎称唯《いしょう》す、即ち仰せて云う、数多《あまた》参り来《こ》と、内豎ら参入し、臣下の

饌を撤《す》つ〔下大盤(24)を撤《す》つること了《おわ》らざるに還御せば、此の儀なし〕訖りて、親王以下退下し、即ち還御す

【注　解】

（1）**御暦**　こよみ。新しい暦を天皇に進ることは、正月（七曜御暦《しちようごりゃく》を進る）とこの十一月（具注暦《ぐちゅうれき》・頒暦を進る）の二回行われる。具注暦は、年月日の吉凶などを注記した暦で、陰陽寮が造る。『延喜式』（巻十六）に「凡進レ暦者、具注御暦二巻〔六月以前為二上巻一、七月以後為二下巻一〕納二漆函一安二漆高案一、頒暦一百六十六巻、納二漆櫃一著レ台、十一月一日至二延政門外一候〔中宮、東宮御暦供進准レ此〕其七曜御暦、正月一日候二承明門外一〔並見二儀式一〕」とある。

（2）**下器**　節会などで、臣下に賜わる食物を入れる器。

（3）**番奏**　二孟の旬儀に六衛府が、当番の者の名簿を奏上する。

（4）**元日儀**　正月元日に七曜御暦を進る儀。注（1）参照。

（5）**闈司**　本文7注（1）（三三頁）参照。

（6）**櫃**　上に向かってふたのあく大形の箱。

（7）**内侍所**　本文93注（20）（三四〇頁）参照。

（8）**延喜八年例**　九〇八年。

（9）**二孟**　二孟の旬《しゅん》。二孟は孟夏（四月）と孟冬（十月）。旬については、本文93注（2）（三九四頁）参照。

（10）**厨家**　太政官厨家。

（11）**御贄**　天皇の供御にそなえる食料。

(12) **奏楽**　音楽を奏する。
(13) **見参**　節会・儀式に参加（出席）した官人の名簿を奏上する。
(14) **饌**　ここでは天皇の召しあがる食べもの。お膳を撤去する。
(15) **安御箸**　「御箸を安め」とも訓める。食事がおわり、箸を置かれる。
(16) **采女**　本文8注（10）（三七頁）参照。
(17) **御膳**　天皇の御膳。
(18) **天慶九年六月**　九四六年。
(19) **小田最子**　伝未詳。小田氏は備中国の氏族。小田郡司の家柄で采女を貢上していた。小田氏については、『平安時代史事典』上巻四〇〇頁参照。
(20) **陪膳采女**　本文97注（3）（三六四頁）参照。
(21) **采女伴**　「伴」は伴食？陪膳？
(22) **御盤**　台盤。本文96注（6）（三六二頁）参照。
(23) **二声**　二度呼ばわる。
(24) **下大盤**　読みづらい。下《おろし》（物）の大盤？下物は「おさがり」のこと。

【本　文】99

或有臨時奏樂・御遊等事、其儀、三獻後、內侍出御帳東妻、目大臣、大臣候御帳東邊〔其道、如官奏時〕奉可令奏樂之仰復座、召左右出居次將仰之〔若有官奏、無大臣大將者、一人先昇、一人率侍從參上〕奏樂了、內侍目大臣、參入如初、承可令奏管絃由、幷可召人等名、復座、召出居次將、仰可令立草墪之由、掃部官人參上、御帳東一許丈立之〔西面北上〕大臣進着草墪、召堪管絃王卿、各着座了〔或召加侍臣等、着靴在王卿後也〕大臣召書司、書司・女官等、取御琴・笛等、出自北障子戸置之、奏歌曲之間、在本座公卿、遞勸盃〔次將執瓶子、舊例、不被召人、起座退下云々〕內侍目大臣、進而近候奉仰〔祿事〕復座、召出居次將、仰云、御階下固與、次將退下、率左右中少將等參上、進御障子戸下、取祿被之、下座給之、一拜下殿、於庭中拜舞〔西上北面〕辨・少納言・酒番侍從・五位內記・外記等祿、令左右近人給之

【訓読】

或《ある》は臨時の奏楽・御遊《ぎょゆう》(1)等のことあり、其の儀は、三献《さんこん》ののち、内侍《ないし》は御帳《みちょう》の東の妻に出で、大臣に目くばせす、大臣は御帳の東の辺《ほとり》に候ず〔其の道は官奏(2)の時の如し〕奏楽せしむべきの仰せを奉り座に復す、左右の出居の次将を召して之を仰す〔若し官奏あり、大臣大将なくは、一人先ず昇り、一人は侍従を率いて参上す〕奏楽了《おわ》り、内侍《ないし》は大臣に目くばせす、参入すること初めの如し、管絃を奏せしむべき由、ならびに召すべき人らの名を承《うけたまわ》り、座に復す、出居《でい》の次将を召し、草墪《そうとん》(3)を立てしむべき由を仰す、掃部《かにもり》(4)の官人参上し、御帳の東一許り丈に之を立つ〔西面し北を上とす〕大臣は進みて草墪に着《つ》く、管絃に堪うる王卿を召し(5)、各《おのおの》着座し了る〔或《ある》は侍臣らを召し加う、靴を着け王卿の後《しり》えに在るなり〕大臣は書司を召す、書司(6)・女官(7)らは、御琴(8)・笛(9)等を取り、北の障子戸《しょうじど》より出で之を置く、歌曲を奏する間、本座に在る公卿は、遞《たがい》に盃を勧《すす》む〔次将は瓶子《へいじ》(10)を執《と》る、旧例は、人を召されず、座を起《た》ちて退下すと云々〕内侍は大臣に目くばせし、進みて近く候し仰せを奉《うけたま》わる〔禄の(11)

ことなり〕座に復し、出居の次将を召し、仰せて云う、御階《きざはし》の下固めよと、次将退下し、左右中少将等を率いて参上す、御障子の戸の下に進み、禄を取り之を被《かず》く(12)、座を下りて之を給う、一拝し殿を下りる、庭中(13)に於て拝舞す(14)〔西を上とし北面す〕弁(15)・少納言(16)・酒番《さけばん》侍従《じじゅう》(17)・五位の内記(18)・外記(19)等の禄は、左右近の人(20)をして之を給う

【注　解】

(1) **御遊**　宮廷での遊びで、管絃と歌や朗詠など。

(2) **官奏**　太政官奏。

(3) **草墪**　蒋《まこも》や藁《わら》を芯にして布帛で包んだ腰掛けの一種。『年中行事絵巻』に見える。『延喜式』（巻三十八）によると、径一尺六寸で、高さは一尺三寸と八寸の二種があった。天皇用は錦でかざり、以下親王・大臣・大納言・中納言・参議以下侍従以上、妃・夫人、女御、四位命婦、更衣、蔵人・五位命婦・蔵人用のそれぞれについて細かく規定している。

(4) **掃部**　掃部司の官人。設営担当である。

(5) **堪管絃王卿**　音楽の技能を持っている王・公卿。管は笛、絃は琵琶、琴などの楽器。音楽も貴族の教養のうち。

(6) **書司**　後宮十二司のひとつ。書籍・紙・筆・墨・楽器を扱う。職掌は図書寮に類似する。

(7) **女官**　この部分、書司の女官か？

(8) **琴**　和琴？

(9) **笛**　横笛？

(10)　**瓶子**　のちには「へいし」と訓む。酒を入れて注ぐ器。徳利《とくり》。
(11)　**禄**　儀式、諸会に出席した者に賜わる臨時の給与。褒美。
(12)　**被**　「かずく」「かつぐ」。禄として衣服をたまい、それを肩にかける。被物（かずけもの）。
(13)　**庭中**　南庭で。
(14)　**拝舞**　本文95注（44）（三六一頁）参照。
(15)　**弁**　弁官。
(16)　**少納言**　本文5注（25）（二四頁）参照。
(17)　**酒番侍従**　本文95注（23）（三五二頁）参照。
(18)　**内記**　本文25注（27）（一〇〇頁）参照。
(19)　**外記**　本文15注（1）（六〇頁）参照。

【本　文】100

「宜陽殿平座事」
不出御者、被仰侍従等可給御酒之由、上卿奉勅、召装束辨若史〔若大辨在座、示彼令仰云々〕仰可令敷侍従座之由、食物辨備了、着宜陽殿座〔以北爲上、大臣連座異尋常儀、着東之人、度座末板敷上着之、親王西面、所司設膝着、或召陣云々〕辨・少納言入自日華門着座、遞起獻盃〔三獻以前、於參議座停之、不轉辨・少納言座〕三獻後、仰大辨〔或取末參議〕令召侍從、大辨仰取末少納言、少納言稱唯、出日華門召之、侍従參人、相分着座〔參議降座轉盃、計度數各飲闕巡、若無參議、召上辨撤盃、師尹人臣例云々、可尋之〕下箸之後、示取末參議〔或大辨〕令仰録事、即點東西座、四位・五位高戸者各一人、先申上卿、上卿揖之、召仰録事可奉仕之由〔四位者其官其職朝臣、五位名朝臣、四位若有同官之者加姓、或仰云、座録事奉仕之〕數巡之後、外記覽見參・目録等、上卿就御所〔從軒廊二間出入、定方大臣用一間云々〕令奏聞、返給後、復本座、外記奉之退出、即召少納言給見參、召辨給目録、少納言出自日華門前、於南庭唱見參〔當南殿東一間、相去版南三許丈、或云、去版位巽三許丈云々〕親王以下列立櫻樹南〔第一人當少納言、或云、少納言巽角二許丈、參議以上一列、四位・五位一列、西上北面、參議以上出自軒廊一間、侍從出自門下、雨儀、王卿宜陽殿西廂、侍從東壁下〕少納言召自名、後稱唯、加列、拜舞了、各退出〔參議以上、出自敷政門、四位以下、出自日華門〕

【訓　読】

「宜陽殿平座(1)(2)のこと」

出御せずば、侍従等に仰せられ御酒を給うべき由、上卿《しょうけい》(3)は勅《みことのり》を奉《うけたまわ》り、装束の弁(4)若しくは史(5)を召す〔若し大弁の座に在れば、彼に示し仰せしむと云々〕侍従の座を敷かしむべきの由を仰せ、食物弁《わきま》え備え了《おわ》る、宜陽殿の座に着く〔北を以て上と為す、大臣は座を連《つら》ね(6)尋常の儀に異なる、東に着きし人は、座の末の板敷の上を度《わた》(7)り之に着く、親王は西面す、所司(8)は膝着《ひざつき》(9)を設く、或は陣に召す(10)と云々〕弁・少納言は日華門(11)より入りて座に着く、逓《たがい》に起《た》ち盃を献《ささ》ぐ〔三献より前《さき》、参議の座に於て之を停む、弁・少納言の座に転《つた》えず〕三献ののち、大弁(12)に仰せ〔或は最末の参議(12)〕侍従を召さしむ、大弁は最末の少納言に仰す、少納言は称唯《いしょう》し、日華門を出で之を召す、侍従三人、相い分かれ座に着く〔参議は座を降りて盃を転《つた》う(14)、度数を計り各《おのおの》飲み巡《めぐり》を闕く(15)、若し参議なくば上の弁(16)を召して盃を撤《す》つ、師尹《もろただ》(17)の大臣の例と云々、尋ぬべし〕箸を下《おろ》せしのち、最末の参議に示し〔或は大弁〕録事(18)に仰せしむ、即ち東西の座を点ず、(19)四位・五位の高戸《こうこ》(20)の者は各一人、先ず上卿に申す、上卿揖《ゆう》す、録事に奉仕すべき由を召し仰す〔四位は其の官其の職朝臣、五位は名朝臣、四位に若し同官の者あれば姓を加う、或は仰せて云う、座の録事仕え奉ると〕数巡ののち、外記は見参(21)・目録(22)等を覧《み》る、上卿は御所に就き〔軒廊《こんろう》の(23)二の間より出入す、定方の大臣(24)は一の間を用うと云々〕奏聞せしむ、返し給うのち、本座に復す、外記は之を奉り退出す、即ち少納言を召して見参を給う、弁を召し目録を給う、少納言は日華門を出づるより前《さき》に、南庭に於て見参を唱《とな》う〔南殿の東の一の間に当たり、版を相い去ること三許《ばか》(25)り丈、或は版位を去ること巽《たつみ》に三許り丈と(26)云々〕親王以下、桜樹の南に列立す〔第一人は少納言に当たる、或は云う、少納言巽の角《すみ》二許り丈に、参議以上一列、四位・五位一列、西を上とし北面す、参議以上は軒廊の一の間より出で、侍従は門の下より出づ、雨儀は、王卿は宜陽殿の西廂、侍従は東の壁下なり〕少納言は自らの名を召し、のちに称唯《いしょう》す、列に加わり、拝舞し(27)了り、各退出す〔参議以上は、敷政門(28)より出で、四位以下は日華門より出づ〕

【注解】

（1）**宜陽殿**　南殿の東にある舎屋。

（2）**平座**　天皇が南殿に出御せず、公卿らが宜陽殿西廂の平座につき宴を行う。平座とは平敷の座で、床に敷物の座、転じて天皇が出御しないとき平座について宴を行うこととなる。

（3）**上卿**　本文5注（10）（二二頁）参照。

（4）**装束弁**　場をしつらえ飾る担当の弁官のこと。

(5) **史**　太政官の大史・少史。

(6) **大臣連座**　並んで坐る。

(7) **板敷**　畳を敷いていない板張りの床《ゆか》。

(8) **所司**　官人たちをいう？

(9) **膝着**　跪くとき、汚れを防ぐために敷く敷物。布やこもで作った半畳ほどの大きさのもの。

(10) **陣**　陣の座。

(11) **日華門**　宜陽殿と春興殿の間にある門。

(12) **大弁**　太政官の構成員。左右各一人。八省を管する事務局。

(13) **最末参議**　参議のうち序列の最後のもの？

(14) **転盃**　盃《さかずき》を送る。伝える。

(15) **闕巡**　『江家次第』（巻六）の頭書に「飲闕巡、毎人飲四盃也」とある。盃を巡らさず、ひとりずつ、続けて飲む。

(16) **上弁**　筆頭の弁官？

(17) **師尹**　藤原師尹。忠平の五男。天慶三年（九四五）左大臣となる。小一条左大臣と称された。

(18) **録事**　饗宴で侍従に酒を勧めにいく役のこと。判官・主典の唐名で、この場合は所属官名を冠して呼ぶ。遣唐録事など。

(19) **点東西座**　点はえらび定める、指定するの意。点定。

(20) **高戸者**　上戸《じょうご》。酒を多く飲むひと。『江家次第秘抄』に「高戸《シャウゴ》餘冬序録ニ出ヅ」とある。

(21) **見参**　参加者名簿。

(22) **目録**　禄の目録か。

(23) **軒廊**　土間床の廊。南殿の東の南側の階を降りて宜陽殿に至る廊は軒廊である。軒廊の北側に小庭がある。小庭の東に公卿の座がある。

(24) **定方大臣**　三条右大臣。高藤の子。姉の胤子は宇多天皇女御で醍醐天皇生母。寛平四年（八九二）内舎人として出身、延喜十三年（九一三）従三位・中納言、二十年大納言、延長二年（九二四）右大臣、同四年従二位にのぼる。薨去後、従一位を追贈。和歌、管絃にすぐれた。男子五人と女子一四人がいた。子のうち朝成《あさひら》は藤原伊尹《これまさ》と蔵人頭のポストを争い、欺かれて怨霊となり伊尹にたたったという説話で著名。阿部猛『平安貴族の実像』（東京堂出版）二二七頁以下参照。

(25) **相去版南三許丈**　版位から南へ三丈ほどの位置。

(26) **去版位巽三許丈**　版位から東南へ三丈ほどの位置。

(27) **拝舞**　本文95注（44）（三六一頁）参照。

(28) **敷政門**　宜陽殿の北の門。綾綺殿との間にある。

【本　文】101

九條年中行事云、遅參王卿、未下御箸前參者、直昇着座、若下御箸後參者、不能參上退出、見吏部王延長四年十月一日記云々、彼四年記云、刑部卿・中將宰相等云々、未下御箸之前、猶聽上殿、中將公頼再三返難、遂有召參

上云々〔御記云、供索餅後云々〕或説云、此日未下御箸之前參者、經奏聞參上、如節會

天慶九年六月廿一日私記云、下御箸之後、行明《ゆきあき》親王參入、令內豎達依召參入之由、報云、奏聞無便、可令藏人奏之、不幾有召參上云々〔以件等記、可定是非、但近例、所行如年中行事〕

延喜八年二月二日、五位監物不參、仰云、或不指五位、令六位奏、然而依御膳前後不定、此日不奏〔天慶八年、又有此事、依無例停止云々〕

同十三年七月一日、清貫卿着官、保忠卿後參着陣、依庭立奏、可覽印書、當日上清貫卿狐疑、預處分於大納言、定可覽當日上之由

同十六年四月廿一日、皇太子初參、官奏次、仰學士善行、亮邦基爲出居侍從、大臣仰可固御階下事之後、內侍取御衣、出自戶內給之、太子於南廂東第四間、北向拜舞下殿云々、太子賜祿御出之間、御祿落時、經宮司公卿取之

祇候、枇杷大臣爲參議之日、貞信公目之令取、謙德公爲參議之日、淸愼公目之令取

同年、內膳正・奉膳等不參、番長以下供奉、後々有此例、而外記常申代官、不可然云々

同十九年十月、申損卌箇國、仍停止

延長七年十月一日、少納言不參、令少將惟扶召〔延喜廿二年例也〕

同九年四月一日、陣頭厨家聊儲饗、不取見參、仁和例也

同年十月一日、設饌如例、諸卿不着宜陽殿、侍從見參於本所令取、依殿仰也

承平三年四月一日、納言以上不參、送書中納言許、令參入、今日忌日也、而事無止、以有先例也〔貞御記〕

天慶三年四月一日、不儲饗饌、遣外記於侍從所、令取見參、見參・目錄共給辨、依不可唱名也〔淸愼公、同四年四月、又有此事、見參給外記云々、九條記〕

天暦三年十一月朔、御南殿、酒番侍従一人、有勅、左衛門佐國珍・右衛門佐就奉仕之〔應和三年四月、少納言懐忠、殿上人等、行酒云々〕

同十年四月一日、番奏、左近少將兼材・右近中將重光・右衛門佐忠君・左兵衛佐親賢・右兵衛佐兼家・左衛門少尉和氣規行等、列立承明門壇上〔北面西上、六位立五位後〕勅曰、云々、兼材等同音稱唯、闈司云々、兼材等一々退出〔私記、番奏如常云々〕

康保二年四月一日、少納言不參、少將又不候、少辨齊光召名

【訓読】

九条年中行事(1)に云う、遅参の王卿(2)、未だ箸を下し御《たま》わざるより前《さき》に参らば(3)、直ちに昇りて座に着く、若し箸を下し御うのちに参らば、参上する能わず退出す、吏部王《りほうおう》の延長四年十月一日記(4)に見ゆと云々、彼の四年記に云う、刑部卿(5)・中将宰相(6)等と云々、未だ箸を下し御わざりし前《さき》は、猶《なお》し上殿《しょうでん》を聴《ゆる》す、中将公頼(7)再三返難するも、遂に召ありて参上すと云々〔御記(8)に云う、索餅《さくべい》(9)を供《ぐう》するのちと云々〕或る説(10)に云う、此の日未だ箸を下し御わざる前《さき》に参るは、奏聞を経て参上する、節会《せちえ》の如しと(11)、天慶九年六月廿一日私記(12)に云う、箸を下し御いしのち、行明親王(13)参入す、内豎《ないじゅ》(14)をして召に依りて参入する由を達せしむ、報《しら》せて云う(15)、奏聞に便なし(16)、蔵人(17)をして之を奏せしむべしと、幾《いくばく》ならず(18)召ありて参上すと云々〔件《くだん》等の記を以て、是非を定むべし、但《ただ》近例は、行う所は年中行事(19)の如し〕

延喜八年二月二日(20)、五位の監物《けんもつ》不参(21)なり、仰せて云う、或は五位を指さず(22)、六位(23)をして奏せしむ、然れども御膳《おもの》の前後不定(24)に依り、此の日は奏せず〔天慶八年(25)、又此のことあり、例なきに依り停止すと云々〕

同じき十三年七月一日、(26)清貫《きよつら》卿(27)官に着く、(28)保忠卿(29)後《おく》れ参り陣に着く、庭に依り立ちて奏す、(30)印書を覧ずべしと、(31)当日《ひ》の上《しょう》清貫卿(32)狐疑《こぎ》し、(33)処分を大納言(34)に預け、当日の上《しょう》を覧ずべき由を定む、(35)

同じき十六年四月二十一日、(36)皇太子(37)初参《ういざん》なり、(38)官奏の次《つい》でに、(39)学士善行《よしゆき》に(40)仰せ、亮《すけ》邦基(41)を出居の侍従(42)と為す、大臣御階の下を固むべきことを仰せしのち、(43)内侍(44)は御衣《おんぞ》を(45)取り、戸の内より出でて之を給う、太子は南廂東第四の間に於て、北向きに拝舞し殿より下りると云々、太子禄を賜い御出での間、御禄を落す時は、宮司(46)を経て公卿之を取り祗候《しこう》す、枇杷《びわ》の大臣(47)の参議たりし日、貞信公(48)之に目くばせして取らしめ、謙徳公(49)の参議たりし日、清慎(50)公は之に目くばせして取らしむ、

同じき年（延長十六）、内膳正(51)・奉膳(52)等不参なり、番長(53)以下供奉す、のちのち此の例あり、而《しか》るに外記(54)は常に代官(55)を申す、然るべからずと云々、

同じき十九年十月、(56)損を申すこと卌箇国なり、(57)仍りて停止す、

延長七年十月一日、(58)少納言不参なり、少将惟扶《これすけ》をして召す〔延喜廿二年の例(60)なり〕

同じき九年四月一日、(61)陣頭(62)に厨家(63)聊《いささ》か饗を儲け、(64)見参を取らず、仁和の例(65)なり

同じき年十月一日、(66)饌を設くる(67)例《つね》の如し、諸卿宜陽殿に着かず、侍従、見参《げざん》を本所に於て取らしむ、殿《との》(68)の仰せに依るなり

承平三年四月一日、(69)納言以上不参なり、書《ふみ》を中納言の許に送り、参入せしむ、今日忌日《いみび》なり、(70)而るに事止むなし、先例あるを以てなり〔貞御記(71)〕

天慶三年四月一日、(72)饗饌を儲けず、外記を侍従所(73)に遣わし、見参を取らしむ、見参・目録共に弁に給う、名を唱うべからざるに依るなり〔清慎公、同じき四年四月、(74)又此の事あり、見参を外記に給うと云々、九条記(75)〕

天暦三年十一月の朔《さく》(76)、南殿に御す、酒番侍従(77)一人、勅あり、左衛門佐国珍(78)、右衛門佐就之(79)に奉仕す〔応和三年四(80)月、少納言懐忠《かねただ》(81)、殿上人等に行酒《こうしゅ》(82)すと云々〕

同じき十年四月一日(83)、番奏(84)なり、左近少将兼材《かねき》(85)、右近中将重光(86)、右衛門佐忠君(87)、左兵衛佐親賢(88)、右兵衛佐兼家(89)、左衛門少尉和気規行《のりゆき》等(90)、承明門《じょうみょうもん》(91)の壇上に列立す〔北面し西を上とす、六位は五位の後《しり》えに立つ〕勅して曰く、云々と、兼材等同音に称唯《いしょう》す(92)、闈司(93)云々と、兼材等一々退出す〔私記(94)に、番奏常の如しと云々〕

康保二年四月一日(95)、少納言不参なり、少将も又候せず、少弁斉光《ただみつ》(96)名を召す

【注　解】

（1）**九条年中行事**　右大臣九条師輔（天徳四年〈九六〇〉没）晩年の著作。父忠平の教命を受けて作成。『小野宮年中行事』が先例の記述に詳しいのに対して、儀式作法そのものの記述が詳しいとされる。「群書類従」公事部に収める。

（2）**遅参王卿**　儀式の開始におくれて来た王・公卿。

（3）**未下御箸前参者**　天皇が箸をとり食事をされる前に来たならば…。「下御箸」の部分、「箸を下し御す」「御箸を下し」とふたとおりに訓める。

（4）**吏部王延長四年十月一日記**　重明親王（醍醐天皇の皇子）の日記。吏部は式部省の唐名。親王の極官が式部卿であったのによる。原本は伝来せず。諸書に引用された逸文として残る。延長四年は九二六年。『政事要略』（巻二十五）に「延長四年十月一日旬、上出御後、未尅参入、不レ覲二初儀一〔左近中将公頼（橘）朝臣云、日晩参者例不二上殿一却廻、刑部卿（玄上）中将宰相（兼輔）等云、雖二晩景一未レ下御箸一之時、猶聴二上殿一、中将再三返難、遂有レ召

参上著最屋座二〕其儀上御二紫宸殿一群臣一列陪二南廂階以東二一箇間、親王在二座上一〔西上北面〕其数外親王及後参、随レ参設二兀子最屋東第三柱北一〔北上西面〕是日弾正親王晩参、陽成院二（元平）親王先参在二南座一、則代著二数外座一、弾正親王即着南座〔事在二参前一云々、唯伝レ説耳〕内豎四人持レ盤、度二馳道一版南到レ西、随二采女一以二下物一置レ盤、内豎還先行二南座親王一、次行最屋親王一、次公卿、次出居座〔行酒効レ此〕」とある。

(5) **刑部卿**　藤原玄上。中納言諸葛の五男。当時、参議・讃岐守。延喜十九年に参議。承平三年（九三三）没。

(6) **中将宰相**　藤原兼輔。当時参議・権左近衛中将兼近江守。右中将利基の六男。左大臣冬嗣の曾孫に当たる。延喜二十一年任参議。

(7) **中将公頼**　橘公頼。広相の六男。延喜二十一年任左中将。延長五年正月十二日任参議。公頼が再三「返難」したという。返難は未詳。弁難か。非難する、誤りであると主張すること。

(8) **御記**　醍醐天皇御記。

(9) **索餅**　小麦粉と米の粉を練って細くし、縄状にねじって油であげた菓子。むぎなわともいう。

(10) **或説**　未詳。

(11) **如節会**　節会のときと同じである。

(12) **天慶九年六月廿一日私記**　未詳。

(13) **行明親王**　宇多天皇の皇子。九二五年生まれ。兄醍醐天皇の猶子。延長五年（九二七）親王宣下。承平七年（九三七）元服し四品に叙される。天暦二年（九四八）没す。

(14) **内豎**　本文7注(15)（三四頁）参照。

(15) **報云**　報告であるが、〃知らせる〃というような意味あい。

(16) **奏聞無便**　天皇に申しあげるに、機会がない、ついでがない。
(17) **蔵人**　本文4注（1）（一七頁）参照。
(18) **不幾**　ほどなく。
(19) **年中行事**　「九条年中行事」を指すか。
(20) **延喜八年二月二日**　九〇八年。この日大原野祭。
(21) **五位監物**　監物は中務省の構成員。大監物の相当位は従五位下。中監物は従六位上相当。
(22) **不指五位**　「指」は「差」に同じか。その仕事に当たらせる。五位の監物を任ぜず。
(23) **六位**　六位の監物。
(24) **依御膳前後不定**　未詳。
(25) **天慶八年**　九四五年。委細未詳。
(26) **同十三年七月一日**　延喜十三年。九一三年。
(27) **清貫卿**　藤原清貫。ときに従三位・権中納言。参議保則の四男。延喜十年正月任参議。
(28) **着官**　丹鶴本は「着官庁」とする。太政官庁。
(29) **保忠卿**　保忠は藤原氏。但しかれが参議となったのは延喜十四年八月九日である。写本によっては「忠平」とする。藤原忠平は延喜十三年には大納言、のち摂政・太政大臣にのぼる。
(30) **依庭立奏**　この部分読みにくい。「庭に依り立ちて奏す」か。
(31) **可覧印書**　印書は捺印のある文書。
(32) **日上**　日《ひ》の上卿。上卿は公事を上首として指揮する公卿で、当日参内した公卿を上卿に宛てるときは「ひのしょう」と称した。

(33) **狐疑**　あいてが悪意をもっているのではないかと疑うこと。猜疑心《さいぎしん》をもつこと。

(34) **大納言**　大納言は藤原忠平と源湛の二人であったから、後者か。

(35) **定可覧当日上之由**　この部分読みづらい。

(36) **同十六年四月二十一日**　延喜十六年、九一六年。『西宮記』（巻六）に「延喜十六年四月廿一日、天皇出御、太子入レ自二敷政門一、作法如レ例、事了給二御衣一襲一〔内侍授レ之〕太子拝舞退之、又次将等自二北障戸一、給二王卿出居等一〔納言以上白褂、参議紅褂、非参議五位衾、洒正預レ禄〕」とある。

(37) **皇太子**　保明親王。醍醐天皇の第二皇子で延喜四年（九〇四）二月十日立太子。延長元年（九二三）没した。

(38) **初参**　官奏の儀に皇太子保明親王が初めて参加した。

(39) **官奏**　太政官奏。

(40) **学士善行**　東宮学士大蔵善行。学士は、皇太子に中国古典を教授する。大蔵善行は帰化系氏族の後裔で、貞観十七年（八七五）蔵人所に出仕。当代の碩学で、藤原時平・同忠平・平維範・紀長谷雄らはその門弟。一大学閥を形成し、菅原道真の菅家学閥と双璧をなしたという。

(41) **亮邦基**　東宮坊の亮《すけ》（次官）藤原邦基。左大臣良世の五男、文章生として出身、当時は左中弁。のち延喜二十一年正月任参議。延長八年（九三〇）中納言にのぼるが承平二年（九三二）三月八日没した。五八歳。

(42) **出居侍従**　本文15注（6）（六一頁）参照。

(43) **大臣仰可固御階下事**　大臣が階《きざはし》の下を警固せよと命ずる。なぜ？

(44) **内侍**　本文93注（20）（三四〇頁）参照。

(45) **御衣**　衣服。注(36)参照。納言以上は白掛ひとかさね。

(46) **宮司**　未詳。東宮大夫のことか。

(47) **枇杷大臣**　藤原仲平。太政大臣基経の二男。延喜八年（九〇八）二月任参議。延喜十七年正月任中納言。同十三年四月以来春宮大夫を兼ねた。延長五年（九二七）正月大納言、承平三年（九三三）二月右大臣、同七年左大臣となり天慶八年（九四五）九月五日没した。

(48) **貞信公**　藤原忠平。忠平は、延喜八年（九〇八）参議、同九年権中納言、同十年中納言、同十一年大納言、同十四年右大臣、延長二年（九二四）左大臣。本文記述のとき右大臣か。

(49) **謙徳公**　藤原伊尹。師輔の嫡男。蔵人頭を経て天徳四年（九六〇）従四位上で参議。康保四年（九六七）正月二十日権中納言に任ずるまで参議。安和二年（九六九）大納言、同三年に右大臣、摂政、天禄二年（九七一）太政大臣・摂政となるが翌年没す。

(50) **清慎公**　藤原実頼。忠平の嫡男。承平元年（九三一）任参議、同四年中納言、天慶二年（九三九）大納言、同七年右大臣、天暦元年（九四七）左大臣、康保四年（九六七）太政大臣・関白。本文記述のとき実頼は左大臣。

(51) **内膳正**　内膳司は宮内省被官で、天皇の食膳の調理を掌る。長官は奉膳《かみ ぶぜん》で二人（正六位上相当）。高橋・安曇両氏が任ずるが、他氏が任ぜられた場合に「正」とする（『続日本紀』巻二十九、神護景雲二年〈七六八〉二月十八日条）。但し、安曇氏は平安初期に廃絶した。

(52) **奉膳**　注(51)参照。長官二人が不参だったのである。

(53) **番長**　兵衛、近衛の隊長。番長が天皇の御膳に関与すること不審、未詳。「後々有此例」と記すが事例未詳。

(54) **外記**　本文5注（1）（六〇頁）参照。

(55) **代官**　名代、代理人。外記はつねに代官を立てるべきだと主張した。『九暦』「九条殿記」荷前の項に「（天暦元年十二月十六日）外記是連《(雀部)》申云、造酒正清鑒《(葛井)》忽不㆒参入㆒、可㆑賜㆓代官㆒者、依㆓外記定申㆒、以㆓主殿頭時雨《(和気)》㆒可㆑令㆓奉仕㆒之由仰了」と見える。

(56) **同十九年十月**　延喜十九年、九一九年。

(57) **申損卌箇国**　『日本紀略』（後篇一）延喜十九年九月九日条に「停㆓重陽宴㆒、依㆓諸国㆒申㆓不堪佃㆒也」とある。不堪佃田は洪水などで荒廃し耕作不能となった田地。毎年九月九日に諸国から提出された不堪佃田解（申文）（その様式は『延喜式』巻二十七に見える）について奏上する。総数四〇か国に及んだのである。

(58) **延長七年十月一日**　九二九年。

(59) **少将惟扶**　未詳。

(60) **延喜廿二年例**　九二二年。未詳。

(61) **同九年四月一日**　延長九年（＝承平元）九三一年。未詳。

(62) **陣頭**　陣座に。

(63) **厨家**　太政官厨家。

(64) **聊儲饗**　少しく饗膳を設ける。

(65) **仁和例**　仁和年間（八八五—八八八）。未詳。

(66) **同年十月一日**　延長九年（＝承平元）、九三一年。

(67) **設饌**　食事の用意をする。

(68) **殿**　摂政・左大臣藤原忠平を指すのであろう。

(69) **承平三年四月一日**　九三三年。未詳。

(70) **忌日**　斎日。陰陽道などで、災いがあるとして慎む日。悪日、衰日《すいにち》。

(71) **貞御記**　貞信公記。藤原忠平の日記。

(72) **天慶三年四月一日**　九四〇年。「西宮記」（六）に「一日、云々、侍従厨家不レ儲二酒饌一、依レ無二給料物一也、云々、往古未レ有二如レ此事一、但見参文奏聞如レ例、差二外記一遣二侍従所一、令レ取二見参一、依二殿仰一也、不レ召レ名、見参・目録並給二左中弁一」（九条殿記逸文）。

(73) **侍従所**　侍従の詰所。外記庁の南にあった。

(74) **同四年四月**　天慶四年四月。「清慎公」は藤原実頼。実頼の日記「水心記」同月条に…。

(75) **九条記**　九条殿記？

(76) **天暦三年十一月朔**　九四九年。『日本紀略』（後篇三）に「庚子、奏二御暦一、天皇御二南殿一、不レ奏二音楽一」とある。『九暦抄』に「御レ南、監物御鎰奏、御暦奏、番奏等如レ例、左少将伊（尹）・初奉二仕番奏一云云、未剋参殿、及二申刻一持二参番簡一、是佐等緩怠也」とある。

(77) **酒番侍従**　本文95注（23）（三五二頁）参照。

(78) **左衛門佐国珍**　清和天皇第四皇子貞保親王の子。源国珍。『尊卑分脈』に「内蔵頭、春宮大進、左衛門佐、但馬守従四位下、美濃・伊与・上総介」とある。

(79) **右衛門佐就**　源弘（嵯峨天皇の皇子）の子。『尊卑分脈』によると、「上野介従五上／大蔵少甫右佐」とある。

(80) **応和三年四月**　九六三年。

(81) **少納言懐忠**　大納言藤原元方の九男。天暦四年（九五〇）正月従五位下、天徳二年閏七月二十八日侍従、応和元年（九六一）八月七日左衛門佐、天元四年（九八一）四月左中弁、寛和二年（九八六）二月右大弁、永延元年十一月左大弁、同二年二月蔵人頭、同三年七月十三日任参議。正暦五年（九九四）八月権中納言、同六年六月中納言、長徳三年（九九七）七月権大納言、長保三年八月大納言、寛弘六年（一〇〇九）辞任。寛仁四年（一〇二〇）八六歳で没した。

(82) **行酒**　宴会で人びとに酒を注いでまわること。『西宮記』（巻六）に「応和三四一、有レ旬、酒番侍従只一人、右将仰少納言懐忠行酒」とある。

(83) **同十年四月一日**　天暦十年、九五六年。『西宮記』（巻六）に「天暦十四一、別当不参、又降雨、仍停止（厨家献物）」とあり、また「下器渡」件について「天暦ー年四月一日、依レ雨自二階下一往還」とある。また「御暦奏」について「雨降、闈司執レ机、経二安福一、校書殿進、或付二内侍所一也」とある。

(84) **番奏**　本文98注（3）（三六七頁）参照。

(85) **左近少将兼材**　左近衛少将源兼材。『尊卑分脈』に、陽成源氏大納言源清蔭の息男で「右馬権頭　従五下」とある人物か。

(86) **右近中将重光**　源重光。中務卿代明親王の一男。母は右大臣藤原定方の女。天暦七年（九五三）四月二十九日任右近中将、天徳二年（九五八）閏七月二十八日左中将、康保元年（九六四）任参議、貞元二年（九七七）四月中納言、正暦二年（九九一）九月権大納言となるが翌年八月上表、長徳四年（九九八）七月十日没す。

（87）**右衛門佐忠君**　藤原忠君。右大臣師輔の男。『尊卑分脈』に「正四上右兵衛督　哥人」とある。祖父忠平の猶子となる。天徳二年（九五八）蔵人。応和二年（九六二）従四位下。天徳元年（九五七）清涼殿歌合の方人、同三年同女房歌合の方人、康保三年（九六六）八月十五日殿上侍臣奏楽に舞人となる。

（88）**左兵衛佐親賢**　①藤原親賢。大納言師氏の男。「従四下／兵部大輔」、祖父は忠平。②同、太政大臣公季の猶子。「従四上／兵部大輔」③同、「右兵衛佐／正五下／母三品代明親王女女王（従四上恵子）」―③の人物か。

（89）**右兵衛佐兼家**　藤原兼家。右大臣師輔の三男。道長の父。天暦五年（九五一）五月二十三日任右兵衛佐、同十年九月十一日少納言。のち太政大臣。

（90）**左衛門少尉和気規行**　未詳。

（91）**承明門**　内裏内郭正面の正門。この日降雨のため（注（83）参照）門の壇上に列立したのである。

（92）**同音称唯**　声をそろえて応える。

（93）**闈司**　本文48注（11）（一九三頁）参照。

（94）**私記**　未詳。

（95）**康保二年四月一日**　九六五年。『日本紀略』（後篇四）に「辛丑、不レ出二御南殿一、依レ当二故中宮（安子）周闋月一也、於二宜陽殿一賜二御酒一」とある。

（96）**少弁斉光**　大江斉光。中納言維時の二男。文章得業生から出身、東宮学士、民部少輔から、応和四年正月権右少弁、康保二年正月兼美濃介、同三年正月右少弁。のち大学頭、蔵人頭を経て天元四年任参議、寛和三年十一月六日没す（一説に永延三年十一月六日没）。極位は正三位。

【本　文】102

上卯日、大神祭事〔若有三卯、用中卯、丑日使立〕
應和四年四月、勘申夏祭寅日發向例
延喜廿年、承平六年云々、然而穢未發覺前、進發已了云々
延喜十四年四月十二日戊寅、奏簡子内親王薨由、明日當大神祭、使在路、然年來、件祭當九日時、不止八日灌佛、以前例遠使立之日齋也、仍相定奏之云々

【訓　読】

上の卯《う》の日(1)、大神《おおみわ》祭(2)のこと〔若し三卯(3)あらんには、中の卯(4)を用う、丑の日(5)に使い立つ(6)〕
応和四年四月(7)、夏の祭(8)寅の日(9)に発向の例を勘申す
延喜廿年(10)、承平六年(11)と云々、然れども穢《けがれ》(12)の未だ発《おこ》り覚《あら》われざる前《さき》に、進発すること已《すで》に了《おわ》ると云々、
延喜十四年四月十二日戊寅(13)、簡子内親王(14)薨《みまか》りし由を奏す、明日大神祭に当たり、使いは路に在り(15)、然るに年《とし》来《ごろ》(16)、件の祭の九日に当たる時(17)、八日の灌仏《かんぶつ》(18)を止めず、以前の例、遠使《おんし》(19)立ちし日に斎む(20)なり、仍りて相い定め之を奏すと云々

【注　解】

（1）**上卯日**　四月の最初の卯の日。

（2）**大神祭**　大和一の宮大神神社の例祭。大神神社は大和国城上郡、現奈良県桜井市三輪に鎮座する。本殿はなく三輪山を神体とする。四月の夏祭と十二月の冬祭があり勅使が派遣された。

（3）**三卯**　四月に卯の日が三度あった場合、上の卯、中の卯、後の卯。

（4）**中卯**　注（3）参照。

（5）**丑日**　卯の日の二日前。子—丑—寅—卯—辰……。

（6）**使立**　勅使が出発する。『延喜式』（巻四十五・左右近衛府）に「大神社将監一人、近衛十人」「並毎レ祭左右逓供之、其装束預奏請受〔色数見二内蔵式一〕」とある。『延喜式』（巻十五・内蔵寮）には、「大神祭／夏祭料」として「使等装束料／寮允一人、史生二人、仕丁一人／近衛将監一人、近衛十人、馬寮允一人、馬部一人、衛士二人、御馬十疋※／使官人絹三疋、細布五端、当色一具、史生別絹一疋、曝布三端、紅花二斤、当色一具／近衛官人絹三疋、細布三端、曝布二端、馬寮官人絹三疋、曝布五端〔近衛同二春日祭一、但馬部減二紅花八両一〕賷レ幣衛士別縹調布衫一領、布帯一条、前駈仕丁商布一端、御馬別結レ額料浅緋糸二両、韉鞚《タヅナ》、腹帯各一条〔韉鞚長四尺二寸、腹帯長七尺〕料、曝布二端三丈二尺〔已上官物〕」とあり、「冬祭料」として「五色薄絁各五尺、安芸木綿小一斤〔盛二柳筥一合一〕裹料調布二丈、布綱料布一丈、明櫃一合〔已上官物〕神主当色一領〔寮物〕／使等装束料／寮属一人、史生一人、衛士二人、仕丁一人／右件祭、夏四月、冬十二月上卯、裹二備幣物一、前二日使等依レ時進発〔冬祭前一日〕其使官人以下当色雑物、並同二春日祭一」とある。使いは勅使だけではなく、春宮坊、中宮職も使いを派遣している。『延喜式』（巻四十三）に「凡四月上卯〔十二月准レ之〕奉二進大神祭一幣帛、五色絹各八尺、裹用二調布并薦一〔遥拝儀一同二春日祭之儀一〕使進一人〔冬属〕舎人

一人、幣帛持一人、申ニ送弁官一下ニ知当国一」とあり、また『延喜式』（巻十三）に「凡四月上卯日〔十二月准レ此〕奉ニ大神祭一幣帛、五色絁各一丈、木綿二斤、曝布二丈一尺〔褁レ幣料〕其使進一人〔冬属〕史生各一人」とある。

※『延喜式』（巻四十八）に「凡大神社夏祭走馬十二疋〔一疋儲料〕其使允一人率ニ馬医馬部一供奉」とある。

(7) **応和四年四月**　九六四年。注(10)参照。

(8) **夏祭**　注(2)参照。

(9) **寅日発向例**　卯の日の前日。寅の日に使者発向の例を調べてみると。

(10) **延喜廿年**　九二〇年。『小野宮年中行事』に「穢及ニ丑日一寅使立之例、延喜廿年、承平六年、応和四年等也、其見ニ応和四年記一」とある。

(11) **承平六年**　九三六年。注(10)参照。

(12) **穢**　けがれが発覚する以前に使者が発向してしまった。

(13) **延喜十四年四月十二日**　九一四年。

(14) **箇子内親王**　光孝天皇の皇女。『日本紀略』（後篇一）に「（四月）十日丙子、無品箇子内親王薨〔光孝第二皇女〕」と見える。

(15) **使在路**　使者はすでに出発し、行旅の途中である。

(16) **年来**　訓は「ながねん」も。数年以来。ここ数年。

(17) **件祭当九日時**　大神祭が九日に当たったとき…。

(18) **灌仏**　灌仏会　本文115（四二四頁）参照。四月八日釈迦の誕生当日に修する法会。

（19）**遠使**　遠隔の地に赴く使者。

（20）**遠使立之日斎也**　当日に身を清めつつしむ。

【本　文】103

上申日、平野祭事〔藏人遣近衛將監、令取見參、夏祭左、冬右〕

自寛和年中、被奉東遊、奏宣命、如臨時祭

承平四年十一月十二日、内侍有障不參、以女史命婦敦子爲代官、先例也〔貞御記〕

康保二年四月、左馬寮申寮中有穢不牽御馬由、令勘先例、一寮牽加者、令仰申上卿、任例可行

【訓　読】

上の申の日(1)、平野祭のこと(2)〔蔵人《くろうど》(3)は近衛将監(4)を遣わし、見参《げざん》(5)を取らしむ、夏祭は左(6)、冬は右なり(7)〕

寛和年中より(8)、東遊《あづまあそび》(9)を奉らる、宣命《せんみょう》(10)を奏する、臨時祭(11)の如し

承平四年十一月十二日(12)、内侍《ないし》(13)は障《さわ》りありて参らず(14)、女史命婦《じょしみょうぶ》(15)敦子を以て代官(16)と為す、先例なり〔貞御記(17)〕

康保二年四月(18)、左馬寮(19)、寮中に穢れありて御馬(20)を牽かざる由を申す、先例を勘せしむるに、一寮の牽き加えんには(21)、上卿(22)に申し例に任せて行うべく仰せしむ

【注　解】

（1）**上申日**　四月の最初の申《さる》の日。

（2）**平野祭**　平野神社の例祭。平野神社は現京都市上京区平野宮本町にある。八世紀末〜九世紀初頭に創始。今木《いまき》・久度《くど》・古開《ふるあき》・比売《ひめ》の四神を合祀する。今木は百済系渡来氏族和《やまと》氏のまつる神、久度・古開は朝鮮系のカマド神という。これに、のちに比売（比咩）を加えてまつったという。皇室ことに皇太子の守護神的性格を持ち、のちに平氏・源氏の氏神とも考えられるようになった。当社の例祭は四月と十一月の上の申の日に行われた。『延喜式』（巻十二）に「凡平野祭、四月十一月上申、参議以上赴集、或皇太子親進奉レ幣〔事見二儀式一〕」「凡平野祭者、桓武天皇之後王〔改レ姓為レ臣者亦同〕及大江、和等氏人、並預二見参一」とある。祭礼の次第については、のちの『江家次第』（巻六）に詳しい。

弁・外記・史各一人がまず参行し神膳を供する。弁以下は外院（東門南の掖屋）に着す、弁は南面し、外記・史・史生は東面北上であり、史生は立つ（「絶」は「立」と同義か）。官掌《かじょう》・召使は北面西上である、使部の座は南の上にある。諸司が仰せごとを承る座は東にある、諸司は饌をすすめ、三献おわり、外記は中務を召し、侍従以上の見参《げざん》のことを仰せる、正親司を召し王氏の見参のことを仰せる〔近頃は見ない、行うべきである〕木工寮を召し文刺《ふみさし》（文挟《ふみばさみ》、文書をはさむ白木の杖）のことを仰せる、史は諸衛を召し濫乱の者を制すべき由を仰せる、左右の衛門の府生《ふしょう》各一人、門部各二人、火長各三人、左右兵衛各二人〔差文を進《たてまつ》らしむべし〕、上卿が参入、弁は出て立屋の前に立つ、おじぎをして神殿の座に着く（宇合屋《アツマヤ》七間）、上卿は巽の角から入り座に着く、弁以下五位以上は坤の角から入り着座する、以上は北面東上である。以上、もし氏人であれば先ず奉幣ししかるのちに着席する、以上は北の座である。この屋には神祇官、治部省、雅楽寮の官人や歌女以上の座がある。外記・史ならびに有官の氏人は一列、無官の氏人は一列、外記・官の史生・官掌《かじょう》・

喚使は一列、以上南屋なり〔北面東上〕式筥を上卿の前に置く、外記は代官に申す、神祇官は御炊女四人を率いて、東門に於て琴を弾《ひ》き、山人を迎える〔酒肴を八脚の机に盛る〕山人二〇人が左右に分かれて賢木を持って机の前に立ち、祝詞を申す、炊女四人は賢木をうけとり座に戻る、酒肴を山人に給い、薪を祭場に立て退出する、次いで神膳を供える〔式を見ると、公卿が着かぬ前に二〇膳を供えて置くべきである、神部一六人であったが近年の例では四人にすぎない〕机を舁《か》いてこれを供える、四人で一つの机を舁く、神ごとに四前である、先ず今木、次に久度、次に古開、次に相殿比売、その四前を舞殿に立てる、卜部二人が賢木を持って前に進む、社門の外に至り左右に分かれ跪く、食薦をとり、入り神殿の前に敷く、膳部が入り、机を立てて廻《かえ》る、炊女四人は各々薦をとり舞殿に敷く、膳部十六人が机を立てる、内侍は参進してこれを供えるべきである、上卿は宣し召使を召す、召使は称唯《いしょう》し西の妻より出て屋の北西の角に立つ〔北面する、西宮抄には艮《うしとら》面とある、或いは雨儀の場合は庇《ひさし》の下に立つ、若し暗《くらき》に及べば先ず名対面《なだいめん》をなす、他はみなこれに准ずる〕上宣し、大蔵の省《つかさ》召せといわれる、称唯し出でてこれを召す、省の丞《じょう》が参入する、上宣し、蘰《かづら》木綿《ゆう》給えといわれる、大蔵は木綿を給う〔丞は上（卿）に奉り、録は弁に奉り、或いは手を拍って受ける〕史生は諸司に給う〔判官以下召使以上〕神主は二人着座する、一人は社の後ろを経て南の祝屋に着く、但し雨の日は座を東屋の西庇に南北に敷く、次いで北の屋の神主が祝（詞）を読む、次いで南屋の神主が祝（詞）を読む、この間左右馬允各一人は御馬を牽き〔或いは北頭と云々〕社の艮の角に立つ〔左右に各四疋、各二疋には鞍を置く、南向き前別二疋は鞍を置く〕祝（詞）がおわると神主は手を拍《う》つ〔神司以下、次いで上（卿）以下、参議以上、次いで五位以上、六位以下は三段である〕次いで御馬を牽《ひ》き廻わす〔七廻り或いは四廻りする、允は前列〕次いで諸家の馬を引く、次いで雅楽寮は御琴を持たしめ、東屋に渡り、神楽を供奉する、近頃の例では東北屋に供奉する、次いで掃部寮は倭舞の座を南屋の乾の角二丈許りのところに鋪設する、雨の日は東屋の坤《うしとら》（北東）の角の庇に設ける、歌舞の間は庭火を燎《た》く、次いで舞う〔まず神主、次に侍従、次に氏人、次に内舎人、つぎに大舎人、各二人が比《なら》んで舞う〕この間に所司は饌をすすめる〔或いは神楽の間にこれをすすめる〕次いで三献、第一献は手を拍ちこれを飲む、三献で箸を下し、次いで四献以後の往《ゆ》き来《き》はいつもの通りである、弁は勅使に転《つた》え、盃を諸大夫に降す、近衛将監が着座する〔夏は左、冬は右、西の壁下に着き、乾の角から入り東面に着く〕弁は官掌を二度喚ぶ、官掌は称唯《いしょう》し屋の西北の角に立つ〔艮の方向を向く〕弁が宣し、宮の内の司《つかさ》召せという、若し夜になったら先づ名謁があること恒の如くである、称唯し出てこれを召す、壁の外に出て二度召す、省の録が参進する〔同所に立つ〕弁は御飯《おもの》早速に給えといわれる、録は称唯し壁の外に退出し大膳を喚ぶ、次いで録は進んで始めの場所に立ち申し云う、御飯《おもの》早速に給えと、畢って上下手を拍《う》つこと一段である、外記は見参の文を進《たてまつ》る〔冬は禄文を加える、これを見て返し給う〕上卿は見畢って近衛将監を召しこれを給う〔若し控《ひか》えていないときは外記に給い、外記は蔵人所に進る〕冬は掃部寮は座を南屋の西北の座に鋪設する、大蔵省は禄の綿を積む〔男の料は三百屯、女の料は二百屯である〕外記の史生は東を上とし北面して座に着く、中務丞は召し唱える、この間、日の上《しょう》（卿）は座をたち退出する〔或いは膝突に就いて禄を取ると云々〕

（3）**蔵人**　令外官。天皇の側近にあって諸々の用をつとめる。天皇の私的機関として創置されたものであろう。正史上での初見は『続日本後紀』（巻三）承和元年（八三四）十月五日条。別当（一人）頭（二人）五位蔵人（二―三）六位蔵人（六―五、蔵人の合計は八人）預（二人）出納（三人）小舎人（六人）所衆（二〇人）滝口（二一人）雑色（八人）より成る。

（4）**近衛将監**　近衛府の三等官（丞《じょう》）。従六位上相当で定員はもと四人であったが、しだいに増員され十数から二十人にも及ぶようになった。

（5）**見参**　出席者の名簿。

（6）**夏祭左**　四月の平野祭には左近衛府。

（7）**冬祭右**　十一月の平野祭には右近衛府が担当する。

（8）**寛和年中**　『小右記』寛和元年四月十日条に「今日被レ奉二東遊於平野一、長御祈也、使蔵人惟成（藤原）朝臣、左近番長以下五人、右近同、左右馬寮御馬各五疋、陪従左右近官人等也、舞人装束従二蔵人所一下給、下襲・狩袴・重袴等也、有賜花勝、於二右近陣一賜レ饗、内蔵寮、有二御禊・宣命等一、早出不見之」とある。

（9）**東遊**　歌舞の呼称。東国の風俗歌《くにぶりのうた》にあわせて舞う。舞人は四～六人。

（10）**宣命**　古く大王・天皇の命令は口頭で伝えられたが、これらを記録したものが宣命で、いわゆる宣命体で書かれた。平野祭の宣命の様式は『朝野群載』（巻十二）に掲載されている。

○平野祭用レ宮　十一月用二此状一

天皇加詔旨止掛畏支、平野乃太神乃広前爾恐見恐見毛申給倍止申久、去寛和元年与利始弖、奉レ出給布宇豆乃御幣乎、官位姓名乎差使弖、令二捧持一天、東遊走馬乎調備弖奉レ出給布古止乎、掛畏支太神、此状乎平久安久聞食天、天皇朝廷乎、宝位無レ動久、常盤堅盤爾、夜守日守爾、護幸賜比、天下国家乎毛、平久安久、護幸給倍止、恐見恐見毛申給波久止申

某年四月　日上申日

（11）**臨時祭**　平野神社臨時祭。平野祭と同日、社頭とは別に内裏に於て平野祭を行うようになった。これが臨時祭。その次第については『江家次第』（巻六）に詳しい。

早旦に御湯殿神事により内蔵寮は新しい帷《とばり》を進る。蔵人は御装束を奉仕する。東廂の御簾《みす》を垂れ孫廂の灯楼綱に返す〔或いは御座の間の許にこれを返す〕孫廂南第三の間の御座〔東階の間という〕掃部の官人の允以上の者が供奉すべきである。不参の時は蔵人が自らこれを敷く、小筵を二枚敷くかどうか不審だ〔東西の妻〕その上に半帖一枚を敷く〔高麗べりで北向き〕東庭の第三の間の北辺に内蔵寮は黒漆の机を二脚置く〔掃部寮が敷いた葉薦の上に案を立てる〕その上に幣を四捧おく〔案ごとに二捧〕その南御座の間に当たり円座二枚を敷く〔宮主の座は西、使の座は東にあり、少し南よりである〕時刻に天皇が御出ましになる〔位服、後三条院は挿鞋《そうかい》を着けられた、しかるに故源右大臣〈高明？〉は御椅子に着かれるとき以外はよろしくないといわれた、その後はお着けになることはなかった〕陪膳の四位が御簾をかかげる〔第三の間の南の妻である〕五位蔵人が御笏を奉る〔孫廂から持参す天皇の後ろから差出し献る〕次いで御贖物を献る〔預め用意し、陪膳は四位役供は五位であるが、ときには蔵人頭や五位蔵人が奉仕することもある〕内蔵寮は二本を献る、頭・五位蔵人は各々一本を取る〔青璅門内で取る、米あり〕簀子敷を経て第四の間の南の柱の北辺より入り、これを供する〔暫くは退かず〕次いで五位蔵人が持参する〔簀子敷に居て及（?）これを献る、頭は取りてこれを据える、以上頭の持つところは西に据える、後は東に据える〕次いで各々退く間に宮主は仙華門から入り、長橋の北の河竹の南に跪き、御麻を献る、頭は跪いてこれを取る、前路を経て天皇に献る〔そのとき根本の末を持つ〕天皇はひと撫《な》でひと吹きしてこれを返される、宮主はこれを給い着座する、次いで使は仙華門より入り着座する〔浅履《あさぐつ》を脱《ぬ》がずこれを着し笏を取る〕殿上の五位は巡に奉仕する〔巡方の帯に魚袋をつける、衛府の将佐は闕腋に螺鈿の剱、但し衛府の将佐、奉仕の人、随身は蛮絵文様の袍をつけない〕次いで宮主は祓の詞を奉仕する〔祓清の処（祓戸）に到り人形を以て吻《ふ》かしめ給い、中臣祓に到り、八張取割

之処　縄を解き給い、畢りて宮主は退出する〕次いで頭・蔵人は進んで御贖物を撤去する〔始めに准じて知るべし〕次いで使は進み案下に跪き笏を挟《さしはさ》み幣を取り案の前に立つ〔先ず西の案の御幣二捧を取り取り合わせる〕次いで天皇が再拝する、畢わって使は元の如く跪きこれを返し置く、しかるに或る止むごとなき日記を見ると、八度の拝を以て両段再拝というのだとある、次いで東の案の御幣二捧を取る、天皇はまた再拝される、御拝が畢ると、天皇はせぎばらいをなされる、使は幣を置き笏を抜いて退出する、次いで天皇は入御する〔頭・蔵人の参入は前に准じて知るべきである〕次いで内蔵寮官人が参入し御幣を取り、案を撤去する、掃部寮官人は円座と薦を撤去する、

(12) **承平四年十一月十二日**　九三四年。

(13) **内侍**　本文25注（13）（九九頁）参照。

(14) **有障不参**　支障があって参らず。「障」＝月経、月のさわり。

(15) **女史命婦敦子**　女史は内侍司の職員。奈良後期に置かれた。命婦は、本人が五位以上の場合は内命婦《ないみょうぶ》、五位以上の官人の妻の場合は外命婦《がいみょうぶ》と称する。敦子、未詳。

(16) **為代官**　『小右記』天元五年六月二十九日条に、大祓につき、「今夜依レ例奉二仕荒世・和世御装束一、其儀如レ恒、中宮同有二此事一、今日大祓所公卿一人不レ参、仍以二右少弁惟成一為二上代一被レ行レ之、内侍等称レ障不レ向二祓所一、仍以二女史一為二内侍代一」と見える。

(17) **貞御記**　貞信公記。藤原忠平の日記。

(18) **康保二年四月**　九六五年。未詳。

(19) **左馬寮**　馬寮は諸国の牧から貢上される馬の飼養・調教に当たる官司。平野祭に馬を牽く（注（2）参照）。

『江家次第』（巻六）は「右馬寮」とする。

（20）**御馬**　注（2）、注（19）参照。

（21）**一寮牽加**　左馬寮が穢ありとして馬をひかないので右馬寮だけになる。

（22）**上卿**　本文5注（10）（二二頁）参照。

【本　文】104

同日、松尾祭〔辨以下參入行事〕

應和三年四月九日私記云、山城國司不參云々、可召問之由、仰左中辨

【訓　読】

同じき日（1）、松尾祭（2）なり〔弁（3）以下参入する行事なり〕

応和三年四月九日（4）の私記（5）に云う、山城国司（6）不参と云々、召し問うべき由、左中弁（7）に仰す

【注　解】

（1）**同日**　四月上申の日。

（2）**松尾祭**　松尾大社の例祭。松尾大社は現京都市西京区嵐山宮町に鎮座する。式内社で大山咋神と市杵島姫命を祭神とする。中世以降は酒の神としても信仰されてきた。『延喜式』（巻一）には「松尾祭」として「五

色絁《あしぎぬ》各一丈、絹一丈、倭文《しどり》一丈、糸二絇《く》、綿二屯、木綿《ゆう》大四両、麻十両、裹薦《つつみこも》一枚、銭二百文〔贄直〕調布二端〔軾料〕貲布《さよみ》二端〔当色〕朸《おうご》一枚《(枝)》、夫一人／右夏四月上申日祭之、弁史各一人、向二社頭一行レ事」とある。『延喜式』（巻十二）には「凡松尾祭者、四月上申、弁史并左右史生官掌各一人参行レ事、其幣物者、神祇官請レ自二大蔵省一供レ之、諸司同供奉」とある。祭の雑給料については『延喜式』（巻三十二）に詳しい。祭礼の次第についてはのちの『江家次第』に詳しい。

祭に先だつこと一日、所司は装束する（準備する）〔近代は当日行う〕祭の当日は早旦に山城国司が一人、郡司らを率いて参候する〔近代はこれがない〕弁・史は史生や官掌らをひきいて行事所の座に着き饌をすすめる〔そのときの様子にしたがうべきである〕内侍以下が来り、東門の北腋の舎の座に着く〔近代は下車しない、おかしい〕或いは云う、物忌日には北の座に着く。弁以下及び諸司は東門東掖の舎屋にうつる、中門の前に案を一基立てる〔門から一丈ばかり離れた場所である〕、神祇史《さかん》が幣帛二裹を神部に持たせ案上に置く、祝《はふり》・禰宜は進み幣を持ち内殿に入りこれを奉る、次いで祝・禰宜は神部らを率い葵蘰を頒給する〔祝は女官に給い、禰宜は弁以下に給う〕この間に饌をす、める、三献ののち弁の大は二度官掌を喚ぶ、官掌は称唯《いしょう》し北向きに庭中に立つ、弁は宮内省を喚べと宣する、官掌は称唯し退出し宮内省を二度喚ぶ、録が立ちあがる〔官掌の立つところ〕、弁は御飯《おもの》早速《かたらかに》給《たま》えと宣する、録は称唯し退出し、二度膳部を喚ぶ、大膳属《さかん》が官掌の立つ所に起立し、御飯早速給いおわるという、諸司は手を拍《う》つこと三段〔前後に称唯する〕酒盃三度ののち手を拍つこと一段、訖《おわ》りて各々退出する、検非違使は渡船を用意する〔近代はただ看督長《かどのおさ》にその役を行わせているがおかしなことだ〕、内侍は早く催し立つべきである〔行事蔵人が送るところである〕御共侍する者は一、二人つけるべきか。

（3）**弁以下参入**　注（2）参照。

（4）**応和三年四月九日**　九六三年。

（5）**私記**　未詳。

（6）**山城国司不参**　注（2）参照。山城国司一人は祭の当日郡司らを率いて参候する。

（7）**左中弁**　注（2）参照。だれか未詳。

【本　文】105

同日、杜本祭事

【訓　読】

同じき日、⑴杜本祭《もりもとまつり》⑵のこと

【注　解】

（1）**同日**　四月上申の日。

（2）**杜本祭**　杜本神社の例祭。夏四月と冬十一月の二度。杜本神社は河内国安宿《あすかべ》郡、現在の大阪府羽曳野市駒ヶ谷に鎮座する。祭神は経津主命と経津主姫命。貞観元年（八五九）正月二十七日に正四位下を授けられた（『日本三代実録』巻二）。同年七月十四日、少納言兼侍従従五位下良峯朝臣経世を使者として神宝幣帛を奉らしめた（同上・巻三）。当社は当宗神社と深いかかわりがあり、当宗忌寸氏の祀るところであったらしいと説かれてきた。『公事根源愚考』に「延喜九年七月官符ニ云、以二一寮御馬五一、供二杜本当宗両社一（申日杜本、酉日当宗）件ノ社相去不レ遠云云」とある。本文104（三九八頁）参照。右官符は『本朝月令』に引用されていて七月七日付である。

太政官符左右馬寮
　応下以二一寮御馬一交供中奉杜本当宗両社祭上事
右得二河内国解一偁、謹検二案内一、杜本当宗二社祭皆供奉、両社相去其間不レ遠、而左馬寮率二官人長上騎士馬部廿四人一、牽二御馬十疋一、申日供二奉杜本社一、右馬寮如レ此酉日供二奉当宗社一、内蔵寮官人雑色等、賚二幣帛一供二奉両社一、三箇寮使留二宿国府一四箇日間、諸郡供給往還二宿、行路多レ煩、孟夏仲冬両度経営、今諸郡司等、共愁申云、件両社祭、物煩不レ少、望請准二内蔵寮一、使一人供二奉二社一、然則神事無レ闕、郡司省レ煩者、国加二覆審一、所レ申有レ実、望請官裁、左右馬寮、夏冬相替、以二一寮御馬一供二二社祭事一者、右大臣宣、奉レ　勅依レ請者、両寮宜二承知依レ宣行一レ之
　延喜九年七月七日

しかし、岡田荘司は『平安時代の国家と祭祀』（続群書類従完成会）でこれを疑い、杜本社は良峯氏の氏神であると推測している。それは前掲『日本三代実録』貞観元年七月十四日条の神宝使派遣記事を根拠とするもので、使に宛てられた者はそれぞれの神社の氏人であろうと推測された。良峯経世の父は良峯安世であり、安世は天皇桓武と百済永継の子である。永継は河内の飛鳥戸（安宿）氏の出であり、杜本神社はその氏神であり、母方氏族に由来する天皇の出現によって氏神祭祀が公祭化されたと見られるのである。安宿氏の氏神

祭については宝亀二年（七七一）の安宿広成請暇解（『大日本古文書』六巻）がある。

安宿広成謹解　申請暇事

合三箇日

右、為㆓私神祭祀㆒、請暇如㆑件、以申

宝亀二年四月十五日

【本　文】106

同日、當麻祭事

【訓　読】

同じき日(1)、当麻《たいま》祭(2)のこと

【注　解】

(1) **同日**　四月上申の日。

(2) **当麻祭**　当麻都比古神社の例祭。夏四月と冬十一月の上の申の日。当麻都比古神社は奈良県北葛城郡当麻町に鎮座する。当麻真人氏の氏神で、清和天皇の外祖母潔姫（藤原良房の妻）の母方が当麻氏に当たり、おそらく貞観の初めに公祭化されたものと考えられる。『延喜式』（巻十五）に内蔵寮が用意すべき料物について記載がある。

「五色絁各二尺、安芸木綿四枚、曝布一丈、葉薦半枚、付木一枝〔已上官物〕物忌料緋綾二尺、赤紫綾四尺、両面九尺五寸、赤紫絹四尺、緋絹三丈五尺、紫糸四絇、綿十屯、神主料生絹一疋、生糸一絇四両、調布二端、祝料調布二端〔已上寮物〕

使等装束

寮属一人当色一具、禄綿十屯〔已上寮物〕生絹三疋、調綿六屯、曝布五端、舎人長一人、当色一具、生絹一疋、調綿二屯、曝布一端、賚レ幣仕丁一人交易商布一段〔已上官物〕

右夏四月、冬十一月、並上申祭之、預前裹二備幣物一使等進発、」

【本　文】107

上酉日、當宗祭事〔已上三祭、午日使立〕

朔日當申日者、三月使立、當酉日者、中酉行件祭之由、見應和元年十月御記、件祭付杜本使云々

【訓　読】

上の酉《とり》の日(1)、当宗《まさむね》祭(2)のこと〔已上の三祭(3)は、午《うま》の日に使い立つ(4)〕

朔日《ついたち》の申の日に当たらんには(5)、三月に使い立つ、酉の日に当たらんには(6)、中の酉(7)に件《くだん》の祭を行う由、応和元年十月の御記(8)に見ゆ、件の祭に杜本の使いを付《つ》くと(9)云々

【注　解】

（1）**上酉日**　四月の最初の酉の日。

（2）**当宗祭**　当宗神社の例祭。当宗神社は現在の大阪府羽曳野市誉田《こんだ》の誉田八幡宮境内に鎮座する。祭神は当宗氏の祖である。夏四月と冬十一月の上酉の日を祭日とする。宇多天皇の外祖母は当宗氏で、寛平元年（八八九）官幣に預かり、同五年より幣帛使が派遣された。

（3）**已上三祭**　以上記載の、杜本祭・当麻祭・当宗祭の三祭をいう。

（4）**午日使立**　午―未―申―酉であるから祭日の三日前に使者がたつ。

（5）**朔日当申日者**　月の始め一日が申《さる》の日に当たったときは…。三月中に使い立つ。

（6）**当酉日者**　月の始め一日が酉の日に当たったときは…。

（7）**中酉行件祭**　四月の第二の酉の日に祭りを行う。

（8）**応和元年十月御記**　応和元年、九六一年。村上天皇御記の同年月条。本文は御記の逸文に当たる。

（9）**件祭付杜本使**　杜本祭使が当宗祭を兼行するのである。本文105注（2）（四〇〇頁）参照。

【本　文】108

同日、梅宮祭事

【訓　読】

同じき日、（1）梅宮祭（2）のこと

【注　解】

（1）**同日**　四月上の酉の日。

（2）**梅宮祭**　梅宮神社の例祭。梅宮神社は現在の京都市右京区梅津に鎮座する。大若子《おおわくご》・小若子《こわくご》・酒解《さかとけ》・酒《さか》解子《とけのこ》の四神を祀る。例祭は夏四月と冬十一月の二度。県犬養三千代（橘諸兄の母）が創祀。橘氏の氏社。仁明天皇（母は橘嘉智子）の承和年間梅宮祭は公祭とされたが、陽成天皇のとき元慶三年（八七九）十一月に停廃され私祭となった。しかし元慶八年に即位した光孝天皇（橘嘉智子の孫に当たる）は再びこれを公祭とした。宇多天皇の寛平年間に再度廃されたが（『年中行事抄』）、一条天皇（外祖母時姫が橘氏の出である）の寛和二年（九八六）十一月にまた公祭とされた（寛和二年十一月二十一日宣旨、「本朝月令要文」、岡田荘司『平安時代の国家と祭祀』）。なお『年中行事絵巻』に梅宮祭が描かれている。祭の次第については『江家次第』（巻六）に記述がある。

弁以下が行事所屋に着く、盃酌ならびに饌を羞《すす》めること常の如くである、上卿が参入し、弁以下は屋の前に立つ。ついで上卿は揖し、弁以下は答揖する。ついで上卿は座に着く、故隆俊卿は屋の東から入る、他の人は多く西の砌を経て着く。

弁が座に着し〔東からこの席に着く〕山人が南門の外にひかえる、

御琴師、御神児らが迎え、酒肴を高机に盛り門内に置く、御琴師は西面し、御神児は南面する、山人二人が列立し〔北上東面〕神を鎮める詞を申し、おわりて御神児二人が進んで賢木を受け本座に着く、ついで琴歌がうたい、御神児が舞う、ついで神児らに酒肴を賜う、御琴師御神児が座に戻る、内侍は神饌を供し、山人は左右にわかれて薪を庭中に立て退出する、上卿は召使を二度よぶ、召使は称唯し、赴き庭中に立つ、〔もし日くらきときは宣し「阿誰《たそ》」と言い、その人は姓名を名乗る〕上宣し、「大蔵省を召せ」という、召使は称唯《いしょう》し、出て大蔵丞を喚《よ》ぶ、立ちて上宣し、蘰木綿を賜う、丞は唯出してこれを賜う、おわりて上卿ならびに弁以下諸司の判官以上録、自余の史生以下神主は着座する、左右の御馬が東の舎の前に列立する、神主は起ち再拝する〔他の官人らもその場で据りながら再拝する〕神主は祝詞を申し、上卿以下は手を拍つこと三段。

上卿以下は箸を下す〔まず盃酌三献、上卿は弁に擬《なぞ》らえて飲む、弁は六位に擬らえることはしない〕左右馬寮の允各一人が御馬の前に立ち、社を四度巡《めぐ》る、ついで山人は庭火を東西にたく、外記は見参禄法を上卿に見せる、上卿はこれを見て返す、

大蔵省は禄を庭中に積む、弁は官掌を二度喚ぶ、ついで吹歌・御神児舞、ついで倭舞〔山人、神主、祇侍従、内舎人、大舎人〕弁は官掌を二度喚ぶ、官掌は立つ〔日暮れてくらくなったときは阿誰《たそ》と問う〕弁は「宮乃内乃省」と宣《の》る、官掌が出て召す、宮内録が立つ、弁が「御飯堅楽《おものかららか》ニ給《たまえ》」と宣《の》る、録が唯出し、また進み立ち「御飯多々楽ニ給」と云う、おわりて上卿以下が退出する。

【本　文】109

二日、中務省中宮人夏衣服文事

【訓　読】

二日（1）、中務省（2）の宮人《くうにん》（3）の夏の衣服《えぶく》（4）を申す文のこと

【注　解】

（1）**二日**　四月二日。

（2）**中務省**　天皇の国事行為及び後宮の事務を掌る官司。「中」は禁中の意。その構成は〈表〉の如くである。卿《かみ》の職掌は「掌、侍従、献替、賛㆓相礼儀㆒、審㆓署詔勅文案㆒、受㆑事覆奏、宣旨、労問、受㆓納上表㆒、監㆓修国史㆒、及女王内外命婦宮人等名帳、考叙位記、諸国古籍、租調帳、僧尼名籍事」とある。

	定員	相当位
卿	1	正4位上
大　輔	1	正5位上
少　輔	1	従5位上
大　丞	1	正6位下
少　丞	2	従6位上
大　録	1	正7位上
少　録	3	正8位上
史　生	20	
侍　従	8	従5位下
内舎人	90	
大内記	2	正6位上
中内記	2	正7位上
少内記	2	正8位上
大監物	2	従5位下
中監物	4	従6位上
少監物	4	正7位下
史　生	4	
大主鈴	2	正7位下
少主鈴	2	正8位上
大典鑰	2	従7位下
少典鑰	2	従8位上
省　掌	2	
使　部	70	
直　丁	10	
	238人	

（3）**宮人**　「きゅうじん」とも訓む。「後宮職員令」に列記された女官のこと。内侍司の構成員以下、いわゆる後宮十二司の職員および東宮、斎宮にも宮人がいた。

（4）**夏衣服文**　平安時代、四月と、十月を衣更《ころもがえ》の期とした。『延喜式』（巻十二）に

宮人時服

内侍司一百十人〔尚侍二人、典侍四人、掌侍四人、女孺一百人〕蔵司十七人〔尚蔵一人、典蔵二人、掌蔵四人、女孺十人〕書司九人〔尚書一人、典書二人、女孺六人〕薬司七人〔尚薬一人、典薬二人、女孺四人〕兵司九人〔尚兵一人、典兵二人、女孺六人〕闈司十五人〔尚闈一人、典闈四人、女孺十人〕殿司九人〔尚殿一人、典殿二人、女孺六人〕掃司十三人〔尚掃一人、典掃二人、女孺十人〕水司九人〔尚水一人、典水二人、采女六人〕膳司卌八人〔尚膳一人、典膳二人、掌膳四人、采女卌一人〕酒司三人〔尚酒一人、典酒二人〕縫司一百七人〔尚縫一人、典縫二人、掌縫四人、女孺一百人〕中宮女孺九十人

右五位已上、夏絹一疋〔冬加綿二屯〕女孺已上絹三丈〔冬加二絹三丈、綿二屯一〕
内教坊未選女孺五十人
右夏絹三丈〔冬加二絹三丈、綿二屯一〕貲布《サヨミノヌノ》一端〔冬調布二端〕
女丁人別夏絹三丈〔冬加二絹三丈、綿二屯一〕縹《ハナタ》調布二丈一尺、庸布一段〔冬亦同〕
前件時服、夏四月二日、冬十月二日、内侍司具録二人数并賜物色目一移レ省、省造二解文一十日申レ官、官符下二
大蔵省一、即内侍司請受、依レ件班給
とある。

【本文】110

四日、廣瀬・龍田祭事〔廢務〕
天暦七年三月、諸祭延引例云々、廣瀬・龍田祭例、擇日可行
天徳四年四月、廣瀬等祭、重延日例、未勘申間、期日已近、此祈風雨年穀祭也、准祈年祭、重延日例、被行可
宜云々、依請
康保三年、左大臣令申右馬寮無繋飼馬、不牽神馬由、仰以野放馬令宛

【訓読】

四日(1)、広瀬(2)・竜田祭(3)のこと〔廃務《はいむ》(4)なり〕

天暦七年三月(5)、諸祭延引(6)の例と云々、広瀬・竜田祭の例、日を択《えら》び(7)行うべし
天徳四年四月(8)、広瀬祭等、重ねて延日の例(9)、未だ勘申せざる間、期日已に近し(10)、此れ風雨年穀を祈る祭なり(11)、祈年祭《としごいのまつり》(12)に准じ、重ねての延日の例、行わる宜しかるべしと云々、請うに依れ
康保三年(13)、左大臣(14)、右馬寮(15)に繋飼馬なきを申さしめ(16)、神馬(17)を牽《ひ》かず、仰せて、野放馬《のがいのうま》(18)を以て宛てしむ

【注　解】

(1) **四日**　四月四日。

(2) **広瀬祭**　広瀬神社の例祭。広瀬神社は大和国広瀬郡内、現在の奈良県北葛城郡河合町広瀬に鎮座する。和加宇加売命（豊宇気比売神の別名）を祀る。穀物神・御食神。初見は『日本書紀』（巻二十九）天武四年四月癸未（十日）条の「遣二小紫美濃王・小錦下佐伯連広足一祠二風神于竜田立野一、遣二小錦中間人連大蓋《おおふた》・大山中曾禰連韓犬一祭二大忌神於広瀬河曲一」の記事である。『神祇令』には、大忌祭・風神祭が孟夏・孟秋（四月と七月）の祭として掲げられている。『義解』は大忌祭に注して「謂広瀬竜田二祭也、欲レ令下山谷水変成二甘水一、浸二潤苗稼一、得中其全稔上、故有二此祭一也」とし『集解』釈は「差二五位以上一充レ使也」という。『延喜式』（巻一）は大忌祭の料物を列記したあとに「是日以二御県六座、山口十四座一合祭」とし、また風神祭の料物を記したあとに、「右二社、差二王臣五位已上各一人一、神祇官六位以下官人各一人充レ使〔卜部各一人、神部各二人相随〕国司次官以上一人、専当行レ事、即令二諸郡別交易一、供二贄二荷一、其直并米酒稲、並用二当国正税一、自外所司請供、但鞍随レ損供進」とある。

※県の神、山口神は延喜式神名帳とによると、それぞれ七社、十五社ある。

（3）**龍田祭**　龍田神社の例祭。四月と七月。大和国平群郡内、現在の奈良県生駒郡三郷町立野に鎮座。天御柱命と国御柱命を祀る。風水神。注（2）参照。

（4）**廃務**　政務が行われないこと。日蝕や国忌の場合（『儀制令』）。のち月蝕、服喪、火災、異変、神事、仏事などでも廃務とされるようになる。廃務の期間については、のちの『拾芥抄』（中末）に「廃務、諸司不レ政云々、但廃務有二三日例一、口伝云、廃務者一日可レ被レ行也、不レ及二数日一、是万穢之政、数日不レ可レ被二棄置一之故云々、仍限二一日一」とある。『北山抄』巻四に「廃朝事」の項がある。

（5）**天暦七年三月**　九五三年。

（6）**諸祭延引例**　祭の日のべの例、天暦七年の例の典拠未詳。『本朝世紀』天慶四年八月四日条に「天晴、此日広瀬龍田祭也、仍諸司廃務〔但件祭者、去月四日也、而以二去六月廿九日一、自二伊予国一、持下彼月廿日討二賊首藤原純友一之由解文上使、来二着於外記一、其穢及二禁中一、仍今日被二延引一也〕」とある。一か月おくれとなったのである。

（7）**択日可行**　日を択ぶについて何らかのルールがあったか否か未詳。

（8）**天徳四年四月**　九六〇年。

（9）**重延日例**　『日本紀略』（後篇四）に「（天徳四年四月）四日癸酉、広瀬龍田祭延引、依レ穢也」「（同五月）六日甲辰、今日広瀬・龍田祭、去四月四日依レ穢延引、今月二日欲レ行而依レ服二錫紵一、延及二今日一、内裏雖レ穢、付二所司一令レ行レ之」とある。

（10）**期日已近**　いかがすべきかの勘申もなく、期日も迫っているので…。

（11）**祈風雨年穀祭**　注（2）参照。

	大小	座数
神祇官	大	304
	小	433
国　司	大	188
	小	2207

(12) **祈年祭** 国家の安全、天皇の長寿、その年の豊穣を祈願する祭祀。年＝稔。五穀のみのりを意味する。二月四日に行われる。『延喜式』（巻一）は詳細に記し、祭る神の総数は三一三二座で、神祇官で祭るものと国司の祭るものとがあり、また大小に区別している〈表〉。祭りは天智天皇あるいは天武天皇のときに始まったものと見られる。『延喜式』に記載された全官社に幣帛を頒つが、これを受領するために諸国の祝部が都に参集する。この問題を三善清行はその「意見十二箇条」で採りあげている。

一、応下消二水旱一求中豊穣上事

右臣伏以、国以レ民為レ天、民以レ食為レ天、無レ民何拠、無レ食何資、然則安レ民之道、足レ食之要、唯在二水旱無レ沴、年穀有レ登也、故朝家、毎年二月四日、六月十一日、十二月十一日、於二神祇官一、立二祈年・月次之祭一、厳加二斎粛一、遍禱二神祇一、乞二其豊熟一、致二其報賽一、其儀、公卿率二弁官及百官一、参二神祇官一、神祇官、毎レ社設二幣帛一裹、清酒一瓮、鉄鋒一枝一、陳二列棚上一、又社或有二奉レ馬者一焉、〔祈年祭一疋、月次祭二疋〕亦左右馬寮、牽二列神馬一、爰神祇官、読二祭文一畢、以二件祭物一、頒二諸社祝部一、令レ奉二本社一、祝部須二潔斎捧持、各以奉進一、而皆於二上卿前一、即以二幣絹一、挿二著懐中一、抜二棄鉾柄一、唯取二其鋒一、傾二其瓮酒一、一挙飲尽、曾無下一人全持二出神祇官之門一者上、況其神馬、則市人於二郁芳門外一、皆買取而去、然則所レ祭之神、豈有二歆饗一乎、若不二歆饗一者、何求二豊穣一、伏望、申勅二諸国一、差二史生以上一人一、率二祝部一・令レ受二取此祭物一、慥致二本社一、以存二如在之礼一（下略）本文70（二八一頁）参照。

(13) **康保三年** 九六六年。

(14) **左大臣**　ときの左大臣は藤原実頼。

(15) **右馬寮**　馬寮は諸国の牧から貢上される馬の飼養と調教に当たる。頭《かみ》（一人、従五位上相当）助（一人、正六位下相当）大允（一人、正七位下相当）少允（一人、従七位上相当）大属（一人、従八位上相当）少属（一人、従八位下相当）馬医（二人、従八位上相当）馬部（六〇人）使部（二〇人）直丁（二人）これに飼戸が附属する。

(16) **無繋飼馬**　右馬寮が飼養している馬がない。したがって神馬を用意できないのである。

(17) **神馬**　神社に奉納する馬。止雨や祈雨に白馬・黒馬を神に捧げる習わしがあった。絵馬はこれに起源する。

(18) **野放馬**　野飼。放牧の馬。野生で未調教。

【本　文】111

五日、中務省申妃・夫人・嬪・女御夏衣服文事

【訓　読】

五日(1)、中務省(2)申す、妃《ひ》(3)・夫人《ぶにん》(4)・嬪《ひん》(5)・女御《にょうご》(6)の夏の衣服文(7)のこと

【注　解】

(1) **五日**　四月五日。

（2）**中務省**　本文109注（2）（四〇七頁）参照。

（3）**妃**　訓は「キサキ」で天皇の「ツマ」。「後宮職員令」では「妃二員、右四品以上」とあり、妃は後宮の職員として位置づけられ、しかも品位を有する内親王であることがわかる。妃が皇親である原則は聖武天皇の光明子立后で破られた。妃の最後は醍醐天皇の妃為子内親王で、その冊立についての史料がある。（『平安時代史事典』（角川書店）「妃」〈角田文衞執筆〉）。

太政官符中務省

　三品為子内親王

右大納言正三位兼行左近衛大将藤原朝臣時平宣、奉レ勅以二件内親王一為レ妃者、省承知、符到奉行

従五位上守左少弁藤原朝臣枝良　遣唐録事正六位上行左少史御船宿禰有方

寛平九年七月廿五日

（4）**夫人**　訓は「オホトジ」。トジ（刀自）は家政を掌る婦人の敬称。三位以上の女性で三名まで置くことができる。『令集解』古記は「漢書云、天子妾、称二夫人一」と注記する。

（5）**嬪**　訓は「ミメ」すなわち「御妻」という。五位以上の女性で四名まで。文武天皇の妃竈門娘、石川刀子娘の二人を最後として補任例は見えない。

（6）**女御**　「ニョゴ」とも。その名称は「周礼」に由来し、桓武天皇のときに始まる。はじめ女御は嬪に准ずるものとされたが、しだいに地位があがり、醍醐天皇のとき藤原穏子のとき女御から中宮（皇后）にたてられて以後、女御→中宮のコースが定まった。—以上の妃・夫人・嬪は「後宮職員令」によって規定されるが官職ではない。

（7）**夏衣服文**　本文109注（4）（四〇八頁）参照。『延喜式』（巻十一）に「凡後宮并女官時服及鎊物料者、夏四月十日、冬十月十日、中務省申レ官、廿日官符下二大蔵省一、廿二日出給」とあり、同じく『延喜式』（巻十二）に「後宮時服」として「妃絹六十疋、細布卌端、曝布五十端〔冬加二綿三百屯一〕夫人絹五十五疋、細布卅端、曝布五十端〔冬加二綿二百五十屯一〕嬪絹卌疋、細布廿端、曝布卅端〔冬加二綿二百屯一〕女御絹廿疋、曝布卅端〔冬加二綿一百屯一〕／前件時服、夏四月五日、冬十月五日、内侍見録二人数及物色一移レ省、省造二解文一申レ官」とあり『延喜式』（巻三十）に「凡諸司給二春夏時服一者弁官、中務並集、其物積畢、省申二弁官一、弁官仰二中務一、宣命訖即唱名、省司班給、若当日不レ了、待二中務移一乃給〔秋冬准レ此〕」とある。

【本　文】112

同日、式部省請印様位記事

【訓　読】

同じき日(1)、式部省(2)、請印(3)し位記に様(4)すること

【注　解】

（1）**同日**　四月五日。

（2）**式部省**　文官の人事・養成・行賞などを掌る。卿《かみ》の職掌は「掌、内外文官名帳、考課、選叙、礼儀、版

位、位記、校㆓定勲績㆒、論㆑功封賞、朝集、学校、策㆓試貢人㆒、禄賜、仮使、補㆓任家令㆒、功臣家伝、田事」とある。その職員構成は、卿（一人、正四位下相当）大輔（一人、正五位下相当）少輔（一人、従五位下相当）大丞（二人、正六位下相当）少丞（二人、従六位上相当）大録（一人、正七位上相当）少録（三人、正八位上相当）史生（二〇人）省掌（二人）使部（八〇人）直丁（五人）となっていた。

（3）**請印**　印を捺《お》すことを請《こ》う（願う）意。印は内印（天皇御璽）。『北山抄』（巻七―都省雑事―）に「二省位記請印事」の項があり詳しい。『西宮記』（四月）「請㆓印位記㆒事」には「十一日式部、十三日兵部、十五日式部請㆓印様位記㆒」としてその手続きをつぎのように記す。上卿が外記方に着く、式部丞・録は版位に立つ、上卿は「召す」といい丞・録は称唯し床子に着く、丞は立ち申す云々と、そして座に戻る、録は立ち読みあげる、上卿は「給へ」と云う、式部・兵部ともに唯《ゆい》し、これを出す〔両省がともに申すときは、兵部録が読みおわると上卿はこれを与える〕ついで弁官が文を申す〔場合によりこれがない〕少納言・外記・丞・録が席に着く、外記が文を覧ることはつねの如くである〔外記が文を見了ると録は筥を史生に授ける〕史生は位記をひろげ云々と申す、上卿は「捺《お》セ」と言われる、史生は称唯《いしょう》し、先ず位記に跪き、史生は云々と申す、上卿は「給へ」と言われる、少納言は称唯し、史生は案目録に就き、録は進んで筥を受け退出する、丞は退き、ついで史生は官符に捺印する。

（4）**様位記**　「様」字未詳。「様」は「捺」の誤りかという。『小野宮年中行事』は「式部省請印捺㆓位記㆒事」としている（甲田利雄『年中行事御障子文注解』一七一頁参照）。位記は、位階を授けるとき発給する公文で、勅授（五位以上）奏授（六位以下）判授（外八位・初位）の三種がある。勅授位記～勅旨により授ける。中務省の内記が作成し中務卿及び太政大臣・式部卿（文官）兵部卿（武官）が加署し、しかるのち内印（天皇御璽）を捺した。奏授位記～式部省（文官）兵部省（武官）中務省（女官）が作成し、太政官に送り奏聞を経て外印（太政官印）を捺して授与した。判授位記～手続きは奏授に同じであるが奏聞を要しない。位記の様式は「公式令」に示され、また五位以上の位記式は『延喜式』（巻十二）に掲げられている。ただ、のちの『朝野群載』（巻十二）にのせる「五位已上位記」の様式は、前掲の令また式の様式より複雑となっていて、例えば武官の場合、「表二節兵欄一、宜レ勤二羽衛一、精誠無レ懈、夙夜在レ公、宜下授二栄爵一用光中朝章上」などという文章が付加されている。これは、弘仁九年（八一八）に詔あって、「天下儀式、男女衣服、皆依二唐流一、五位已上位記、改従二漢様一、諸宮殿院堂門閣、皆着二新額一、又肄二百官舞踏一、如レ此朝儀、並得二関説一」（『続日本後紀』巻十二）としたのによるのであろうという。

【本　文】113

「擬階奏事」

七日、奏成選短冊事〔公卿依假不加署者、可註假字云々、或於陣座、史生取署〕

外記申二省候由、仰可暫候之由、即令藏人奏候擬階奏之由、仰云、不可出御、依例可行〔不出給、依例行〕即召装束辨若史、仰可令敷宜陽殿座之由〔以次人、移着南座〕次仰外記令進奏文、見了參御所、令奏之、返給復本座〔或更不還着、便着宜陽殿座〕外記候小庭、上卿目而令退、次諸卿移着宜陽殿座〔大臣北面〕次仰外記令召二省、二省輔入自敷政門、立小庭〔東面南上、雨儀、宜陽殿西廂、西面北上、或相定令立陣座南砌云々、雖式部五位・兵部四位、依官次、見延喜八年貞信公御記・承平六年九條記等〕上卿召式部省、稱唯、次召兵部省、稱唯、了、仰云、短册ハ省仁持罷天蹟の任仁行へ〔九條年中行事、不加署省字、天慶二年記云、殿下仰云、司省不異云々、而彼殿下延長八年御記云、左大臣仰云、有省字〕同音稱唯、退出、公卿復陣座矣〔南殿儀、見清涼抄〕

【訓　読】

「擬階《ぎかい》の奏(1)のこと」

七日(2)、成選《じようせん》の短冊《たんざく》を奏すること(3)〔公卿の仮(4)に依り加署せざるは、仮の字を註すべしと云々、或《ある》は陣の座(5)に於て、史生署を取る(6)〕

外記《げき》(7)は二省(8)の候する由を申す、暫《しばら》く候すべき由を仰す、即ち蔵人(9)をして擬階の奏の候由を奏せしむ、仰せて云う、出御すべからず(10)、例に依り行うべし(11)〔出で給わず、例に依り行え〕即ち装束の弁(12)若しくは史(13)を召し、宜陽殿(14)の座を敷かしむべき由を仰す〔次の人(14)を以て、南の座に移り着く〕次いで外記に仰せ奏文を進《たてまつ》らしむ、見了《おわ》り御所に参り、奏せしむ、返し給い本座に復す〔或は更《また》還り着かず、便《すなわ》ち宜陽殿の座に着く〕外記は小庭(16)に候す、上卿は目《め》くばせし退かしむ、次いで諸卿は宜陽殿の座に移り着く〔大臣は北面す〕次いで外記に仰せ二省を召さしむ、二省の輔は敷政門(17)より入り、小庭に立つ〔東面し南を上とす、雨儀(18)は、宜陽殿の西廂(19)に、西面し北を上とす、或は相い定め陣の座の南の砌《みぎり》(20)に立たしむと云々、式部の五位(21)・兵部の四位(22)と雖も、官次に依ること、延喜八年の貞信公御記(23)・承平六年の九条記(24)等に見ゆ〕上卿は式部省を召す、称唯す、次いで兵部省を召す、称唯す、了《おわ》りて、仰せて云う、短冊は省に持ち罷《まか》りて跡の任《まま》に行えと(25)〔九条年中行事(26)は、省の字を加署せず、天慶二年記(27)に云う、殿下仰せて云う、司省を異にせずと(28)云々、而るに彼の殿下の延長八年の御記(29)に云う、左大臣(30)仰せて云う、省の字ありと〕同音に称唯し(31)、退出す、公卿は陣の座に復す〔南殿の儀(32)は清涼抄(33)に見ゆ〕

【注　解】

擬階奏事（本文113）

（1）**擬階奏**　成選短冊を奏する儀（注（3）参照）。二月十一日の列見選人（本文75）（三〇〇頁）のあと、六位以下に叙すべき者の位階について式・兵両省で擬階簿を作り四月一日に太政官に送る。太政官はこれに勘考を加えて奏文をつくる。

（2）**七日**　四月七日。

（3）**成選短冊**　官人の定期叙位、また叙位に当たって選ばれることを成選という。選せられた人の名を記した短冊。短冊は細長い紙。

（4）**公卿仮**　仮は暇に同じ。官人に給与された休暇。「仮寧令」に規定がある。

（5）**陣座**　公卿僉議の行われる近衛の詰所、陣の座また仗座。

（6）**史生取署**　太政官の史生。この場合は外記局の史生。定員一〇人。史生が公卿のサインをとる。

（7）**外記**　太政官の構成員で大外記（正七位上相当）少外記（従七位上相当）各二人。詔書の作成、論奏・奏事の草案を書く。

（8）**二省**　式部省と兵部省の二省の官人が控えている由を申す。

（9）**蔵人**　本文4注（9）（一七頁）参照。

（10）**不可出御**　天皇がおでましにならないこと。

（11）**依例可行**　先例にのっとって行うべきである。

（12）**装束弁**　準備、支度を担当する弁官。

(13) **史**　左右大史、少史で定員各二人。弁官の主典《さかん》である。

(14) **宜陽殿**　南殿の東に当たる建造物。対して西側にあるのが校書殿。

(15) **次人**　未詳。

(16) **小庭**　南殿と宜陽殿の間にある庭。

(17) **敷政門**　宜陽殿の北、綾綺殿との間にある門。

(18) **雨儀**　雨天のときの儀式次第。

(19) **宜陽殿西廂**　宜陽殿の西のひさし、公卿座の南に伸びる廂は土廂。下が板敷でなく、土間になっている。

(20) **砌**　雨落ち。石や瓦を敷いてある。

(21) **式部五位**　五位の式部省の官人。相当位からすると大輔（正五位下）少輔（従五位下）。

(22) **兵部四位**　相当位からすると卿（正四位下）。

(23) **延喜八年貞信公御記**　藤原忠平の日記の延喜八年（九〇八）の条。

(24) **承平六年九条記**　藤原師輔の『九暦』の日記の承平六年（九三六）条。「擬階奏」として「承平六年四月／七日、乙丑、天晴、大神祭使可レ立、而依レ穢止、参二外記一、日上中納言平尹望卿、政事如レ常、但治部省請印度縁、午時参レ陣、今日奏二擬階目録一如レ常、其儀午三点掃部寮参入、宜陽殿設二公卿之座一、伊望卿〈雖二御物忌一依レ仰奏二目録一〉参議源是茂〈予欤〉余合三人従二陣座一遷二着宜陽殿座一、上卿召二外記一、仰云、成巽目録持参、外記称唯退出、挿二目録於書杖一、跪坐而奉〔件跪坐公卿着後左近陣所レ令レ設也〕上卿執レ書、一見之後返二給外記一、々々給而如レ本挿二於書杖一、下二於砌下一、当二上卿之後一立、上卿立レ座、参二進　御殿一奏レ之、外記随而参進〔但今日依二　御物忌一、不レ可レ奏二聞件目録一、而依二仰事一、猶奏レ之、唯不レ奏二目録一、以レ詞奏云々〕

上卿還二着座一、召二外記一仰云、召二式部・兵部等一、外記称唯、退出、式部少輔藤原朝臣在衡・兵部大輔由道王等経二布政・宣仁両門一、参二進軒廊北庭一、東面南上而立〔依二省次一也〕上卿云、式部省、輔称唯、又云、兵部省、同又輔称唯、仰云、短冊省に持罷天依レ例行之、同音称唯、退出、公卿還着二陣座一、暫而退出」

(25) **跡の任仁行へ** 跡は先例、故実。先例に倣って行え…。「任レ例」も同じ。

(26) **九条年中行事** 右大臣藤原師輔の著。当該部分は「大臣召二式部一、称唯、次召二兵部一、同音称唯、大臣仰云、短冊者省仁持罷礼、跡乃末末爾行レ之〔又説云、依レ例行レ之〕共称唯退出、上卿還レ座」とある。「省字」云々は不審。

(27) **天慶二年記** 『九暦』逸文（『西宮記』〈前田家本〉）に天慶二年（九三九）四月「七日、云々右大将(藤原実頼)令レ奏二擬階奏一云々、大将被レ行(仰)、短冊波司仁持罷、依レ例行者、而今朝殿下(忠平)仰云、事字(司之)波不レ善也」とある。

(28) **司省不異** 司《つかさ》、省《つかさ》で同じことである。

(29) **彼殿下延長八年御記** 藤原師輔の日記の延長八年（九三〇）条。未詳。

(30) **左大臣** 延長八年の左大臣は摂政藤原忠平。このとき師輔は二十三歳で、従五位上・右兵衛佐。

(31) **同音称唯** 声を揃えて応える。

(32) **南殿儀** 紫宸殿において行われる儀式次第。

(33) **清涼抄** 天暦元年（九四七）前後に成立した勅撰の儀式書。『清涼記』とも。散逸し逸文が残るのみ。『国書逸文』所収。

【本　文】114

延喜十二年四月七日、御南殿、奉覽奏文之道、自公卿座西、直進、跪御帳東、奉之云々〔貞御記〕
承平二年四月八日、昨依上卿不參、擬階奏停止、舊例、後日奏之云々、召使來申明日可參之由
天暦九年四月七日、令奏候擬階奏由之次、令加奏去夜令候陣中之事、昨日・今日御物忌、仍仰外記令傳也
安和二年、上卿一人行之〔貞觀例也、寛平七年、承平五年、又有此例云々〕

【訓　読】

延喜十二年四月七日(1)、南殿(2)に御す、奏文(3)を覧じ奉る道、公卿の座(4)の西より直進し、御帳《みちょう》(5)の東に跪《ひざまず》き、これを奉ると云々〔貞御記(6)〕
承平二年四月八日(7)、昨(8)、上卿《しょうけい》不参(9)に依り、擬階の奏(10)停止す、旧例(11)は後日之を奏すと云々、召使《めしづかい》来り(12)、明日参るべき由を申す
天暦九年四月七日(13)、擬階の奏に候する由を奏せしむる次《つい》で、去ぬる夜陣中(14)に候せしむることを加え奏せしむ、昨日・今日は御物忌(15)なり、仍りて外記(16)に仰せ伝えしむるなり
安和二年(17)、上卿一人之を行う(18)〔貞観の例(19)なり、寛平七年(20)、承平五年(21)、又此の例ありと云々〕

【注　解】

（1）**延喜十二年四月七日**　九一二年。『日本紀略』（後篇一）に「七日、御二南殿一、依二擬階奏一也」とある。『西宮記』に「延喜十二年（或無二字）、大納言仰二外記一、短冊各持退省、依レ例行者、依二宣旨一仰二一省一〔此日兵部丞用二代官一〕」とあり、また、「延喜十二年四月七日記云、天皇比問勅云、短冊者持退、諸卿称唯、大納言召二一省一、輔称唯、上卿宣二勅語一輔各丞称唯、入撤レ櫃、或説云、御二覧天皇一後、可レ有二勅語一云々、又覧二擬文一畢、勅云、短冊者、与之、大臣唯、宣持退礼、不レ覧二短冊一時勅也」とある。

（2）**南殿**　紫宸殿。

（3）**奏文**　擬階奏文。

（4）**公卿座**　宜陽殿の西北隅にある。

（5）**御帳**　天皇の座所、帳台。とばり。

（6）**貞御記**　貞信公記。藤原忠平の日記。原本は伝わらない。

（7）**承平二年四月八日**　九三二年。傍証史料未詳。

（8）**昨**　きのう。昨日。

（9）**上卿不参**　上卿欠席。

（10）**擬階奏**　本文113（四一七頁）参照。

（11）**旧例**　未詳。

（12）**召使**　太政官の史生の下に置かれた下級官人。大射の執旗《まとまうし》、釈奠《せきてん》や列見《れけん》で官人を召すなどを職務とする。毎月五人宛二番に編成。上日（勤務日数）の計算にもとづき選抜され諸国の目《さかん》に任ぜられる。

（13）**天暦九年四月七日**　九五五年。傍証史料未詳。

（14）**陣中**　陣座。

（15）**物忌**　夢見や物の怪《け》につかれたとき謹慎すること。

（16）**外記**　本文113注（6）（四一九頁）参照。

（17）**安和二年**　九六九年。

（18）**上卿一人行之**　『日本紀略』（後篇五）に「甲寅、擬階奏、新任左大臣（師尹）行レ之」とある。安和二年三月二十六日、藤原師尹は右大臣から左大臣に転じた。源高明失脚のあとをうけたもの。

（19）**貞観例**　未詳。八五九～八七六年。

（20）**寛平七年**　八九五年。『西宮記』に「寛平七年四月七日依レ雨両輔立二宜陽殿西廂一〔北一間砌、北上西面〕」とある。

（21）**承平五年**　九三五年。典拠未詳。

【本文】115

「灌佛事」

八日、灌佛事〔若會神事停止、延長四年、當杜本・當麻等祭使立日、而有明日可立仰、猶被行之、當大神使立日、又有此例〕

所司裝束了、置御布施、次立臣下布施机〔東庇南二柱外〕次出居着座、次王卿取布施物置机、左廻着座、〔非殿上者皆參〕次侍臣同置〔不參人布施、五位以下、取加自絎置之、後參王卿、先令置布施物後着之〕次藏人取女房房布施、置机傍〔長押上〕次御導師參入、〔入自瀧口戸、雨儀、仙華門〕唄散花〔自進取筥、從僧同音〕畢、御断三度灌佛〔五色水、入合中鉢、前後各三度、唄讃歎云々〕次親王以下、進自簀子、入自額間、跪机前、搢笏膝行、取黑膝杓、酌東邊鉢水〔先酌南鉢、水盡時、酌北鉢〕膝行灌佛一杓、安杓退、而禮佛一度、把笏左廻出自初間〔或出自南間、舊例、出入自南間、見吏部王延長七年記、幷九條天曆五年記、又入自南間、出自北間、是彼九條說爲令釼不當柱云々、而彼年中行事及年々私記無所見〕着座、次第灌了、御導師結願後、給祿〔藏人頭、若五位藏人取之、但不候時、用出居次將、若僧綱爲御導師者、或公卿取之〕御導師退出、王卿出居退下、次垂御簾、女房灌之

布施錢法、親王・大臣五百文、大納言四百文、中納言三百文・參議二百文、四位百五十文、五位百文、六位〔今定七十文〕幷童五十文〔寛平八年定〕親王・大臣帋五帖、大中納言四帖、參議三帖、四位・五位二帖、六位幷童一帖〔長保二年改定之〕

非殿上出居幷小舍人、雖出布施、不關灌列〔寛平年中、有仰童子灌之、延喜四年、地下出居皆灌之〕地下王卿不參之者、延喜以來不奉布施〔布施銘、納言以上書官號、本所書歟、後人略書之、已爲故實也、而近代多書名字、以不知舊例云々〕

【訓　読】

「灌仏《かんぶつ》のこと」

八日、(1)灌仏(2)のこと〔若し神事に会えば停止す(3)、延長四年(4)、杜本《もりもと》(5)・当麻《たいま》(6)等の祭使立つ日に当たりて、明日立つべき仰せあり、猶《なお》し之を行わる、大神《おおみわ》(7)の使立つ日に当たり、又此の例あり〕

所司装束了《おわ》り(8)、御布施(9)を置く、次いで臣下の布施机(10)を立つ、〔東庇《ひさし》南の二の柱の外(11)なり〕次いで出居《でい》着座(12)す、次いで王卿は布施物を取り机に置く、左に廻り座に着く〔非殿上の者《ひと》(13)皆参る〕次いで侍臣(14)も同じく置く〔不参の人の布施は、五位以下は、自析に取り加え(15)之を置く、後《おく》れ参りし王卿は、先ず布施物を置かしめしのちに之に着く〕次いで蔵人(16)は女房(17)の布施を取り、机の傍らに置く〔長押《なげし》の上(18)なり〕次いで御導師(19)参入す〔瀧口の戸(20)より入る、雨儀(21)は仙華門なり(22)〕唄《ばい》(23)・散花《さんげ》(24)〔自ら進み筥(25)を取る、従僧同音す(26)〕畢《おわ》りて、御析(27)三度《みたび》仏に灌ぐ〔五色《ごしき》の水、(28)中の鉢(29)に入れ合わせ、前後各々三度、唄《ばい》・賛歎《さんだん》(30)すと云々〕次いで親王以下、簀子《すのこ》(31)より進みて、額《がく》の間《ま》(32)より入り、机の前に跪《ひざまず》く、笏《しゃく》を搢《さしはさ》み膝行《しっこう》(33)す、黒漆《くろぬり》の杓《しゃく》(34)を取り、東辺の鉢(35)の水を酌《く》む〔先ず南の鉢を酌み、水の尽くる時は、北の鉢を酌む〕膝行し灌仏すること一杓なり、杓を安《や》(36)めて退きて礼仏《らいぶつ》(37)すること一度《ひとたび》、笏を把《と》り左に廻り初めの間(38)より出づ、〔或は南の間(39)より出づ、旧例(40)は、南の間より出入す、吏部王《りほうおう》の延長七年記(41)、ならびに九条の天暦五年記(42)に見ゆ、又南の間より入り、北の間より出づ、是れかの九条の説は剱をして柱に当てざらしめんがためと云々(43)、而るに彼の年中行事(44)及び年ごとの私記(45)に所見なし〕着座し、次第に灌ぎ了《おわ》る(46)、御導師結願《けちがん》(47)ののち、禄を給う(48)〔蔵人頭(49)、若しくは五位の蔵人(50)之を取る、但《ただ》候せざる時は出居の次将(51)を用う、若し僧綱(52)の御導師たるは、或は公卿(53)之を取る〕御導師退出す、王卿・出居退下《たいげ》す、次いで御簾《みす》を垂れ(54)、女房之に灌ぐ

布施の銭の法(55)は、親王・大臣は五百文、大納言は四百文、中納言は三百文、参議は二百文、四位は百五十文、五位は百文、六位〔今七十文に定む〕ならびに童《わらわ》(56)は五十文なり〔寛平八年の定《じょう》(57)〕親王・大臣は紙五帖(58)、大・中納言は四帖、参議は三帖、四位・五位は二帖、六位ならびに童《わらわ》は一帖なり〔長保二年に改め之を定む(59)〕

非殿上の出居(60)ならびに小舎人《ことねり》(61)は、布施を出すと雖も、灌《そそ》ぐ列には関わらず(62)〔寛平年中(63)に仰せありて童子も之に灌ぐ、延喜四年(64)、地下の出居も皆之に灌ぐ〕地下(65)の王卿の不参の者は、延喜以来《よりこのかた》布施を奉らず(66)、〔布施の銘(67)は、

納言以上は官号(68)を書く、本《もと》書くところか(69)、後の人略《ほゞ》之を書く、已に故実たるなり(70)、而るに近代は多く名字(71)を書く、旧例を知らざるを以てなりと云々」

【注　解】

(1) **八日**　四月八日。この日は釈迦降誕の日とされている。

(2) **灌仏**　釈迦誕生の仏像を洗浴する。水をそそぐ。その行事が灌仏会《かんぶつえ》、また仏生会《ぶつしょうえ》、降誕会《こうたんえ》、龍華会《りゅうげえ》、また現今は花祭りと称する。「普曜経」に菩薩が生まれて七歩あるき偈《げ》を説いたとき、帝釈天が香水で菩薩を洗浴したと記されている。わが国では、『日本書紀』（巻二十二）推古天皇十四年（六〇六）四月壬辰条に「自二是年一初毎レ寺、四月八日、七月十五日設レ斎」と見えるのが初め。『続日本後紀』（巻九）承和七年（八四〇）四月八日条に「請二律師伝灯大法師位静安於清涼殿一、始行二灌仏之事一」とあり、以後毎年宮中で行われるようになったらしい。

(3) **若会神事停止**　杜本祭・当麻祭・大神祭などの祭使が立つ日と重なった場合には灌仏を停止する。

(4) **延長四年**　九二六年。

(5) **杜本**　杜本神社。本文105（四〇〇頁）参照。

(6) **当麻**　当麻神社。本文105（四〇〇頁）参照。

(7) **大神**　大神神社。本文102（三八八頁）参照。神事により停止の例。『北山抄』裏書に「延喜二年四月八日甲申、中納言・参議云々、聴レ政、此日、依二松尾・平野社祭一也、仍止二内裏御灌仏一」とある。

(8) **所司装束了**　官司が灌仏のための準備をする、しつらえる。『延喜式』（巻十三）に図書寮の仕事が記され

ている。「御灌仏装束」として「金色釈迦仏像一躰〔備二金銅盤一枚一〕山形二基〔一基立二青龍形一、一基立二赤龍形一〕金銅多羅一口〔受レ水料〕黒漆《クロヌリ》案四脚、〔一脚御料、金銅杓二柄、安二同盤一、人給料黒漆杓二柄、一脚白銅体一口、銀鉢四口、各加レ輪、並五色水料一脚、花盤二口、盛二時花一、金銅火炉一口、加レ蓋、一脚散花筥五枚、盛二時花一〕茵一枚〔導師料〕磬一枚〔加二台槌一〕／右四月八日供二備御在所一」とある。『延喜式』（巻三十八）に「八日殿上灌仏下敷、調席二枚、従僧座東筵二枚、参議已上并出居中少将座、並用レ帖」とある。『西宮記』（巻三）には「承和七年四月八日、律師静安、於二清涼殿一始行レ事、蔵人仰二作物所一作二雑具一〔請料物〕図書掃部参上、勤二仕御装束一、事了図書官人以雑具「物」山形等、参二東宮并三宮一、作法同二御所一、一院別作不二持参一」とある。

(9) **御布施**　僧（導師）への施し。与える金品。

(10) **布施机**　臣下の布施物をのせる机。

(11) **東庇南二柱外**　清涼殿の東廂《ひさし》の南の第二の柱のそと。

(12) **出居**　「いでい」とも。出居の次将。出居は寝殿造りに設けられた居間兼来客接待用の部屋。出居の座。

(13) **非殿上者**　清涼殿の殿上の間《ま》に昇ることを許されない者。地下人。公卿（三位以上）と四位・五位でとくに許された者および六位の蔵人が殿上に昇ることを得た。

(14) **侍臣**　天皇に近侍する臣下。しかし一般に臣下をいうことも。

(15) **取加自析置**　不参の者の布施料は出席者が、その分を加えて（かわりに）布施料机の上に置く。

(16) **蔵人**　本文4注（9）（一七頁）参照。

(17) **女房**　一般に宮中に仕える女性。房は局《つぼね》の意で、個別に一室を賜わる者の意。女房は①上臈《じょうろう》～御匣殿・

尚侍および二位・三位の典侍で禁色《きんじき》（赤又は青色の装束）をゆるされた大臣の娘、あるいは孫娘。公卿の娘を小《こ》上臈ともいう。②中臈～内侍のほかの女官、及び侍臣の娘、和気氏、丹波氏（医道）、賀茂氏、安部氏（陰陽道）の娘をいう。命婦《みょうぶ》は中臈。③下臈～摂関家の家司の娘や、賀茂社・春日社などの社家の娘。

(18) **長押**　柱と柱の間を柱の側面から横に打ちつけた板。但し、「長押の上」という、未詳。

(19) **御導師**　灌仏会の衆僧の首座として儀式を主宰する僧。

(20) **瀧口戸**　清涼殿の北にある瀧口陣の西の戸。

(21) **雨儀**　雨天の際の儀式次第。

(22) **仙華門**　南殿の西北の階を下りたところにある門。これを西進すると清涼殿の東南隅に至る。

(23) **唄**　仏教儀式で唱える歌謡。偈《げ》・頌《しょう》を詠歌し三宝の功徳を賛嘆するもの。

(24) **散花**　花（華）をまいて仏に供養すること。唄のあとにまく。紙製の蓮華の花びらをまく。

(25) **筥**　花筥《けこ》。散花（華）の花を入れる器。古くは竹を編んでつくった（花籠）。

(26) **同音**　音は「こえ」声。声をあわせる。

(27) **御料**　天皇がおつかいになる五色の水。

(28) **五色水**　仏にそそぐための青・黄・赤・白・黒の五種の水。

(29) **中鉢**　香水を入れた鉢は幾つか並んでいる。『雲図抄』によると、鉢は  このように並んでいた。その真中の鉢。中の鉢に混合する？

(30) **賛歎**　賛嘆。仏徳をほめたたえる。国語（日本語）による賛歌。

(31) **簀子**　簀子敷。清涼殿の東の孫廂の外側の簀子敷の部分。

(32) **額間**　清涼殿の正面の柱と柱の間。ここに建物の名を記した額が上長押《かみのなげし》に懸けてある。

(33) **膝行**　膝を板敷につけて進退する。笏を帯にはさんで膝行する。

(34) **黒漆杓**　黒うるしを塗ったひしゃく。

(35) **東辺鉢**　並んでいる鉢のうち東側の鉢の水をくむ。

(36) **安杓**　杓を置く。「安」は「やすめる」か。

(37) **礼仏**　仏を礼拝する。おがむ。

(38) **初間**　入ってきた額の間をいうか？或いは第一の間。

(39) **南の間**　南の柱間。未詳。

(40) **旧例**　典拠未詳。

(41) **吏部王延長七年記**　重明親王の日記。該当記事は未詳。

(42) **九条天暦五年記**　九暦。藤原師輔の日記。九五一年。「八日、着二陣座一、申剋召二上達部一、灌仏如レ例、起座進退用又廂第三間、而義方(良岑)々々(朝臣)云、例用二四間一云々」とある。

(43) **彼九条説為令剱不当柱**　九条流の説は帯剱が柱に当たることがないようにという配慮から出ている。

(44) **年中行事**　「九条年中行事」を指す。

(45) **私記**　毎年の日記に記載は見えない。

(46) **次第灌了**　順序にしたがって灌仏する。

(47) **結願**　法会を終えること。

(48) **給禄**　導師に禄を給う。当座の引出物、たまいもの。

(49) **蔵人頭**　本文31注（8）（一三一頁）参照。

(50) **五位蔵人**　同右参照。

(51) **出居次将**　本文15注（6）（六一頁）参照。

(52) **僧綱**　寺院・僧尼を監督する中央行政機関。僧正・僧都・律師・佐官より成る。治部省玄蕃寮の統属下にあり、その管轄は京内に限られる。地方（外国）は国司の統轄下にある。僧綱に連なる僧が導師をつとめる場合は…。

(53) **公卿**　三位以上の貴族。

(54) **垂御簾**　これまでの儀式には御簾《みす》はあげられ見通せるようになっていたが、ここで御簾をおろす。

(55) **布施銭法**　布施の銭を出す定め。

(56) **童**　殿上童。①蔵人所に属して殿上の雑事に使われた一〇歳前後の少年で小舎人《こどねり》と称する。②公卿の子弟で元服以前に宮中の作法見習いのため殿上に出仕した少年。前者か。

(57) **寛平八年定**　寛平八年（八九六）四月八日の定法。『九条年中行事』に「奉㆓布施銭㆒法／親王并大臣五百文〔太政大臣銭数無㆑所見㆒、而承平七年、准㆓大臣例㆒、被㆑奉㆓五百文㆒〕大納言四百文、中納言三百文、散三位并参議二百文、四位百五十文、五位百文、六位〔今定㆓七十文㆒〕并小舎人五十文、寛平八年四月八日定法也」とある。『江家次第』にも引用されている。

(58) **紙五帖**　帖は紙をひとまとめにして数えるときの単位。半紙は二〇枚、美濃紙は五〇枚（但し一九二五年以前は四八枚）、塵紙は一〇〇枚。

(59) **長保二年改正之**　或いは長保五年（一〇〇三）。『権記』長保五年四月八日条に「依㆓物忌㆒不参、布施料依㆓

寛平法一、来月銭定年新有レ定、以レ紙献レ之、宰相者三帖、以紙墨付二削木一」とある。また『江家次第』には「長保五年以後献レ紙、一位八帖、二三位四帖、四五位二帖、六位一帖」とある。

(60) **非殿上出居**　殿上の間に登ることが認められていない出居侍従。

(61) **小舎人**　注(56)参照。

(62) **雖出布施不関灌列**　布施料は出すが灌仏を行うことはできない。

(63) **寛平年中**　八八九～八九七年。典拠未詳。

(64) **延喜四年**　九〇四年。未詳。

(65) **地下**　昇殿をゆるされていない公家。

(66) **延喜以来不奉布施**　未詳。

(67) **布施銘**　布施物を出した者の名を記すについての作法をいう。

(68) **官号**　官職名を記す。

(69) **本所書歟**　未詳。以前から書いてきたところである？

(70) **已為故実也**　官号を書くことは昔から行ってきたことであり、故実として定まったものである。

(71) **名字**　実名、名乗り、諱《いみな》。

【本　文】116

十日、中務省奏給後宮幷女官夏衣服文事

【訓　読】

十日(1)、中務省(2)、後宮(3)ならびに女官(4)に給う夏の衣服文(5)を奏すること

【注　解】

（1）**十日**　四月十日。衣更《ころもがえ》。四月十日と十月十日の二回。

（2）**中務省**　本文109注（2）（四〇七頁）参照。

（3）**後宮**　「養老令」により後宮とされるのは妃・夫人・嬪。本文111（四一三頁）参照。

（4）**女官**　朝廷、院宮に仕える女性官人の総称。宮人とも称する。本文109注（3）（四〇八頁）参照。

（5）**夏衣服文**　本文109注（4）（四〇八頁）参照。

【本　文】117

十一日、式部省成選位記請印事在都省巻

【訓　読】

十一日(1)、式部省(2)成選(3)位記(4)請印(5)のこと都省の巻に在り(6)

【注解】

(1) **十一日** 四月十一日。

(2) **式部省** 本文112注(2)(四一五頁)参照。

(3) **成選** 本文113注(3)(四一八頁)参照。

(4) **位記** 本文112注(4)(四一六頁)参照。

(5) **請印** 本文112注(3)(四一五頁)参照。

(6) **都省巻** 『北山抄』巻七「都省雑例」の巻。都省とは太政官の異称。

【本文】118

十二日、内馬場造事若止五月節、宣旨下所司

【訓読】

十二日(1)、内の馬場(2)造ること〔若し五月の節(3)を止めんには、宣旨(4)を所司(5)に下す〕(6)

【注解】

(1) **十二日** 四月十二日。

（2）**内馬場**　大内裏の武徳殿の東側の馬場をいう。

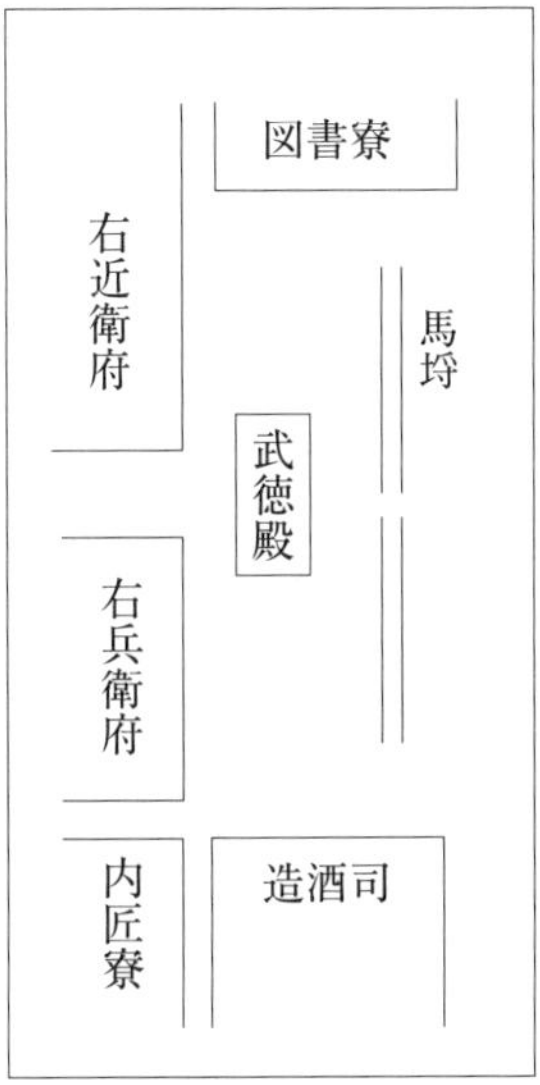

（3）**五月節**　五月五日の端午の節会をいう。本文133（四六五頁）参照。競馬が行われるので、そのための準備をする。

（4）**宣旨**　五月の節会を行わない旨の宣旨。宣旨は、天皇の命令を伝える文書の一形式で、内侍が勅旨を蔵人の職事に伝え、職事が上卿に告げ、上卿から太政官の外記又は弁官に伝え、ここで文書につくられる。

（5）**所司**　官庁の官人の意であるが、この場合、宣旨を下す対象は官司。五月の節にかかわる各官司。

（6）『延喜式』（巻四十六）に「凡内馬場埒料、梠二百卌荷、葛廿荷、其用途並充二府物一、自二四月十二日一始掃除并造レ埒」とある。

内馬場造事（本文118）

【本　文】119

十三日、兵部省位記請印事

【訓　読】

十三日、(1)兵部省、(2)位記請印(3)のこと

【注　解】

(1) **十三日**　四月十三日。

(2) **兵部省**　八省のひとつ。軍政一般を掌り、五司を管する。その職員構成は〈表〉の如くである。卿の職掌は「掌、内外武官名帳、考課、選叙、位記、兵士以上名帳、朝集、禄賜、仮使、差発兵士、兵器、儀仗、城隍、烽火事」とある。

	定員	相当位
卿	1	正4位下
大輔	1	正5位下
少輔	1	従5位下
大丞	1	正6位下
少丞	2	従6位上
大録	1	正7位上
少録	3	正8位上
史生	10	
省掌	2	
使部	60	
直丁	4	

(3) **位記請印**　本文112（四一五頁）参照。

【本文】120

中子日　吉田祭事

【訓読】

中の子の日、(1)吉田祭(2)のこと

【注解】

(1) **中子日**　四月の第二の子の日。子の日が三回あるときは、中の子の日。

(2) **吉田祭**　祭礼は四月中の子、十一月の中の申の日。吉田神社は京都市左京区吉田神楽岡町に鎮座。健御賀《たけみか》豆知命《づちのみこと》・伊波比主命《いわいぬしのみこと》・天之子八根命《あめのこやねのみこと》・比売神《ひめがみ》の四座を祀る。平安初期、貞観年間（八五九—七七）に、中納言藤原山蔭（北家魚名流）が藤原氏の氏神春日神社の四座を勧請して山蔭一門の氏神としたのに始まる。

山蔭——中正——時姫
　　　　　　　　　├——詮子
　　　　　　　兼家　　　├——一条天皇
　　　　　　　　　　円融天皇

山蔭の子中正の娘（時姫）と藤原兼家の間に生まれた詮子（東三条院）が円融天皇女御として一条天皇を生

み、兼家の権勢増大とともに山蔭流の地位が向上して、家の祭祀は公的性格を帯びるようになった。吉田祭の次第をのちの『江家次第』（巻六）によって見ると、大概つぎの如くである。祭礼の日に先だつこと十日許りの日に、勧学院の別当弁以下祭りに参加する五位以上の差文《さしぶみ》を氏の長者に奉る〔有官の別当がこれを差す〕長者はこれを覧て返し給う〔弁は外記に付ける〕当日弁以下は先ず行事所屋に参る、この屋は子午の方を妻入とする、弁は南面、外記・史は東面し北を上とする、外記・史・史生は東面する〔席を同じくしない、官掌・召使は西を上とし北面する、使部の座は官掌らの座の後ろに在る〕北屋一宇〔子午を妻とする〕氏人の座を設け所司は饌をすすめる〔三献し箸を下す〕外記は文刺《ふみざし》のことを仰せる、上卿は参入し弁以下は立つ〔同屋の巽の庭中に立つ、東面北上〕上卿は裾を垂れてあい揖し着到殿にひきい着く、上卿は西面する、弁・外記・史は南面東上、氏の五位ならびに諸使らは北面東上、六位氏人は東面北、南へ去ること三丈許りのところに五間屋が一宇ある〔卯酉の方を妻とする〕史生・官掌らは件の屋に着き饗膳を据える〔氏の后の設けるところ、もし支障あれば氏人の大臣の支障なき者が用意する、両者とも支障あれば、あらかじめ所司に仰せよ〕有官の別当は簡《ふだ》を以て氏人を記す〔筆硯は官の方で用意する〕一献、二献あり、弁は上に申し「所掌定め申さむ」という、上は揖す、弁、有官の別当の名を喚ぶ、一《ひと》たび称唯する〔座に坐ったまま仰せを奉わる。他も之に同じである〕弁は仰せて「所掌仕え奉れ」という、有官の別当は承り雑色を召し、簡《ふだ》を取り上に申す「六の位《くらい》ヨリ下ツカサ着到仕レル有官幾人、姓官名天官支幾人、正六の位の上志奈ムム弁結取也、彼の詞の如し」と申すか、有官の別当に称唯し、弁又上卿に申し上げ、上卿はこれを許す、ついで又弁は上卿に申し「倭舞の人々定め申さしむ」と。或いは御卜《みうら》のち上卿は揖許する、次いで神祇官は南屋に就き神主を卜定する〔四月は予めこれを卜定しておく、或いは所掌を定めたあと、倭舞が行われる前に卜定する〕次いで外記は御卜の串を筥に入れ上卿の前の膝突に着く、上卿が開けと命じ、外記がこれを開き上卿にご覧に入れる、上卿は覧おわり返し給い、「御卜串に当たり、某朝臣、神主役を勤仕せしめよ」という。外記は称唯し卜串を取り退出する〔其人に誡め仰す〕次いで弁は有官の別当の名を召す、称唯し〔座に坐ったままで仰せを奉る〕弁は仰せて「倭舞を奉仕すべき六の位定め申せ」と言われる。有官の別当は弁に「和舞を奉仕すべき六の位其官蒙」と、弁は又「然々と申か」有官は称唯し、弁また予め和舞を奉仕すべき五位二人を点じ上卿に伝え申す、上卿は揖す、次いで弁はまた五位二人、六位二人の名を召す、〔座に坐りながら仰せを奉る〕弁は仰せて「倭舞　仕礼《つかまつれ》」という、次いで外記は代官に申す〔膝突に着き、其の官、其の官、参らざる代官賜わむ、上宣誡めたりや〕外記は「其官代其官姓其丸誡めて候ふ、上宣勤めしめよ」という、外記は承り退出する〔其人に誡め仰せる〕次いで三献あり箸を下す、次いで上卿以下座を起ち鳥居に入らんとする間、主水司が御手水を進《たてまつ》る、次いで供神物を舁《か》き〔四人で一棚を舁く、剱を外す〕上卿は一と棚を舁く〔第一の殿の前に当たり一丈ばかりのところに立ち東面する〕次いで氏人五位以下は順序にしたがい之を舁く、神殿預が請取り奉りおわる、内侍は神殿に参入し、之を弁《わきま》え備える。次いで上卿以下は庭中の座に着す。〔雨儀は、南屋に着す〕次いで氏人らが奉幣し座にいて再拝する〔二度再拝する、社司は幣を取り奉る〕次いで神馬走馬が神殿の前に列立する、次いで神主が庭中に着く〔木綿蘰を着けるべきである〕次いで神拝すること四度〔朝使以下はみな拝すべきであるが近代は礼拝しない、これでよい〕次いで祝詞を申し、おわって手を拍つ〔四段或いは一段とも〕次いで神祇官は散祭す〔近代はこれがない、行うべきである〕次いで左・右馬寮の允が前行し、御馬は各々二疋で或いは神殿を八度廻る、おわると官人口取らに神酒を給う〔近代は行われない、行うべきだ〕ついで上卿以下は直会殿に移る、その屋内の座は八列ある、上卿は西面、弁・氏の五位〔西面北上〕六位の氏人はその後ろに並ぶ〔東廂〕外記・史〔東面北上〕史生はその南に並ぶ〔席を同じくしない〕官掌・召使〔北面西上〕使部はその後ろに並ぶ、諸司は饌をすすめる、三献ののち上卿は召使を喚ぶこと二度、称唯し召使は舎の西の座に立つ、〔若し晩《くら》くなったならば名対面《なだいめん》（名乗り）を行う、以下これに准ずる〕その詞は「誰曽《たそ》」といい、召使は官姓名を申しあげる、上宣し「宮の内の省《つか》左召《め》セ」という、召使は称唯し出でてこれを召す、宮内丞が進み出て庭中に立つ〔名対面を行うこと上の如くである〕上宣し「御飯堅楽爾《おものかららかに》給《たま》へ」という、丞は称唯し出でて「大膳乃職《つかさ》召す」と二度呼ぶ、ついで大膳職の官人が庭中に進み立ち、「御飯多々良加給畢」と申し退出する、ついで倭舞の座を敷かしめ、倭舞が行われる〔神主を以て初めとする〕ついで外記は文杖に見参を挟《さしはさ》み、殿の東の砌より入り膝突に着き上卿のご覧に入れる、上卿は見参の文を取り見おわり一寸礼をし、外記は退出する、上卿は見参を弁に下し、弁はこれを史に渡す、ついで諸司の禄を給う〔近代は行われない〕ついで后宮は禄を上卿以下に給う、本宮に支障あるときは給わらない、ついで退出する〔近衛使のことは知らぬ〕御酒を給うことは近代はない、もし酒を出すとすれば倭舞の人を定めたあとに申し行うべきものである。

【本　文】121

「賀茂祭事」

中申・酉日、賀茂祭事〔酉日癈務、祭停止時、尚有癈務〕

前十許日、差奏禊日〔午日修禊、有未日例〕前駈次第使等、〔參議書之〕不差自志轉尉之者〔至佐不然〕一上若

有障、以次人差奏、〔加奏一上有障之由〕令藏人奏之、返給、給外記

【訓　読】

「賀茂の祭のこと」
中の申《さる》(1)・酉《とり》の日(2)、賀茂の祭のこと(3)〔酉の日は廃務なり(4)、祭停止《ちょうじ》の時も、尚《なお》廃務あり〕前《さき》だつこと十許日《とおばかりのひ》(5)、禊《みそぎ》(6)の日を差し奏す〔午《うま》(7)の日に禊を修す、未《ひつじ》(8)の日の例あり〕前駈次第《ぜんくしだい》(9)使等は〔参議之を書く(10)〕志《さかん》より尉《じょう》に転ぜし者《ひと》(11)を差さず〔佐《すけ》(12)に至りては然らず〕一《いち》の上《かみ》(13)もし障《さわ》りあれば、次の人を以て差し奏す〔奏に一の上の障りある由を加う〕蔵人《くろうど》(14)をして之を奏せしむ、返し給い、外記《げき》(15)に給う

【注　解】

(1) **中申**　四月の中の申の日。

(2) **酉日**　四月の中の申の日の翌日。

(3) **賀茂祭**　京都の上・下賀茂神社の例祭。葵祭とも。大同元年（八〇六）四月中の酉の日を以て官祭の始めとする。弘仁元年（八一〇）斎院を置き皇女有智子内親王を斎王として祭りに奉仕させた。祭の前の午又は未の日に斎王の御禊が賀茂川で行われる。当日斎王の行列は下社そして上社に向かうが、これに勅使、東宮・中宮の使も加わり、服装・車など華麗をきわめ、見物人が多く雑踏した。上賀茂社は賀茂別雷神社と称し、祭神は賀茂別雷命。七世紀末頃から朝廷による関与が認められるが、本来は地方豪族である賀茂県主の産土神。下社は賀茂御祖神社と称し、賀茂建角身命を祭神とする。奈良中期に

賀茂社の分社が独立して成立したものと思われる。

（4）**廃務**　在京官司が行政事務を停止すること。

（5）**前十許日**　祭礼の日にさきだつこと十日ばかり。

（6）**禊日**　賀茂斎王が禊《みそぎ》を行う日を定め奏上する。「差」は定める。人を派遣する意もある。陰陽寮が吉日を択ぶ。禊については注（7）参照。

（7）**午日修禊**　祭礼の前の午《うま》の日に斎王が禊を行う。未の日の場合もある。禊の日に先だつこと二日、斎院司・陰陽寮および供奉の諸司をひきいて鴨川に至り禊の地を占定する。前日に川べりに幕を張る。当日、弁・大夫・史各一人・史生二人・官掌一人が供奉の諸司をひきいて禊所に赴き準備する。時刻になると斎王は車にのり行列を組んで斎院御所を出発する。行列は、京職の進・属・史生各一人、坊令二人、兵士一〇人を前駈とし、陪従は左右六位二人、五位二人、門部各二人、兵衛各二人、近衛各二人、ついで斎院長官、斎王の駕車で、その左右に各一〇人が従い、走孺左右に各二人、ついで執物左右に各四人（大翳・大笠・壺などを持つ）、そのあとに、衛門火長左右各八人、斎院次官以下は左右に分かれてつき従う（次官・主典・史生各一人と陪従三人は左側に、判官・主典・史生各一人と陪従三人は右側につく）。韓櫃二荷がその中にある。ついで女別当の車・宣旨の車、供膳韓櫃三荷、雑器韓櫃二荷、衣服韓櫃二荷、禄物韓櫃四荷、侍者の車二輌、蔵人の車二輌、采女の車、采女代の車、女孺の車、宮人の車と続く。これより先、山城国司は史生・博士・医師・郡司等をひきいて京極大路で一行を迎える。斎王は流れに臨み禊を行う。神祇官中臣は麻を捧じ進みて院司に授け、院司は転《つた》え取り宣旨に付し之を供する、訖りて院司→中臣→宮主と渡し、宮主は捧持し祓詞を読む。訖りて饗を弁官以下山城国郡司以上に給う。弁官は出席者の名簿を院司に付し、各々に禄を賜わる。

（8）**有未日例**　『日本紀略』（後篇三）天暦元年（九四七）四月条に「十六日辛未、賀茂斎院内親王御禊也、恒例用二午日一、依レ有二不具事一延及二今日一」「又召仰警固事」とある。

（9）**前駈次第使**　注（7）参照。

（10）**参議書之**　参議が次第を書く。

（11）**不差自志転尉之者**　衛府の志《さかん》から尉《じょう》に転じたものは宛てない。

（12）**佐**　衛府の佐（次官）。

（13）**一上**　一の大臣、左大臣。

（14）**蔵人**　本文31注（8）（一三一頁）参照。

（15）**外記**　本文15注（1）（六〇頁）参照。

【本文】122

未日、警固事〔在備忘巻、祭停止時、猶有警固、或有申日召仰例〕

【訓読】

未《ひつじ》の日、(1)警固(2)のこと〔備忘の巻(3)に在り、祭停止の時(4)も、猶《なお》し警固あり、或は申の日(5)に召し仰する例あり〕

【注解】

（1）**未日**　四月の酉の日に行われる賀茂社例祭の前の未《ひつじ》の日。二日前。

（2）**警固**　賀茂祭のとき、六衛府官人が内裏の殿庭と諸門を警固すること。

（3）**在備忘巻**　備忘巻は『北山抄』巻六。その記事はつぎの如くである。

警固事〔五位四位次第事、在二羽林巻一〕

賀茂祭時、令下内侍奏中可二警固一之由上、〔内侍不レ候者、令二蔵人奏一、或参上奏レ之云々、九条記云、為二賀茂祭一令レ奉二固メ衛リ一牟云々、延喜八年貞信公卿記、左大臣所レ申大略同レ之、以二此意一可二消息一〕内侍又臨レ檻、上卿至二東階下一、奉二勅命一復二本座一以二陣官若外記一、令レ召二内豎一、々々入二敷政門一候二小庭一、仰云、候不司々召世〔或云、召二諸衛官人一云々、非也〕称唯退出、六府人二自日華門一、列二立軒廊南一〔雨儀廊中〕上卿北面宣云、〔臨二暗時一、先問レ之〕欲レ為二賀茂祭一加故仁跡乃任仁固衛末都礼、同音称唯退出、〔若有二尉以上不レ具之府一、令三外記伝二仰官人一、祭停止時猶有二警固一、依レ是有二国祭一也、因レ之可レ仰二例詞一歟〕他警固時、仰云、司々固衛末都礼、見二鹵簿式一

解陣儀同レ之、仰云、陣解介〔賀茂祭時、斎王還後行云々〕

（4）**祭停止時猶有警固**　注（3）参照。『日本三代実録』（巻四十一）元慶六年四月廿四日丙申条に「諸衛警固、以二明日賀茂祭一也、雖レ停二祭事一猶有二警陣一例也」とある。

（5）**申日**　警固のこと未の日にかかる。それを一日おくれ未の日に召し仰することとあり。

酉日、於南殿覧被馬事

御座在南廂中央間〔立大床子、御後施御屛風〕公卿座設東第二三間簀子敷〔敷莚〕出居座設東階上簀子北頭、時刻出御、内侍召人、公卿次第參上、次出居着座、先内藏寮使馬、次近衛府、次馬寮、次中宮、次東宮、次内侍、〔典侍供奉者、准有走孺手振等〕次命婦、次中宮命婦、次藏人、次中宮藏人、次國司、入自日華門西度〔或東遷度〕訖還御、公卿・出居等退下〔掌侍供奉時、令奏病由、殊有勅許、乗車也〕此日、内記付内侍、令奏宣命、内侍卽給内藏寮使、若内侍不候、上卿奉勅令奏之、召使於陣頭給之、或令使内侍給、近例、内記令藏人奏、以代給之

【訓読】

酉の日(1)、南殿(2)に於て被馬(3)を覧ること

御座(4)は南廂(5)の中央の間に在り〔大床子《おおしょうじ》(6)を立つ、御後に御屛風《びょうぶ》を施す〕公卿の座は東の第二、三の間の簀子敷《すのこじき》(7)に設く〔莚《むしろ》(8)を敷く〕出居の座は東の階の簀子の北の頭《ほとり》に設く、時刻に出御す(9)、内侍《ないし》(10)は人を召す、公卿は次第に参上す(11)、次いで出居は座に着く、先ず内蔵寮使の馬(12)、次いで近衛府(13)、次いで馬寮(14)、次いで中宮(15)、次いで東宮(16)、次いで内侍〔典侍《すけ》の供奉するは、走孺《はしりわらわ》(17)・手振《てぶり》(18)等あるに准ず〕次いで命婦《みょうぶ》(19)、次いで中宮の命婦、次いで蔵人(20)、次いで中宮の蔵人(21)、次いで国司(22)、日華門(23)より入り西に度《わた》る、〔或は東に遷《うつ》り度《わた》る〕訖《おわ》りて還御し、公卿・出居等退下す〔掌侍(24)の供奉《ぐぶ》する時は、病の由を奏せしめ、殊に勅許あり車に乗るなり〕此の日、内記は内侍に付《さづ》け、宣《せん》命《みょう》(26)を奏せしむ、内侍は即ち内蔵寮使に給う、若し内侍の候せずば、上卿(27)は勅を奉《うけたまわ》り之を奏せしむ、召使《めしづかい》(28)陣頭に於て之を給う、或は使をして内侍に給う、近例は、内記は蔵人をして奏せしめ、代を以て之を給う

【注　解】

（1）**酉日**　四月賀茂例祭の酉の日。
（2）**南殿**　紫宸殿。
（3）**被馬**　故実叢書本は「被馬《カサリ》《カツク》」と記している。「被」字はカサリと読めるか。他の史料によると「飾馬」「荘騎」である。威儀の乗馬として唐鞍などで飾りつけたもの。
（4）**御座**　天皇の御座。
（5）**南廂**　南殿の南廂。正面中央。中央の間（柱間）は額の間。
（6）**大床子**　床子は、方形の板の四隅に脚をつけた机様の腰掛。大床子は、『延喜式』（巻三十四）によると「長四尺五寸、広二尺四寸、高一尺三寸」の寸法。
（7）**簀子敷**　南殿の南廂の外縁の部分。東の第二・第三の間は南の正面の階を昇って右側。
（8）**莚**　藺《い》・竹・藁《わら》・蒲《がま》などで編んだ敷物を総称する。現在では専ら藁莚のこと。
（9）**時刻出御**　予定された時刻になると天皇がお出ましになる。
（10）**内侍**　本文25注（13）（七七頁）参照。
（11）**次第参上**　順序にしたがって参上する。その「次第」は？
（12）**内蔵寮使馬**　以下各官司・官人ごとに飾馬に騎乗する。内蔵寮については本文○注○参照。
（13）**近衛府**　天平神護元年（七六五）授刀衛を改めて近衛府とした。
（14）**馬寮**　馬の飼育・調教に当たる官司。左右二司ある。

（15）**中宮**　皇后・皇太后・太皇太后の宮の事務を掌る。

（16）**東宮**　皇太子の御所。「春宮」とも書く。事務を行う官司が東宮坊。

（17）**走孺**　走童。徒歩で斎王の車につきしたがう女童《めのわらわ》。『延喜式』（巻五）に「斎王駕車赴向、走孺十二人、車副廿四人」と見える。

（18）**手振**　飾馬につきそう従者。飾具やその他用具を持つ役の者。飾馬を用意した者の従者・雑人がこれに宛てられる。

（19）**命婦**　本文103注（15）（三九七頁）参照。

（20）**蔵人**　本文31注（8）（一三一頁）参照。

（21）**中宮蔵人**　未詳。

（22）**国司**　山城国司。山城国はもと上国で、守・介・掾・目各一人、史生三人を定員としたが、平安初期には大掾・少掾、大目・少目が置かれた大国並となっている。国次《なみ》第一順位。

（23）**日華門**　本文23注（6）（八七頁）参照。

（24）**掌侍**　『西宮記』（巻三・裏書）に「延喜七年四月十五日御記云、召男女使餝馬覧之云々、使内侍藤長子、令レ申下依レ病不レ得二騎馬一状上、不レ許云々」「同十九年四月廿四日御記云、使掌侍守子、申下有レ病不レ堪二騎馬一由上、殊許二乗車一」と見える。

（25）**内記**　本文25注（27）（一〇一頁）参照。

（26）**宣命**　本文103注（10）（三九五頁）参照。

（27）**上卿**　本文5注（10）（二二頁）参照。

（28）召使　本文5注（14）（一二三頁）参照。

【本　文】124

延喜九年、齋王輕服、准齋宮例、令參祭

延喜十四年、齋王有月事、依齋宮例、不參祭、於院祓其由、院司・宮司等向川頭、祓弃所設幣物

天曆四年、依穢令卜祭停否之由、申云、被行可宜、若又穢氣出來歟、仍召上下社司、令祈申不淨氣不可出來、兼祭延日由

同八年、近衛府令申發向之由、命婦・藏人等給祿如例、不覽使々被馬〔諒闇、可尋內藏使〕

天德四年、平野・廣瀨等祭、有越月例、月內無幾日、以五月吉日令祭、松尾・杜本等祭、下申酉日令祭、大神・山科等祭、依昌泰二年例、雖非卯日・巳日、月內穢後日可祭、賀茂祭、依天曆四年例、以下酉可行云々、廿八日、使可發也、而廿五日聞食理子內親王薨由、依承和八年例〔件例、官未奏前也、延長五年九月例幣又如之〕停勅使坊司等、齋王可參祭、大神・杜本等祭、從停止、廿八日、內藏・近衛府馬寮及典侍・命婦・藏人・春宮坊使等停止、但、中宮使發向、以無忌也、承和例、未日有大祓、而依事急、申日行之

應和元年、依內侍不候、內記令藏人奏宣命、命婦藤子臨南殿檻、授內藏寮使助繩

【訓　読】

延喜九年（1）、斎王（2）軽服《きょうぶく》なり（3）、斎宮（4）の例に准じ、祭（5）に参らしむ

延喜十四年(6)、斎王、月のことあり(7)、斎宮の例に依り、祭に参らず、院(8)に於て其の由を祓《はら》う、院司(9)・宮司(10)等は川の頭《ほとり》(11)に向かい、設くる所の幣物を祓《はら》い弃《す》つ

天暦四年(12)、穢《けがれ》(13)に依り、祭を停《とど》むるや否やの由を卜せしむ、申して云う、行わるる宜《よろ》しかるべしと、若しまた穢《え》気出来《きしゆつたい》か、仍《よ》りて上下(14)の社司(15)を召し、不浄の気出来(16)すべからず、兼ねて祭の日を延ばす(17)由を祈り申さしむ、

同じき八年(18)、近衛府(19)、発向の由を申さしむ、命婦《みようぶ》(20)・蔵人《くろうど》(21)等に禄を給う例の如し、使ごとの被馬(22)を覧ぜず(23)〔諒《りよう》闇《あん》(24)、内蔵の使に尋ぬべし〕天徳四年(25)、平野(26)・広瀬(27)等の祭、月を越ゆる例あり(28)、月の内に幾《いくばく》の日なくは(29)、五月吉《きち》日《じつ》(30)を以て祭らしむ、松尾(31)、杜本《もりもと》(32)等の祭は下げ申し酉《とり》(33)の日に祭らしむ、大神《おおみわ》(34)・山科《やましな》(35)等の祭は、昌泰二年の例(36)に依り、卯《う》(37)の日・巳《み》(38)の日に非ずと雖も、月の内に穢るは後日祭るべし、賀茂祭は天暦四年の例(39)に依り、下の酉(40)を以て行うべしと云々、廿八日(41)、使発すべきなり、而るに廿五日、理子内親王(42)の薨ずる由を聞《きこ》し召し、承和八年の例(43)に依り〔件の例、官の未だ奏せざる前《さき》なり、延長五年九月例幣(44)又之の如し〕勅使坊司等(45)を停め、斎王は祭に参るべし、大神・杜本等の祭、停止に従う、廿八日、内蔵・近衛府・馬寮及び典侍・命婦・蔵人・春宮坊使等停止す、但《ただ》、中宮使発向す、忌なきを以てなり、承和の例は、未《ひつじ》(46)の日に大祓《おおはらえ》(47)あり、而して事は急に依り、申《さる》(48)の日に之を行う、

応和元年(49)、内侍の候せざるに依り、内記は蔵人をして宣命を奏せしむ、命婦藤子南殿(50)の檻に臨み内蔵寮使助縄(51)に授く

【注解】

（1）**延喜九年**　九〇九年。

（2）**斎王**　醍醐天皇の内親王恭子。延喜三年二月～同十五年五月在任。

（3）**軽服**　軽い喪《も》、また喪に服すること。斎王恭子の場合、服喪の原因は未詳。

（4）**斎宮**　伊勢神宮に奉仕する斎王。その事務を扱うのが斎宮寮。斎王は天皇即位の始めに未婚の内親王（適任者のないときは女王）の中から卜定される。醍醐天皇のときの伊勢斎王は柔子内親王（寛平九年八月～延長八年九月在任）。斎宮軽服の例に準ずることについては、『西宮記』（巻三・裏書）に「同九年三月廿二日御記云、高階、、（朝臣）申云、斎院供奉祭日、進止如何軽服、仰二外記一令レ勘二先例一、外記春正云、国史日記等無二所見一、案二令式文一親王有レ服云々、然則斎王不レ可レ参レ祭也、又召二神祇大少副一蔵人所問レ之、申云、斎宮不レ忌二軽服一、准レ此則可レ参レ祭、又令二公卿等定申一云々、准二斎宮例一参レ祭無レ妨云々、依二公卿定一可レ参レ祭事、仰高階朝臣了」

（5）**祭**　賀茂祭。

（6）**延喜十四年**　九一四年。

（7）**斎王有月事**　斎王が月経のときに当たったので。『西宮記』（巻三・裏書）に、「同十五年四月十八日、（延喜）「御記」斎院長官希世申、斎内親王自レ昨有二月事一、仰二外記一令レ検二前例一、無二所見一、召二神祇大副安則一問二斎宮例一、申云、於二離宮一有二月事一、不レ参二外宮一、又於二外宮一有二月事一、不レ参二内宮一、但所レ備幣物宮主所司等、持二至河辺一祓二其由一棄レ之、斎院事、非二神祇官之所一レ知レ之云々、仰二希世一斎院参レ社事、宜二停止一、只於レ院令レ祓二停止由一、又所レ設幣物依二斎宮例一、院司宮主等相共於川辺令レ祓二棄之一」とある。

（8）**於院祓其由**　注（7）参照。院は斎院。

（9）**院司**　斎院司官人。

（10）**宮司**　宮主《みやじ》か。宮主は神事を掌る。

（11）**川頭**　川のほとり。川辺。

（12）**天暦四年**　九五〇年。『西宮記』（巻三・裏書）に「天暦四・三・廿九・小一条記（藤原師尹の日記）云、左大臣以下、於二陣頭一議二定賀茂祭事一、外記勘申云、先例無下以二下申酉日一、行二此祭一例上、雖レ然准二他祭一、下申酉日可レ行之由諸卿定申、仍従二其定一、進物所膳部触穢、去廿日参二彼所一之、仍有二此定一、四月十七日有賀茂祭延引大祓」とある。

（13）**穢**　注（12）参照。

（14）**上下**　上賀茂社、下賀茂社。

（15）**社司**　神宮、神主。

（16）**不浄気**　汚れ。

（17）**祭延日**　注（12）参照。

（18）**同八年**　天暦八年、九五四年。この年の正月四日に太皇太后穏子が没している。

（19）**近衛府**　本文123注（13）（四四六頁）参照。

（20）**命婦**　本文103注（15）（三九七頁）参照。

（21）**蔵人**　本文31注（8）（一三一頁）参照。

（22）**使々**　「毎使」と同じ。つかいごとに…と訓む。

（23）**被馬**　本文123注（3）（四四五頁）参照。

（24）**諒闇**　天皇の服する喪のうち最も重いもの。本来は天皇の父母に対して行われる。注（18）参照。

（25）**天徳四年**　九六〇年。

(26)**平野**　平野神社の祭。本文103（三九一頁）参照。
(27)**広瀬**　広瀬神社の祭。本文110（四〇九頁）参照。
(28)**越月例**　例祭が日延べになり月をこえ五月にずれ込む。本文110参照。
(29)**月内無幾日**　当月（四月）がおしつまり日もないときは…。
(30)**吉日**　吉曜。めでたい日、えんぎのよい日。
(31)**松尾**　松尾神社の祭。本文104（三九八頁）参照。
(32)**杜本**　杜本社の祭。本文105（四〇〇頁）参照。
(33)**下申酉日令祭**　松尾・杜本社の例祭は四月上申の日であるが、日延べして酉の日に行う。
(34)**大神**　大神神社の祭。本文102（三八八頁）参照。
(35)**山科**　山科神社。月次・新嘗祭に奉幣に与る。
(36)**昌泰二年例**　典拠未詳。
(37)**卯日**　大神社の祭日は卯の日。
(38)**巳日**　山科社の祭日か。
(39)**天暦四年例**　注（12）参照。
(40)**下酉**　四月の最後の酉の日。
(41)**廿八日**　天徳四年（九六〇）四月二十八日。『日本紀略』（後篇四）に「廿八日丁酉、賀茂祭、但停㆓内蔵寮近衛馬寮等使、及典侍命婦蔵人国司春宮坊使等㆒、依㆓理子内親王薨㆒也、斎院依㆑例参㆓社頭㆒、又中宮使発向、以㆑無㆓其忌㆒也」とある。

（42）**理子内親王**　村上天皇の皇女。『日本紀略』（後篇四）に「（廿一日）第二理子内親王薨年十三」「（廿六日）今日、遣二理子内親王喪析一」「（五月二日）今日、葬二理子内親王一」と見える。母は「庶明女、広幡御息所」（『本朝皇胤紹運録』）とある。

（43）**承和八年例**　八四一年。未詳。

（44）**延長五年九月**　九二七年。九月十日斎世親王が没し、十一日の伊勢例幣が延期された。

（45）**坊司**　春宮坊司。春宮坊の官人。

（46）**未日**　未詳。

（47）**大祓**　六月と十二月の晦日に行うほか、大嘗祭、斎宮・斎院の卜定、群行また疫病流行、天変・地異、災害などのときに行う。

（48）**申日**　前例、未《ひつじ》の日の大祓を申《さる》の日に行った。

（49）**応和元年**　九六一年。『西宮記』（巻三・裏書）に「応和元年四月十七日御記云、少内記紀時文、令三蔵人守仁奏二宣命一〔依二内侍不レ候、付二蔵人一令レ奏〕午刻、命婦藤原々子臨二南殿西檻一、以二宣命一授二内蔵使助縄一云々、同三四十六日、女蔵人給二宣命於蔵司使一」とある。

（50）**命婦藤子**　命婦については本文103注（15）（三九七頁）参照。藤原藤子については未詳。

（51）**助縄**　注（49）参照。人物未詳。

【本　文】125

十五日、授成選位記事〔在都省部〕

【訓　読】

十五日(1)、成選位記(2)を授くること〔都省の部(3)に在り〕

【注　解】

（1）**十五日**　四月十五日。

（2）**成選位記**　成選については本文113注（3）（四一八頁）参照。位記については本文112注（4）参照。

「公式令」（『養老令』）によると、位記を授くるとき、①勅授（内外五位以上）、②奏授（六位以下、内八位・外七位以上）、③判授（外八位、内外初位）の区別がある。奏授位記の様式はつぎの如くである。

太政官謹奏

　本位姓名年若干其国其郡人今授其位

　　年　月　日

太政大臣位姓大納言加名

　式部卿位姓名

右奏授六位以下位記式

（3）**都省部**　『北山抄』巻七。「都省雑事」（都省は太政官の異名）として、外記政、結政所請印、内印、官政、列見、定考、位記召給、任郡司、釈奠従官参寮儀、申一上雑事、申大中納言雑事、請内印雑事、請外印雑事の項目がある。

【本　文】126

十六日、三省進春季帳事

【訓　読】

十六日(1)、三省(2)、春季帳(3)を進《たてまつ》ること

【注　解】

(1) **十六日**　四月十六日。

(2) **三省**　式部省・兵部省・治部省。

(3) **春季帳**　『年中行事抄』は春季の徴免課役帳とする。律令制下では、有位者とその親族の一部、無位の下級官人、防人・事力、得度者には課役の全部又は一部が免除された。免除該当者は、式部省（文官）兵部省（武官）治部省（得度者）から交名《きょうみょう》を記した帳簿（徴免課役帳）を毎季孟月（正・四・七・十月）太政官に提出する。太政官はこれを民部省に下し、省は戸籍と対校する（＝勘籍《かんじゃく》）。この結果、課役を免除された者を勘籍人という。民部省は国ごとに符を造り次の孟月に太政官印（外印）を請い国に下す（＝蠲符《けんぷ》）。国は蠲符に拠って課丁の課役免除を行う。『西宮記』（巻三）には「十六日、進二春季帳一〔近代不レ進〕」とある。

【本　文】127

廿日以前、奏郡司擬文事〔在備忘記〕

【訓　読】

廿日以前《よりさき》、(1)郡司の擬文(2)を奏すること〔備忘記(3)に在り〕

【注　解】

(1) **廿日以前**　四月二十日より前に。

(2) **郡司擬文**　諸国の郡司を詮擬した結果を記した文書。『西宮記』(巻三)に「郡司読奏」の項があり詳記されている。上卿は「擬文」を入れた筥を式部省官人に持参させ、筥に入ったままの擬文を披《ひら》き、式部輔に合図してこれを読ませる。まず「畿内七道六十国の詮擬された郡の大・少領の数を読み、ついで道名(七道の名)、国名、朝集使名、大少領名、国擬位姓名、断入の文、諸代の有無木につき読み上げる。

(3) **在備忘記**　『北山抄』巻六は「備忘略記」の巻であるが、直接、擬文にふれた内容は見出せない。巻七「都省雑事」の巻に「任郡司事」の項がある。『内裏式』(中)に「奏詮擬郡領式」がある。また『儀式』(巻九)に、「式部省預メ前ニ対二試才能一計二会功過ヲ一、三月廿日以前、輔若ハ丞成レ案ヲ、令三史生ヲ写并ニ造二勘文一四巻ヲ一、訖申二可レ奏ス之状ヲ於太政官ニ一、外記申二大臣一定二四月廿日以前吉日一仰レ之、前一日儲二備筥四合一

〔一合ハ納レ奏ヲ料、一合ハ納レ硯ヲ料、二合ハ納レ文ヲ料〕当日早旦近衛ノ次将一人率二掃部寮一設レ座ヲ、其儀御座ノ東南ノ階前ニ設二読奏ノ者ノ座ヲ一、用二床子一、前ニ立レ机ヲ南廂設二大臣ノ座一、其前立レ机〔若大臣有レ政参二行事一〕次参議已上座並北面東廂設二卿座一〔若親王任レ卿者南行東第一柱北辺二許尺設レ之〕次南大輔座〔若参議任二大輔一、就二参議座一其前立レ机〕次南少輔座前立レ机、並西面辰刻輔已下令持文簿候二内裏一、巳午之間内侍臨二東檻一喚二大臣一、称唯参議已上共升就レ座、次卿升就レ座、少輔執二奏筥一入レ自二日華門一〔下皆倣レ此〕至二階下一磬折而立、卿起レ座迎二階上一執二進御前一〔当二御座之東南一膝行奉レ置二御前机上一〕復レ座、大輔降執二奏筥一〔若参議任二大輔一者丞執二奏筥一、至二階下一磬折立、大輔起迎二階上一執〕少輔執二硯筥一相連進置二読奏人座前机上一〔奏筥置二北頭一、硯筥置二南頭一〕退降〔若参議任二大輔一者便復レ座見下丞執二勘文一至中階下上起レ座迎執〕各執二勘文一升就座、丞二人執大臣并卿料勘文筥、至二階下一磬折而立、大少輔執置二大臣及卿前机一〔大輔置二大臣前一、少輔置二卿前一、若親王任レ卿者置二卿前一、少輔置二大臣前一、若参議任二大輔一少輔摂行〕復座于座大少輔進二執読奏一時有レ勅曰、某読之被命者、称唯、就二読奏座一披レ簿読レ之、随レ読大臣奉レ勅、且点二其定不一訖、読奏者復座大少輔進執二読奏并硯一、執二勘文一退〔若参議任二大輔一者丞進至二階下一受也、大輔授訖復レ座〕次大臣以下以レ次退〔若親王任レ卿者先退〕正奏留二御所一、後日就二蔵人所一返二受其筥一」とある。

【本文】128

走馬結番事

【訓　読】

走り馬(1) 結番《けちばん》(2)のこと

【注　解】

(1) **走馬**　「そうば」と音訓《よ》みするか。競馬のこと。四月十二日に内馬場を造ることがあり（本文118（四三四頁）参照）、五月六日に競馬のことがある（本文134（四七一頁）参照）。

(2) **結番**　「番」は順をおって交替で物事を行うことであるが、そのために編成される集団を番という。番を組むことが結番。『延喜式』（巻二十八）に「同節《五月》五位已上進二走馬一、親王一品八疋、二品六疋、三品・四品四疋、太政大臣八疋、左右大臣六疋、大納言四疋、中納言三疋、三位・四位参議二疋、一位・二位三疋、三位二疋、四位・五位一疋、前十日、走馬結番文従二太政官一賜レ省、其馬毛色各令二諸家申一、訖造二奏文一〔載五位已上結番并走馬毛色二〕前一日、卿賷二奏文一、付二内侍一令レ進、若卿不レ在者、輔得レ之、更写二毛色簿一通一進二太政官一、又造二奏札三札一〔一枚五位已上馬目録、卿奏、一枚親王已下参議已上姓名并馬毛、大輔奏、一枚王臣四位已下五位已上姓名并馬毛、少輔奏、各納二緋紬絹袋一、事見二儀式一〕」とある。

【本　文】129

任郡司事〔在都省巻〕

【訓　読】

郡司を任ずること(1)〔都省の巻(2)に在り〕

【注　解】

（1）**任郡司事**　郡司を任命する儀である。本文127〔四五五頁〕参照。『延喜式』〔巻十一〕に「凡諸国銓擬言二上郡司大少領一者、式部対試造レ簿、先申二大臣一即奏聞、訖式部書二位記一請印、其後於二太政官一式部先授二位記一、次唱任人名二如除目儀一〔事見二儀式一〕とある。また同巻十八に「凡郡司有レ闕、国司銓二擬歴名一附二朝集使一申上、其身正月内集レ省、若二月以後参者随二返却一、厥後擬文者、四月廿日以前奏聞、但陸奥、出羽及大宰管内唯進二歴名一、若以二白丁一銓擬、副二勘籍簿一、其病患年老及二致仕一者、国司解却、具レ状申レ官、更不レ責二手実一」とある。

『九条年中行事』は「任二郡司一事〔謂二之郡司召一〕としてつぎの如く記す。

「先外記申二一上一、定レ日仰二所司一〔又式云、補二任郡司一者、六月卅日為レ限〕当日、上卿先着二弁官庁東廊床子座一相二待剋限一〔所司代官於二此座一申〕臨二剋限一就二西廊一、此間式部丞一人、任二郡司一召名簿、副レ笏参入、於二庁北屏西頭一授二外記一〔雨儀用二西中門屏頭一、又式云、当日未レ申政之前、除目簿進二外記一者、而近年必不二早進一、或政間未レ来、或丞催二進之一〕了内記挟二宣命文刺一、入二庁後西第一戸一、跪二上卿後一而奉レ之、捧二空文刺一退出、次外記式并召名簿入レ函、入レ自二同戸一、跪二上卿後一、奉二召名於上卿一、式置二前案一、即上卿取二宣命一給二外記一、外記入レ函退出、授二宣命大夫一、于時上卿喚二召使一二声、召使三四許人、列二立庁角壇下一〔雨儀立レ上〕同音称唯、一人着レ靴経二西庁後一入レ自二南屏西頭一就二上版位一〔雨儀用二西庁東庇砌一〕上卿宣、召二式部省一、召使磬折称唯、出二南門一召レ之、輔称唯、丞一人参入就二上版位一、上宣、召須、丞称唯昇二西面小階一経二南庇砌上一入レ自二西第三間一、趁進二上卿前一、賜召名簿一、退二下同階一、経二西庁前一退二出南門外一、召二計郡司一了即輔牽二丞録一参入、着二東庁堂上座一、次省掌牽二郡司等一参入、列二立南屏北頭一、了丞録下二南面小階一列二立東庁西面一階南端一〔北面東上〕次輔下レ自二中階一立二同南頭一〔西面〕次参議已上下二正庁一降レ階時、還向レ北各揖階南面列立如レ常〔中納言参議用二西階一、大納言用二中階一、大臣東階〕立定之後、宣命大夫微行就二版位一、宣制一段、〔進退曲折皆如レ常〕郡司再拝舞踏、宣命大大還二本処一、次上卿以下復二本座一、還昇度為レ先二上臈一、次掃部寮立二位記案一、次式部史生一人、捧二位記函一置二案上一、録出レ自二本列一就二案下一、披筥取二位記一、召賜二郡司一、郡司称唯進跪、録賜二位記一、跪一拝退出、訖録覆レ函還二立本列一、次史参入取函退出、次掃部寮撤レ案、了輔召レ録、録取レ之還二着本座一、須臾与曰、召世、録起座称唯、下レ自二南面小階進二版位一、次省掌進二立録後一、録依二国次一召レ之、毎レ召省掌称唯、召名了、録還二着本座一、次省掌称二罷出一、次録以上并上卿以下退出、弁・少納言・外記・史・召使等、奉二仕御前一如レ常」と。また『小野宮年中行事』には、「任二郡司一事」として、「外記庁例云、臨時定日仰二式部一、大臣以下在曹司庁任レ之、内記先進二宣命文一退出、次外記進二式并召名一、先レ是式部丞立二北屏下一以二召名一授二外記一、但外記進レ式還時、大臣取二宣命文一給二外記一、将レ出授二宣命弁大夫一其由見レ式」「又式云、補二任郡司一者、六月卅日以前為レ限」とある。

（2）**都省巻**　『北山抄』巻七に「任二郡司一事」の項がある。

【本　文】130

廿八日　駒牽事〔此日、雅樂寮、奏蘇芳菲駒形、依右近衛奏高麗犬歟、節日幷六日、或奏狗犬〕

【訓　読】

廿八日(1)、駒牽《こまひき》のこと(2)〔此の日、雅楽寮(3)、蘇芳菲《そほうひ》・駒形(4)を奏す、右近衛(5)の高麗犬(6)を奏するに依るか、節日(7)ならびに六日(8)に、或は狗犬(9)を奏す〕

【注　解】

(1) **廿八日**　四月二十八日。

(2) **駒牽**　五月五日の節に供奉する馬を天皇が出御して簡定する儀。四月が大の月の場合は二十八日であるが、小の月の場合は二十七日。史料上の初見は『類聚国史』（七十三）に「六年（天長）四月己巳《廿》　御二武徳殿一、覧二諸国攸レ進駒一」「丙子《廿七》　御二武徳殿一覧二馬射一」「丁丑《廿八》　御二武徳殿一」とある。『延喜式』（巻四十八）に、「四月廿八日の御監駒式〔小月廿七日〕」としてつぎの如くある。

「右当日早朝、調列櫪飼御馬八十疋、国飼卌一疋、車駕幸二武徳殿一、登時官人率二御馬一自二便門一出、至二於馬出埒下一、寮頭以二御馬名奏一進二於御監一、御監即執レ奏、而後左右寮頭左右分立二於御馬之前一、允一人執レ簿進立二殿前一、乃従二埒西外一、御馬稍進比レ至二御前一奏二馬名一、詞云某詞御馬合若干、察飼若干、某国御馬駒若干、有二臣下貢一、称二姓名貢御馬一、度尽退出、次右寮御馬如レ前、左右寮助亦左右分立、度畢即二左兵衛陣前一〔預前両寮立下繋二不調馬一之柱各一株上、以為二鞍騎之便一、五月四日以前各抽収〕鞍二不調馬一、騎以二騎士一、但允以下率二近衛兵衛官人舎人等一、還二至於寮家一、悉鞍レ馬令レ騎、其不レ堪レ騎者、騎以二騎士一、但不レ誤二馬次第一入レ埒尽度、度畢登時寮官率二馬医并近衛兵衛官人等一、就二於馬埒西辺一、点二定馬走品一、寮属一人執二馬簿一立二馬出埒西辺一、毎二馬出一奏、内竪伝奏、馬馳畢更還レ寮、簡二定騎射料馬一」

また『西宮記』（巻三）の本文（大字部分）のみ抜書すると左の如くである。

「天皇幸二武徳殿一、王卿以下着二床子一、諸衛各陣二閇埒門一、宸儀御二高座一、内侍臨二南檻一、召人出居将レ昇、太子昇王卿着レ座、右方献物、大臣問、貫首称二物名一、大臣云、給膳部へ、御馬奏、供二御膳一、供二太子膳一、給二臣下膳一、執二版位一、右「左」馬允奏二御馬目録一、馬頭度、御「左」馬度、繋二未調一事、騎士調習事、左允還入、右御馬渡、左右助度、近衛兵衛射手度レ南、掃部寮立二内弁兀子一、天皇御二東廂御座一、太子以下着二草墪座一供二御膳一、次将等献二盃於王卿一、右近右兵衛居二王卿以下突重一、大臣依レ召侍二御前一、左御馬上、左馬史生一人率二居飼一自二埒外一北走、右御馬北上、史生居飼等北上如レ前、如レ前左馬寮官人・馬医・近衛・兵衛定二馬走品一、属一人立奏二御馬生牧次毛色一、内竪伝奏、内竪還入、右御馬馳儀如左、奏二四府騎射文一事、左射手上、左近射、将監奏レ名、了将監退、右府如レ前、近衛少将以下番長以上六人奏二東遊一、右近奏レ楽、日暮入御、王卿下車駕還、雅楽奏二駒形一、御二南殿一鈴奏、名対面」

（3）**雅楽寮**　治部省の被官。宮廷音楽を掌る。雅楽頭《うたのかみ》の職掌は「掌、文武雅曲、正儛、雑楽、男女楽人音声人名帳、試二練曲課一事」とある。頭（一人、従五位上）助（一人、正六位下）大允（一人、正七位下）少允（一人、従七位上）大属（一人、従八位上）少属（一人、従八位下）歌師（四人、従八位上）歌人（四〇人）歌女（一〇〇人）儛師

（四人、従八位上）笛師（二人、従八位上）笛生（六人）笛工（八人）唐楽師（一二人、従八位上）唐楽生（六〇人）高麗楽師（四人、従八位上）高麗楽生（二〇人）、百済楽師（四人、従八位上）百済楽生（二〇人）新羅楽師（四人、従八位上）新羅楽生（二〇人）伎楽師（一人、従八位上）腰鼓師（二人、従八位上）使部（二〇人）直丁（二人）楽戸──という構成であった。

（4）**蘇芳緋**　雅楽の曲名。『蘇芳緋の身は師子の姿なり、頭は犬頭の如く也』（「教訓抄」三）とある。駒形も雅楽の曲名。駒形にまたがって舞う。

（5）**右近衛**　右近衛府。神亀五年（七二八）設置の中衛府を大同二年（八〇七）に改めて右近衛府とした。その職掌の中に祭事奉仕、舞楽がある。

（6）**高麗犬**　高麗楽の曲名。

（7）**節日**　五月五日を指す。

（8）**六日**　五月六日。

（9）**狗犬**　雅楽の狗犬《こまいぬ》のこと。

【本　文】131

廿九日、國忌事

【訓　読】

廿九日、(1)国忌《こき》(2)のこと

【注　解】

(1) **廿九日**　四月二十九日。

(2) **国忌**　皇祖・先皇・母后などの国家的な忌日。この日は政務を廃し歌舞音曲をつつしむ。本文56（三二七頁）参照。この場合は、贈太皇太皇后安子の忌日。安子は藤原師輔（右大臣）の娘。村上天皇の中宮で冷泉天皇・円融天皇の母。応和四年（九六四）四月二十九日没。

【本　文】132

三日、六衛府献菖蒲并花等事

【訓　読】

三日、(1)六衛府(2)の菖蒲《しょうぶ》ならびに花等を献《たてまつ》る(3)こと

【注　解】

(1) **三日**　五月三日。

(2) **六衛府**　左右衛門府、左右兵衛府、左右近衛府の六府。

（3）**献菖蒲并花等**　『延喜式』（巻四十五）に「凡五月五日薬玉料、昌蒲艾〔惣盛一輿〕雑花十捧〔盛レ瓮居レ台〕三日平旦申二内侍司一列二設南殿前一〔諸府准レ此〕」とある。六衛府の用意した花は内蔵寮官を通じて糸所に交付される。『延喜式』（巻十五）に、「凢諸衛府所レ献昌蒲并雑彩時花、寮官率二史生蔵部等一検収附二糸所一」とある。糸所は中務省被官である縫殿寮の別所である。五月五日のために薬玉《くすだま》を作る。『西宮記』（巻三）に、「三日、六府立二菖蒲輿瓮苑〔各一荷、花十捧〕南庭一〔見二近衛府式一也、先申二内侍一〕内蔵寮官人、行事蔵人等給糸所女官」「四日夜、主殿寮内裏殿舎葺菖蒲〔不見式〕」「五日早旦、書司供菖蒲二瓶〔居机二脚、立二孫廂南四間一、近代不レ見〕」「糸所献薬玉二流〔又差二内豎一送二諸寺一〕蔵人取レ之、結二付昼御座母屋南北柱一〔撤朱湏臾《(蕦萸)》嚢、改着彼所請料糸〕」とある。前年九月九日に結びつけられていた蕦萸（ぐみ）を撤て薬玉を結びつけるのである。薬玉は続命縷《しょくめいる》と呼ぶもので、これを佩用すると悪気を攘い病いを防ぐということで、中国より伝来した風習である。

【本　文】133

五日、節會〔件節等儀、可抄内裏式・儀式・親王儀式・清涼抄・二朝御記・清愼公・九條大臣・吏部王・外記日記等〕

【訓　読】

五日、(1)節会《せちえ》なり(2)〔件の節《せち》等の儀は、内裏式(3)・儀式(4)・親王儀式(5)・清涼抄(6)・二朝御記(7)・清慎公(8)・九条大臣(9)・吏部王(10)・外記日記(11)等を抄《うつ》す(12)べし(13)」

【注　解】

(1) **五日**　五月五日。

(2) **節会**　端五《たんご》（午）の節会。『延喜式』（巻十二）に「凡五月五日、天皇観二騎射并走馬一、弁及史等検二校諸事一、所司設二御座於武徳殿一、是日内外群官皆着二菖蒲鬘一、諸司各供其職〔事見二儀式一〕」とある。また『延喜式』（巻四十八）に「五月五日節式」として「右当日早朝、簡二定馬一授二二府一、騎射官人率二舎人一到来装束、居駕幸二武徳殿一、左右各以二奏文一附二御監一〔一寮奏載二射手官人以下官姓名一、一寮奏載二所出之国毛色一、左右隔年互奏〕其後騎レ馬陣列而行、寮五位以上官一人、騎レ馬在レ前、諸衛射人皆以レ次列二向於馬場一、御馬度畢、右五位以上官人一人在レ後而行（下略）」とある。本来、端午の節は練武・閲兵の重事であった。『続日本紀』（巻十七）天平十九年五月庚辰（五日）条に「天皇御二南苑一観二騎射走馬一是日、太上天皇詔曰、昔者、五日之節、常用二菖蒲一為レ縵、比来已停二此事一、従レ今而後、非二菖蒲縵一者勿レ入二宮中一」とある。騎射のことは、『類聚国史』（巻七十三）に国史からの抄出記事が列記されている。なお五日の節の儀の次第については注（13）参照。

(3) **内裏式**　上・中・下三巻より成る、最初の勅撰の儀式書。弘仁十二年（八二一）正月三十日奏上。「五月五日観馬射式」は中巻にある。

(4) **儀式**　十巻。貞観儀式。貞観十三年九月～同十四年二月の成立かという。「五月五日節儀」は巻八に収める。

(5) **親王儀式**　未詳。『撰集秘記』（十七）の頭書・脚注に逸文が見える。

（6）**清凉抄**　清凉記。村上天皇撰という。現存せず、諸書に引用された逸文のみ残る。年中行事および臨時行事を収めたものと推測される。

（7）**二朝御記**　醍醐天皇、村上天皇の日記を指すのであろう。

（8）**清慎公記**　水心記。藤原実頼の日記。清慎は実頼の諡《おくりな》。現存せず、逸文のみ。

（9）**九条大臣**　右大臣藤原（九条）師輔の日記。「九暦」のこと。天慶七年（九四四）五月五日の節会の件について詳しく述べている。

（10）**吏部記**　吏部王記《りほうおうき》。重明親王（醍醐天皇の皇子）の日記。親王の極官式部卿の唐名吏部尚書に因む命名。

（11）**外記日記**　太政官の外記の公日記。一二世紀には廃絶に瀕していた。

（12）**抄**　訓は「うつす」「ぬきかき」。抄写、抄出。

（13）五月五日節の儀の次第を『儀式』により大略記す。

一か月前に近衛・兵衛の射人を試練し名簿を作り兵部省に送る。十日前に太政官は走馬結番文を兵部省に賜い、省は更に一通を写して省掌を通じて侍従所に送る。七日前に天皇は武徳殿に出御し馬を閲る（索馬）。二日前早旦、左右近衛・左右兵衛府は、木工寮から騎射料の的《まと》をうけ取る。前日、所司は武徳殿に至り、御座の南一丈ばかりの処に北面に皇太子の座を設け、南へ五尺ばかりの処に東西面に親王以下参議以上の座を設ける。親王は東面、諸臣は西面する。兵部丞・録は史生・省掌をひきいて埒の下に赴き標を立てる、埒の東門南掖より南へ一丈五尺、そこから更に東へ二丈の処に奏事の標を立てる。南へ二丈五尺、東へ三丈の処に卿の標を立て、南一丈の処に大輔の標を、また南へ一丈の処に少輔の標を、右兵衛陣の東側、埒から五尺の処に騎射の的中か否かを定める標を立てる〔兵部録が走馬を奏しまたこの標の処に控える〕兵部省の幄の南端から東へ二丈五尺の処に、五位以上の走馬を奏する史生の標を立てる。武徳殿の東面の南側の階の南の端から六丈の処に親王の標を立てる。東の大臣の標より東に大納言の標を、その東に中納言の標、三位の参議と非参議の三位および王の四位の参議の席はこの列にある。更に東に四位の参議の標、王の四位・五位・臣の四位・五位の標を、それぞれ六尺の間隔で立てる。六位の幄の東端より東へ三尺の処に北向きに六位の標、そこから南へ八位・初位・無位の標を五尺間隔で立てる。以上が前日の装束である。

当日寅の一刻に兵部省の輔以下が座に就く〔掃部寮が預め座を八省院の西の廊に設ける〕五位以上の者を点検し、未明に中務省は尋常の版位を庭中に置く、弾正忠以下は朱雀門の西の仗舎の座に就き〔南面東上〕非違を糺弾する。兵部録は史生・省掌らを率い、五位以上の貢する走馬を列べる、所司は御饌ならびに群臣の饌を設ける、いつものように平明に天皇は武徳殿にお出ましになる。諸衛の警備はつねの如くである。諸衛はみな胡床に坐っている。〔左近衛の陣は武徳殿の庭の前の右と殿の南辺西後ろに、右近衛の陣は殿庭の前の左と殿の北辺の西うしろ、左兵衛陣は左近衛陣の東南、右兵衛陣は右近衛陣の東北、左衛門陣は埒の東馳道の南に、右衛門陣は埒の東馳道の北である〕これより先、四衛府官人は舎人らを率いて左右馬寮に到り仕度をする〔左右近衛の官人は各二人、皀の緌・緋の布の衫・金画絹の甲形・布の冑形・白布の帯に横刀・弓箭を携え、行縢に麻の鞋といういでたち。近衛四〇人は皀の緌、緋の大纈の布の衫。その頭二人は紫の大纈の細布の甲形、白布の帯、横刀・弓箭を持ち行縢に麻の鞋、左右の兵衛の官人各二人は皀の緋・緑の貲布の衫、金画細布の甲形、布の冑形、白布の帯、横刀・弓箭に行縢・麻の鞋、兵衛一〇人は皀の緌、緋の大纈の布の衫、その頭一人は紫の大纈佃布の甲形、丹画布の冑形、白布の帯、横刀・弓箭に行縢・麻の鞋といういでたちで、的を立てる近衛・兵衛は黄袍を着て弓箭を持たない〕天皇が武徳殿に出御したあとに騎馬が列び、左右馬寮の頭が近衛の前に並び、諸衛の舎人は順に馬場に向かう。兵部輔以上は馳道の南側に到り西面し北を上として列立する、史生一人、大札を執り北面して唱計する。五位以上は称唯し録の前に北面し列立する、ときに左右馬寮の允以上各一人は走馬の簿を取り御監に進め、御監は内侍に渡し奏上する。訖って内侍は南の檻に大臣を喚ぶ、大臣は称唯し左仗の南辺で謝座し南面の東の階から昇り座に着く。つぎに皇太子が同じ階を昇り謝座謝酒し、しばらくして大臣は舎人を二度喚ぶ、舎人は称唯し、少納言がこれに代わり足早に版につく、大臣は大夫らを喚ぶ、少納言は称唯し大夫らの前に出て喚《よ》ぶ、親王以下五位以上が称唯し埒の東門から入り西面北上に標に就く〔録一人が埒の東門五丈ばかりの処に立ち、いま一人がそこから一〇丈ほどの処に立ち、互いに「称二容止一」する、丞・史生らはそのまま本列に居る〕丞・録は六位以下を率い南門から入り標に就く〔北面西上〕〔五位以上五六人が埒の東門に至るを待ち入る〕大臣が「侍座」と宣し、五位以上ともに称唯し、ついで六位以下が称唯し、同時に再拝する。訖って造酒正は空盞をとり左近の北頭を経て跪き貫首の者に授ける、跪き受け、訖って親王以下ともに再拝し、訖りて参議以上は南面の東の階から昇り座に就く、群官は各々幄の座に就く、録は大札をとり五位以上の座次を糺察し、訖って丞が奏事の版をとり、馳道の南側から速かに赴き埒の東門の南掖に置く、中務丞は菖蒲を奏する版をとり同門から入り中庭に置く、退出すると中務省官人が内薬司を率い、宮内省官人が典薬寮を率い、菖蒲を盛った机を舁き馳道より進み、埒の東門より八丈ばかり手前に控える、闈司二人が右近陣の南頭を経て埒の西門の南北の掖に立つ、大舎人寮の官人一人が舎人四人を率いて埒の東門外の南辺に立ち二度闈司を喚ぶ、闈司は「阿誰」と問い、大舎人は姓名を称えて、「漢女《あやめ》草進むと中務官姓名等、叫門《みかどごい》ゆえに申す〔輔以上〕という、闈司は進みて版に就き大舎人の言葉を奏上する、天皇は「申さしめよ」という、闈司は称唯し、退きもとの位置につき大舎人に「姓名を奏さしめよ」という、大舎人は称唯し退く、中務省官人は内薬司官人を率いて供御の菖蒲を二つの黒木の机に盛り、進みて版位の東北に置く。宮内省官人は典薬寮官人を率いて官人らに給う菖蒲を二つの黒木の机に盛り版のま南に置く、〔版から二尺はどの処に二つの机を四尺間隔で置く。供御の第一の机は省の丞が前方の左右に、輔と内薬正が真中、薬生二人が後方にあって舁く。第二の机は前に内薬司官人、薬生二人が中、また二人が後ろについて舁く。もし丞がいないときは内舎人がこれに代わる、人給料の菖蒲については、第一の机は官内丞二人、省の輔と寮の頭、省の録二人で舁き、第二の机は、典薬属二人、同助・允、医二人で舁く。〕両省の輔は机の後ろに留まり他は退出する。訖りて中務輔が版につき奏する、「中務省申さく、内薬司の供え奉れる五月の五日の菖蒲草進楽乎申し賜わくと申す」訖りて退出する。ついで宮内輔が「宮内省奏《もうさ》く、典薬寮の奉れる五月の五日の人給の菖蒲草進楽乎申し賜わくと申す」と申し退出する、闈司は還り入り左右近衛将曹各二人に埒の西門を閉めさせる、大臣は内豎を二声よぶ、内豎〔各々当色を着る〕は称唯し、左近陣の西に当たり立つ、大臣は内蔵寮を喚べと宣する、内蔵寮は称唯し、出て允以上一人が内豎の処に立つ、大臣は進れる菖蒲草を収《と》れと宣《の》る、称唯し退出し蔵部らを率い大舎人の幕の北から左近陣の南辺を経て参入し、各々机の処に就き、すぐ菖蒲の机をとり退出する、女蔵人らは続命縷（薬玉）を執り皇太子以下参議以上に賜う、〔女蔵人は太子の倚子の西面に立つ、太子は初めの謝座の処に至り北面し跪き受ける、蔵人は跪き授け還る、ついで親王以下に授ける、受取り、南の階から下り東南の庭に出で西面北上して立ち太子はこれを佩用し拝舞して着座する、ついで親王以下ともに佩用拝舞し殿に上る〕午の刻に内膳は供御の饌を出し、主膳は東宮の饌を、大膳は群臣の饌を出す、内蔵寮官人は菖蒲の机をとり、出でおわり、奏事の大夫二人〔一人は四位、他は五位〕が馬にのり埒の内に入り北行し更に東門より出る、四位は先ず奏事の位に就き、ついで五位は南に二丈ほど退って平頭し牘を執り、馬が来るにしたがい奏して「兵部省申さく五月五日に五位以上若干人らの進れる走馬若干疋進礼楽乎と申賜はくと申す」といい本位に戻る、つぎに大輔が進み位に就き、丞一人騎馬し走馬を率いて進み、大輔は牘をとり親王以下および五位の諸王、四位の諸臣以上の姓名・馬の毛色などを奏上する、その詞に「其の司の其朝臣が其の毛馬〔親王はその官親王を称する〕訖りて本位に還る、少輔が進み位置に就き、五位の諸臣の姓名ならびに馬の毛色を奏する。「姓名加其毛馬」という、訖って順に埒に入り北に渡り幄の座につく、丞一人・録二人が速かに馳道の南側より版を撤し退出する、一番の丞・録各一人は史生二人を率いて埒の中から北に渡り右兵衛陣の東北側に侍し、左近衛府の馳射の中不を記す、訖って一番の丞録は埒の中から渡りしのち、左右近衛将曹各一人は近衛各四人を率いて埒の西門より出で埒の東門を閉ぢ、また西門を閉ぢ引き還す、左近衛は先ず的を懸けこれを射る、的を立てる者は近衛の中から容貌端正な者九人を択び用いる。射訖り二番の丞録以下交替し右近衛の中不を記す、訖って三番の丞録以下にかわり左右兵衛の中不を記す、訖って奏事の大夫、左右馬寮頭は順に還り、録は史生省掌を率いて騎馬し、番の札を執り、埒の北頭に至り順に群臣の貢する走馬を唱計し、訖って競い走らせる。勅により、左右近衛次将各一人を遣わしその事に当たらせる、兵部省録一人、史生一人、内豎二人が転々これを奏する、〔録は右兵衛陣の後ろに立ち、史生は埒の西北の頭に立つ、いずれも牘を執る、内豎は庭中の馳道の北辺にあり、史生は先ず奏し、録はあい承《う》け、内豎また二、三番と順にあいかわりこれを奏する〕訖り、兵部卿以下丞以上は「騎馬次ニ引テ以還」、雅楽寮は音楽を奏する、日が暮れると上下の群臣は各々先の拝処に至り再拝して退出し、天皇はおかえりになる。

【本文】134

六日　競馬事

【訓読】

六日、(1)競馬《くらべうま》(2)のこと

【注解】

(1) **六日**　五月六日。

(2) **競馬**　『延喜式』（巻四十八）に、「同月六日競馬并騎射式」として「右当日早朝鞍二細馬十疋一〔雖レ有二駿馬一不レ載二駒牽奏文一莫レ預二此列一〕車駕幸二武徳殿一、登時寮馬以二御馬名簿一進二於御監一、則伝奏、寮官率近衛十人令レ騎二細馬一、即以レ次度、度畢頭以下従二殿後一至二於馬出埒下一、左右近衛中少将与二寮頭助一共令二競走一、左右寮允各一人、立二馬出埒左右側一奏二馬名一、詞云某牧若干、某毛御馬若干、有二臣下貢一者同二上条一、内豎伝奏、左右近衛将監、左右馬寮允属各一人、率二馬医一就二馬留標下一注二勝負丈尺一、競走早還レ寮、近衛・兵衛官人率二舎人等一到来装束、而騎二調馬一陣列向二射場一、騎射訖諸衛更亦騎二御馬一供二奉雑戯一」とある。六日の儀については『儀式』（巻八）『西宮記』（巻三）にも記述がある。騎射官人については『延喜式』（巻四十五）に「凡五月六日騎射官人近衛惣十人〔六人五寸的、四人六寸的〕並著二深緑布衫、錦甲形、白布帯、横刀、弓

箭、行騰、麻鞋一、其交名当府判官立二殿前一奏レ之、訖供二雑戯一（兵衛准レ此）とある。また『延喜式』（巻四十七）に「凡五月六日騎射官人、兵衛惣六人（四人五寸的、二人六寸的）」とある。但し『九条年中行事』によると、「五日節会事／件節会停止吃、奉二宣旨一之日、仰二外記一、四月廿八日駒牽以前可被仰欤／六日競馬事／件両日事已多加レ之、被レ行希也、子細在別紙」とあって、摂関期には行われなくなっていたらしい。

【本　文】135

十日、源氏夏衣服文事

【訓　読】

十日(1)、源氏(2)の夏の衣服文(3)のこと

【注　解】

(1) **十日**　五月十日。

(2) **源氏**　詳しい規定が見られないが、ここでいう源氏は一世《いっせい》源氏のことか。一世源氏は、源の姓を賜わって臣下となった皇子。嵯峨天皇の皇子、源信《まこと》がその初例。なお親王の子で源氏となるのを二世源氏という。

(3) **夏衣服文**　『小野宮年中行事』に「申二外記庁一」とあるのみ。『延喜式』に規定は見えない。衣服文については、本文109（四〇六頁）・111（四一三頁）・116（四二二頁）。

【本　文】136

「賑給事」

賑給事

大臣仰外記、令進例文硯等、定條々使、令參議書〔五位不論殿上・地下、次第差之、六位不差殿上人、但地下人不足時、差之無妨、五位若有代官、差經武官者、依知舊風也〕令藏人奏〔入筥、九條年中行事云、見年來例、大臣或乍在座令奏、納言參上奏之者、而奏事例、令藏人奏云々、彼一門人、皆不參上云々〕返給、給外記令行之、〔可行日、同定仰、寅申及缺日、不可賑給云々〕第一上卿若經日有障、以次人行之〔先催具薪物、後可差奏也〕給畢後、使等修奏進之、外記覽之、大臣見畢、令藏人奏、即給外記

【訓　読】

「賑給《しんごう》のこと」

賑給(1)のこと

大臣は外記《げき》(2)に仰せ、例文《れいぶみ》(3)硯(4)等を進《たてまつ》らしめ、条々の使(5)を定め、参議(6)をして書かしめ〔五位は殿上(7)・地下(8)を論ぜず、次第に之を差《つかわ》す、六位は殿上人を差さず、但《ただ》地下人の足らざる時は、之を差《つかわ》すも妨げなし、五位若し代官(9)あらんには、武官を経る者《ひと》(10)を差す、旧風(11)を知れるに依るなり〕蔵人《くろうど》(12)をして奏せしむ〔筥《はこ》(13)に入る、九条年中行事(14)に云う、年来の例を見るに、大臣は或は座に在り乍ら奏せしむ、納言(15)は参上し之を奏すと云えり、而るに奏事例

は、蔵人をして奏せしむと云々、彼の一門(16)の人は皆参上せずと云々〕返し給い、外記に給い之を行わしむ〔行うべき日、同じく定め仰す、寅《とら》・申《さる》(17)及び欠日《かんにち》(18)は、賑給すべからずと云々〕第一の上卿(19)若し日を経て障《さわ》り有らんには、次の人を以て之を行う(20)〔先ず析物を催し具し、後《のち》に奏を差すべきなり〕給い畢《おわ》りて後《のち》、使等、奏を修し之を進《たてまつ》る、外記は之を覧《み》、大臣見畢《おわ》れば蔵人をして奏せしめ、即ち外記に給う

【注解】

（1）**賑給**　「しんきゅう」とも訓む。即位・立太子・天皇や皇族の罹病・祥瑞出現のときなど、また水旱虫霜・天変地異・疫病の起こったときに、貧民・難民に対して行われた救済・施米。一一世紀以降は年中行事化し、本来の意味での賑給は行われなくなった。長保元年（九九九）十一月十四日陣座における武蔵国賑給文についての議論を見ると、形式的なものとなっていたらしいことが窺える（『権記』）。阿部猛『北山抄注解 巻十吏途指南』九四頁。また阿部猛『律令国家解体過程の研究』（新生社）四七頁以下参照。

（2）**外記**　本文15注（1）（二二頁）参照。

（3）**例文**　賑給に際して作成すべき文書。「れいぶみ」の訓は『山槐記』長寛二年六月二十九日条に拠る。「上卿大納言殿召二外記一、廿二社奉幣例文《レイブミ》ト被レ仰頃之持之、例文置二上卿御前一、硯置二予座上方一、予置二笏於座下方一、引二寄硯於前方一、先取レ紙白紙也、引二礼紙一、置二続紙於硯下一…」とある。

（4）**硯**　「すずり」もとは「すみすり」であろう。（『和名抄』）。その形は、古くは円面であったが平安時代には風字硯が主流といわれる。石硯は中国からの輸入品で、国産品が普及するのは鎌倉以後という。

（5）**使**　賑給使。『西宮記』（巻三）に「定賑給使事」の項がある。

「上卿着二陣座一〔一大臣行、有レ障次々人行〕仰二外記一令レ進二例文一、又参議前置レ硯〔外記二人、一人進二例文一、一人置レ硯〕大臣令二参議任レ例書一〔参議書了【無二参議一者弁書レ之】以レ文進二大臣一、大臣取レ之〕上卿乍レ在二本座一令二殿上弁若蔵人奏聞一、返二給外記一、任レ例各催仰〔使等有レ障之時、用二代官一〕又仰レ弁令レ問二料物具否状一〔諸府各請二取米塩一定日、当日大使於二便所一、短尺加レ封、或散二短尺一、定二便所一分二行米塩一、或且給二短尺一且散レ物、旧例、本府設レ饗、而年来以二施米中一立用、仍留レ饗、私以二破子類一補二口給一〕」

(6) **参議**　本文5注(27)(二四頁)参照。

(7) **殿上**　殿上人。清涼殿の殿上の間に昇殿をゆるされた者。

(8) **地下**　昇殿を認められない者。『九条年中行事』に「件等使至二于五位一不レ択二殿上地下一、皆差二充之一、至二于六位一者、差二地下人一、若不レ足吃、乃用二殿上人一」とある。

(9) **代官**　代理人。注(5)参照。

(10) **経武官者**　『九条年中行事』に「若有下武官預二叙位一者上、其人尤宜レ充、依二旧例一」とある。

(11) **旧風**　旧例。

(12) **蔵人**　本文4注(9)(一七頁)参照。

(13) **筥**　文筥《ふばこ》。

(14) **九条年中行事**　本文101注(4)(三七九頁)参照。この部分の記述の内容は「見二年来之例一、納言以下者必自参、大臣或乍レ在二本座一、召二殿上弁蔵人一令レ奏レ之」とある。

(15) **納言**　大納言・中納言。

(16) **彼一門**　九条家一門をいう。

（17）**寅・申**　なぜ寅・申の日が忌まれるのか未詳。

（18）**欠日**　坎日。陰陽道で万事に凶とされる日。

（19）**上卿**　本文5注（10）（二二頁）参照。

（20）**析物**　賑給に用いる米・塩など。『九条年中行事』に「京中賑給事」として、「為レ充レ料、令レ勘下申所レ納二廩院大膳職等一之米塩数上、右件両色有二不足一者、又令レ勘二申左右京義倉所レ在銭一、若無二其料一者、年料未進国々給二官符若宣旨一令二催進一之後行レ之、其料盈レ員、則仰二外記一令レ進二紙筆并旧年使差文等一…」とある。

あとがき

一九八八年（昭和六十三年）四月から、法政大学文学部大学院で日本古代史の演習を担当することになり、中野栄夫教授の要請もあって、『北山抄』（巻十・吏途指南）をテキストとして読んだ。六年間にわたる演習の成果は、『北山抄注解巻十吏途指南』として、一九九六年（平成八年）四月東京堂出版から刊行された。演習の方は、続いて『北山抄』巻一（年中要抄・上）にとりかかり、平安時代の年中行事の全貌把握につとめようと試みた。

参加学生の顔ぶれも一変したが、多くは昼間職業を持つ夜間大学院生で、その労苦はなみたいていではないと思われた。にもかかわらず、かれらの予習は周到をきわめ、史料の博捜ぶりには驚かされた。五年余の期間に参加した学生はのべ二〇人を超え、かれらが蒐めた史料は積みあげれば五〇センチメートルを超えた。この成果をかたちに残すべきだとは思いはしたものの、私の怠惰から原稿化がおくれ今日に至った。読み切れない部分もあり、残された疑問点も多いが、それは後進の若い学徒による補訂にまつこととし、ひとまずは一冊に纏めておこうと思い、東京堂出版に刊行を依頼したのである。出版事情きびしい困難な状況にもかかわらず、出版を許諾された出版社にお礼を申しあげたい。また、前回同様、東京堂出版松林孝至氏には万端お世話になった。心からの謝意を表する。なお、年齢のせいか視力衰えた私を援けて校正に尽力された鈴木由美さんにもお礼を申しあげたい。いまはただ、多くの方がたが本書を利用して下さることを希望するのみである。

二〇一二年一月

阿部　猛　識

と

な

に

ね

の

す

せ

か

き

索　引

編者略歴

1927 年山形県に生まれる．'51 年東京文理科大学史学科卒業．北海道教育大学助教授，東京学芸大学教授，同学長，帝京大学教授を経て，現在東京学芸大学名誉教授，文学博士．

〈主要編著書〉『日本荘園成立史の研究』（60 年）『律令国家解体過程の研究』（66 年）『中世日本荘園史の研究』（67 年）『尾張国解文の研究』（71 年）『日本荘園史』（72 年）『中世日本社会史の研究』（80 年）『平安前期政治史の研究新訂版』（90 年）『平安貴族の実像』（93 年）『日本古代官職辞典』（95 年）『北山抄注解　巻十吏途指南』（96 年）『荘園史用語辞典』（97 年）『日本文化史ハンドブック』（02 年）『平安時代儀式年中行事事典』（03 年）『古文書古記録語辞典』（05 年）『日本荘園史の研究』（05 年）『増補改訂　日本古代官職辞典』（08 年）『平安貴族社会』（09 年）『日本古代人名辞典』（09 年）『研究入門日本の荘園』（11 年）『中世社会史への道標』（11 年）

北山抄注解 巻一 年中要抄上

二〇一二年三月一〇日　初版印刷
二〇一二年三月二〇日　初版発行

編　者　阿　部　　猛
発行者　松　林　孝　至
印刷所　亜細亜印刷株式会社

発行所　株式会社　**東 京 堂 出 版**
東京都千代田区神田神保町一-一七（〒一〇一-〇〇五一）
電話　〇三-三二三三-三七四一　振替〇〇一三〇-七-二七〇
http://www.tokyodoshuppan.com/

ISBN978-4-490-20768-2 C3321

Printed in Japan

北山抄注解 巻十 吏途指南 阿部猛編 一二〇〇〇円

万葉集を知る事典 桜井満監修 二六〇〇円

古文書古記録語辞典 阿部猛編著 九五〇〇円

源氏物語を知る事典 西沢正史編 二五〇〇円

平安時代 儀式年中行事事典 阿部猛他編 六五〇〇円

平家物語を知る事典 日下力他著 二八〇〇円

日本文化史ハンドブック 阿部猛他編 三八〇〇円

「鎌倉遺文」にみる 中世のことば辞典 五〇〇〇円

日本古代史研究事典 阿部猛他編 四八〇〇円

吾妻鏡事典 佐藤和彦・谷口榮編 五〇〇〇円

日本荘園大辞典 阿部猛・佐藤和彦編 一八〇〇〇円

研究入門 日本の荘園 阿部猛著 二五〇〇円

荘園史用語辞典 阿部猛編 三八〇〇円

日本古代人名辞典 阿部猛編著 一五〇〇〇円

定価は本体＋消費税となります。